U0557287

建设新时代社会主义现代化强市的研究与探索

潍坊市改革发展研究中心 / 编著

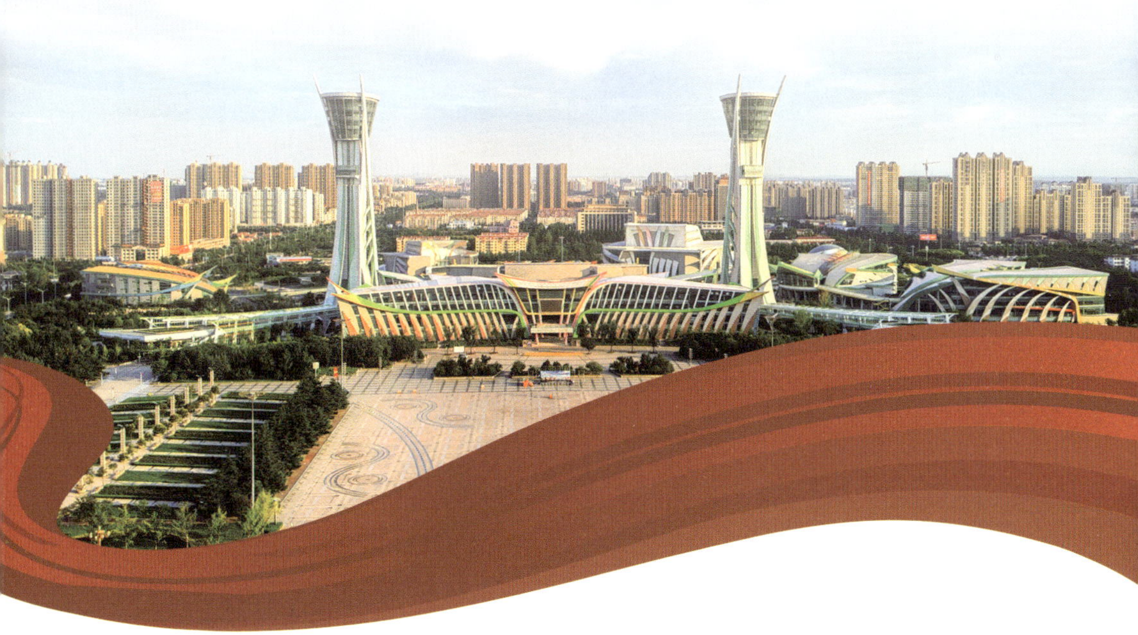

编委会

主　编： 李　波

副主编： 王冰林　丛炳登

编　委：（以姓氏笔画为序）

王　伟　王文远　王耀强　方典昌

刘　磊　刘永杰　孙　桐　孙中贵

孙潇涵　杜慧心　李少军　李朋娟

周志鹏　贺绍磊　董俐君　戴真真

前　言

本书编录了潍坊市改革发展研究中心2021年以来的部分研究成果。出版此书，旨在记录研究中心成长足迹，汇报阶段性成果，展示新型地方党政智库风采，搭建一个与同行学习交流的平台。

党的十九大做出全面建成社会主义现代化强国总的战略安排。2021年10月，习近平总书记视察山东，要求山东在服务和融入新发展格局上走在前、在增强经济社会发展创新力上走在前、在推动黄河流域生态保护和高质量发展上走在前，开创新时代社会主义现代化强省建设新局面。山东全面落实习近平总书记重要指示要求，扎实推进中国式现代化“山东实践”。潍坊紧跟中央决策部署和省委、省政府工作安排，奋力谱写中国式现代化“潍坊篇章”，加快建设新时代社会主义现代化强市。

潍坊市改革发展研究中心深度融入时代发展进程，全力服务党委、政府决策，着眼既解决紧迫的挑战难题又推动实现长远目标，开展了一系列事关新时代社会主义现代化强市建设的全局性、战略性、前瞻性研究，形成了一批重要成果。其中，部分是直接呈潍坊市委、市政府领导参阅的，部分是在报纸、期刊上发表的，还有在论坛、会议等场合交流的。我们对这些成果进行了筛选、整理，分为共同富裕、全面推进乡村振兴、先进制造业、城市能级四个篇章。共同富裕部分，紧紧围绕习近平总书记关于共同富裕重要论述精神，深入分析浙江建设共同富裕示范区及各地推进共同富裕的经验做法，剖析潍坊经济社会发展条件，提出当地实现共同富裕的可行路径。全面推进乡村振兴部分，紧紧围绕习近平总书记两次肯定的“诸城模式”“潍坊模式”“寿光模式”，以拓展创新“三个模式”为引领，开展产业融合、粮食安全、农业开放、乡村建设、城乡协调发展等研究，助力打造乡村振兴齐鲁样板先行区。先进制造业部分，聚焦争创国家制造业高质量发展试验区，开展制造业优质企业、校企合作、数字经济、元宇宙等研究，助力开辟产业发展新赛道。城市能级部分，聚焦提升城市竞争力，开展新型消费、公共服务、城市更新、新型城镇化等研究，助力建设实力强品质优生活美的更好潍坊。

回首过去，研究中心的成长及本书成稿离不开潍坊市委、市政府的正确领导，离不开高校院所、智库同行以及有关专家学者的关心支持，在此特致谢忱！展望未来，我们坚信，在习近平新时代中国特色社会主义思想的指导下，在潍坊市委、市政府的坚强领导和各方面专家的大力帮助下，研究中心将守正创新，持续提升咨政服务能力，为建设新时代社会主义现代化强市提供更多的智力支撑！因时间所限，书中难免存在错漏，敬请批评指正。

编者

2023 年 8 月

目　录

CONTENT

共同富裕

全面推进乡村振兴

先进制造业

城市能级

共同富裕

共同富裕有关情况及分析思考

李　波　李少军　刘永杰　杜慧心　刘　磊

一　习近平总书记关于共同富裕的重要论述精神

在中央财经委员会第十次会议上，习近平总书记系统阐述了共同富裕的重要内容。《求是》杂志2021年第20期以《扎实推动共同富裕》为题，公开刊发了部分内容。

（一）为什么要共同富裕

首先，共同富裕是社会主义的本质要求，是中国式现代化的重要特征。

其次，现在到了推动共同富裕的历史阶段。全面建成小康社会为促进共同富裕创造了良好条件；适应社会主要矛盾变化，必须把共同富裕作为为人民谋幸福的着力点；高质量发展需要高素质劳动者，只有促进共同富裕，才能夯实高质量发展的动力基础。

再次，当前全球收入不平等问题突出，一些国家贫富分化，教训十分深刻。

最后，我国发展不平衡不充分的问题仍然突出，城乡区域发展和收入分配差距较大。新一轮科技革命和产业变革对就业和收入分配产生深刻的影响，包括一些负面影响，需有效应对和解决。

（二）什么是共同富裕

首先，共同富裕是全体人民的富裕，不是少数人的富裕。

其次，共同富裕是指人民群众的物质生活和精神生活都富裕。

再次，共同富裕不是平均主义，不同人群、不同地区不可能齐头并进。

最后，共同富裕是一个长远目标，不可能一蹴而就。

（三）怎样推进共同富裕

坚持总的思路。坚持以人民为中心的发展思想，在高质量发展中促进共同富裕。

把握四个原则。鼓励勤劳创新致富，坚持基本经济制度，尽力而为、量力而行，坚持循序渐进。

三阶段推进。到“十四五”末，共同富裕迈出坚实步伐，居民收入和实际消费水平差距逐步缩小；到 2035 年，共同富裕取得明显实质性进展，基本公共服务实现均等化；到 21 世纪中叶，共同富裕基本实现，上述差距缩小到合理区间。

六大重点任务。提高发展的平衡性、协调性、包容性；着力扩大中等收入群体规模；促进基本公共服务均等化；加强对高收入的规范和调节；促进人民精神生活共同富裕；促进农民农村共同富裕。

二　浙江建设共同富裕示范区及各地推进共同富裕情况

建设浙江共同富裕示范区，是习近平总书记亲自谋划、亲自推动的重大战略决策。2021 年 5 月，中共中央、国务院发布《关于支持浙江高质量发展建设共同富裕示范区的意见》。

选择浙江建设共同富裕示范区的主要原因是：浙江在探索解决发展不平衡不充分问题方面取得了明显成效，富裕程度高，城乡差距、区域差距、收入差距小，具备基础和优势（见表 1）。

建设浙江共同富裕示范区的目的是：逐步建立推动共同富裕的目标体系、工作体系、政策体系和评估体系。

浙江共同富裕示范区建设，实施中央统筹、省负总责、市县抓落实机制。国家发改委牵头设立工作专班，谋划构建浙江共同富裕示范区建设“1+N”配套政策体系；国家 20 个部委分别出台专项政策、与浙江省合作协议支持浙江示范区建设。

2021 年 7 月，浙江省委、省政府发布《浙江高质量发展建设共同富裕示范区实施方案（2021—2025 年）》。浙江省直部门共出台 64 个专项政策

表1　2020年沿海五省共同富裕情况比较

单位：元

地区	富裕水平	城乡差距	区域差距		收入差距
	居民人均可支配收入	城乡居民人均可支配收入倍差	人均GDP最高最低城市倍差	人均可支配收入最高最低城市倍差	居民收入五等份最高最低倍差
浙江	52397	1.96	2.20	1.64	5.31
江苏	43390	2.19	2.53	2.37	7.90
广东	41029	2.50	3.88	4.35	7.36
福建	37202	2.26	1.65	2.03	6.17
山东	32886	2.33	3.43	2.19	—

意见，所有市、4/5的县（市、区）以及部分镇村出台建设共同富裕示范区的实施意见或行动计划、指标体系。

浙江已形成以高质量发展建设共同富裕示范区为总牵引的工作格局。2022年2月7日浙江省委召开建设共同富裕示范区推进大会，2022年省政府工作报告提出以高质量发展建设共同富裕示范区为总牵引。各市党代会也都有类似的提法。比如，湖州提出建设绿色低碳共富社会主义现代化新湖州；丽水提出坚持把共同富裕确立为现代化建设的首要目标；台州提出以高质量发展建设共同富裕先行市；嘉兴提出加快建设共同富裕典范城市和社会主义现代化先行市；金华提出高质量建设共同富裕现代化都市区；衢州提出争当跨越式高质量发展共同富裕排头兵；杭州提出在率先推进共同富裕上取得更多标志性成果，当好缩小“三大差距”的探路者、领跑者、带动者等。

除浙江省外，其他省市推进共同富裕工作整体处于谋划阶段。省级层面，山东、江苏、河南、北京4省市提出研究制定促进共同富裕的措施、方案，支持建设先行区。江苏省农业农村厅出台《关于发展壮大新型农村集体经济 促进农民共同富裕的实施意见》，贵州省商务厅出台《惠民提质推动共同富裕行动方案（2022—2025年）》。山东省内正在形成打头牌、争试点的氛围。青岛出台《关于加快建设乡村振兴齐鲁样板先行区促进共同富裕的意见（试行）》，淄博出台《关于建设高品质民生促进共同富裕的行动方案（2022—2024年）》；枣庄党代会提出建设共同富裕先行市，威海党代会提出全力打造共同富裕先行区，东营市委全会提出打造黄河流域共同富裕先行区，上述三市尚未出台建设方案或实施意见；威海环翠区、济南天桥区、青岛崂山区党代会也提出了打造共同富裕示范区、先行区等发展定位。一些条件较好的地区已开展相关工作，部署任务。河南省明确支持许昌高质量建设城乡融合共同富裕先行试验区，成都、昆明、南通等邀请高端智库联合开展共同富裕方面的研究，昆山提出打造共同富裕的幸福活力之城，南京市江宁区提出打造共同富裕示范区，晋江提出打造共同富裕县域范例。

三　潍坊推进共同富裕的基础条件分析

从中共中央、国务院对浙江共同富裕示范区支持意见、浙江示范区建设实施方案来看，评估共同富裕建设的基础条件主要是富裕程度、发展的均衡程度、公共服务均等化程度、发展潜力。

（一）富裕程度

富裕程度主要从收入水平、消费水平、恩格尔系数 3 个方面进行分析。总的来看，潍坊居民收入、消费水平大致处于全省中等偏上水平，恩格尔系数极低，说明居民食品性消费占比较小、服务性消费占比较大，居民生活质量较高、获得感较强（见表 2）。

表 2　2020 年潍坊富裕程度指标及排名

单位：万元，%

指标	潍坊	山东	全省排名	全国地级市 GDP15 强排名
居民人均可支配收入	3.39	3.29	7	13
城镇居民可支配收入	4.31	4.37	7	13
农村居民可支配收入	2.17	1.88	4	13
居民人均消费支出	2.10	2.09	7	13
城镇居民人均消费支出	2.65	2.73	7	11
农村居民人均消费支出	1.37	1.27	6	14
恩格尔系数（升序）	24.50	27.50	2	1
城镇居民恩格尔系数	23.10	26.80	1	2
农村居民恩格尔系数	28.00	29.40	5	2

（二）城乡均衡程度

城乡均衡程度用城乡居民人均可支配收入倍差来反映，倍差越小越均衡。2020 年潍坊城乡均衡程度高于全国、山东平均水平，与浙江基本持平（2021 年潍坊与浙江的城乡居民人均可支配收入倍差同为 1.94）。山东省人均可支配收入最高的 7 个城市中，潍坊城乡均衡性最好，在省内排第 6 位，威海、烟台、淄博、青岛、济南、东营分别排第 10、11、12、13、15、16 位；全省城乡居民人均可支配收入倍差最小的 6 个城市中，潍坊人均可支配收入最高，德州、聊城、菏泽、泰安、枣庄是低富裕水平上的城乡均衡（见图 1）。

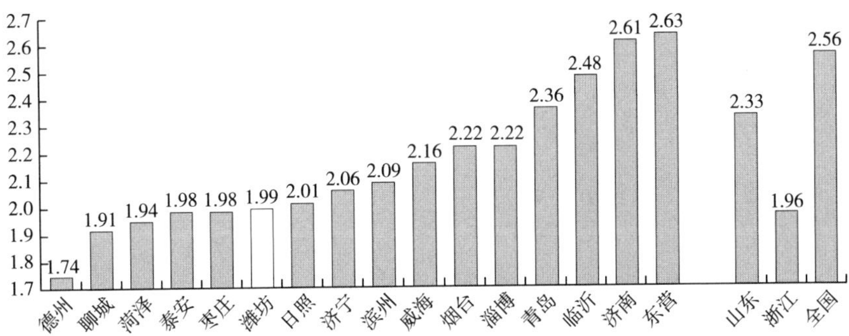

图 1　2020 年全国、浙江、山东及山东 16 地市城乡居民人均可支配收入倍差

（三）区域均衡程度

区域均衡程度用人均 GDP 最高最低区域倍差来反映，倍差越小越均衡。2021 年潍坊区域均衡程度高于全国、山东平均水平，略低于浙江。山东省 GDP 最高的 4 个城市中，潍坊区域均衡性最好。潍坊人均 GDP 最高最低区域倍差在省内排第 7 位，青岛、烟台、济南分别排第 13、15、16 位；全省人均 GDP 最高最低区域倍差最小的 7 个城市中，潍坊 GDP 最高，东营、德州、枣庄、威海、淄博、泰安是低发展水平上的区域均衡（见图 2）。

（四）收入均衡程度

收入均衡程度通常会用基尼系数、居民收入五等份最高最低倍差、中等收入群体比重来反映。①基尼系数。国家统计局公布的全国基尼系数，

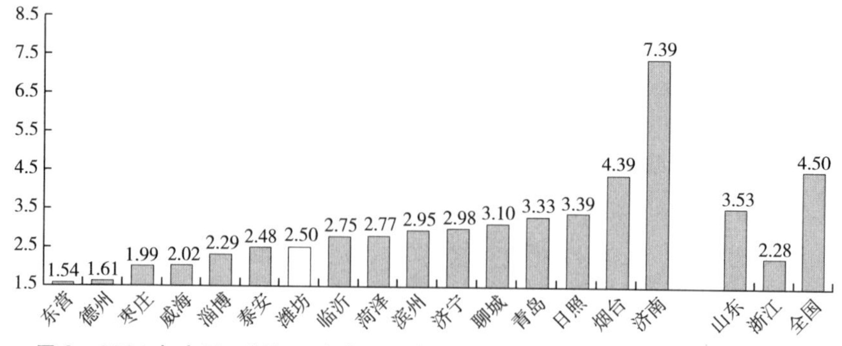

图2　2021 年全国、浙江、山东及山东 16 地市人均 GDP 最高最低区域倍差

2013 年以前最低值为 0.473，2018~2020 年分别为 0.468、0.465、0.468。总体上看有所降低，但仍处于 0.4 警戒线以上的高位水平。各省份没有公开官方数据。②居民收入五等份最高最低倍差。2020 年全国为 10.20，浙江为 5.31，江苏为 7.90，广东为 7.36，福建为 6.17，4 个沿海省份均低于全国平均水平。山东及潍坊没有公开官方数据。③中等收入群体比重。国家统计局将三口之家家庭年收入在 10 万~50 万元的群体视作中等收入群体，2020 年全国中等收入群体占总人口的比例为 30.0%左右，浙江中等收入群体占总人口的比例为 67.4%，其他各省份未公开官方数据。

研究机构普遍认为我国收入差距仍然较大。这说明，相比城乡差距、区域差距，收入差距是促进共同富裕的难点和重点，任务更艰巨、更紧迫，潍坊的情况大致亦如此。

（五）公共服务均等化程度

公共服务包括教育、医疗健康、社会保障、住房保障、公共基础设施等方面，公共服务均等化是指人人都能享受到公共服务，并且享受的机会是平等的。

①教育均等化。2020 年潍坊 15 岁及以上人口平均受教育年限是 9.94 年，在省内排第 7 位（见图 3）。

每一专任教师平均负担在校学生数（义务教育）越少，教育均等化程度越高。2020 年潍坊每一专任教师平均负担在校学生数（义务教育）是 13.0 人，在省内排第 5 位（见图 4）。以上两个指标，潍坊均高于全省平均水平，但均低于淄博、烟台、东营、威海。

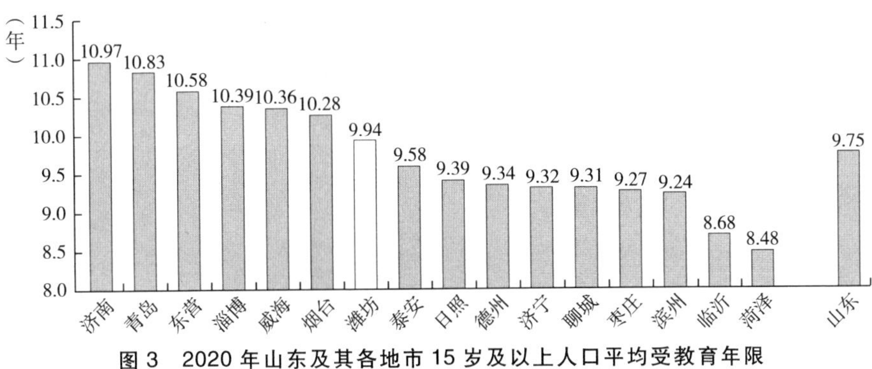

图 3　2020 年山东及其各地市 15 岁及以上人口平均受教育年限

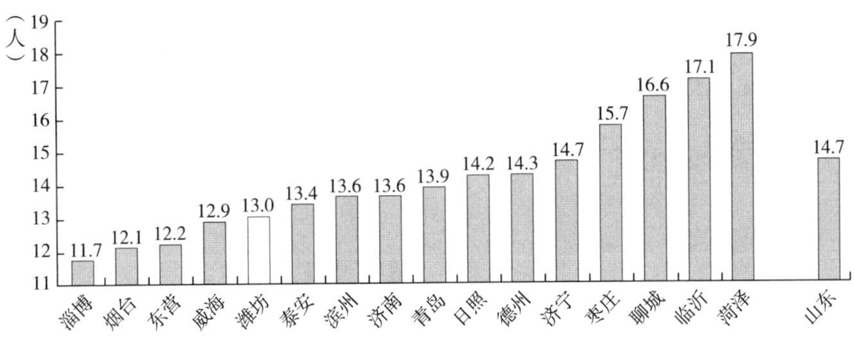

图 4　2020 年山东及其各地市每一专任教师平均负担在校学生数（义务教育）

②医疗健康均等化。2020 年潍坊每千人口拥有执业（助理）医师数是 3.29 人，在省内排第 6 位（见图 5）。

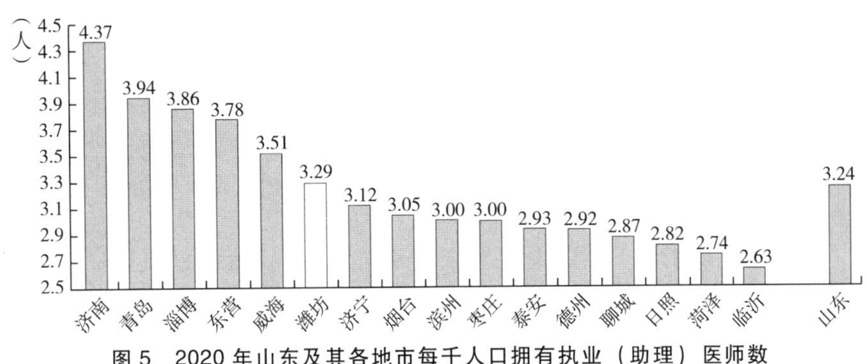

图 5　2020 年山东及其各地市每千人口拥有执业（助理）医师数

2020 年潍坊每千人口拥有医疗卫生机构床位数是 7.01 张，在省内排第 3 位（见图 6）。以上两个指标，潍坊均高于全省平均水平，但均低于济南、淄博，淄博表现亮眼。

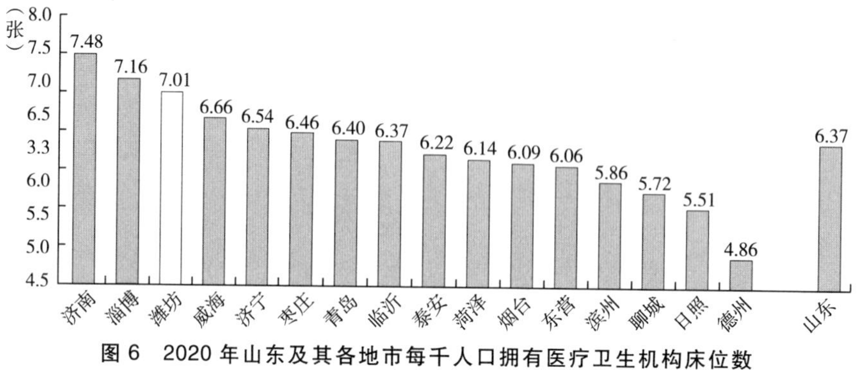

图 6　2020 年山东及其各地市每千人口拥有医疗卫生机构床位数

③社会保障均等化。2020 年潍坊社会保障和就业支出占一般公共预算支出的比例是 15. 3%，在省内排第 9 位（见图 7）。

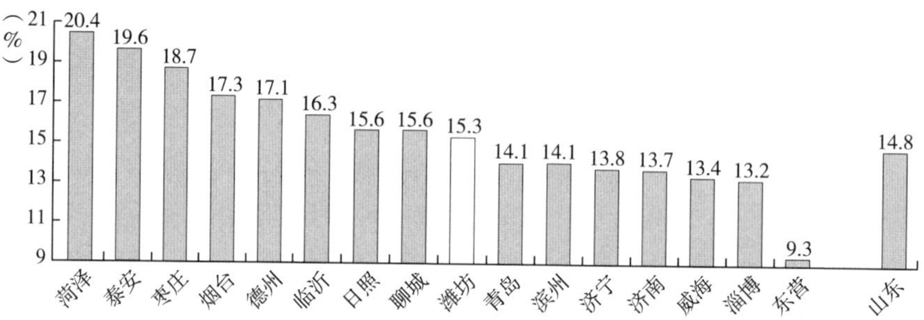

图 7　2020 年山东及其各地市社会保障和就业支出占一般公共预算支出的比例

（六）发展潜力

①潍坊三次产业齐头并进，近年来呈现良好势头，这是潍坊推进共同富裕的优势所在。

②城镇化是推进共同富裕最重要的潜力所在。城镇化率越高的城市，居民人均可支配收入往往越高、城乡居民人均可支配收入倍差往往越小，全国地级市 GDP 20 强、山东城市都存在这种关系（见表 3）。

表 3　全国地级市 GDP 20 强城镇化率与居民收入、城乡收入倍差关系

单位：万元

常住人口城镇化率	居民人均可支配收入平均值	城乡居民人均可支配收入倍差平均值	城市
80%以上	5.82	1.73	佛山 东莞 无锡 苏州
70%~80%（不含 70%）	4.98	1.85	常州 温州 嘉兴 扬州 绍兴 南通
60%~70%（不含 60%）	3.69	2.05	泉州 泰州 烟台 徐州 洛阳 潍坊 唐山 盐城 台州
60%及以下	2.89	2.48	临沂

共同富裕的难点在农村，增加农民收入是关键。陈锡文、张红宇、杜鹰等专家都认为增加农民收入重在一次分配，无论是增加农民工资性收入，还是通过规模经营来增加家庭经营性收入，加快推进城镇化都是最有效、最根本的手段。

从一个地区、城市的全局看，加快推进城镇化，让更多人口从低效率的农业农村部门转移到高效率的城市部门，对于加快发展、做大蛋糕、扩大中等收入群体、优化收入分配结构至关重要。

潍坊现阶段城镇化率较低，以城镇化推动共同富裕有很大潜力，在全省、全国都具有一定典型性。2020 年潍坊常住人口城镇化率为 64.4%，居全省第 7 位（见图 8）。2020 年国内 6 个万亿 GDP 地级市中佛山、东莞城镇化率超过 90%，苏州、无锡城镇化率在 80%以上，南通、泉州城镇化率在 70%左右，都明显高于潍坊（见图 9）。

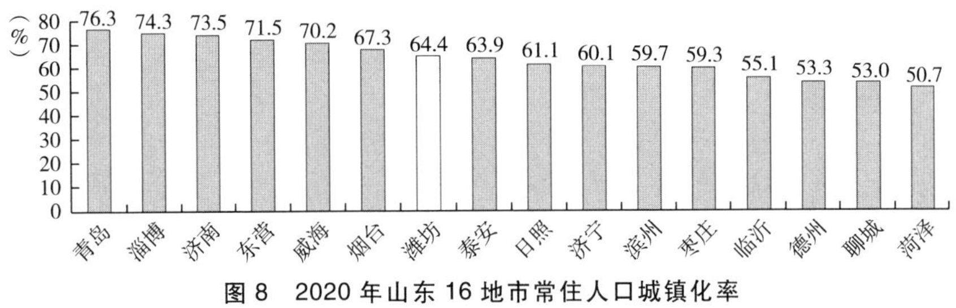

图 8　2020 年山东 16 地市常住人口城镇化率

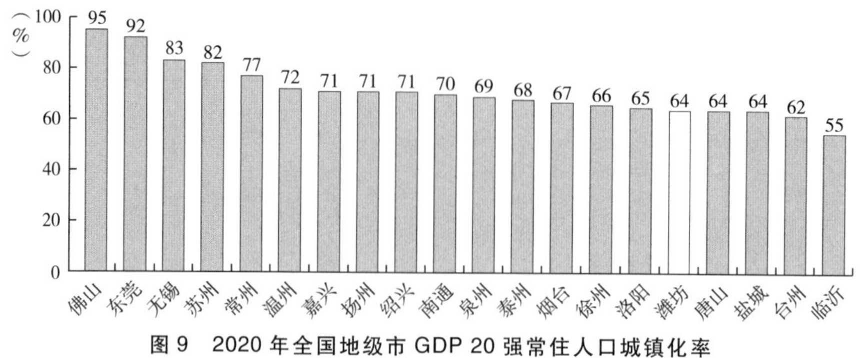

图 9　2020 年全国地级市 GDP 20 强常住人口城镇化率

四　思考建议

（一）迅速凝聚起推动共同富裕的思想共识

浙江提出以高质量发展建设共同富裕示范区为总牵引。山东提出开展省级共同富裕试点，许多城市迅速探索，体现了对表习近平总书记要求的高度自觉。

潍坊市第十三次党代会把“必须扎实推动共同富裕”作为牢牢把握好的十大根本性、方向性、原则性问题之一，提出“探索促进共同富裕的有效路径”。实现“一二三”目标、建设人民满意的现代化品质城市，与推动共同富裕高度契合。从淄博等地的经验看，应该在城市发展战略中更鲜明地树立共同富裕的导向，尽快在全市上下凝聚起以高质量发展推动共同富裕的共识。

（二）争创省级共同富裕示范城市

习近平总书记在中央财经委员会第十次会次上明确指出：“要抓好浙江共同富裕示范区建设，鼓励各地因地制宜探索有效路径，总结经验，逐步推开”。山东省“十四五”规划提出开展共同富裕示范市建设，《山东半岛城市群发展规划（2021—2035 年）》、山东省政府工作报告提出开展省级共同富裕先行区试点工作。

潍坊共同富裕基础较好，特别是均衡性高、发展后劲足，在山东省乃至我国北方地区具有一定代表性，可以率先争创省级共同富裕示范城市，量身打造配套政策，充分改革授权，推动城市高质量高速度发展。

（三）加强对推动共同富裕的整体谋划

1. 组建工作推进机构

浙江省、市两级均设立领导小组，省、市主要领导任组长，小组办公室设在发改部门。潍坊可参照其做法，成立领导小组，设立工作专班，统筹指导、协调推进共同富裕工作。

2. 制定出台实施方案

制定出台实施方案有利于进一步凝聚共识，加快潍坊共同富裕进程。方案应坚持以人民为中心的发展思想，以三大产业高质量发展夯实共同富裕的物质基础，以缩小地区、城乡、收入和公共服务“四个差距”进一步分好蛋糕，加快突破发展不平衡不充分问题，努力实现在高质量发展中促进共同富裕。建议由工作专班牵头，科学确定共同富裕的战略目标、主攻方向、实现路径和重点任务。

3. 研究发布指标体系

习近平总书记明确要求提出科学可行、符合国情的指标体系和考核评估办法，目前国家、省、市三级均未见出台具体的指标体系或考核评估办法，浙江部分地区进行了初步探索。建议结合潍坊实际，坚持定量与定性、客观评价与主观评价相结合，从共同富裕综合水平、群体共同富裕、城乡共同富裕、区域共同富裕等维度，研究设置一套完整科学的评价指标。这有可能成为潍坊推进共同富裕的工作亮点。

4. 设立专业研究机构

杭州、温州、嘉兴依托本地高校组建共同富裕研究中心或研究院，中国人民大学等高校也设立了共同富裕研究院等研究机构。建议依托市委党校设立潍坊市共同富裕研究机构，充分发挥优势特长，促进各级干部专业能力提升，更好地服务党委政府决策。

（四）率先打造农业农村领域共富样板

推进共同富裕，淄博以高品质民生为突破口，青岛在乡村振兴齐鲁样板先行区建设中率先发力，嘉兴接连单独发布农业农村共同富裕的实施意见、行动计划，这些案例带给我们的启示是，打造共富样板应突出特色。

在全国大局中，围绕农业农村领域打造共富样板，是潍坊最鲜明的特色，也是创新提升“三个模式”的内在要求。建议重点在三方面探索推进：一是带动农民就业增收，加快推进农业全产业链开发，把产业链主体留在县域，真正把就业机会和产业链增值收益留给农民。二是开展共同富裕典型示范，围绕三产融合发展、发展壮大村集体经济、促进农民增收等方面开展典型示范，尽快形成一批可复制可推广的标志性共富成果。三是用足农综区政策，重点在新型经营主体培育、土地规模化经营、农村集体产权制度改革、乡村建设等方面，探索形成一批可复制可推广的制度创新成果。

（五）以提升产业发展质量为主攻方向做大蛋糕

现阶段，没有质量的提升，就难以实现规模扩张，做大蛋糕的增量主要依靠提升产业发展质量。应坚持创新驱动，时任山东省委书记的李干杰在《人民日报》发表文章的题目就是《以创新引领发展走在前列》。潍坊应坚持走龙头企业带动创新的路子，支持龙头企业突破关键核心技术、与大院大所合作、建设高能级平台。应坚持数字赋能，以数字产业化、产业数字化为“两翼”，推动数字经济与实体经济深度融合，不断提高传统产业数字化、智能化水平。应把握“双碳”时代机遇，加快建设碳排放数据监测平台、推进工业低碳转型、搭建碳技术研究平台，以此推动产业绿色化转型。应抓好大企业、各类冠军企业、专精特新企业，通过资本扶持、科技创新、集群培育等，持续提升各类企业竞争力。

（六）以城镇化为关键抓手缩小城乡、区域、收入差距

1. 应保持城镇化速度

过去10年，潍坊常住人口城镇化率提升17.5个百分点，提升幅度在全国地级市GDP 15强中排第1位。现阶段潍坊城镇化进程落后于长三角、珠三角8~10年，城镇化水平在山东省内也不算高，保持较高城镇化速度对于潍坊推动共同富裕、实现“一二三”目标至关重要。

2. 破除农村人口向城镇转移的障碍，实现能转尽转

现阶段有很多农民想到城镇落户，但受到种种限制很难实现。比如有些地区规定，农民到城镇落户要以放弃农村集体权益为前提，这严重阻碍农民进城落户进程。应加快破除人口流动制约因素，尽可能取消其他前置

条件和附加限制，加快推动农村居民向中心城区、县城、镇区转移落户。

3. 把就业、教育、房价作为推动农村人口向城镇转移的关键着力点

就业是根本。教育是关键，应按照人口流动趋势配置教育资源，特别是在中心城区、县城迅速增加基础教育供给，充分发挥基础教育对人口流动的牵引作用。房价是基础，低房价是潍坊的显著特点，这个特点是历史形成的，也是潍坊推进城镇化难得的优势，不应轻易改变这种局面。

（2022 年 3 月）

落实党的二十大精神扎实推进共同富裕的分析与建议

杜慧心　刘永杰　董俐君　戴真真

一　扎实推进共同富裕的重要性和紧迫性

党的二十大报告指出，从现在起，中国共产党的中心任务是以中国式现代化全面推进中华民族伟大复兴，共同富裕是中国式现代化的重要特征和本质要求。

有研究表明，现实地看，城市共同富裕水平与城市竞争力、城市综合实力高度正相关。发展地看，推进共同富裕是提升城市竞争力的重要抓手，抓共同富裕，就等于提升城市竞争力。

2021 年 8 月中央财经委员会第十次会议研究部署扎实推进共同富裕以来，共同富裕成为城市竞争的重要赛道。中央确定浙江建设共同富裕示范区，浙江省及其各县（市、区）先行一步，已经有了实质性成果。无锡、南通等城市开始制定共同富裕行动计划，进行系统研究部署，青岛出台《关于加快建设乡村振兴齐鲁样板先行区促进共同富裕的意见》，淄博出台《关于建设高品质民生促进共同富裕的行动方案（2022—2024 年）》，众多城市纷纷争试点、打头牌。可以预见，党的二十大后，共同富裕赛道的竞争将越来越激烈。

对潍坊、对任何一个城市而言，推进共同富裕都是战略机遇，也是发展挑战，迫切需要尽快凝聚共识，迅速行动。

二　浙江共同富裕示范区建设经验

建设浙江共同富裕示范区，是习近平总书记亲自谋划、亲自推动的重大战略。之所以选择浙江，是因为浙江探索解决发展不平衡不充分问题成效明显，富裕程度高，城乡差距、区域差距、收入差距小，具备基础和优势。

经过一年多实践，浙江共同富裕示范区建设扎实开局，“四梁八柱”逐渐成形，示范区建设目标体系、工作体系、政策体系、评价体系初步建立，常态化推进机制运行顺畅，“共富型”发展模式已见雏形。高质量发展、缩小城乡区域收入差距等重点工作扎实推进，富裕程度进一步提升，三大差距进一步缩小，优势更加巩固，众多工作已经形成亮点。

（一）形成以高质量发展建设共同富裕示范区为总牵引的工作格局

2022 年 1 月，浙江省政府工作报告明确提出以高质量发展建设共同富裕示范区为总牵引，以共同富裕为主线串联起全年十项重点工作。2022 年 2 月，浙江新年第一会就是高质量发展建设共同富裕示范区推进大会，聚焦“为实现共同富裕提供浙江示范”目标要求，部署推进全年工作。2022 年 6 月，浙江省党代会聚焦共同富裕先行和省域现代化先行主题，把推进共同富裕和现代化作为五大战略指引之一。浙江各市也是类似安排。浙江上下联动推进示范区建设。国家发改委牵头设立工作专班，协助浙江积极对接中央和国家机关有关部门，争取国家层面政策保障和改革授权，有 20 个国家部委通过专项政策、合作协议、试点批复等形式支持示范区建设，13 家央企出台行动方案或与浙江签署战略合作框架协议，7 家央企与浙江 7 个重点山区县创新建立“一对一”合作关系。

（二）全省“一盘棋”整体推进，构建起共同富裕示范区建设“四梁八柱”

建立共同富裕示范区目标体系。按照浙江领先全国 15 年，于 2035 年基本实现共同富裕的总体安排，明确“每年有新突破、5 年有大进展”，把总目标分解为年度目标，总目标用三个五年规划压茬推进，确保每年形成一批突破性成果、每五年有阶段性成果。出台《浙江高质量发展建设共同富裕示范区实施方案（2021—2025）》，明确“四率先三美”发展目标和“七个先行示范”实施路径①。形成共同富裕示范区建设工作体系。成立省

① 四率先三美：率先基本建立推动共同富裕的体制机制和政策框架，率先基本形成更富活力创新力竞争力的高质量发展模式，率先基本形成以中等收入群体为主体的橄榄型社会结构，率先基本实现人的全生命周期公共服务优质共享；人文之美更加彰显，生态之美更加彰显，和谐之美更加彰显。七个先行示范：经济高质量发展先行示范、收入分配制度改革先行示范、公共服务优质共享先行示范、城乡区域协调发展先行示范、社会主义先进文化发展先行示范、生态文明建设先行示范、社会治理先行示范。

委、省政府主要领导挂帅的领导小组，成立省委社会建设委员会着力推进社会建设，成立共同富裕示范区咨询委员会推动共同富裕理论创新“大成集智”。确定“1+7+N”重点工作体系和“1+5+N”重大改革体系①，建立会议推进机制、清单化管理机制、改革探索和试点推广机制、民情通达机制，高效推进落实。发布共同富裕示范区建设政策体系。省级部门聚焦重点领域出台64个专项政策意见，形成“共性+个性”政策工具箱。各市及下属县（市、区）结合自身实际出台实施方案、编制行动计划。推出共同富裕示范区建设评价体系。制定共同富裕示范区建设绩效考评办法，动态监测评价共同富裕示范区工作进展。

（三）把数字化改革作为示范区建设核心动力

时任浙江省委书记的袁家军指出，数字化改革是全面深化改革的总抓手，是共同富裕示范区建设的核心动力。浙江将改革赋予数字化形态，围绕建设“数字浙江”，统筹运用数字化技术、思维、认知，把数字化、一体化、现代化贯穿到党的领导和经济、政治、文化、社会、生态文明建设全过程、各方面，对省域治理的体制机制、组织架构、方式流程、手段工具进行系统性重塑。以数字化改革构建经济“新范式”。以“产业大脑+未来工厂”为核心场景，构建数字经济新型生产关系，赋能企业创新变革、产业生态优化、政府精准服务。打造出浙企智造在线、科技攻关在线、对外贸易应用、金融综合服务应用等一批标志性成果，谋划建设“重大应用”23个、地方特色应用41个，“企业码”“知识产权在线”等多个应用得到中央部委肯定，“政采云”等应用走出浙江，推向全国。以数字化改革拓展惠民“新路径”。以数字化赋能政务服务、公共服务、社会治理、生态文明等各项改革实践。政务服务赋能，推出“浙里办”掌上应用，汇聚3600项全省统一的政务服务事项、1500项便民惠企服务、40件多部门联办“一件事”，真正实现了“数据多跑路、群众少跑腿”。社会治理赋能，温州推出“惠企政策直通车”，湖州推出市民看病“医后付”，衢州推

① 1+7+N：1是1套指标体系，7是7个先行示范，N是一系列具有引领示范作用和普遍意义的突破性抓手。1+5+N：1是在收入分配上“扩中提低”，5是缩小地区发展差距、缩小城乡发展差距、公共服务优质共享、精神生活共同富裕、共同富裕现代化基本单元，N是一系列具有引领示范作用和普遍意义的重大改革。

出“村情通”。公共服务赋能，打造“浙里基本公共服务一键达”重大应用，构建基本公共服务数据资源库，用数字化手段推进基本公共服务均等化、15分钟公共服务圈、普惠托育服务体系、养老服务体系、新时代社会救助体系等重点工作，推动优质公共服务数字化共享。以数字化改革为牵引构建共同富裕“新机制”。以数字化改革引领全面深化改革，围绕“1+5+N”重大改革体系，先后梳理形成重大改革清单1.0版和2.0版。清单1.0版以向上争取的改革事项为主，共50项；清单2.0版以自主创新的改革事项为主，共37项。“浙里保”商业补充医保、新就业形态劳动者劳动权益保障等一批重大改革取得实效，农村集体产权制度、“县乡一体、条抓块统”等一批先行改革经验向全国复制推广。

（四）坚持在高质量发展中推进共同富裕，把持续做大蛋糕作为推进共同富裕的基础和前提

把数字经济作为高质量发展最大增量。浙江把数字经济作为数字化变革核心内容，实施数字经济“一号工程”升级版，把发展数字经济作为产业转型升级组合拳“主拳法”，构建以数字经济为核心的现代化经济体系，打造全球智能制造领跑者、全国绿色制造先行区。更加突出发挥民营经济优势。浙江国企强，民企也强，民营经济创造了浙江63%的投资、66%的生产总值、72%的研发投入、73%的税收、78%的外贸出口、87%的就业岗位、91%的企业数量，已经成为浙江经济的最大特色、最大优势，是浙江的金名片与核心竞争力。浙江致力于打造民营经济发展生态最优省，着力营造自由开放的市场环境和创业创新生态，全面落实民营企业发展促进条例，健全市场准入负面清单制度。在国企唱主角的诸多基础设施领域，浙江鼓励支持民营企业参与，民营经济发展活力持续释放、优势更加突出。突出制造业在三次产业中的核心地位。浙江服务业、农业都很强，但浙江始终强调把发展的重点放在制造业上，强调没有强大的制造业，服务业就缺失了最重要的服务对象。现阶段浙江以制造业为产业战略核心、强省富民根基，加快提升制造业核心竞争力，强化龙头企业引领带动、链条式培育、集群式发展，建设全球先进制造业基地。持续强化科技创新优势。不论是建设G60科创走廊、成立之江实验室，还是推广“揭榜挂帅”、推进“领雁”“领航”计划，浙江一直勇立科创潮头，走在全国前列。浙江提出

打造全国有影响力的科技创新中心，明确科技创新在发展全局的核心地位，聚焦建设“互联网+”、生命健康、新材料三大科创高地，建设浙江特色全域创新体系，下大力气实施关键核心技术攻关、建设更多重大科研平台设施、打造重大应用场景。

（五）围绕缩小收入、区域、城乡三大差距和推动公共服务优质共享分好蛋糕

浙江强调共同富裕能够在经济体量提升的同时，实现更高水平的均衡与协调。缩小收入差距应聚焦“扩中”“提低”。出台《浙江省“扩中”“提低”行动方案（2021—2025）》，在“共性”维度提出促就业、激活力、拓渠道、优分配、强能力、重帮扶、减负担、扬新风八大路径，推动普惠性政策落地。在“个性”层面围绕当前阶段重点关注的九类群体，率先推出一批差别化收入分配激励政策，推动构建“全面覆盖+精准画像”基础数据库，推动更多人迈入中等收入行列。缩小区域差距应聚焦山区跨越式高质量发展。把山区 26 县作为缩小区域差距的重点、难点和关键点，组建山区 26 县高质量发展工作专班，针对每个县的发展基础、特色优势和主导产业，“一县一策”为山区 26 县量身定制精准支持政策。缩小城乡差距应聚焦农民农村共同富裕。以农村集体经济为突破性抓手，实施以集体经济为核心的“强村富民”乡村集成改革工作方案，重点打好标准地改革+农业“双强”（科技强农和机械强农）、宅基地改革+乡村建设、市场化改革+集体经营、数字化改革+强村富民四套组合拳，加快推进农业农村现代化，更好地促进农民农村共同富裕。公共服务优质共享应聚焦打造民生“七优享”金名片。推行“浙有善育、浙里优学、浙派工匠、浙里健康、浙里康养、浙里安居、浙有众扶”七大行动，以数字赋能、制度创新为动力，迭代升级为民办实事长效机制。

三　潍坊共同富裕水平分析

为全面了解潍坊共同富裕现状、厘清发展优势和劣势，我们对潍坊共同富裕发展水平进行了测度。

浙江建设共同富裕示范区，由浙江大学构建了一套共同富裕评价指标

体系。我们在这套指标体系基础上，依据专家意见进行适当调整，主要是调换了个别山东没有统计数据的指标和明显不符合山东实际的指标。指标体系包含发展性、共享性、可持续性 3 个一级指标、15 个二级指标和 61 个三级指标（见表 1）。[①] 山东 16 地市共同富裕水平如表 2 所示。

表 1　共同富裕指标体系

一级指标	二级指标	三级指标
发展性（36.33%）	富裕度（13.59%）	城镇居民人均可支配收入（元）
		农村居民人均可支配收入（元）
		人均可支配收入占人均 GDP 比重（%）
		城镇居民人均消费支出（元）
		农村居民人均消费支出（元）
		居民人均存款余额（元）
		人均社会消费品零售总额（元）
		城镇居民恩格尔系数（%）
		农村居民恩格尔系数（%）
	城乡均衡度（5.38%）	常住人口城镇化率（%）
		城乡居民人均收入倍差
	区域均衡度（5.38%）	人均 GDP 区域差异系数
		人均可支配收入区域差异系数
	收入均衡度（11.98%）	城镇居民财产性收入增长率（%）
		农村居民财产性收入增长率（%）
		城镇居民最低生活保障标准（元/年）
		农村居民最低生活保障标准（元/年）
		城镇最低生活保障增速与人均消费支出增速之比（%）
		农村最低生活保障增速与人均消费支出增速之比（%）
共享性（31.62%）	教育（6.39%）	普通小学生均一般公共预算教育事业费（元）
		普通初中生均一般公共预算教育事业费（元）
		小学阶段生师比
		初中阶段生师比
	医疗健康（5.84%）	健康预期寿命（岁）
		每千人拥有执业（助理）医师数（人）
		每千人医疗机构床位数（张）
		每千老年人拥有养老服务机构床位数（张）
	社会保障（5.16%）	社会保障支出占 GDP 之比（%）
		民生性支出占一般公共预算支出之比（%）

① 一、二级指标权重采用层次分析法计算得出，三级指标权重为对应二级指标的算术平均值，表示该指标在指标体系中的相对重要程度。

续表

一级指标	二级指标	三级指标
共享性（31.62%）	住房（4.00%）	住房保障支出占 GDP 比例（%）
		城镇人均住房面积（平方米）
	公共基础设施（3.75%）	每万人公共交通车辆（标台）
		污水处理厂集中处理率（%）
		公路密度（公里/百平方公里）
	数字应用（3.09%）	移动电话普及率（部/百人）
		（固定）互联网宽带普及率（%）
		地方政府数据开放指数
	公共文化（3.39%）	城镇人均教育文化娱乐消费支出（元）
		农村人均教育文化娱乐消费支出（元）
		每百万人拥有文化站数量（个）
		人均拥有公共图书馆藏量（册）
可持续性（32.05%）	发展质量（9.66%）	人均 GDP 增长率（%）
		R&D 经费投入增长（%）
		R&D 经费支出占生产总值比重（%）
		数字经济指数
		高新技术产业产值占规模以上工业产值比重（%）
		高新技术产生产值占规模以上工业产值比重（%）
		每万人口发明专利拥有量（件）
		城镇登记失业率（%）
	财政（6.76%）	人均财政收入（万元）
		转移支付依赖度（%）
		税收收入占比（%）
		大税占比（%）
		财政平衡率（%）
		财政透明度
	治理（8.06%）	民间资本投资比重（%）
		每万人拥有登记社会组织数（个）
		志愿者活跃度志愿服务渗透率（%）
		每万人拥有律师数（人）

续表

一级指标	二级指标	三级指标
可持续性（32.05%）	生态（7.57%）	建成区绿化覆盖率（%）
		地级及以上城市空气质量优良天数比例（%）
		地级及以上城市 $PM_{2.5}$ 平均浓度（ug/m^3）
		单位 GDP 电耗（千瓦时/万元）

表 2　山东 16 地市共同富裕水平

城市	总排名	总指数	发展性		共享性		可持续性	
			指数	排名	指数	排名	指数	排名
青岛	1	63.5	62.8	1	56.6	3	71.2	1
威海	2	62.1	61.5	2	62.4	2	62.5	2
济南	3	56.9	48.5	7	63.4	1	60.1	3
烟台	4	55.7	55.0	5	53.3	4	58.9	4
淄博	5	53.6	56.6	4	50.9	6	52.8	6
东营	6	53.1	57.6	3	50.7	7	50.3	8
潍坊	7	52.2	51.7	6	52.0	5	53.1	5
泰安	8	44.3	44.1	10	39.7	12	49.1	9
滨州	9	43.3	39.0	13	50.4	8	41.1	11
日照	10	40.9	33.7	15	38.9	13	50.9	7
德州	11	40.5	44.3	9	36.5	15	40.1	13
济宁	12	39.9	38.4	14	40.4	11	41.0	12
枣庄	13	39.1	45.1	8	40.5	10	30.9	15
聊城	14	38.8	41.9	11	43.9	9	30.4	16
菏泽	15	36.3	39.9	12	37.3	14	31.2	14
临沂	16	35.1	33.4	16	27.8	16	44.0	10

资料来源：《中国城市统计年鉴 2021》、《山东统计年鉴 2021》及山东各地市 2021 年统计年鉴。

（一）共同富裕总指数

潍坊排全省第 7 位，在省内属于共同富裕水平较高的城市。全省明显分成两个层级，较好的有青岛、威海、济南、烟台、淄博、东营、潍坊 7

个城市，其总指数在 52 以上，其他 9 个城市在 45 以下。潍坊与淄博、东营的共同富裕水平接近，与济南、烟台有一定差距，与青岛、威海有较大差距（见图 1）。

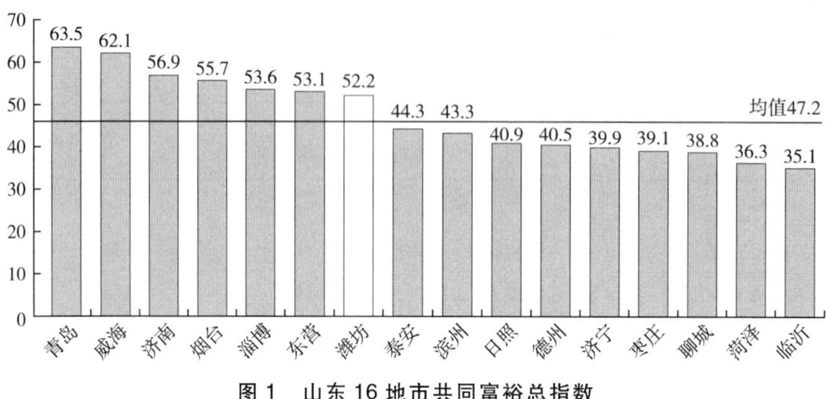

图 1　山东 16 地市共同富裕总指数

（二）发展性指数

发展性指数由富裕度指数、城乡均衡度指数、区域均衡度指数、收入分配均衡度指数 4 个二级指标计算得出。潍坊排全省第 6 位，属于省内发展性较好城市。全省 16 个城市中，发展性指数高于全省平均值 47.1 的有 7 个城市，其中青岛、威海在 60 以上，东营、淄博、烟台、潍坊在 50 以上，济南发展性指数为 48.5，济南发展性指数较低的主要原因是区域均衡度低拉低了发展性指数水平。其余 9 个城市均低于省平均值（见图 2）。

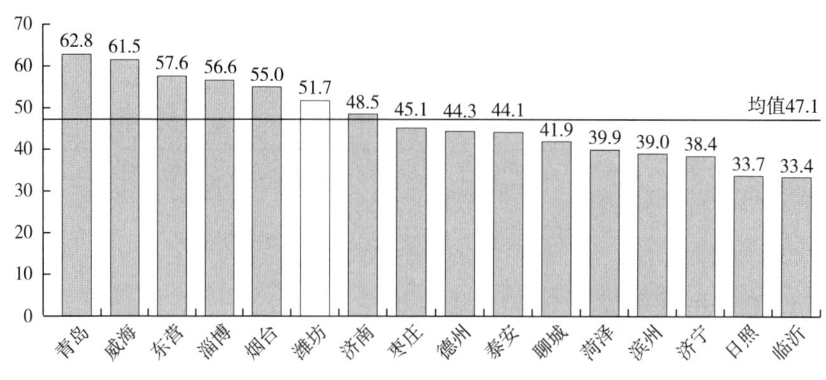

图 2　山东 16 地市发展性指数

1. 富裕度指数

富裕度指数由城镇居民人均可支配收入、农村居民人均可支配收入、人均可支配收入占人均 GDP 比重、城镇居民人均消费支出、农村居民人均消费支出、居民人均存款余额、人均社会消费品零售总额、城镇居民恩格尔系数、农村居民恩格尔系数 9 个三级指标计算得出。潍坊排全省第 6 位，属于省内比较富裕城市。全省 16 个地市中，富裕度指数高于全省平均值 45.2 的有 8 个。其中青岛、威海、东营、济南最好，为第一梯队；淄博、潍坊、烟台、泰安次之，为第二梯队。其他 8 个城市富裕度指数都在 40 以下（见图 3）。

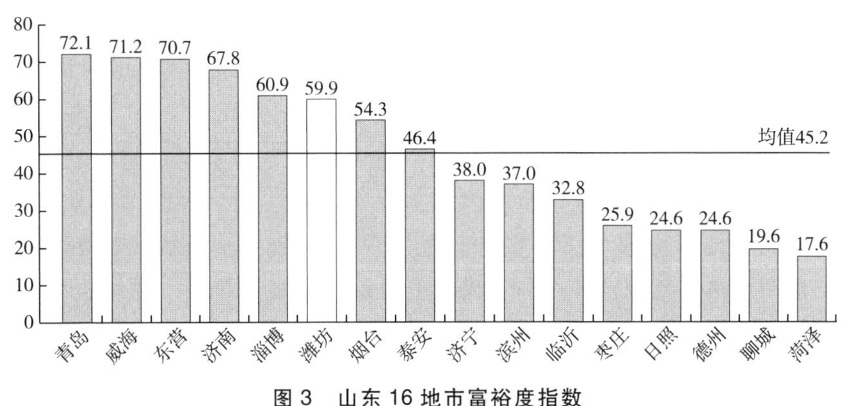

图 3　山东 16 地市富裕度指数

各地市富裕度指数与人均可支配收入呈高度正相关（见表 3）。

表 3　山东 16 地市富裕度指数与人均可支配收入相关性比较

单位：元

城市	富裕度		人均可支配收入		排名差异
	指数	排名	数值	排名	
青岛	72.09	1	47156	1	0
威海	71.18	2	41137	4	2
东营	70.73	3	42204	3	0
济南	67.83	4	43056	2	-2
淄博	60.93	5	38932	6	1
潍坊	59.92	6	33919	7	1

续表

城市	富裕度		人均可支配收入		排名差异
	指数	排名	数值	排名	
烟台	54.28	7	39306	5	-2
泰安	46.38	8	30937	8	0
济宁	37.97	9	29261	10	1
滨州	36.96	10	29718	9	-1
临沂	32.79	11	28887	11	0
枣庄	25.91	12	27379	13	1
日照	24.64	13	28695	12	-1
德州	24.58	14	23626	14	0
聊城	19.60	15	22488	15	0
菏泽	17.64	16	21741	16	0

潍坊与烟台相比，在富裕度方面有一定优势。除人均可支配收入外，富裕度指数还受人均可支配收入占人均 GDP 比重、恩格尔系数等因素影响。烟台恩格尔系数较高，一定程度上拉低了富裕度排名。潍坊恩格尔系数较低。

2. **城乡均衡度指数**

城乡均衡度指数由城乡居民人均收入倍差、常住人口城镇化率 2 个三级指标算出。

潍坊排全省第 4 位，城乡均衡度排名占据各项排名中最好的位次，且明显高于烟台，说明城乡均衡是潍坊的比较优势。就城乡均衡度而言，淄博、青岛、威海、潍坊、泰安为第一梯队，指数在 60 以上，烟台、日照、德州、枣庄为第二梯队，指数在 55 左右。其他城市中，除济宁外，城乡均衡度指数在 50 以下（见图 4）。

在共同富裕总指标排名前 7 位城市中，潍坊城乡居民人均收入倍差最小，2020 年潍坊城乡居民人均收入倍差略大于浙江（见图 5），2021 年与浙江持平。

在共同富裕总指数排名前 7 位的城市中，潍坊常住人口城镇化率排名最低，这会对其城乡均衡度排名造成负面影响。一般而言，城镇化率越高，城乡居民人均收入倍差往往越小。潍坊是明显的例外，在城镇化率相

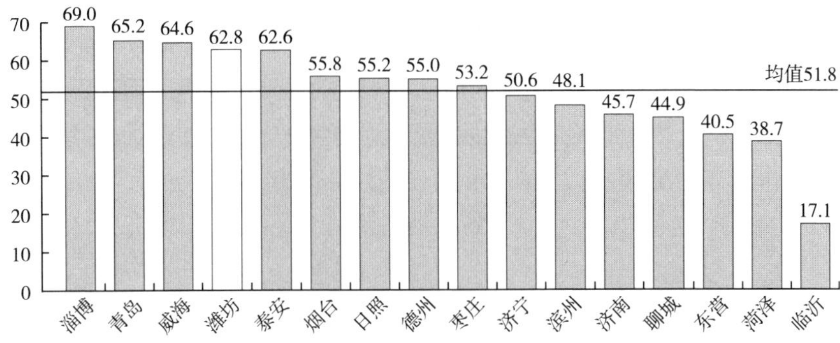

图 4　山东 16 地市城乡均衡度指数

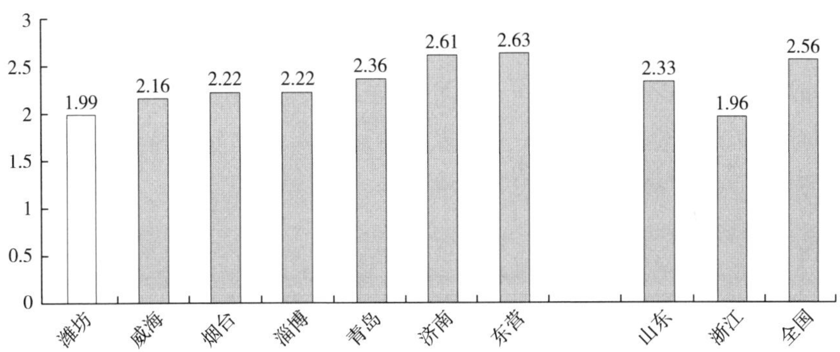

图 5　2020 年全国、浙江、山东及山东共同富裕总指数前 7 名城市的城乡居民人均收入倍差情况

对较低的情况下，城乡居民人均收入倍差最小，说明潍坊城乡均衡性强且提高的空间大。2021 年潍坊常住人口城镇化率为 65.2%，青岛、淄博、威海均在 71%以上。国内 6 个万亿 GDP 地级市中，佛山、东莞超过 90%，苏州、无锡在 80%以上，南通、泉州在 70%左右。潍坊与先进城市相比，有 8~10 个百分点的提升空间。

3. **区域均衡度指数**

区域均衡度指数由人均 GDP 区域差异系数、人均可支配收入区域差异系数 2 个三级指标计算得出，系数越小区域发展越均衡。

潍坊排全省第 5 位（见图 6）。总的来看，全省区域均衡度指数高的城市，经济发展水平普遍不高；经济发展水平较高的城市，区域均衡度指数普遍不高。潍坊和东营是相对富裕、区域均衡度又较高的城市。

东营和潍坊是人均 GDP 较高，同时区域差异系数也较小的城市。在人

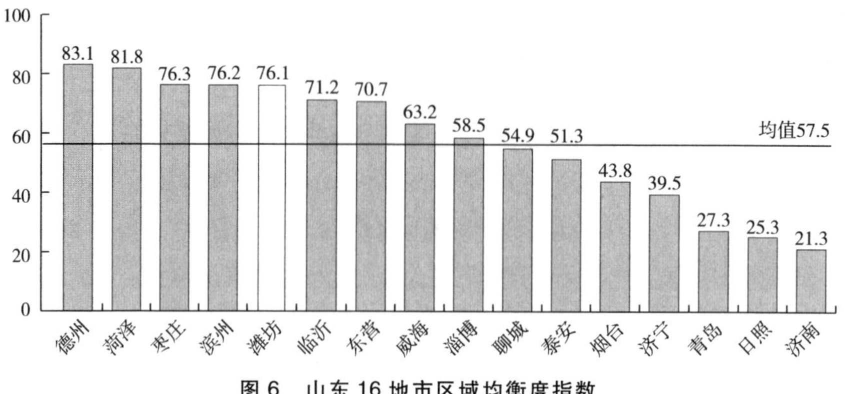

图 6　山东 16 地市区域均衡度指数

均 GDP 高于潍坊的东营、青岛、济南、烟台、威海、淄博、日照、滨州 8 个城市中，除东营外，其余 7 个城市的区域差异系数均大于潍坊。济南、青岛的区域差异系数尤其大，这与其中心城区发展程度高导致市内区域差异大有关（见图 7）。

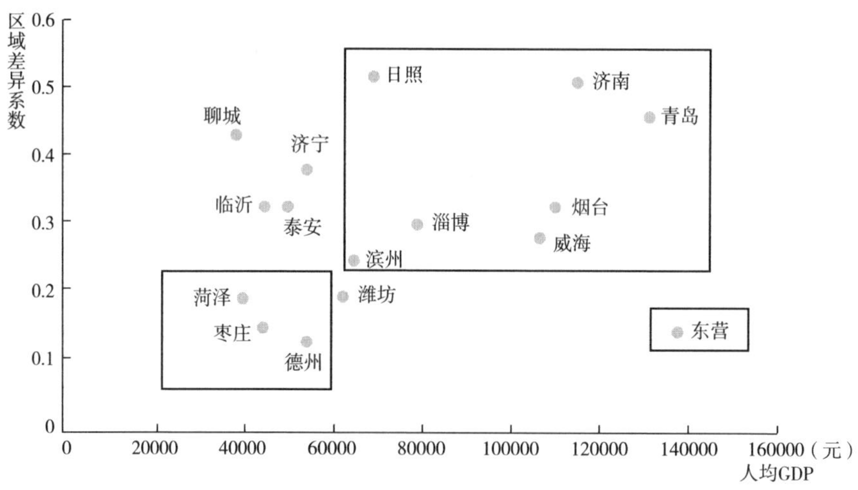

图 7　山东 16 地市的人均 GDP 及其区域差异系数

在人均可支配收入区域差异系数指标上，潍坊是人均可支配收入较高，同时差异系数也较小的城市。人均可支配收入高于潍坊的有青岛、济南、东营、威海、烟台、淄博 6 个城市，其区域差异系数均大于潍坊（见图 8）。

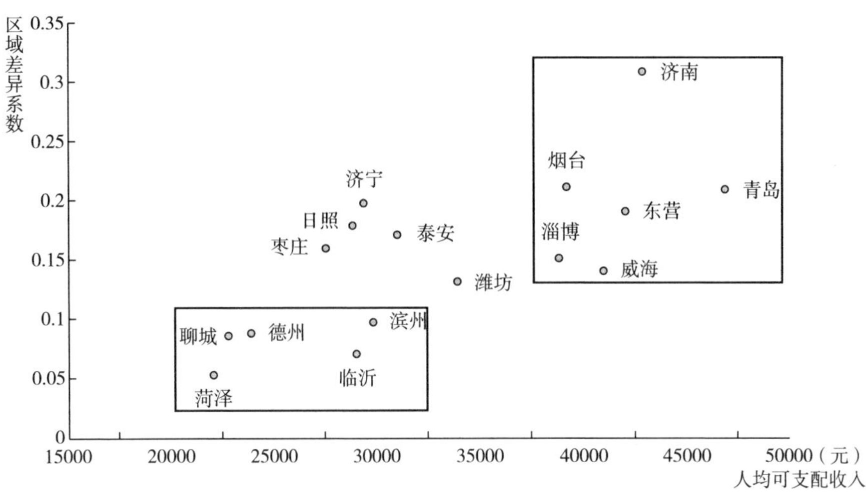

图 8　山东 16 地市的人均可支配收入及其区域差异系数

4. **收入均衡度指数**

收入均衡度指数由城乡居民财产性收入增长率、城乡居民最低生活保障标准、城乡最低生活保障增速与消费支出增速之比等 6 个三级指标计算得出。

潍坊排全省第 11 位，收入均衡度指数在所有指数中排名较低，应重点关注。山东 16 个地市中，青岛、威海、烟台收入均衡度指数在 60 以上，济南、聊城、淄博在 50 以上，潍坊为 39.6，远低于全省均值 46.3（见图 9）。

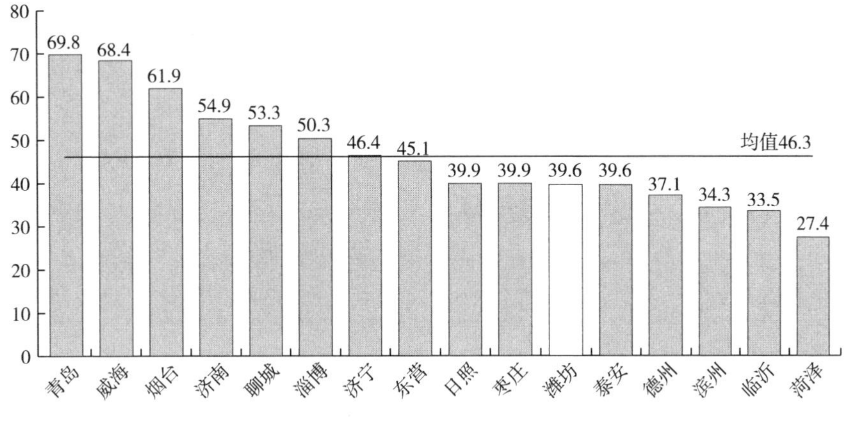

图 9　山东 16 地市收入均衡度指数

潍坊收入均衡度指数较低主要是因为农民收入差距大拉低了整体收入均衡度。三级指标中有 2 个与农民收入有关的指标排名很低，拉低了整体排名。

潍坊农村居民财产性收入增长率排全省地市第 14 位，这在一定程度上反映了潍坊农民财产性收入增长缓慢。因此，促进农民财产性收入快速增长、较快增加财产积累，应是推进农民农村共同富裕、缩小收入差距的重要着力点。

潍坊农村最低生活保障增速与人均消费支出增速之比排全省地市第 13 位，这在一定程度上反映了政府在农村居民最低生活保障方面投入增长不足。潍坊低收入群体比重为 1.2%，其中 95% 在农村。应在充分摸清低保人群分布、当前消费水平的基础之上，制定合理的低保投入标准，实现公共资金精准投放。这既能快速提升低收入农民群体幸福感、获得感，又能快速提高潍坊收入均衡度排名。

根据国家统计局潍坊调查队对潍坊 1600 户居民收入情况抽样调查分析，也能得出上述结论，即潍坊城镇居民收入较均衡，农村居民收入差距较大。调查队对城镇和农村居民人均可支配收入分别进行五等份分组，城镇居民最高收入组与最低收入组收入比为 6.40，略高于全国 6.16 的平均水平，农村居民最高收入组与最低收入组收入比为 14.18，远高于全国 8.23 的平均水平。

农村居民之所以收入差距较大，主要是因为潍坊农村高收入户的收入较高，农村拥有全市绝大部分的低收入群体。我们分别对比了城镇高收入户和农村高收入户的收入倍差、城镇低收入户和农村低收入户的收入倍差。发现高收入户收入倍差为 1.24，低收入户收入倍差为 2.76。这说明，潍坊农村高收入户收入较高，与城镇高收入群体差距小，但农村有着全市绝大部分的低收入群体，这势必拉大农民间收入差距。潍坊有一批高收入农民，尽管一定程度上拉大了农民间收入差距，但也是我们的发展优势。应充分利用这个优势，同时有针对性地帮扶农村低收入群体，尽快缩小收入差距。

（三）共享性指数

共享性指数由教育、医疗健康、社会保障、住房、公共基础设施、数字应用、公共文化 7 个二级指标计算得出。

潍坊排全省第 5 位，共享性整体较好。山东 16 个地市中，济南、威海共享性指数在 60 以上，为第一梯队；青岛、烟台、潍坊、淄博、东营、滨州在 50 以上，为第二梯队。其他 8 个城市都在 45 以下（见图 10）。

在共享性指数 7 个二级指标的排名中，潍坊最高排名第 5 位，最低排名第 9 位，比较均衡。其中，医疗健康和社会保障两项指标相对差一点，一定程度上拉低了共享性指数排名（见表 4）。

表 4　山东 16 地市共享性二级指标排名

城市	教育	医疗健康	社会保障	住房	公共基础设施	数字应用	公共文化
济南	7	2	5	8	2	1	6
威海	1	1	14	10	11	3	3
青岛	3	3	11	15	3	2	8
烟台	2	6	12	13	13	5	4
潍坊	6	8	9	7	5	7	5
淄博	4	5	15	6	4	10	2
东营	5	4	16	5	15	4	1
滨州	8	9	8	3	10	8	7
聊城	14	13	3	1	7	14	10
枣庄	13	12	2	12	1	9	13
济宁	10	7	7	16	9	12	9
泰安	11	11	4	14	6	13	11
日照	9	14	10	11	12	6	14
菏泽	16	10	1	4	14	16	12
德州	12	16	13	2	8	15	15
临沂	15	15	6	9	16	11	16

三级指标有 8 个优势突出。共享性指数的三级指标共 22 项，其中潍坊 8 项指标展现出比较强的优势，比如污水处理厂集中处理率排在全省第 1 位，小学阶段生师比、每千人医疗机构床位数、城镇人均住房面积、农村人均教育文化娱乐消费支出等均排在全省第 3 位，普通初中生均一般公共预算教育事业费、民生性支出占一般公共预算支出之比、城镇人均教育文

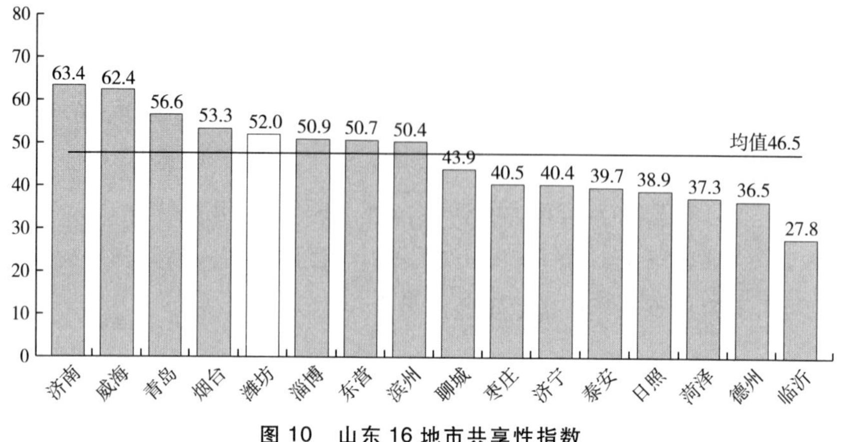

图 10　山东 16 地市共享性指数

化娱乐消费支出等指标均排在全省第 4 位，这些指标优势需要继续保持。

三级指标有 3 个排名很低。潍坊每千老年人拥有养老服务机构床位数排全省第 14 位（见图 11），远低于全省平均水平，与威海、烟台、淄博相差较大。人口基数大、老年人口占比高是重要原因，这两个原因在一定程度上增强了潍坊推进共同富裕的挑战性。2020 年，潍坊 60 岁及以上人口占全市人口的 21.8%，高于山东 20.9%和全国 18.9%的平均水平，提升养老服务能力是潍坊提升公共服务共享性的关键之一。

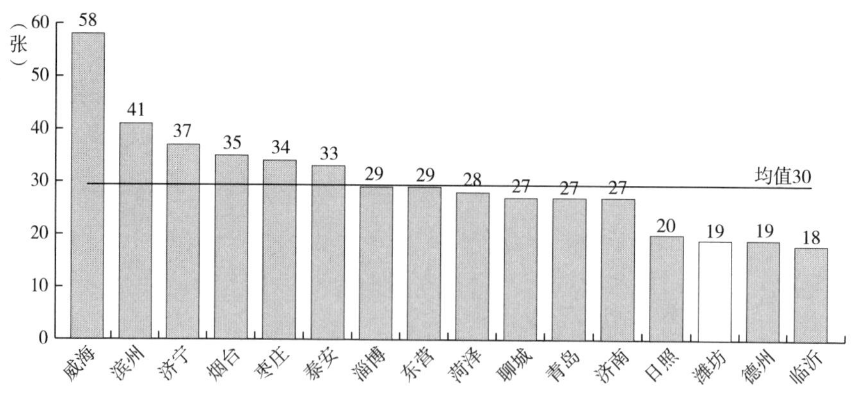

图 11　山东 16 地市每千老年人拥有养老机构床位数

潍坊社会保障支出占 GDP 之比排全省第 10 位（见图 12）。该指标有个明显特点，即发展较好的城市，其社会保障支出占 GDP 之比普遍偏低。我们分析，各城市社会保障支出总量差别不大，但因 GDP 不同造成社保支出占比不同。像潍坊这样发展较好的城市，不仅要提升社保支出总量，更要提升社保支出占 GDP 比重，这也是推进共同富裕的要求。

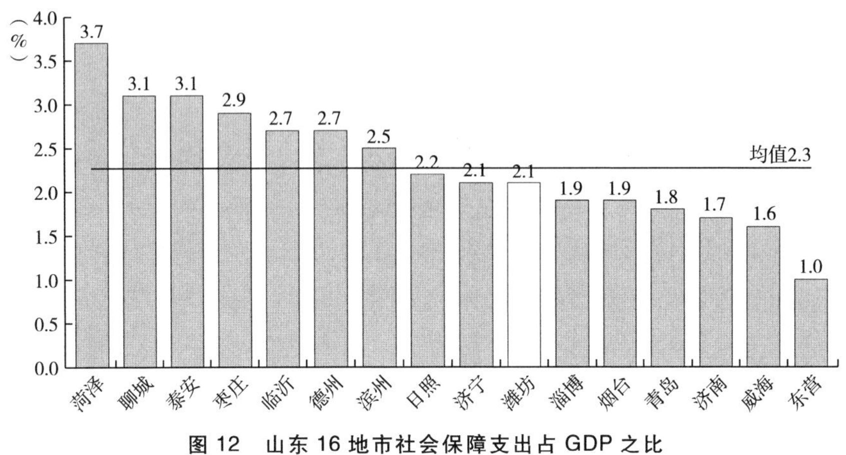

图 12　山东 16 地市社会保障支出占 GDP 之比

潍坊每百万人拥有文化站数量全省垫底（见图 13）。这与潍坊教育、科技水平不相称，应引导财政精准投入，在短期内迅速提升这一指标。

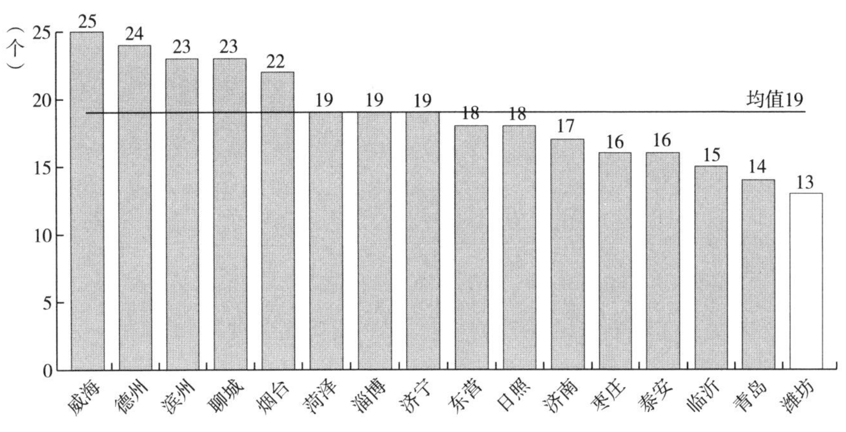

图 13　山东 16 地市每百万人拥有文化站数量

（四）可持续性指数

可持续性指数由发展质量、财政、生态、治理 4 个二级指标计算得出。

潍坊可持续性指数排全省第 5 位，可持续性较好。山东 16 个地市中，青岛可持续性指数全省最高，为 71.2，一枝独秀；威海、济南、烟台在 60

左右；潍坊、淄博、日照、东营、泰安在 49~54。

上述 9 个城市可持续性指数均在省平均值以上，可持续性较好。其他 7 个城市可持续性指数都在 45 以下。潍坊与前 4 名的青岛、威海、济南、烟台有一定差距；与淄博、日照、东营、泰安基本在同一水平（见图 14）。

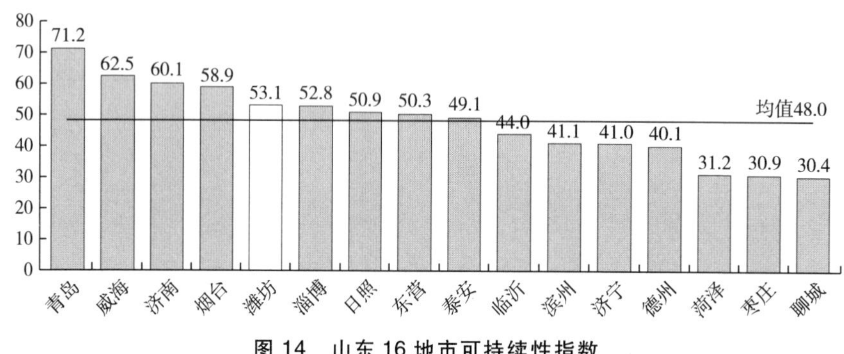

图 14　山东 16 地市可持续性指数

潍坊可持续性指数的 4 个二级指标发展较均衡。其中，发展质量省内第 7，财政省内第 6，治理省内第 6，生态省内第 6。

可持续性指数的三级指标有 20 个，潍坊排名较低的有 3 个，其他均在省内中上游。

潍坊 R&D 经费投入增长、R&D 经费支出占生产总值比重两个指标均排全省第 11 位，这两项指标决定潍坊未来发展核心竞争力，潍坊排名较后需引起关注，不容忽视。

潍坊单位 GDP 电耗排全省第 12 位，与全省前 4 的青岛、济南、威海、烟台差距较大，此指标一定程度上能反映城市的能源结构、产业结构问题，在“双碳”已是大势所趋、城市发展分化之势日趋显著情势下，潍坊亟须针对性改进。

（五）各县（市、区）共同富裕水平

我们对各县（市、区）共同富裕水平也进行了定量分析。由于前文指标体系部分数据难以获得，依据专家意见进行适当调整（见表 5），并据此对潍坊各县（市、区）的共同富裕水平进行测度。

从各项指标看，城区发展明显好于各县（市）。无论从共同富裕总指数，还是从各项一级指标看，城区指数始终排在全市第一，远远高于各县

（市）指数。这也是浙江各市、山东各市的普遍规律。

在各县（市）中，寿光的整体情况最好，特别是发展性和可持续性指标遥遥领先，尽管共享性指标相对差一些，但也在全市均值以上；青州、诸城整体较好，发展性和共享性两项指标均较好，尤其是诸城发展性指标表现突出；临朐、安丘整体相对较差，临朐的可持续性指标相对好一些，但共享性指标特别差，与其他县（市）发展悬殊（见表6）。潍坊各县（市）之间共同富裕发展水平存在差距，总体呈现两头小、中间大的特征，符合区域发展规律，情况总体较好。

表5 潍坊各县（市、区）共同富裕指标体系

一级指标	二级指标
发展性（36.33%）	城镇居民人均可支配收入（元）
	农村居民人均可支配收入（元）
	人均可支配收入占人均GDP比重（%）
	居民人均存款余额（元）
	人均社会消费品零售总额（元）
共享性（31.62%）	普通小学生均公共预算教育经费支出（元）
	普通初中生均公共预算教育经费支出（元）
	小学阶段生师比（逆向指标）
	每千人拥有执业（助理）医师数（人）
	每千人医疗机构床位数（张）
	公路密度（公里/百平方公里）
可持续性（32.05%）	人均GDP增长率（%）
	人均一般预算收入（万元）
	大税占比（%）
	财政平衡率（一般预算收入/预算支出）（%）
	万人律师数（人）

表6 潍坊各县（市、区）共同富裕水平

县（市、区）	总排名	总指数	发展性指数	共享性指数	可持续性指数
城区	1	73.19	79.69	73.10	65.90
寿光市	2	58.97	64.29	50.14	61.63
青州市	3	50.89	46.93	57.71	48.64

续表

县（市、区）	总排名	总指数	发展性指数	共享性指数	可持续性指数
诸城市	4	50.62	56.27	56.20	38.70
昌乐县	5	42.81	26.26	55.10	49.45
昌邑市	6	40.80	43.86	45.71	32.49
高密市	7	38.63	36.20	49.56	30.61
安丘市	8	31.01	23.19	40.40	30.60
临朐县	9	23.57	21.55	10.50	38.75

资料来源：《潍坊统计年鉴 2021》。

（六）浙鲁两省共同富裕总指数均值以上城市比较

山东、浙江两省共 27 个地级市，山东城市共同富裕水平明显低于浙江。将山东共同富裕总指数平均值以上的 7 个城市和浙江共同富裕总指数平均值以上的 5 个城市，进行共同富裕总指数比较，排在前 5 位的均为浙江城市，潍坊排第 12 位。

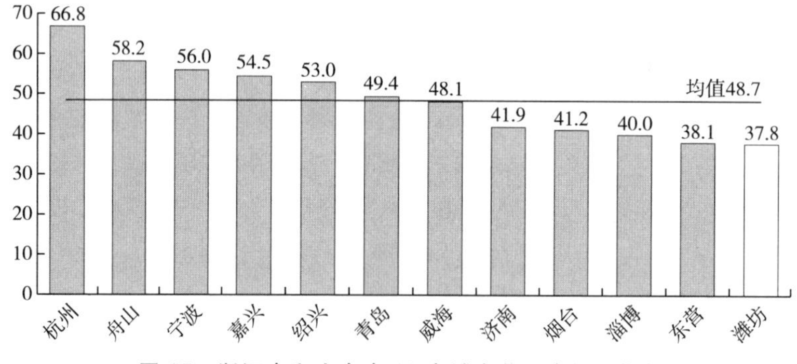

图 15　浙江省和山东省 12 个城市共同富裕总指数

注：图 1、图 15 山东各城市数据不一致是因为样本城市不同，标准化处理后结果不同。

资料来源：浙江基础数据来源于《中国城市统计年鉴 2021》、《浙江统计年鉴 2021》及浙江省各市 2021 年统计年鉴。

综上分析，主要结论如下。

潍坊共同富裕总指数排全省第 7 位，在省内属于共同富裕发展较好城市。

从3个一级指标看，潍坊发展性指数排全省第6位，共享性指数、可持续性指数均排全省第5位，都高于总指数排名，说明发展均衡性较好。

发展性指数4个二级指标中，潍坊富裕度指数全省第6位，与共同富裕总指数基本持平。城乡均衡度指数全省第4位，区域均衡度指数全省第5位，明显高于共同富裕总指数排名，这是潍坊的相对优势。收入均衡度指数全省第11位，大大低于全省平均水平，拉低了潍坊共同富裕总指数排名，是需要尽快弥补的短板。

四　扎实推进共同富裕的建议

（一）在绿色低碳高质量发展先行区建设中扎实推进共同富裕

山东省委提出以建设绿色低碳高质量发展先行区为总抓手，统筹经济社会发展各项工作。高质量发展推进共同富裕与绿色低碳高质量发展一体两面，可以作为现阶段推进各项工作的总牵引。应在城市发展战略中更鲜明地树立共同富裕导向，以共同富裕为总牵引推进绿色低碳高质量发展，推进四个提升、四个赋能，拓展“三个模式”，在推进共同富裕进程中提升城市竞争力。应加强推进共同富裕整体谋划，建立高效推进机制，包括领导机制、工作机制、决策咨询机制、试点推广机制、争先创优机制等，最大限度调动各方面积极性。

建议成立领导小组，设立工作专班，统筹指导、协调推进共同富裕工作。成立社会建设委员会，统筹谋划推进社会建设领域的重大规划、重大政策、重大改革、重大事项。成立咨询委员会，研究共同富裕重大课题、重大问题、重大改革方案，集中各方智慧推动区域共同富裕理论和实践探索。制定实施方案，确定共同富裕战略目标、主攻方向、实现路径和重点任务。制定分领域专项政策，比如围绕缩小收入差距，制定“扩中提低”专项方案。建设县域共同富裕先行区，选择共同富裕水平最高的1~2个县（市），支持其建设县域共富先行区，打造县域共同富裕高质量发展典范。针对后进县、镇进行帮扶，可确定1~2个共同富裕水平最低的县、10~15个共同富裕水平最低的镇，在全市范围内集中资源予以帮扶，以3~5年为一个周期压茬推进。进行试点示范，选择不同的县（市、区）、镇街，分别进行缩小地区差距、缩小城乡差距、缩小收入差距、公共服务优质共享、建设共同富裕基本单元试点。开展典型评选。构建指标评价体系，研究制定共同富裕指标体系，评价共同富裕的进展和实现度。

（二）发挥农业农村优势打造共同富裕示范城市，在中国式现代化探索中走在前、做示范

实现中国式现代化、全面建设社会主义现代化国家、推进共同富裕，最艰巨最繁重的任务在农村。潍坊农业农村工作在全国地位特殊、责任特殊，肩负着拓展“三个模式”的政治任务，在共同富裕探索中，在中国式现代化探索中走在前、做示范是潍坊的使命担当。潍坊农业农村基础好，农业产业化优势突出，这是潍坊推进共同富裕的特点和优势，应率先探索农民农村共同富裕的实现路径，打造共同富裕示范城市，这也应该成为拓展“三个模式”的方向。

1. 持续强化乡村产业优势

潍坊乡村产业优势在于“大”更在于“强”，持续强化这种优势，关键是在“强”上下功夫。

推动乡村产业向价值链“微笑曲线”的两端延伸。①向前端延伸应突出现代种业，就是把种业提升到战略高度，坚定不移地走企业为主体引领创新的路子，注重发挥种业领军人才引领作用，加快攻克一批突破性关键核心技术，更多分享产业链延伸带来的增值收益。②向后端延伸应突出品牌，把品牌作为贯穿农业全产业链、农业提质增效的关键支撑，抓住品牌建设的重点区域和关键环节，打造系统的农产品品牌、农业企业品牌、农产品区域公用品牌、乡村旅游品牌、乡村文化品牌等品牌集群，提升乡村品牌价值，创造乡村品牌经济。

数字赋能农业全产业链优化升级。数字农业是农业现代化的高级阶段，从传统农业到工业化农业再到数字农业，是农业发展的大趋势。应加快打造一批数字农业农村应用场景，打造数字大田、数字牧场、数字菜园、数字果园、数字渔业、数字加工车间，加快发展直播电商、淘宝村镇、生鲜电商、产地仓、直采基地等电商新模式新业态，打通“产业互联网+消费互联网”完整链路，推动数字农业发展走在全省全国前列。

2. 以乡村建设为突破口，把乡村产业优势转化为乡村建设和治理优势

潍坊乡村产业优势突出，乡村建设优势不明显，乡村治理远没有形成

优势。现阶段把乡村产业优势转化为乡村建设和乡村治理优势，关键在于乡村建设。把乡村建设作为先手棋，以修路架桥、建新居建学校为突破口，可以让群众在短时间内就能见到实实在在的成效，乡村治理的许多难题将会迎刃而解。潍坊乡村产业优势突出，乡村建设的经济基础好，可以通过乡村建设这一抓手，最终实现乡村产业、乡村建设、乡村治理的有机统一和良性互动。

乡村建设，农民集中居住是关键抓手。衣、食、住、行等直接的物质生活资料的生产，是一切社会存在和发展的基础，这是马克思最伟大的两个发现之一。对潍坊而言，在所有这些生活资料中，“住”是影响当前农业农村农民发展的关键。近年来，上海把农民集中居住作为推进农村现代化的关键之举，2019 年以来接连发布三个推进农民集中居住的办法、意见，站在了农村改革和农业农村现代化的前沿。

推进农民集中居住应把握以下三点：一是按照因地制宜、分类施策的原则，有序推动农民集中居住。能进城进城，能进镇进镇，能进社区进社区，能向大村集中的向大村集中。不能进城进镇进社区的农村居民，在自然村内也要相对集中居住，集中建设公共设施，提供公共服务，这样既能算好经济账，节约生产生活成本、管理成本和社会运行成本，又能为社会治理方式和手段现代化创造良好条件。距离城区较近的镇政府所在地、街道办事处驻地，基础设施建设应向城市标准看齐，优先接入城市供水网络、城市污水管网、城市集中供热系统、城市天然气管网等，推动实现水、气、暖等基础设施与城市无缝对接。距离城区较远的镇政府所在地、街道办事处驻地，规模较大的中心村、几个村合建的社区，重点加强与县城、城区的交通互联互通水平，形成连接城乡的高质量路网，水、电、气、暖等基础设施也要参照城镇社区标准逐步建设完善，缩小其与城镇社区的差距。普通的自然村，划定相对集中居住区域，提供最基本的生产生活设施和服务，引导群众在本村范围内相对集中居住。农民集中居住是大原则，不排除特殊情况的分散居住，特别是对于受工作性质、资金等制约，不具备条件集中居住的，应充分尊重农民意愿，不做强制性要求。二是推动集中居住应在政府主导的前提下，高度重视市场化手段。从推进新农村建设开始，各地都在各尽所能调动农民积极性，从实施效果来看，市场化手段是调动农民积极性最有效、最持久、最根本的手段，它能够给农民看得见、摸得着的实惠。在日本“造村运动”中，政府通过议题引导等方式，让农民具备了从共同利益出发推进乡村建设的愿望与能力。韩国“新村运动”明确新村项目建设的受益人、受益方式、受益额度等，有效调动起农民参与的积极性。我国在农业机械化过程中，将补贴直接给农机手，而不是农机生产企业、经销商和农民，既抓住了事物的主要矛盾，又以市场化手段充分调动了农机手积极性。现阶段推动农民集中居住，也应该高度重视使用市场化手段。三是注重挖掘乡村生态和文化功能。《中共中央 国务院关于全面推进乡村振兴加快农业农村现代化的意见》明确指出，农产品供给、生态屏障、文化传承是乡村三大功能。与苏浙粤地区相比，潍坊乡村的农产品供给功能发挥比较充分，生态功能、文化功能挖掘不够充分，这固然有地处大平原、人口稠密等客观原因，但更重要的是重视程度不够，没有像抓农业那样抓乡村生态和文化。现阶段推进共同富裕应高度重视挖掘乡村生态和文化功能。一方面，生态和文化本身就是共同富裕的重要方面，乡村在这两方面都有独特优势，应该用好这方面资源；另一方面，乡村生态和文化可以转化为产业，拓宽农民增收渠道，提升农民富裕水平。

3. 深化“三块地”改革，增加农民财产性收入

潍坊市农民收入构成中，工资性收入占比 53.4%，家庭经营性收入占比 35.3%，财产性收入占比 3.5%，转移性收入占比 7.7%，其中财产性收入是农民收入的最大短板和关键变量，仅为城镇居民的 1/9。当前农业农村改革发展几乎所有的问题都涉及土地问题，深化“三块地”改革是增加农民财产性收入的重要渠道，也是推进农业农村现代化乃至整个城市现代化的关键，对于潍坊这样处于农业农村发展领先地位的城市尤为迫切，应该成为拓展“三个模式”的重要方向。现阶段应开展好诸城、昌乐、寒亭、高密、昌邑等国家和省农业农村领域改革试点，首先考虑改进宅基地、集体经营性建设用地“两块地”管理办法，采取更加市场化的配置方式，让农民真正从中获得收益，增加其财产性收入。进行宅基地改革。当前国家政策导向是，鼓励各地探索宅基地“三权分置”具体实现形式，探索宅基地有偿使用和自愿有偿退出机制，开展闲置宅基地复垦试点等。应尽快组织有关部门、选派专业力量，开展全市宅基地和农房利用现状调查，摸清宅基地住房闲置、宅基地废弃等基本情况；研究闲置宅基地回收利用办法，办法制定与国家政策搞好衔接，在依法确权登记的前提下，注重充分尊重农民意愿，全面保障农民利益，积极推进闲置宅基地流转和退出；探索制定统一的补偿参考标准，以镇域为单位制定统一的补偿参考标准，镇域内各村参照标准，结合自身条件因地制宜开展宅基地退出补偿工作。进行集体经营性建设用地改革。2022 年 9 月 6 日，中央深改委审议通过《关于深化农村集体经营性建设用地入市试点工作的指导意见》，强调推进农村集体经营性建设用地入市改革，事关农民切身利益，涉及各方面利益重大调整，必须审慎稳妥推进。潍坊市诸城、昌乐前期获得全国农村集体产权制度改革试点典型单位，应深入挖掘有关经验，尽快组织相关部门开展全市集体经营性建设用地现状调查，摸清存量集体经营性建设用地的基数、地块、权属等情况，确定可以入市的集体经营性建设用地资源底数，在全市面上积极稳妥推进。

4. 着力解决农村相对贫困关键问题

促进农民农村共同富裕有两重含义：一是缩小城乡居民收入差距，让农民与城市居民一样富裕；二是农村居民内部收入差距进一步缩小，让全体农民都能过上富裕生活。对潍坊而言，农民内部收入差距较大是全市收入均衡度低的主要原因，应重点提升低收入农民群体的收入水平。

脱贫攻坚结束、绝对贫困消除后，解决相对贫困问题是缩小收入差距的重要着力点。按照世界银行标准，相对贫困标准是人均可支配收入低于全体居民人均可支配收入的 30%。潍坊市和全国全省类似，相对贫困人口主要在农村，该人群中的很大部分收入水平刚刚越过绝对贫困标准，收入水平和生活状态不稳定，是提升全市收入均衡度的关键。应战略谋划长期推动相对贫困人口脱贫发展问题，着手构建解决相对贫困问题的长效机制，推动这部分群体由相对贫困走向共同富裕。

重点关注以下方面：一是易返贫人口。潍坊有脱贫后易返贫人员 5000 多人，全部在农村。应推进三个转变：从最困难向有困难延伸，建立易返贫人口动态监测和常态化救助帮扶机制，推动更多政策和资源向这类群体覆盖延伸；从解决好向保障好前行，稳步提高社会救助和保障标准水平；从需求端向供给侧发力，加强基本生活救助与专项救助、关爱帮扶等政策衔接，帮助和引导易返贫人群稳定脱困、就业增收，特别要解决相对贫困人口子女教育问题，这是阻断贫困代际传递、实现代际阶层跃升的治本之策。二是农村老年人群体中的相对贫困人口。农村老年人因年龄、身体状况、收入等因素影响，是农村相对贫困人口的重要群体，应精准施策建立综合性帮扶措施。可在农村最低生活保障制度的基础上，适当提高农村老年人养老金水平；区分有完全劳动能力、有部分劳动能力、完全丧失劳动能力等不同情况，进行分层分类救助；以年龄、收入、支出等为标准，建立农村老年贫困人口生活特殊补贴制度；实行政府救助与社会救助相结合，扩大救助资金来源渠道。三是注重发挥三次分配作用。三次分配是调节收入分配、实现共同富裕的有效路径，也是缩小收入差距、解决农村相对贫困问题的有力抓手。应通过鼓励和激励性政策措施，引导社会慈善组织去农村发展。比如对农村公益事业和困难群体进行捐款救助的企业或组织，可以享有更加优惠的税收政策；对设立在农村并以农村农民为服务对象的社会组织和慈善机构，可给予一定的启动资金和补贴。

（三）把握制造业在推进共同富裕中的战略核心地位

从全国看，几乎所有城市都在强调制造业，不少一线、省会、副省级城市，相继提出制造业重回发展“中心”。像潍坊这样 GDP 排名前列的地级市，尽管农业有优势，服务业发展迅速，但制造业是其现有大市、强市地位最关键的支撑。在推进共同富裕过程中，更要始终坚持把发展的重点放在制造业上，把制造业作为经济高质量发展、做大蛋糕、稳定和扩大就业、壮大中等收入群体的关键，进一步强化制造业优势，持续做大做强。

1. 应重视保持制造业比重，这是潍坊共同富裕做大蛋糕最重要的基础

2006~2020 年，潍坊制造业占比由 46.3%降至 29.5%，2021 年略升至 30.2%。全国地级市 GDP 15 强中，只有苏州、烟台、潍坊制造业占比下降较快。苏州进入后工业化阶段，制造业占比下降符合其发展规律。发达国家和城市一般在人均 GDP 1.9 万美元左右、制造业走向高端后出现比重下降，潍坊现阶段人均 GDP 1 万美元左右，还未到制造业比重持续下降的发展阶段。中国社科院提出，到 2030 年中国制造业比重保持在 30%左右为宜。无论从当前发展阶段看，还是从潍坊制造业在全省全国的地位看，潍坊制造业比重今后十五年都应保持在 30%以上。

农业比重大是潍坊制造业比重低的重要原因之一。潍坊种植业占 GDP 比重为 4.8%，一产占 GDP 比重为 9.1%。在全国地级市 GDP 15 强中潍坊、盐城、徐州一产占 GDP 比重最高，应引起重视。潍坊农业地位特殊，但农业在强不在大，就经济属性而言，二、三产业效率高于一产，农业比重大势必占据大量资源，拉低全要素生产率。

2. 以数字化、绿色化为做大做强制造业的主攻方向

信息化和“双碳”正在重构发展版图，给区域竞争带来的系统性变革前所未有。对潍坊、对任何城市而言，都是机遇，都是挑战。应牢固树立抢抓机遇、弯道超车、树立优势的紧迫感，以数字化、绿色化为方向，加快推进产业发展。

制造业数字化。一方面，要重点推进产业数字化。应充分考虑不同行业特点和差异化需求，以“链长制”为抓手整产业链推进，分产业链制定转型路线图。建议“链长制”工作专班把数字化转型作为重要内容，围绕 15 条先进制造业产业链，“一链一策”分别制定转型路线图，明确主要目标、重点任务、推进路径等。发挥大企业引领带动作用。加快培育一批生态主导型的产业链“链主”企业，支持“链主”企业利用工业互联网、5G、大数据、人工智能等新一代信息技术对研发设计、生产制造、产品销售、市场服务等进行全链条改造，带动上下游中小企业数字化转型。加快工业互联网落地应用。面向优势产业链、重点领域，加快建设一批国家和省级综合型、特色型和专业型工业互联网平台，特别是支持“链主”企业牵头建平台、建节点，鼓励上下游中小企业用平台、用节点，推动形成大企业引领推广、中小企业广泛应用的融通发展模式。另一方面，要在数字产业化上实现突破性发展。对潍坊这样的普通地级市而言，数字经济发展早期，数字产业化不具备比较优势，往往处于跟跑地位。数字经济发展到目前阶段，数字产业化水平将直接影响产业数字化和数字政府、数字社会水平，需要选准突破产业、领域，打造局部优势。培育数字产业龙头企业、引进数字产业龙头企业，是当前及今后一个时期推进制造业高质量发展的关键，应集中力量建设一批数字产业化重大项目，壮大数字产业规模，释放引领带动作用。特别是高度关注元宇宙等新兴产业发展。元宇宙是第三代互联网，正处于技术积累和场景探索的窗口期，政府和企业都在超前布局、抢占先机。潍坊抢滩元宇宙产业新赛道已经有了一定的基础优势，下一步应在打造元宇宙产业园、组建元宇宙产业联盟、打造元宇宙特色应用场景、设立元宇宙产业基金、打造元宇宙现代产业学院、最大限度引进利用济青优势元宇宙资源、尽快研究出台有竞争力的元宇宙支持政策上重点发力，把先发优势转化为领跑优势。

“双碳”竞争格局类似十年前信息化背景下的发展格局。大家往往说着重视，但工作被动着干，实质上是没有真正理解，做不到真正重视。需要依靠专业力量谋划和推进。前期潍坊市做了大量基础性工作，推进“双碳”工作具备良好基础，应尽快在政府、企业、社会各个方面形成专业力量干专业事的局面，加快推进制造业绿色化。建设统一的能源碳排放数据监测平台。厦门电碳生态地图，依托供电公司打造，将1811家规模以上工业企业的电力数据与煤、油、气、热等能源消费数据链接起来，通过用电量实时监测重点行业、重点企业碳排放情况。潍坊要积极借鉴，尽早建设此类平台。培育低碳、零碳示范园区。这是制造业强市推进产业绿色化转型的共性做法。成都、上海建设碳中和示范区，东莞、重庆、南京建设零碳工厂、零碳示范园区、零碳未来城，宁波、天津建设“近零碳”示范区。对潍坊而言，打造低碳、零碳产业园区是推进产业绿色发展的主要抓手，选址要充分考虑产业基础、发展潜力、示范带动等因素，以此加快培育一批具备低碳、零碳产业基础的重点企业。探索成立减碳联盟。由政府发起，环保行业龙头企业牵头，联合制造业骨干企业及科研机构成立联盟，以此带动更多行业企业、组织和机构参与减碳行动，加快形成推动制造业绿色化改造的合力。

3. 以科技创新为做大做强制造业的关键支撑

产业持续升级、新产业不断涌现的过程，就是持续科技创新的过程，科技创新是支撑产业发展的根本驱动力。以数字化、绿色化为主要创新方向。以新技术、新产业、新业态、新模式的全面创新推动制造业数字化、绿色化发展，走龙头企业带动创新的路子。潍坊作为地级市，高水平高校院所少，创新资源缺乏，难以像副省级城市、省会城市那样更多依靠高校院所开展创新，应更多依靠企业特别是龙头企业带动创新。这些年潍坊取得的重大科技成果多数由龙头企业牵头完成，2021年度山东省科学技术奖潍坊17项入选，其中龙头企业牵头完成的有12项，荣获3个一等奖。建议更大力度支持龙头企业突破关键核心技术、龙头企业与大院大所开展合作、龙头企业建设高能级创新平台、龙头企业带动中小企业和科研院所协同创新。突出外部借力。积极融入山东半岛城市群、京津冀协同发展、长三角一体化科技创新生态，最大限度用好济南、青岛、北京、上海等城市优势资源。

4. 以培育优质企业为做大做强制造业的核心抓手

提升制造业核心竞争力，关键靠各级各类优质企业。引导企业积极参加各级各类优质企业评选。主要是搭建平台，畅通申报渠道；政策引导，激发申报动力；做好服务，让企业应评尽评，引导企业把握正确发展方向，以获取更多政策资源。注重引育战略性新兴产业领域的优质企业。战略性新兴产业与制造强国战略十大重点产业，是国家重点支持的方向。潍坊这些领域的优质企业相对较少，亟须重点引育。建议重点围绕新材料、新能源、高端装备、电子信息等战略性新兴产业领域，通过放宽培育标准、营造包容宽松发展环境等，加快培育一批优质企业。着力培育中心城区优质企业。潍坊中心城区优质企业数量和比重远低于烟台、淄博等城市，这直接影响中心城区首位度、发展活力及引领带动能力，亟须针对性突破。建议发挥中心城区大型产业园区吸纳功能，通过租金优惠、减税降费、资金补贴等措施，吸纳一批优质企业往中心城区集中。重点推动优质企业的创新研发机构，向中心城区中央创新区集中，尽快建成创新资源的重要集聚地。加快推进优质企业上市。建议优先将各类优质企业列入上市企业“白名单”。对列入“白名单”的优质企业优先提供资源要素保障，优先推介投资对接，遇到问题时开辟“绿色通道”。

5. 以产业基金运作为培育新兴产业、扩增量促增长的重要手段

产业基金对于新兴产业培育举足轻重，合肥“芯屏汽合”四大新兴产业培育的核心经验就是基金运作，在引进力晶科技、京东方、蔚来汽车和培育科大讯飞等产业龙头企业过程中，合肥市政府都是在经济波动期、企业资金链遇到困难的关键时间节点，以基金投资、股权投资等方式果断出击，实现了招引和培育的成功。

关于基金运作，建议重点关注以下几方面：一是注重吸收龙头企业、关键企业参与，以更好地把握产业发展规律，提高项目招引成功率。二是围绕不同行业特点探索建立单独的基金管理办法，更好地发挥产业基金的政策引导和投资杠杆作用。三是如果基金选定的企业项目得到市级认可，就应该下决心加强基金的投资能力，全力支持把认定的企业项目引进来。四是强化基金运营团队与专业招商队伍的协作。

（四）把城镇化作为推进共同富裕的最大潜力和根本路径

与威海、烟台、淄博、东营等共同富裕水平相近的城市相比，潍坊人均 GDP、人均财政收入、人均可支配收入等发展性指标明显低一档，其根本原因是潍坊城镇化水平低。主要表现在两个方面：一是城镇化率低。2020 年潍坊常住人口城镇化率为 64.4%，排全省第 7 位，在全国地级市 GDP 20 强中排第 16 位，而浙江为 72%，江苏为 73%，广东为 74%。从发展阶段看，潍坊处于城镇化中期的后半段，长三角、珠三角处于城镇化后期的前半段，潍坊的城镇化进程大致落后于长三角、珠三角 8~10 年。二是中心城区小。就面积、人口、GDP 等指标而言，无论是中心城区占全市比重还是区均水平，潍坊都位于全省后 3 位，长期没有市区入选全国百强区。2020 年潍坊建成区常住人口 186 万人，烟台 201 万人，淄博 240 万人，临沂 247 万人，临沂、烟台、淄博有可能领先潍坊成为 300 万~500 万人口的Ⅰ型大城市，应高度重视。

城镇化是拉动消费和投资增长的重要动力，是带动就业、扩大中等收入群体的基础和关键，我国经济的长期快速发展很大程度上归因于城镇化红利。未来 15 年仍然是人口大规模流动的窗口期，是城镇化潜力加速释放的红利期，与苏浙粤及省内威海、烟台、淄博、东营等相比，潍坊城镇化潜力更大、红利期更长，这是潍坊推进共同富裕、实现赶超发展的重大优势。

1. 保持城镇化速度应从农村和城市两端发力

过去 10 年，潍坊常住人口城镇化率提升 17.5 个百分点，提升幅度在全国地级市 GDP 15 强中排第 1 位。现阶段，全国层面城镇化速度已经放缓，而潍坊乃至山东常住人口城镇化率比浙江、江苏、广东低 10 个百分点左右，仍处于城镇化较快推进阶段，保持较高城镇化速度对于潍坊推动共同富裕至关重要。

影响人口到城镇居住的因素很多，最根本的是产业，最直接的是生活舒适度，二者相辅相成、互为因果。产业更多地依靠市场力量推动，生活舒适度涉及的教育、医疗、生态、基础设施等领域更多地应依靠政府推动。一是把产业作为基本驱动力。应形成共识，推动中心城区先进制造业、现代服务业突破性发展，打造标志性的高端产业集聚区。县城在我国城镇体系中有一个重要职能，就是集聚发展农村二、三产业，延长农业产业链条，做优做强农产品加工业和农业生产性服务业，应重视发挥好这一职能。二是把公共服务作为关键驱动力，特别是教育。中心城区应持续加大教育供给，提升办学质量，打造全市教育高地；农村地区把初、高中向县城集中，小学向镇集中，幼儿园向社区集中。目前中心城区入学与户籍挂钩，县、镇有大量的孩子想到中心城区上学，受户籍制约很难实现。应抓紧研究出台相关政策措施，在保证教育公平性、普惠性的前提下，破除周边县市有需求的适龄生源到中心城区上学的障碍，直至打造一个以基础教育吸引人口的政策高地。三是把农民从集体产权制度束缚中解放出来。农村集体产权与农民户口挂钩，是现阶段农民进城落户的最大阻力、最大障碍。应深化农村集体产权制度改革，探索农民“带着资产权益进城落户”的有效路径，破除农民进城阻力。

2. 打造潍坊都市区

都市区是实体城市的概念，由中心城区、郊区、卫星城组成。潍坊市既是一个行政区概念，也是一个都市区概念。作为行政区概念，涵盖全域；作为都市区概念，青州、临朐尤其诸城、高密算不上真正意义上的卫星城，诸城、高密更像青岛的卫星城。从战略高度谋划和推进潍坊都市区及诸城、高密的发展，对潍坊至关重要。应加快推进“潍城—昌乐”“寒亭—昌邑”“坊子—安丘”方向的对接融合、联动发展，打造中心城区与周边县有机一体的都市区，加快产业、人才、公共服务等各类要素集聚，建设500万人口规模的潍坊都市区，推动潍坊迈向组群城市时代。

3. 把人口尽可能向中心城区、胶济沿线集中

随着都市圈、城市群战略深入推进，中心城区对于城市间竞争越来越具有决定性意义。潍坊中心城区在人口集聚上已经落后，剔除区划调整影响，潍坊2010~2020年中心城区常住人口增加47万人，临沂增加105万人，济南增加220万人，青岛增加228万人。未来15年潍坊如果不能吸引更多人口到中心城区，这一轮城市竞争就会被赶超。省级层面正推动济南、青岛双心联动发展，打造济青发展轴带，济南、青岛的联系将越来越紧密，胶济沿线正在成为全省经济最活跃、人口密度最高的发展轴带，高端产业向胶济沿线集中是必然趋势，越早布局越能够抢占发展先机、降低进入成本。

4. 坚定不移谋划推动行政区划调整

潍坊自1994年设立奎文区后，4区8县（市）的行政区划建制一直没有变化，中心城区核心区域已经接近饱和。奎文区仅58平方公里，占中心城区总面积的2.2%，发展空间严重不足，资源集聚严重受限，城市核心功能发挥不够，近10年奎文区常住人口增加不足1万人，就充分说明了这一点。中央强调，严格控制撤县建市设区，严控不等于严禁，潍坊区划调整有迫切需要，关键要做好前期谋划，做好预案，适时推进。近期可谋划推进4个行政区与周边镇整合，实施渐进式扩区，镇级行政区划调整审批属于省级行政权限，以这种方式扩区、强区易于推进。

（五）把数字化作为推进共同富裕的核心动力

数字化是当前最鲜明的时代特征，正在深刻改变生产力和生产关系，成为城市赶超发展的关键抓手。数字化与共同富裕高度契合，既是加速社会财富创造、更高质量做大蛋糕的核心动力，也是推动社会财富普惠共享、更高水平分好蛋糕的关键。

1. 走产业数字化带动数字产业化的路子，把实体经济优势转化为数字经济优势，打造高质量发展关键增量

产业数字化是“优存量”的重要助推器，数字产业化是“扩增量”的主要着力点。潍坊的城市能级、产业结构决定了我们应该走产业数字化带动数字产业化的路子。一是有需要。制造业、农业是潍坊两大优势产业，保持两大产业优势关键要抢抓数字赋能机遇，潍坊推进产业数字化比其他城市更为迫切。二是有基础。潍坊大企业数字化转型已经形成先发优势，潍坊各类国家级、省级智能制造示范项目明显多于济南、烟台、淄博、临沂，大企业的引领带动是潍坊全面推进产业数字化的独特优势。现阶段应统筹推进三次产业数字化转型，突出制造业、农业两大优势产业，并以此为带动，加快集聚一批服务产业转型升级的特色软件产业，打造特色数字产业集群。

2. 以数字政府提升政务服务效能，再造体制机制新优势

数字政府是高水平推进市域治理现代化的核心抓手。现阶段潍坊数字政府主要存在两方面问题：一是碎片化。城市大脑、城市云、物联网公共服务平台、潍企通、潍事通等各类平台应用，均由不同大数据公司分别运营，不利于数据整合和业务协同。二是资金来源单一。由于缺乏具有融资能力的大数据平台公司，政府几乎承担了全部数字政府、智慧城市项目投资，财政压力较大。建议研究组建市级大数据平台公司，推动数字政府、智慧城市项目一体运营、多元融资。苏浙粤许多城市，以及山东省济南、青岛、烟台、威海、德州、枣庄、滨州、菏泽 8 个城市都已组建。运营主体上，应在保持国资控股的前提下引入实力民营公司，既保证政府决策权，又最大限度地发挥企业和社会力量，组建的市级大数据平台公司可以归属市大数据局管理。商业模式上，鼓励平台公司探索公共数据授权运营、有偿使用等新模式，逐步实现以数养数，形成持续运营、多元融资、多方收益的商业模式。

3. 以“物联潍坊”为抓手加快建设智慧城市

潍坊智慧城市建设最关键的抓手是物联网，智慧供热、智慧井盖、智慧河长、智能水表等物联网应用亮点纷呈，“物联潍坊”成为新的城市名片。应在不断拓展已有应用的同时，再打造一批贴近百姓生活的实用、好用、管用的智能应用，让智慧触及城市每个角落，通过物联网连接起城市服务和群众生活的方方面面，以“小物联”推进“大民生”。全面提升“城市大脑”实战能力，面向城管、交通、环保等领域，打造一批一体化综合指挥重点应用场景，实现平台常态化、实战化运行。发挥数字技术在促进农村、偏远地区公共服务共享中的作用，加快远程教育、远程医疗等远程服务基础设施建设，把城市优质公共服务资源延伸到乡村和偏远地区。

4. 打造省内先进的数字基础设施高地

数字基础设施是全面数字化转型的先决条件，也是推动经济社会高质量发展的关键支撑，数字基础设施建设水平正成为衡量城市核心竞争力的重要标志。建议把数字基础设施建设上升到战略高度，像抓交通基础设施一样抓数字基础设施，尽快形成数字基础设施发展优势。一是加快 5G 网络建设和规模化应用。综合使用政府专项债券、产业引导基金、财政支出等多元资金投入形式，吸引更多社会资本参与，尽快实现中心城区、县城、镇区、重点行政村 5G 信号全覆盖。以行业应用为重点加快 5G 规模化应用，遵循从试点示范到规模推广再到大规模商用的规律，发挥好潍坊数字赋能联盟作用，面向潍坊市优势制造业领域，加快培育一批“5G+工业互联网”应用场景，推动5G向工业生产领域加速渗透。二是持续强化物联网领先优势。物联网部署涉及多个领域、多种设施、多方主体，建设规模小、零散化是制约其发展的重要因素。建议围绕工业、农业、能源、交通、民生等领域，统筹推进物联网部署和应用创新示范，解决碎片化发展问题，推动物联网全面深度覆盖。积极服务和融入山东半岛国家级工业互联网示范区建设，推动山东北斗智慧信息产业有限公司建设潍坊市首个工业互联网标识解析二级节点。三是加快推进新型数据中心建设。数字时代，数据、算法、算力成为关键资源，新型数据中心作为释放数据要素价值的关键基础设施，是数字经济发展的基石。《山东一体化算力网络建设行动方案（2022—2025年）》提出“2+5+N”全省一体化算力网络总体布局，潍坊为5个省级集聚区之一。应加快创建一批规模发展、存算均衡、绿色节能的数据中心，加快布局边缘计算资源池节点，引导云计算与边缘计算协同发展，推动潍坊成为国内领先的集成政务云和各类社会化行业云的综合性云计算中心。

（六）把公共服务优质共享作为推进共同富裕的重要着力点

衡量各类群体发展均衡性最重要的两个方面，一是收入分配状况，二是公共服务优质共享程度。公共服务由政府直接提供，更容易在近中期推进，并在较短时间内取得成效。推进公共服务优质共享必须建立在经济发展和财力可持续基础上，“尽力而为、量力而行”，尤其要做到精准化，现阶段应在全面推进基础上，重点突出教育、住房、医疗等领域。

1. 按照人口流动趋势分级分类投放教育资源

调研发现，潍坊市教育资源供需错位现象比较普遍。一方面，中心城区、县城人口流入多，教育供给压力大，每年都有大量的孩子想到中心城区、县城上学，受制于种种原因无法实现；另一方面，部分农村地区人口大量流出，学校“吃不饱”，教育教学设施跟不上，造成教学质量低下。应充分考虑人口流动趋势，分级分类投放教育资源。一是对于中心城区、县城、重点镇等人口流入地区，持续加大教育供给，打造教育高地。二是对于人口大量流出的农村地区，整合现有教育资源集中供给。一方面，重点提升学校设施和教学质量，提高农村优秀教师的薪酬水平，设置对农村青年教师的奖励基金，大幅度增加对农村落后地区教师的教学补贴；另一方面，引导农村初高中生向中心城区、县城集中，小学生向县、镇集中，幼儿园向社区集中。

2. 发挥好职业教育优势促进产业发展、壮大中等收入群体

潍坊职业教育在提供技能人才、促进产业发展、弥补高等教育缺陷、扩大中等收入群体规模等方面发挥了不可替代的重要作用，是促进共同富裕、提升城市竞争力的重要支撑。一是千方百计留住职教毕业生。更多地把职教毕业生留在潍坊、留在中心城区，这是加快城镇化进程、缩小收入差距的重要途径。应通过增强认同感留人、职业院校留人、企业留人、对技能人才进行补贴等不同方式，多管齐下。二是进一步扩大职业教育规模。现阶段应最大限度地增加院校数量，最大限度地增加在校学生数量，提高适龄劳动人口高职就读比例。其中最重要的是让企业成为重要办学主体，推动龙头企业加快引进一批本科院校等高层次办学主体；支持企业多种形式办学，持续深化混合所有制办学改革；围绕全市15条重点产业链和“十强”产业打造一批现代产业学院；尽可能让企业参与职业院校办学全过程。三是尽快率先构建起完整的职业教育体系。抢抓职业本科教育大发展机遇，尽快推动一批优质高职院校升本、重点专业升本，在全省乃至全国率先形成全面包含中职、高职、职教本科、职教研究生的完整的职业教育体系。通过率先构建完整职业教育体系，进一步把职业教育打造成潍坊教育的品牌、产业发展的独特优势，并在一定程度上弥补潍坊普通本科学校少的缺陷，助力重塑城市形象和提升城市竞争力。

3. 持续打造房价比较优势，助力城镇化进程，促进共同富裕

农村非劳动人口向城镇转移、大量毕业生留潍等，首先面临的问题就是住房。一是重视稳定中心城区房价。房价低是潍坊的显著特点，潍坊中心城区房价不仅低于绝大多数同类城市，与周边县（市）相比也具有明显优势。潍坊的低房价是历史形成的，是潍坊未来发展的基点，更是潍坊难得的比较优势，其表现有二：一方面，低房价有效降低了创业、就业成本，是潍坊集聚人口和产业的比较优势，特别是对于集聚产业人才、持续强化制造业竞争力至关重要；另一方面，低房价是重要的民生福祉，是提升群众幸福感、获得感的重要方面。尽管低房价对城市发展存在一些不利影响，但不应该轻易改变这种局面。当然，也必须充分考虑高端人才、高端市场主体的高品质需求，集中打造部分高端要素集聚区。二是加强保障性租赁住房供给。解决农民工住房困难是实现农村流动人口市民化的必要条件之一。国家发改委《2022年新型城镇化和城乡融合发展重点任务》中提出，加强住房供应保障，以人口净流入的大城市为重点，扩大保障性租赁住房供给，着力解决符合条件的新市民、青年人等群体住房困难问题。对潍坊来说，要以人口净流入的中心城区为重点，提高住宅用地中保障性租赁住房用地比例，单列租赁住房用地供应计划，主要将其安排在产业园区及周边、交通站点附近、城市重点建设片区等区域。

4. 以紧密型医疗联合体为抓手提升乡村医疗水平

医疗差距是城乡差距的重要方面，从调研情况看，潍坊市60%以上的乡镇卫生院处于亏损状态，运行标准低、条件差，远远不能满足当地群众看病就医需求，“小病随便吃点药，大病就进城”成为农村群众就医看病的主流。现阶段可以把医联体作为提升基层医疗水平的重要抓手，潍坊市近几年已经开始实施，但总的看效果不够理想，各成员单位联系不够紧密。建议借鉴浙江经验，推动现有的医联体向紧密型发展，探索人、财、物“三统一”运行模式，逐步实现医联体内统一资源调配、统一业务管理、统一医保支付和统一信息平台，形成资源共享、分工协作的纵向型集团化管理模式，让城市优质医疗资源向乡村延伸，弥补乡村在医疗人才和设施设备等方面的不足。

5. 以市场化改革激发公共服务创新活力

在政府主导推进公共服务建设的前提下，鼓励引导民营企业、社会资本参与公共服务建设，特别是学前教育、健康养老、文化娱乐、家政服务等消费热点和供给短板领域。以养老为例，潍坊市正进入快速老龄化社会，60岁以上人口比重高于全省0.9个百分点，单单依靠政府力量难以解决规模日益扩大、需求日益多样化的养老问题，应鼓励专业化的养老服务机构以委托运营、PPP等模式参与养老服务供给，促进养老服务扩容提质。政府应完善法律和制度环境，建立稳定的市场预期，增强社会力量参与公共服务的积极性。

（七）发挥区位优势为共同富裕提供长期性支撑

区位是潍坊长期的优势，对于推动潍坊发展、提升城市竞争力至关重要，进而对推进共同富裕至关重要。潍坊处在济青两个副省级特大城市之间，在1小时通勤圈内，这样的区位特点在北方地区几乎独一无二，放眼全国也仅有东莞、绍兴、遂宁等几个城市具备。在城市群、都市圈日益成为区域发展核心载体的背景下，潍坊制定发展战略、谋划长期工作、推进共同富裕，必须考虑这一因素。

1. 推动形成济青城市群隆起带

济南、青岛是潍坊发展最重要的外因，济青连接越紧密对山东、对潍坊越有利。历史上，山东半岛城市群曾与京津冀、长三角、珠三角、成渝等城市群比翼，这些年来山东半岛城市群在全国的影响力下降，这在很大程度上是因为济南和青岛连接不够紧密，济青连线经济发展主轴特征不明显，这也在一定程度上影响了潍坊的城市发展和城市地位。山东省党代会报告提出培育“济青科创智造廊带”，济青双向发展趋势越来越明显，建设济青城市群隆起带面临重大机遇。就潍坊而言，除诸城、临朐外，所有的县（市、区）建成区都在济青连线上，潍坊可以在济青城市群隆起带建设中发挥更大作用。应尽量推动将潍坊纳入济青连接紧密的上位规划和上位战略，比如省氢能产业中长期发展规划围绕济南、青岛两大高地构建的“鲁氢经济带”。

2. 高度重视借力济南、青岛高端资源

在区域分工中，省会、副省级城市往往承担综合性功能，地级市更多地承担产业高地功能，接受周边大城市的带动辐射，特别是政治、金融、科技、文化等公共事业和服务业的辐射。处理好与济南、青岛的关系是潍坊现阶段发展的关键，应高度重视借力济南、青岛高端资源，特别是机场、港口等重大基础设施和高端服务业资源。重点突出以下几方面：一是青岛港。距离沿海大港口的远近很大程度上影响甚至决定一个城市发展能级的高低，到沿海大港口的距离这一个变量，对中国城市之间GDP规模的解释力超过其他因素的总和。青岛港是我国北方地区重要的出海门户，青岛港对于黄河流域，相当于上海港、宁波港对于长江流域。潍坊与青岛接壤，可以借力青岛港得天独厚的条件，应高度重视用好青岛港，进一步降低物流成本、提升产业竞争力。二是胶东机场。胶东机场是全国18个4F级机场之一，首都机场、郑州机场、南京机场、浦东机场到潍坊高铁站的车程都超过3小时，胶东机场到潍坊市区乘高铁仅28分钟，从上海东方明珠塔到浦东机场乘地铁需要1小时。潍坊作为全国性综合交通枢纽城市，铁路、公路优势突出，机场相对较弱，应把胶东机场作为重要战略资源，用好胶东机场，进一步提升枢纽地位和城市能级。三是青岛农业大学。从莱阳农业学校到莱阳农学院再到青岛农业大学，学校发展几经变迁，目前有城阳、平度、莱阳、蓝谷 4 个校区，2007 年主校区迁至青岛市城阳区，定位也从主要服务烟台扩大到青岛，正在努力扩大到全省、全国。潍坊长期保持农业农村发展优势，特别需要青岛农业大学这样的资源，青岛农业大学也需要潍坊这样的服务腹地，应该争取青岛农业大学全面为潍坊所用，实现双赢。

3. 持续打造对内对外陆路交通优势，最大限度提升港口、机场能级

一是应坚定不移地加快提升新机场能级，关键要处理好与胶东机场的关系。潍坊机场迁建十多年来在胶东五市中凸显弱势，2021 年，青岛机场客运吞吐量处于千万级的水平，烟台为五百万级，临沂、威海为二百万级，日照、潍坊为五十万级。现阶段潍坊新机场应坚定不移加快推进，在定位上应充分参考鄂州机场经验。鄂州与武汉接壤，从鄂州机场到武汉机场驾车约两小时，这种位置关系与潍坊新机场和胶东机场的关系极为相似。鄂州机场在国内第一个提出打造专业性货运机场，2017 年开始建设，2020 年被国家明确为货运枢纽机场，2022 年投运。建议潍坊新机场突出货运功能，客运可以重点发展包机业务，抓住全国专业性货运机场较少的机遇，争取被纳入全省乃至全国物流规划布局，打造服务东北亚区域的重要物流节点。二是港口尽可能做大，扩大与临沂、淄博等内陆城市的非对称优势，缩小与青岛、烟台等港口城市的差距。潍坊发展港口，最困难的是硬件，是航道、码头等重大基础设施的突破，但再困难也要做，现阶段可以把疏港交通作为突破口，最关键的是找准定位，发挥好港口的功能。重点是以下几方面：①鲁辽大通道功能，这是潍坊港相对于青岛港、烟台港的比较优势；②货物中转功能，加强与省内港口的分工协作；③服务省会经济圈出海的功能，潍坊港是省会经济圈最近的出海口；④多式联运功能，关键要加强港口与高铁、新机场等的互联互通。三是铁路应抢抓京沪高铁二通道机遇，把潍坊北站打造成为国家级高铁枢纽。潍坊北站位于胶东机场、遥墙机场、潍坊站、潍坊港、青岛港等重要交通节点的中心位置，加上京沪高铁二通道规划建设，潍坊北站有成为国家级高铁枢纽的潜力。应超前谋划布局，留足配套空间，高标准规划建设高铁新片区，尽可能做大做强潍坊北站。在交通联系上，构建以潍坊北站为核心的区域交通体系，提升潍坊北站枢纽地位，为打造国家级高铁枢纽加码赋能。

4. 应重视吸引人口到中心城区，尽快建成城区常住人口300万的Ⅰ型大城市

在尽可能推动人口向中心城区、县城、镇区转移的前提下，应重视做强中心城区。济南2020年城区常住人口数量为641万，青岛为550万，烟台为249万，临沂为219万，淄博为199万，潍坊为166万。随着都市圈、城市群战略的深入推进，中心城区对于城市间竞争越来越具有决定性意义，潍坊中心城区弱小的短板将越来越突出。潍坊推进共同富裕、提升在半岛城市群中的城市地位，都应重视把人口吸引到中心城区，尽快建成Ⅰ型大城市。

（八）以资源精准投放推进公共服务优质共享

共同富裕是在做大蛋糕的同时强调分好蛋糕，保障和改善民生须建立在经济发展和财力可持续的基础之上，“尽力而为、量力而行”，尤其需要做到精准化。一是准确了解群众的需求。习近平总书记在参加十三届全国人大二次会议河南代表团的审议时说：“我经常到一些贫困地区去、到农村去，我总有一句话：‘你们还需要什么？’”对表总书记要求，应使服务与需求的匹配程度达到最大化。二是形成共建共享局面。应充分调动社会各界的积极性、主动性、创造性，发挥好第三次分配的作用，借鉴浙江“指尖公益”“链上公益”等模式，健全慈善激励机制，完善公益性捐赠税收优惠等政策，打造潍坊慈善品牌。三是建设智慧城市。可借鉴浙江“最多跑一次”、福州“一线处置”、北京“接诉即办”、苏州“苏周到”等经验，构建智能便捷的数字化公共服务体系。

（2022年11月）

推进共同富裕的几点思考

李　波　李少军　杜慧心　刘永杰　刘　磊

一　用好区位优势

区位是潍坊长期的优势，推动形成济青城市群隆起带、持续打造交通优势应该成为战略共识。

第一，潍坊区位具有独特性。区域经济学中有一种区位决定论的观点，尽管这种观点有片面性，但也充分说明了区位对一个城市的极端重要性。潍坊区位特点是，处在济南、青岛两个副省级特大城市之间，在1小时通勤圈内。这样的区位特点在山东省内几乎是独一无二的，在全国也极为罕见。在城市群、都市圈日益成为区域发展核心载体的背景下，潍坊制定发展战略、谋划长期工作，必须考虑区位这一因素。

第二，潍坊最重要的外部环境是济南、青岛，应高度重视借力济南、青岛错位发展。在区域分工中，省会、副省级城市往往承担政治、金融、科技、文化等综合性功能；地级市更多地承担产业高地功能，接受邻近大城市服务业的辐射带动。潍坊制造业应与济南、青岛的制造业错位发展，服务业高端资源应充分借力济南、青岛。

第三，济南、青岛连接不紧密对山东、对潍坊都不利。历史上，山东半岛城市群曾与京津冀、长三角、珠三角、成渝等城市群比翼，但近年来山东半岛城市群在全国的影响力下降，主要原因是济南和青岛连接不够紧密，济南、青岛连线经济发展主轴特征不明显，这也在一定程度上影响了潍坊的城市发展和城市地位。

第四，有基础、有条件推动形成济青城市群隆起带。近几年，青潍一体化、济淄一体化加速推进，为建设济青城市群隆起带创造了条件。就潍坊而言，除诸城、临朐外，所有的县（市、区）建成区都在济南、青岛连线上，潍坊可以在济青城市群隆起带建设中发挥更大作用。

第五，尽量推动将潍坊纳入济青连接紧密的上位规划和上位战略，这是推动形成济青城市群隆起带的关键。比如山东省“十四五”规划中的“济青科创智造廊带”，省氢能产业中长期发展规划围绕济南、青岛两大高地构建的“鲁氢经济带”。

第六，应立足区位持续打造交通优势，降低各类社会主体的经营、工作成本。历史上，潍坊的城市地位与交通优势密切相关，胶济铁路的开通一举奠定了潍坊山东半岛枢纽中心的地位。现阶段，全国铁路、公路、机场等交通基础设施迎来新一轮爆发期，很多城市抓住机遇实现了大发展，也有很多城市因错失机遇而衰落。潍坊应抓住这一轮机遇，持续强化交通优势，通过降低交通成本进而降低企业物流成本、时间成本，打造山东半岛企业成本洼地。

①最大限度地用好胶东机场、青岛港。牢固树立胶东机场、青岛港是潍坊重要战略资源的理念，加强交通基础设施对接，尽快实现到胶东机场公交化运营，到青岛港专线连通。

②适度超前布局重大基础设施。应坚定不移地加快推进新机场建设，处理好新机场与胶东机场的关系。鄂州机场在这方面的做法值得关注，鄂州与武汉接壤，从鄂州机场到武汉机场驾车约两小时，这种位置关系与潍坊新机场和胶东机场的关系极为相似。鄂州机场 2017 年开始建设，2022 年投运，是国内第一个专业性货运机场，2020 年被国家明确为货运枢纽机场。潍坊新机场应借鉴鄂州机场经验，突出货运功能，可以重点发展客运包机业务，抓住全国专业性货运机场较少的机遇，争取被纳入全省乃至全国物流规划布局，打造服务东北亚区域的重要物流节点。潍坊港应尽可能做大，现阶段应把疏港交通建设作为突破口。疏港交通的能级决定了港口的服务腹地范围，国内港口都高度重视疏港交通建设，距离潍坊港较近的东营港也有疏港高速接入。相比而言，潍坊港疏港交通已经落后，疏港铁路和公路都不完善，导致服务腹地仅限于港口周边区域。现阶段应把疏港交通建设作为首要任务，谋划推进疏港高速接入荣乌高速，疏港铁路接入德龙烟铁路，一方面解决大宗散货的物流瓶颈，另一方面也可以打造潍坊大型机械设备产品外运的重要通道。铁路应抢抓京沪二通道机遇，把潍坊

北站打造成为国家级高铁枢纽。潍坊北站在山东诸多高铁站中地位比较特殊，国家“八纵八横”高铁主通道布局中有3条通道在此交会。潍坊北站通道数量全省最多，位于胶东机场、遥墙机场、潍坊站、潍坊港、青岛港等重要交通节点的中心位置，有成为国家级高铁枢纽的潜力。一方面，应超前谋划布局，留足配套空间，高标准规划建设高铁新片区，尽可能做大做强潍坊北站；另一方面，应构建以潍坊北站为核心的区域交通体系，提升潍坊北站枢纽地位，为打造国家级高铁枢纽加码赋能。

③提升市内交通节点之间的连通度。从潍坊站到潍坊北站驾车需要40分钟，公交需要1小时20分钟；从潍坊港到德龙烟铁路大家洼站需40分钟，到海天站需1小时20分钟。内部交通节点连通度不足已经成为制约潍坊枢纽地位提升的重要因素，应推进潍坊站、潍坊北站、新机场、潍坊港等重要交通节点高效连通，提高换乘效率，持续强化潍坊综合立体交通优势。

二　补齐城镇化短板

城镇化水平低是潍坊的短板，城镇化率低是潍坊大而不强的根本原因，中心城区弱小是最突出问题。

第一，在新型工业化、信息化、城镇化、农业现代化“新四化”中，潍坊农业现代化水平全国领先，新型工业化水平全国先进，尽管信息化水平国内排名落后于农业现代化和新型工业化排名，但与潍坊城市地位基本相当，只有城镇化水平是明显短板。

2020年潍坊常住人口城镇化率为64.4%，排全省第7位，而浙江为72%，江苏为73%，广东为74%，国内万亿GDP地级市中佛山的常住人口城镇化率超过95%，苏州、无锡在80%以上，南通、泉州在70%左右，都明显高于潍坊。

第二，城镇化水平低导致潍坊大而不强，主要表现在人均GDP和人均财政收入排名低、中心城区小方面。潍坊面积、人口、GDP等总量指标全省排名比较靠前，而人均GDP、人均财政收入等居全省第8~9位，特别是人均GDP排全国第116位。潍坊中心城区小，就面积、人口、GDP等指标而言，无论是中心城区占全市比重还是区均水平，并且长期没有城区入选全国百强区，这已经成为制约潍坊城市竞争力提升的重要短板。

第三，加快城镇化是潍坊解决大而不强问题的根本出路。迄今为止，世界上没有一个地区能够在“三农”占比较高的条件下实现现代化的，也没有一个地区能够在低城市化水平上实现现代化的。在主要发达国家，城镇化率都达到80%左右甚至90%以上，95%以上的经济产出都在工业和服务业且都集中在城市特别是大城市，农业的产值比重很低，在1%左右，德国、英国只有0.65%左右。国内GDP 50强城市中，绝大多数城市常住人口城镇化率在70%以上，半数以上城市农业增加值占GDP的比重在3%以下。

加快推进城镇化，有助于把更多生产要素从低效率的农业农村部门转移到高效率的城市部门，进而提高全要素生产率，这是潍坊提高人均GDP和人均财政收入、解决大而不强问题的根本出路。

第四，做大做强中心城区是当务之急。随着都市圈、城市群战略深入推进，中心城区对于城市间的竞争越来越具有决定性意义，潍坊应该迅速补齐中心城区发展短板。

①坚持生态优先理念。生态越来越成为集聚高端资源的核心要素，是一个城市核心竞争力的重要体现。近年来，南通、佛山、东莞、成都等在推进城市更新、建设新区过程中都高度重视生态，南通紫琅湖所在的中央公园区域、佛山三龙湾区域、东莞松山湖区域、成都锦江生态带都是打造一流生态集聚高端要素的产物。由于气候原因，北方地区在蓝、绿生态方面与南方地区存在天然差距，潍坊中心城区一方面应最大限度地亲水，用好运河水系，打造沿河景观带，另一方面应最大限度地增绿，提升绿化覆盖率。

②加快城市更新，提升中心城区功能品质和人口承载力。城镇化率突破60%后，城市发展进入城市更新的重要时期。潍坊近年来推行的一系列民生实事都属于城市更新范畴，特别是免费停车、修过街天桥、建遮阳棚、打通断头路等，迅速改善了城市形象，提升了群众满意度。下一步，应坚持系统观念，整体推进城市更新，在高端功能供给、基础设施建设、社区建设、生态修复等重点领域加速突破，不断提升中心城区功能品质和人口承载力。

③人口尽可能向中心城区集中。潍坊中心城区在人口集聚上已经落

后，剔除区划调整影响，2010~2020 年潍坊中心城区人口增量为 47 万人，烟台为 47 万人，临沂为 105 万人，济南为 220 万人，青岛为 228 万人。根据北京大学国家发展研究院等多个权威机构预测，到 2035 年全国常住人口城镇化率还将提高 12 个百分点，参照这一预测，潍坊未来 15 年城镇常住人口将增加 110 万人左右，应把这些人口尽可能吸引到中心城区。影响中心城区吸引人口的因素有很多，最根本的是产业，最直接的是生活舒适度，二者相辅相成，互为因果。现阶段中心城区吸引人口应把产业作为根本，把基础教育作为关键，把稳定中心城区房价作为基础性工作。

④高端服务业、先进制造业尽可能向中心城区、胶济沿线集中。高端服务业天然地适合在中心城区发展，中心城区增强辐射带动力也需要发展高端服务业。制造业形态正在被信息化重塑，制造业变得更环保、更能够与城市功能和生态相协调，先进制造业回归大城市、回归中心城区的趋势越来越明显。应在中心城区打造一批高端服务业、先进制造业集聚区，特别是加快建设中央商务区、潍柴万亿级产业园、深圳（潍坊）科技工业园，打造标志性的高端产业集聚区。

同时，随着都市圈、城市群战略深入推进，济南、青岛的联系将越来越紧密，胶济沿线正在成为全省经济最活跃、人口密度最高的发展轴带，高端产业向胶济沿线集中是必然趋势，越早布局越能够抢占发展先机、降低进入成本。

⑤强化中心城区相对于县（市）的交通枢纽优势。前文已有说明。

⑥把土地作为引领产业、基础设施集聚的核心抓手。本轮国土空间规划应高度重视城市空间、产业空间、基础设施空间的统筹规划，在中心城区、胶济沿线留足用地指标。

⑦适时推进区划调整，拉开中心城区发展框架。自 1994 年设立奎文区后，潍坊区级行政版图一直没再变过。应尽快落实 2018 年山东省政府出台的《山东省沿海城镇带规划（2018—2035 年）》，推进昌邑撤市设区，着眼长远，谋划其他县（市）设区。谋划推动四个行政区与周边县（市）部分镇街整合，并尽快实施强区战略，争取有行政区进入全国百强区。同时，应充分考虑青岛对潍坊的影响，充分考虑借力青岛，特别是着眼于用好青岛港、胶东机场、上合示范区、青岛自贸片区，为潍坊借力青岛加速。

第五，提升县城、镇区人口承载力，优化县域人口布局。随着新型城镇化推进，县城、镇区将成为县域人口生活的基本单元，农村数量将持续减少甚至在部分地区消失。一方面，加快落实国家发改委《关于加快开展县城城镇化补短板强弱项工作的通知》要求，提升县城人口吸引力和承载力；另一方面，按照因地制宜、分类推进的原则，以镇政府所在地的行政村为关键节点，打造农村新型社区，农村新型社区的基础设施、公共服务等应明显好于其他农村地区、基本接近城市水平，把农村人口吸引到镇区集中。

三　围绕制造业打造核心竞争力

潍坊的核心竞争力在制造业，必须持续把制造业做大做强。

第一，强大的制造业是潍坊现有地位的关键支撑。从全国来看，几乎所有城市都在强调制造业，不少一线、省会、副省级城市，相继提出制造业重回发展“中心”，GDP 排名前列的地级市更是始终强调围绕制造业打造城市核心竞争力，其根本原因在于中国处在向工业化后期全面转化的阶段。从潍坊三次产业看，农业尽管具有一定优势，但发展增值性较弱，在工业化和信息化时代大背景下成长性不足，不宜作为核心竞争力，农业发达地区也均未把农业作为核心竞争力；服务业尽管增长较快，但和周边济南、青岛相比，不具备竞争优势；潍坊制造业本身就具有一定竞争优势，工业主要指标排名基本上都高于 GDP 排名。2020 年潍坊 GDP 在全国普通地级市中排第 15 位，但工业营业收入排第 8 位，利润总额排第 12 位，规模以上工业企业数量排第 11 位；2020 年潍坊 GDP 在省内排第 4 位，但工业营业收入排第 2 位，利润总额排第 3 位，规模以上工业企业数量排第 2 位。

第二，制造业比重下降过快是当前潍坊制造业发展需要特别关注的问题。从 2006 年到 2020 年，潍坊制造业比重连续 14 年下降，由 46.3%降至 29.5%，降低 16.8 个百分点。在 GDP 排名前列的地级市中，除烟台、苏州外，其他城市制造业比重均未下降如此之快，苏州进入后工业化阶段，制造业比重下降符合其发展规律。发达国家和城市一般在人均 GDP 为 1.9 万美元左右时，制造业走向高端后出现比重下降，潍坊现阶段人均 GDP 为

1万美元左右，还未到制造业比重持续下降的发展阶段，我们要以制造业的持续做大做强，来提升其在社会经济发展中的份额、实现比重基本稳定。

第三，发展方向上，抓智能化、绿色化、服务化升级。一是智能化。中小企业是智能化主战场，潍坊大企业智能化水平相对较高，但中小企业相对较低，影响了整体优势形成。要在推动大企业打造跨行业跨领域工业互联网平台的基础上，通过资金扶持，鼓励中小企业用好成熟的工业互联网平台，同步推进智能化评估、诊断，以此促进智能化改造、升级。二是绿色化。重点是在建设能源碳排放数据监测平台、培育低碳零碳园区、发展氢能产业、优化能源结构、成立减碳联盟、制定绿色转型激励政策等方面加快探索。三是服务化。发展服务型制造、制造服务化是国家战略。GDP排名前列的地级市都较早、较好地把握住了这一方向，潍坊有这方面的良好基础，但目前还没有根据最新的精神要求出台相关意见、方案，应尽早制定促进服务型制造发展的指导意见，以培育国家级服务型制造示范企业为目标开展示范遴选，依托中心城区打造服务型制造产业集聚区，积极争创全国服务型制造示范城市。

第四，狠抓“链长制”，从纵向产业链条发力提升产业竞争力。企业围绕产业链发展，是产业发展的自然规律。“链长制”的实行，是将自然规律辅以有形之手，是顺势而为，是助推之道。无数先进城市的经验表明，“链长制”是做大做强产业的有效手段。对比长沙，以及浙江的一些城市，潍坊的行动并不算早，但就产业而言，每个地方有各自的实际，每个城市有各自的优势，抓得早并不一定抓得好，关键是要抓准、抓实。当前，关键是落实好关于“链长制”的实施意见，牢牢把握市级领导挂帅这一根本特点，确保最大限度发挥制度优势，在更高层面、更高境界上实现产业链大发展。

第五，空间布局上，抓产业功能区，提升片区化、集群化发展水平。产业集群是制造业生存与发展最有效的组织形态，集群化发展是制造业产业进阶的基本规律和必然趋势，是制造业做大做强、迈向中高端的必由之路。国内制造业强市都把集群培育作为提升产业竞争力的重要抓手。潍坊先进制造业集群发展水平在全国不显突出，工信部先进制造业集群竞赛是国内最高规格的产业集群竞赛，2021年3月工信部公布了决赛优胜者名单，21个城市的25个先进制造业集群胜出，潍坊动力装备集群没有入选。成都以空间布局上的产业功能区打造来促进产业集群化发展的做法，取得了良好效果，被视为引领产业空间布局转变、重塑城市经济地理的一场革命，潍坊应积极借鉴成都经验，围绕大企业、中心城区、胶济沿线，规划若干产业功能区，从地理空间上提升集群化水平。

第六，科技创新上，走龙头企业带动创新的路子。在普通地级市中，企业是科技创新的主力，因为其高校院所少，创新资源缺乏，难以像副省级城市、省会城市那样更多地依靠高校院所开展创新，更多的是依靠企业特别是龙头企业带动创新。泉州、佛山等制造业明星城市，都是龙头企业牵头推动重大科技突破。潍坊近年来创新竞争力持续增强，也是因为一批龙头企业发挥了关键作用。应通过支持龙头企业突破关键核心技术、龙头企业与大院大所开展合作、龙头企业建设高能级创新平台，坚定不移地走龙头企业带动中小企业和科研院所协同创新的道路。

第七，新兴产业培育上，抓资本招商。任何一个城市要迅速脱颖而出、保持长期竞争力，都不能不积极培育新兴产业。这些年众多城市的经验表明，资本招商是培育新兴产业的有效手段。合肥在这方面最为突出，其核心是通过地方投融资平台，以资本运作来招引新兴产业链上的关键企业，以此带动整条产业链发展，最终发展整个产业。合肥通过这种模式，培育出新型显示、集成电路、新能源汽车等战略性新兴产业，GDP从不足3000亿元到突破万亿元，成为经济增长最快的城市。资本招商的核心是基金运作，舍得投入。潍坊已经成立了一些由政府引导基金，有了较好的基础。关键是要激励引导这些基金敢于和善于寻找目标企业，如果哪个基金选定的企业项目得到市级认可，就应该下决心加强这个基金的投资能力，全力支持把认定的企业项目引进来。

第八，抓企业上市，培强中坚力量。潍坊规模以上企业数量多，但规模偏小，能否将数量优势转化为规模优势、实现提质扩规，是一个关键问题。抓企业上市就是抓企业高质量发展、规范发展，推动企业利用资本力量做大做强，实现规模、效益双提升。潍坊出台了支持企业加快上市的若干政策，力度空前，效果显著，目前全市共有38家上市企业、28家A股上市企业。下一步应落实好支持企业加快上市的若干政策，进一步支持企业对接资本市场，积极抢抓国内资本市场改革发展机遇，用活资本链、激发创新链、做深产业链，努力在“双循环”新发展格局中做大做强。

四　完成好创新提升“三个模式”政治任务

“三个模式”是潍坊最响亮的名片，创新提升“三个模式”最直接地体现潍坊市委、市政府的领导能力。

第一，能否创造和提炼出创新提升“三个模式”的路子，是潍坊市委、市政府面临的重要考验，甚至检验着山东省委、省政府的领导能力。潍坊名片很多，像潍坊风筝这一类名片知名度很高但影响力有限，不具备唯一性，“三个模式”才是最重要最响亮的名片，既有知名度，又有影响力，还有唯一性。

没有哪一个城市的农业农村工作比潍坊更受中央的关注，潍坊没有哪一项工作比农业农村工作在全国有更大的影响力。“三个模式”对中国农业农村发展的重大贡献已经载入史册。创造和提炼出创新提升“三个模式”的路子，是潍坊市委、市政府，山东省委、省政府肩负的重大历史使命。

第二，组织好创新提升“三个模式”这项工程，离不开基层实践和借力智力资源“内外结合”。现在看，一方面，基层热情和干劲很高，有大量的实践创造，但越往基层，往往方向越不清晰；另一方面，到潍坊来的高校、科研院所的专家，对中央精神、农业农村现代化的方向相对清晰，但很难深入下去。现在迫切需要这两方面的联动、优势互补、搞好结合。近年来，潍坊市借外力进行的研究课题有一定的成效和反响，当前的关键是：让全国的媒体、“三农”问题研究专家到潍坊来，让他们进行长期关注和宣传，持续跟踪研究；邀请“三农”技术领域的专家到潍坊来指导开展以种源为代表的“卡脖子”技术攻关。特别是潍坊临近青岛农业大学，借力的条件得天独厚，要争取青岛农业大学全面为潍坊所用。当然，前提是潍坊自己要干，尤其要重视基层的创新创造，否则就是无本之木、无源之水，需要在全市范围内选拔一批合适的干部，推动干部与专家、媒体一起攻关，一起探索创新提升“三个模式”的路子。

第三，当前潍坊农业农村发展出现一些规律性趋势，这些趋势是创新提升“三个模式”的方向。主要有六大趋势：一是农业价值链“微笑曲线”由中间向两端延伸拓展，即由生产端向研发设计、营销品牌、生产服务等环节延伸拓展，对三次产业融合、农业全产业链构建、价值链提升的影响逐渐显现；二是乡村产业向园区集中，大田作物、设施农业、农产品加工、农村非涉农工业园区化布局的态势十分明显，产业结构、产业发展动力、产业组织加速发展与转型；三是乡村从业人员职业化，家庭农场、农民合作社、农业产业化龙头企业等新型农业经营主体迅速成长，这些新型农业生产经营者一般有文化、懂技术、善经营、会管理，是新型职业农民，即使是这些新型农业经营主体雇用的人员，也已经不是传统意义上的农民；四是乡村人口向镇区集中，农民对过上城里人生活的愿望强烈，一些地区依托镇区建设配套完善的基础设施、优质便捷的公共服务、支撑有力的现代产业、极具乡村风貌的农村新型社区，吸引了周边村人口向镇区集中居住；五是城市和乡村差别明显缩小，城市资本、人才、技术下乡步伐明显加快，新理念、新技术、先进管理模式等生产要素被带入农业农村，城乡人口双向迁徙、资源要素双向流动的倾向强烈；六是乡村产业优势正转化为乡村建设和乡村治理优势，以前潍坊乡村产业优势突出，乡村建设和乡村治理优势不明显，近年来潍坊市涌现出一批将产业优势转化为乡村建设和乡村治理优势的先进村，其共同特点是都认识到党组织的带头作用的重要性，都在具备产业优势的基础上推进乡村建设和乡村治理，这种发展模式不仅有可行性而且前景广阔。以上这些趋势，符合农业农村现代化演进规律，需要我们继承和发扬“三个模式”蕴含的改革创新精神，尊重基层的创新创造，边实践、边探索、边改进，着力在引导和服务上下功夫，并且适时进行经验总结，继续推出可复制、可推广的经验为全国提供示范。

第四，把握和推进这些规律性趋势，当前要紧紧抓住以下三个关键点。

①抓基层领导力量。只有镇、村两级强力推动，这些规律性趋势才能变为现实发展优势，其中的关键是“派、选、育”基层领导力量特别是带头人。“派”，就是把相对专业、善于思考，能理解中央政策和省委、市委意图，能把握农业农村发展规律的干部，充实到基层领导岗位；“选”，就是打破地域、身份、行业限制，重点从农村新型经营主体带头人中选拔，配强村党支部书记，进一步突破年龄、资历、身份和比例限制，选好“第一书记”，确保选拔出的干部切实发挥作用；“育”，就是着眼农业农村现代化对干部的长期考验，超前谋划培育一支信念坚定、热爱“三农”、作

风扎实的干部队伍，形成科学合理、层次分明的干部梯队。

②破解土地制约。习近平总书记在农村改革座谈会上指出："新形势下深化农村改革，主线仍然是处理好农民和土地的关系"。土地问题牵一发而动全身，亟须改革突破创新，潍坊作为全国农业农村发展的标杆，理应在土地制度改革上走在前列，在处理农民与土地的关系上先行先试，在发展适度规模经营上积极探索，破解土地制约可成为继"三个模式"之后潍坊再一次为中国农业农村现代化做贡献的主攻方向之一。比如探索土地模拟流转办法，通过预签模拟协议、熟化土地整体打包、包装招商等方式，吸引更多资本参与土地流转经营，有效盘活农村土地资源；探索推广农民住房大产权改革试点，实行农村宅基地和房屋与城市建设用地和住房同权同证、同等入市，提升农村宅基地和房屋价值；深化农村土地制度改革，积极探索缩小城中村和农村土地征收补偿差价的办法，落实承包地、集体经营性建设用地的用益物权，赋予农民更多财产权利，增加农民财产收益。

③调动农民积极性。近年来，各地都在各尽所能调动农民积极性，潍坊相比过去情况在这方面有改观但仍然远远不够。从实施效果来看，市场化是调动农民积极性最有效、最持久、最根本的手段。以市场化手段调动农民积极性，需要抓好以下三个方面：一是以市场化的补贴调动农民积极性。补贴直接补给农民，不仅杯水车薪还起不到应有的作用，如果找到调动农民积极性的关键环节，比如涉农企业、收购商、农机手等，以市场化手段充分发挥补贴的带动作用，可以大大调动农民的积极性。二是鼓励农民以市场化理念探索增收途径。引导农民充分利用自有的资金、技术、房屋、设备等资源要素从市场获取收入，如以土地入股农业龙头企业、抵押农机设备获得贷款、出租闲置房屋获取房租、网上销售农产品等。三是以市场化方式强化农民主体地位。在乡村基础设施建设中，采用股份、基金、担保、贴息等市场化方式，吸引社会资本特别是农民资本有效参与，以此强化农民的建设主体地位。

五　把握好信息化、"双碳"时代机遇

信息化、"双碳"是最鲜明的时代特征，要牢固树立抢抓机遇、弯道超车、树立优势的紧迫感。

信息化和“双碳”正在重构发展版图，其辐射范围之广、影响程度之深，给区域发展带来的系统性变革前所未有。这两股力量是当前及今后一个时期生产力发展水平的主要标志。

数字化重塑城市竞争力、赋能高质量发展已成为普遍共识，一些城市因为信息化实现优势再造、弯道超车，一些城市则出现经济下滑、风光不再。相比南方，山东省、潍坊市信息化发展亮点不突出，有专家甚至极端评价“这是浪费的十年”。“双碳”不单是一次技术、产业的变革，同时也是一项人类生产、生活乃至生存方式的主动变革。当前，“双碳”竞争格局类似十年前的信息化，各地几乎都处在同一起跑线。前期潍坊市做了大量基础性工作，为推进“双碳”工作打下良好基础。

信息化、“双碳”机遇和挑战已经摆在面前，需要全市上下统一思想、形成共识，关键是把充分发挥市场在资源配置中的决定性作用和更好发挥政府作用结合起来，把政府引导与调动全社会的积极性结合起来，特别注重借力济南、青岛，以非凡之想、科学之策，力争在新一轮城市竞争中脱颖而出、弯道超车。

关于信息化，突出以下两个关键点。

第一，适度超前布局信息基础设施。信息基础设施具有很强的公益性、基础性，起始阶段政府引导非常重要。政府先引导，接下来就有市场跟进，市场的力量就会迸发出来。现阶段各地对信息基础设施特别是对5G的认识高度一致，都认为5G正在引发新一轮技术创新和产业革命。我们要像抓交通基础设施一样抓信息基础设施建设，综合使用政府专项债、产业引导基金、融资平台以及财政支出等多元资金投入形式，适度超前布局5G等信息基础设施，争取在某些重点领域和关键环节走在同类城市前列，打通经济社会发展的信息“大动脉”。

第二，用好考核指挥棒。数字化转型说起来重要，做起来很难一以贯之，这是新生事物的共同特点。用好考核指挥棒，必须在考核上予以重视，把城市数字化转型纳入年度考核，全面考核数字经济、数字政府、数字社会的进展和成效，全面考核各部门围绕城市数字化转型发挥职能作用情况，对不同区域不同部门适当增减权重，充分调动各方积极性。

关于“双碳”，坚决贯彻山东省委打造“一组生态”要求，进一步统一思想认识，持续提高思想认识，不断优化工作推进机制，特别是依靠专业队伍谋划和推进全市“双碳”进程。

第一，建设统一的能源碳排放数据监测平台。这类平台是实现“双碳”目标的基础性支撑，比如厦门电碳生态地图依托供电公司打造平台，将1811家规模以上工业企业的电力数据与煤、油、气、热等能源消费数据连接起来，通过用电量实时监测重点行业、重点企业碳排放情况。研究发现，我们要积极借鉴先进城市和地区依托供电公司建平台，尽早把平台建起来，发挥平台作用，更好地引领带动“双碳”工作。

第二，培育低碳、零碳示范园区。这是2021年以来的新现象，也是制造业强市推进产业绿色化转型的共性做法。成都、上海、南京建设碳中和示范区，东莞、重庆、南京建设零碳工厂、零碳示范园区、零碳未来城，宁波、天津建设“近零碳”示范区。对潍坊而言，打造低碳、零碳产业园区是推进工业绿色低碳发展的主要抓手，园区选址要充分考虑产业基础、发展潜力、示范带动等因素，加快培育一批具备低碳、零碳产业基础的重点企业。

第三，加快氢能产业发展，优化制造业能源结构。发展氢能不仅是能源转型的重大机遇，更是推动制造业绿色化转型的重要举措。关键是落实好潍坊氢能产业中长期发展规划，依托潍柴、山东海化集团等龙头企业，进一步拓展氢能在工业领域的应用，逐步提升氢能在潍坊能源结构中的占比。

第四，探索成立减碳联盟。由政府发起，环保行业龙头企业牵头，联合制造业骨干企业及科研机构成立联盟，以此带动更多行业企业、组织和机构参与减碳行动，加快形成推动制造业绿色化改造的合力。

第五，研究制定绿色化转型激励政策。充分利用财政、税收、金融等手段，围绕节能降耗扶持、绿色低碳技术应用、绿色品牌建设、企业实施循环经济和资源综合利用项目等领域，制定相关扶持、奖励政策，形成鼓励绿色化发展的政策导向。

六　解决好干部专业素质不足这一长期性问题

潍坊参与城市竞争将长期面临干部专业素质不足的困难，必须充分考虑并解决这一问题。

2020年潍坊GDP排全国第39位，经济社会发展各领域竞争力在全国大致都能排前50位。与潍坊竞争实力相仿或更发达的城市，大多数是省会、副省级城市。省会、副省级城市、先进城市的干部特别是部门领导、业务骨干大多是专家型、专业型干部，对中央政策理解透彻、对发展规律把握准确、对自身发展思路清晰。潍坊市的干部虽然闯劲、工作作风都很过硬，但相比这些城市，其专家型、专业型的干部数量较少，对新发展阶段、新发展理念、新发展格局把握不太到位，对信息化、“双碳”等一些关键点认识清晰，但行动往往比先进城市慢半拍。这种差距，是潍坊与全国 GDP 50 强城市竞争必然存在和将长期存在的短板，我们在谋划、推进工作中要充分考虑到这一困难，想方设法进行解决。

第一，形成更大比例选配专家型、专业型干部的鲜明导向。潍坊能级有限，吸引来的干部的学历、素质等整体上不如省会、副省级城市，在竞争过程中只有比其他城市更大比例、更大力度选拔使用专家型干部，才能弥补差距，这应当成为贯彻落实省委精神的重要举措。就像改革开放尊重使用知识分子干部那样，潍坊要形成重用专家型、专业型干部的鲜明导向。

第二，大面积交流使用干部。在潍坊这样的普通地级市，很多干部在成长过程中容易被环境同化，格局视野受到限制，干部交流任职能有效破解这一问题。应大面积、常态化选派干部到发达城市的机关、企事业单位、智库交流任职，学习先进方法和理念，不断开阔视野、提升境界。

第三，倡导学哲学用哲学。坚持和运用辩证唯物主义世界观和方法论是习近平总书记的要求，是提高干部专业素养和专业水平的法宝。应当号召全市干部特别是领导干部自觉地学习运用马克思主义哲学，把学习经典著作、基本原理同学习近平新时代中国特色社会主义思想紧密结合起来，以此提高对习近平新时代中国特色社会主义思想的认识，加深对新发展阶段、新发展理念、新发展格局的理解。

（2021 年 10 月）

潍坊推进共同富裕应抓好的十个着力点

李少军　杜慧心　刘永杰　刘　磊

一　把握好稳中求进的实质和关键

怎么看？“稳”是主基调、是大局，指平稳健康的经济环境、国泰民安的社会环境、风清气正的政治环境；“进”是在稳的前提下在关键领域有所进取。稳中求进，重点是稳经济运行，核心是稳增长。

怎么干？2021年潍坊市经济社会之所以呈现稳中有进的积极态势，不仅是因为探索了一套行之有效的工作机制，也是因为各方面基础较好。注重把握三个方面：一是保增速。关键是落实好省里确定的扩需求“十大行动”，进一步聚焦新型城镇化、城市更新、农业农村现代化、高水平开放、基础设施投资等方面。二是先立后破。把各种发展资源用在好的增量上，淘汰落后产能应合理把握力度和节奏，为好的增量腾退空间。三是把调整产业结构作为主攻方向。突出科技创新第一动力，把智能化、绿色化、服务化作为发展方向。

二　提升制造业核心竞争力

潍坊以制造业立市，制造业核心竞争力决定城市竞争力水平。潍坊工业主要指标排名，基本上都高于GDP排名，比如2020年潍坊GDP在全国普通地级市中排名第15，但工业营业收入排名第8、利润总额排名第12、规模以上工业企业数量排名第11。

一个目标：制造业占比保持30%以上。潍坊制造业占比近14年降低16.8个百分点。全国地级市GDP 15强中，只有苏州、烟台、潍坊下降较快。苏州进入后工业化阶段，制造业比重下降符合其发展规律。潍坊现阶段人均 GDP 1 万美元左右，还未到制造业比重持续下降阶段。中国社科院提出到 2030 年中国制造业比重保持在约 30% 为宜，潍坊制造业比重当前及今后一个时期都应保持在 30% 以上。

转型升级突出三大方向：智能化、绿色化、服务化。潍坊支柱产业中传统行业占绝大部分，传统行业比重大、升级慢，会在一定程度上造成整体发展粗放、效益偏低。比如，潍坊 2019 年工业增加值增长率为 23%，在全国地级市 GDP 20 强中排名第 19、在省内排名第 13，低于 GDP 排名；规模以上工业企业亩均税收、亩均销售收入、单位能耗税收等单位要素产出，2020 年在省内分别排名第 12、第 8、第 10，均低于全省平均水平。一是智能化重在用好卡奥斯平台。全省正大力推动卡奥斯平台赋能，烟台、威海、日照都在积极用这一平台，潍坊仅青州、寿光在用，应高度重视与卡奥斯的全面合作，通过政府牵头签订协议、上云补贴等，支持企业用卡奥斯。二是绿色化重在抓好“双碳”机遇。重点在培育低碳零碳示范园区、发展壮大环保产业企业、成立减碳联盟、研究制定绿色化转型激励政策上发力。三是服务化重在早谋划、早示范。潍坊这方面基础良好，建议：①尽早制定服务型制造发展的指导意见。②开展示范企业认定工作。通过示范认定，鼓励企业瞄准服务型制造方向，加快转型或做大做强。③依托中心城区，打造服务型制造产业集聚区。

拉长优势：培育“专精特新”企业。“专精特新”中小企业、“小巨人”企业、隐形冠军、单项冠军等企业，是制造业中坚力量。潍坊“专精特新”中小企业和“小巨人”数量在省内均排第 2 位，优势明显。建议：一是建机制。按照种子企业库、中小企业库、“小巨人”企业库三级打造梯度培育机制，对企业进行入库培育。二是促上市。支持上市政策向“专精特新”中小企业倾斜，支持其上市融资。三是用专员。2021 年 11 月工信部发布为“专精特新”中小企业办实事清单，要求为每家“专精特新”中小企业配备一名服务专员。潍坊可在服务企业专员制度基础上进一步深化。四是促成长。隐形冠军、单项冠军企业很大一部分是由“专精特新”中小企业、“小巨人”企业成长起来的，我们要重点关注、重点扶持“小巨人”企业，加速其成长为隐形冠军企业、单项冠军企业的步伐。

培育新兴产业的核心抓手：资本招商。资本招商是培育新兴产业的有效手段，其核心是通过地方投融资平台，以资本运作招引来新兴产业链上的关键企业，带动整条产业链发展，最终发展起整个产业。合肥通过该办法培育起新能源汽车等战略性新兴产业，GDP 从不足 3000 亿元到突破万亿元，成为增长最快城市。一是政府引导基金要瞄准大企业。潍坊的政府引导基金投向，是解决大部分基金投不出去问题，并不是政府主动出击，这样很难招引到大企业，一定要把政府引导基金重点放在龙头企业上。二是舍得投入。如果基金选定的项目得到市级认可，就应该下决心加强该基金投资能力，全力把认定的企业项目引进来。三是打造高质量招商队伍。合肥之所以龙头企业选得准，是因为对产业和产业规律有深度理解和把握，从市领导到普通招商人员，有一大批人在研究产业，潍坊应打造深入研究产业的高质量招商队伍。四是加大城投转型力度。合肥不仅有合肥兴泰等金融平台，更有合肥建投、产投等城投类平台发挥关键作用。潍坊城投功能未充分挖掘，应充分利用城投的国资规模优势，赋予其更多功能，实现城投盈利与新兴产业发展的良性互动。

集群化的实现路径：打造产业功能区。产业集群是制造业做大做强、迈向中高端的必由之路。潍坊先进制造业集群整体表现在全国不算突出，在 2021 年 3 月工信部先进制造业集群竞赛决赛中，21 个城市的 25 个先进制造业集群胜出，潍坊动力装备集群没有入选。成都以空间布局上的产业功能区打造来促进产业集群的做法效果显著，被视为引领产业空间布局转变、重塑城市经济地理的一场革命。打造产业功能区，一是要体现本轮国土空间规划。留足工业用地指标。二是围绕大企业、中心城区建设。重点围绕潍柴、歌尔等大企业和深圳（潍坊）科技工业园、潍柴国际配套产业园等中心城区产业园区，进行优化提升。

做实“链长制”。先进城市经验表明，“链长制”是做大做强产业的有效手段，比如长沙，2017 年就明确 20 位市领导担任 22 条新兴优势产业链“链长”，保持平均每 2.3 天就新签约 1 个投资过亿元项目的招商速度。一是落实既定任务。尽快落实潍坊市政府《关于推进先进制造业重点产业链“链长制”的实施意见》中的主要任务。二是专班推进。每条产业链均成立工作专班，“链长”定期组织专班研究工作。专班的组成人员，除牵头部门外，还应由政府引导基金管理部门、城投部门、相应专业机构组成，注重顺着产业链制定招商引资、技术创新计划。三是重点支持“链主”。

通过“链主”企业的壮大带动整条产业链大发展。

三　走龙头企业带动科技创新的路子

创新在我国现代化建设全局中处于核心地位，中央经济工作会议将科技政策作为七大政策之一专门强调，省委“十二个着力”中第一位就是科技自立自强，省委经济工作会议强调要在强化科技创新上下更大功夫。潍坊在高能级平台、资金等方面与先进城市有差距，不能过多依靠高校院所搞创新，应当依靠企业开展科技创新。

（一）坚决以龙头企业带动科技创新

潍坊市科技创新“有高峰、无高原”，即龙头企业的创新能力突出，其他大部分企业研发能力不足，2019年规模以上工业企业中，有研发活动的企业占比排全省倒数第2，有研发机构的企业占比排全省倒数第4。建议：一是让强者更强，即做强“领头羊”，支持龙头企业加强基础研究、原始创新，攻克核心技术，勇闯“无人区”、抢占制高点。支持方式包括财税优惠、要素倾斜等。二是以强带弱，即以龙头企业带动中小企业和高校院所融通创新。支持方式包括建设创新联合体，可围绕农业、制造业等优势产业率先建设，佛山、东莞、咸阳等城市正加快组建，威海已经开展备案。

（二）建设高能级平台

一是“面”上全力争创国家级平台。进一步加大现有科创平台支持力度，特别是依托大企业建设国家重点实验室等国家级平台。二是“点”上突出抓水动力实验室。该实验室极有可能成为国家战略科技力量，是增强全省向海图强发展优势、建设海洋强省的重大科技支撑。2022年要以与青岛海洋科学国家实验室合作为突破口，全方位借力青岛海洋科创资源，弥补潍坊涉海资源不足，实现借梯登高、快速发展。

（三）开展关键技术攻关

关键技术事关制造业核心竞争力，已经到了不得不突破的地步。建议：一是梳理“卡脖子”难题。对制造业重点产业链及农业“种子工程”，特别是产业链上的关键龙头企业面临的“卡脖子”难题进行梳理，根据紧迫和重要程度确定攻关课题，实施“揭榜挂帅制”“组阁制”等方式攻关。二是重点扶持龙头企业、隐形冠军企业、单项冠军企业、瞪羚企业、独角兽企业、“专精特新”中小企业等企业率先突破“卡脖子”难题，增强核心竞争力。

（四）与大院大所开展合作

高端科研院所数量少严重制约了潍坊市科技创新的发展，这一点与佛山类似，但佛山近年下大力气与大院大所合作建设100家科技创新机构，这一举措值得学习。一是常态对接。根据企业和大院大所需求，及时组织科技成果专场推介会、对接会、创业投资、项目路演等活动，实现供需对接。二是集聚人才。依托大院大所重点引进产业高层次人才和高技能人才，重视柔性引才，做好教育、就业、就医、住房等配套服务。三是外部借力。普通地级市创新资源先天不足，借助外力尤为重要。济南、青岛是省内其他14个城市借外力的重点，潍坊在14个城市中区位最特殊，如能实现借力，特别是借助济南、青岛科创资源，就能把区位优势转化为创新优势。建议尽早研究制定具体措施，如设立领导机构、推动科技创新券跨区域通用通兑、在创新资源丰富地区设立“科创飞地”等。

四　抢占“双碳”发展先机

中央经济工作会议指出，实现碳达峰、碳中和是推动高质量发展的内在要求，要坚定不移推进。山东省委经济工作会议在坚定不移推进能源结构调整、推动绿色低碳发展等方面进行了部署。

（一）尽快凝聚共识，形成专业人干专业事格局

“双碳”是促进产业转型升级的重要抓手，正在重构全国经济版图，谁先人一步，谁就是新赛道的领跑者，就有可能引领下一轮产业革命。潍坊既要把握好节奏，又要有紧迫感，当前亟须形成共识，不断优化工作推进机制，特别是依靠专业队伍谋划和推进“双碳”进程。

（二）准确把握最新考核导向

中央经济工作会议提出，要科学考核，新增可再生能源和原料用能不纳入能源消费总量控制，创造条件尽早实现能耗“双控”向碳排放总量和强度“双控”转变。潍坊相关部门、专班应抓紧摸清碳排放现状，夯实碳排放的统计核算，及时跟进国家碳排放核算体系，确保国家核算体系出台后我们能够顺利接茬并组织实施。

（三）碳排放数据监测平台至关重要

这类平台是开展“双碳”工作的基础性支撑，越早建越有利。比如厦门电碳生态地图依托供电公司打造平台，将1811家规模以上工业企业的电力数据与煤、油、气、热等能源消费数据连接起来，通过用电量实时监测重点行业、重点企业碳排放情况。先进城市和地区一般依托供电公司建平台。潍坊要积极借鉴，尽早把平台建起来、发挥作用，更好地引领带动“双碳”工作。

（四）推进工业绿色低碳转型是重点

山东省碳达峰“十大工程”与国家“碳达峰十大行动”基本一致，区别在于省里明确了“工业率先碳达峰工程”，这是山东根据自身实际做出的重要部署，潍坊应抓好落实。一是培育低碳、零碳示范园区。这是2021年制造业强市推进产业绿色化转型的共性做法，成都、上海、南京建设碳中和示范区，东莞、重庆、南京建设零碳工厂、零碳示范园区、零碳未来城。潍坊应将打造低碳、零碳产业园区作为推进工业绿色低碳转型的主要抓手，选址要充分考虑产业基础、发展潜力、示范带动等因素，培育一批具备低碳、零碳产业基础的重点企业。二是探索成立减碳联盟。由政府发起，环保行业龙头企业牵头，联合制造业骨干企业及科研机构成立联盟，以此带动更多行业企业、组织和机构参与减碳行动，形成推动工业绿色化转型的合力。三是研究制定绿色化转型激励政策。形成鼓励绿色化发展的政策导向。

（五）搭建技术研究平台是推动“双碳”的根本动力

一是借力外地技术研究平台。南京、苏州、青岛等许多城市都在大张旗鼓地建设“双碳”科研平台，我们应及时关注、加强合作，特别是用好邻近济南、青岛优势，积极对接两地的科研院所、高校、重点实验室。二是依托周边城市及国内知名的大学，在潍坊联合筹建研究机构。如芜湖依托南开大学、合肥依托清华大学在当地建设研究机构。运作模式上重点借鉴两种：①可参考潍坊建设北大现代农业研究院的运作模式；②依托龙头企业，进行市场化运作。

（六）以碳普惠制推进绿色低碳生产生活

碳普惠制是指对小微企业、社区、家庭和个人的节能减碳行为进行具体量化，为节能减碳行为赋予一定价值，并建立政策鼓励、商业激励和碳减排量交易相结合的正向引导机制。成都实行名为“碳惠天府”的碳普惠制度，主要围绕公众低碳场景和企业碳减排项目两大方面进行正向引导，目前“碳惠天府”微信小程序已上线试运行。无锡“碳时尚”App、深圳碳普惠联盟，均按照这一思路运行。建议学习以上经验探索实行碳普惠制。

五　加大力度系统推进城市更新

城市更新既是经济工程又是民生工程。2022 年是潍坊推进国家城市更新试点的关键之年，山东省正在研究制定全省城市更新实施意见，我们应把握住这一重大机遇，聚焦试点内容，全面启动各项工作，努力形成可复制、可推广的经验做法，着力建设品质城市的样板。

把握一个原则：新建与更新并重。潍坊推进城市更新，既有普遍性也有特殊性，特殊性在于做大做强中心城区任重道远，这一特点决定了既要完成面上规定工作，又要做好自选动作，走城市新建与更新同步推进的新路子。

当务之急是编规划。规划先行，谋定而后动，是谋划和推进工作的重要原则和方法论。一是在原则上，深入研究城市更新更新什么、谁来更新、如何更新等关键问题，既要研究制定长远规划，也要制定中短期规划，特别是城市更新试点为期两年的工作规划。二是在目标上，因地制宜探索城市更新的工作机制、实施模式、支持政策、技术方法和管理制度，推动城市结构优化、功能完善和品质提升。三是在手段上，将城市更新纳入经济社会发展规划、国土空间规划统筹实施，招标聘请高水平专业规划团队和著名建筑大师，开展城市更新专项规划。

先手棋是城市体检。住建部指出，城市体检是实施城市更新行动的基本路径，住建部从 2019 年开始主导开展城市体检工作。从试点城市看，2019 年确定试点城市 11 个，2020 年 36 个，2021 年 59 个，包括济南、青岛、东营；从工作抓手看，住建部连续三年发布城市体检指标体系，均涵盖生态宜居、健康舒适、安全韧性、交通便捷、风貌特色、整洁有序、多元包容、创新活力八大领域；从衡量指标看，指标数量呈逐年增长态势，2019 年 36 项，2020 年 50 项，2021 年 65 项；从试点城市实践看，各试点城市在住建部发布的指标体系基础上，结合各地实际，建立既体现国家要求又反映城市特点的评价指标体系；从潍坊看，潍坊市未入选城市体检试点城市，但无论是否入选，抓城市更新必须坚持城市体检先行，像威海未入选城市体检试点城市，但 2020 年初就形成了城市体检成果，潍坊作为国家城市更新试点更应该有紧迫感。

“1+N”政策体系还应继续发力。“1+N”政策体系是潍坊市入选城市更新试点的关键之一，但仍有待完善。从国内城市实践看，除“1”之外，广州发布 15 个配套政策指引文件，上海出台近 10 个有关文件，济南仅 2020 年就制定了 5 个政策性文件。建议重点在“N”个配套政策上下功夫，研究出台财政支持、项目认定、历史风貌保护、土地利用、规划等领域的配套政策。

着力打造亮点和样板。建议把中央商务区、站南广场片区、高铁新片区打造成城市更新样板区。一是设立城市更新基金。建议由市属国有企业牵头组建城市更新母基金，吸引政府、企业、社会各方面的资金，深度参与城市更新投融资。二是推行 TOD 模式。建议有关部门认真研究，以公共交通节点为中心，合理确定一定开发半径，形成满足居住、工作、购物、娱乐、出行等需求的城市综合体，实现生产、生活、生态高度和谐统一。三是注重产业升级促进城市更新。培育引导现有产业进行改造升级，同时对企业拥有的土地与既有建筑物，进行低效用地再开发以及在符合规划的情况下调整用途，共享城市更新收益。

六 完成创新提升“三个模式”政治任务一刻也不放松

创新提升“三个模式”应定型。实施乡村振兴战略四年来，特别是2021年以来，潍坊市围绕创新提升“三个模式”做了大量卓有成效的工作，方向和着力点越来越清晰。总的想法是，围绕“做强”农业农村做文章，以产业现代化推动以镇为中心的农村现代化，创造和提炼出创新提升“三个模式”的路子。

产业：方向是融合、科创、开放，抓手是新型农业经营主体。融合、科创重点是链条化、智慧化，每个县（市）都重点发展一条或几条链。开放重点是出口、外资。

农村产业现代化的重要标志是农业产业与城市产业有可比性、能与国外农业竞争，要想实现这两大目标，只能靠新型农业经营主体。建议：一是把扩大新型农业经营主体规模作为推进农业现代化的基础性工作；二是积极稳妥推进新型农业经营主体规模经营，关键是通过土地流转打好规模经营的基础；三是培育新型农业经营主体带头人；四是优化新型农业经营主体发展的政策扶持、金融支持、科技支撑环境。

人口：尽快向镇区、县城、中心城区转移。基于以下考虑：一是从发展阶段看，潍坊现阶段城镇化率低、中心城区弱等重大问题，几乎都与农业比重大、农村人口多有关。二是从发展规律看，无论是推进新型工业化、城镇化，还是提高劳动力配置效率，人口从农村流向城市、从农业流向工业和服务业，是客观发展规律和必然趋势。未来15年，潍坊市仍将处于加快推进城镇化的窗口期。三是从现实情况看，乡村人口外流成为普遍现象。

挑战：高度关注当前农村面临的五大难题。一是乡村人口空心化、老龄化趋势明显。调查显示，潍坊市乡村人口平均流失率约为25%，有的县（市、区）高达30%甚至50%。实地走访中很少见到50岁以下年轻劳动力。二是破解土地制约难。农村宅基地部分闲置空置，粗略估算闲置率在15%左右，个别地区接近30%。规模化经营水平参差不齐、整体不高，特别是小规模自发流转仍占较大比例，农业劳动生产率偏低。三是基础设施和公共服务水平提升难。潍坊市62.1%的乡村人口在300人以下，配套服务进一步提升的空间小、难度大、成本高。四是农民收入优势不明显。农村劳动力中从事一产的比重偏高，企业和农民的利益联结机制还不够完善、农民致富本领不够高，农民收入明显没有像农业那样达到全国领先水平。五是乡村治理难。2019 年 12 月中央农办、农业农村部等五个部门共同研究认定全国乡村治理示范乡镇 99 个，其中山东省 5 个，青岛、淄博、济宁、威海、聊城各 1 个，潍坊未上榜。全国乡村治理示范村有 998 个，山东有 52 个，潍坊有 3 个，潍坊的全国乡村治理示范村数量列全省第 8 位。

趋势：潍坊市农业农村发展出现的六大规律性趋势，可以成为创新提升“三个模式”的方向。一是农业价值链“微笑曲线”由中间向两端延伸拓展，即由生产端向研发设计、营销品牌、生产服务等环节延伸拓展，对三产融合、农业全产业链构建、价值链提升的影响逐渐显现；二是乡村产业向园区集中，大田作物、设施农业、农产品加工、农村非涉农工业以园区化布局的态势十分明显，产业结构、产业发展动力、产业组织加速发展与转型；三是乡村从业人员职业化，家庭农场、农民合作社、农业产业化龙头企业等新型农业经营主体迅速成长，其经营者一般有文化、懂技术、善经营、会管理，是新型职业农民；四是乡村人口向镇区集中，农民对过上城里人生活的愿望强烈，一些地区依托镇区建设农村新型社区，吸引了周边村人口向镇区集中居住；五是城市和乡村差别明显缩小，城市资本、人才、技术下乡步伐明显加快，新理念、新技术、先进管理模式等生产要素被带入农业农村，城乡人口双向迁徙、资源要素双向流动的倾向强烈；六是乡村产业优势正转化为乡村建设和乡村治理优势，近年来涌现出一批先进村模范村，有的村已具备乡村振兴雏形，许多经验值得总结、提炼和推广。

粮食安全：义不容辞的政治责任。中央年年强调，维护国家粮食安全，是治国理政的头等大事。潍坊作为“三农”标杆城市，更应该从维护国家安全稳定的战略高度看待粮食安全，坚持“藏粮于地”“藏粮于技”，遏制耕地“非农化”，防止耕地“非粮化”，确保“农田就是农田，而且必须是良田”。

七　以做大做强中心城区为重点提升新型城镇化建设质量

从发展阶段看，潍坊处于城镇化中期的后半段，长三角、珠三角处于城镇化后期的前半段，潍坊城镇化进程大致落后于长三角、珠三角8~10年。2020年潍坊常住人口城镇化率为64.4%，排全省第7位，在全国地级市GDP 20强中排第16位。而2020年常住人口城镇化率浙江为72%，江苏为73%，广东为74%。

从城镇化空间布局看，潍坊两头小、中间大，即中心城区小、村多且小，镇大。在全国地级市GDP 20强中，①中心城区：潍坊常住人口数量为251万人，排第16位；常住人口占全市比重为26.8%，排第19位。②村多且小：潍坊平均每个镇下辖村庄数量61个，排第1位；潍坊平均每个村户籍人口数量为1125人，排第18位。但诸城村少且大，村庄形态与苏南地区相似，平均每个镇下辖村庄数量16个，与泉州、无锡并列最少，平均每个村户籍人口数量3957人，仅少于佛山，与南通、无锡等相近。③镇：潍坊有118个镇街，镇有59个、街道有59个。潍坊镇均面积为166平方公里，排第1位；镇均户籍人口数量为6.8万人，排第5位。

城镇化水平低是潍坊大而不强的根本原因。城镇化水平低意味着大量人口集中在低效率的农业农村部门，这拉低了全市劳动生产率和人均GDP水平。在全国地级市GDP 20强中，城镇化率与经济发展水平存在明显正相关关系。人均GDP超过15万元的无锡、苏州，常住人口城镇化率都在80%以上；人均GDP在10万~15万元的南通、泉州、烟台、绍兴、嘉兴等9个城市，常住人口城镇化率平均为73%；人均GDP在10万元以下的潍坊、临沂、徐州、盐城等9个城市，常住人口城镇化率平均为67.2%。山东整体与潍坊情况相似。

加快城镇化是根本出路。迄今为止，世界上没有任何一个地区能够在“三农”占比较高的条件下实现现代化，也没有任何一个地区能够在低城镇化水平上实现现代化。主要发达国家的城镇化率都达到80%左右甚至90%以上，其农业比重很低，在1%左右。绝大多数全国GDP 50强城市常住人口城镇化率在70%以上，半数以上农业比重在3%以下。

从潍坊看，近10年第一产业年均增长率为3.3%、第二产业为7.9%、第三产业为8.4%。加快推进城镇化，有助于把更多生产要素从低效率的农业农村部门转移到高效率的城市部门，进而提高全要素生产率，这是潍坊解决大而不强问题的根本出路。

加快中心城区要素聚集。关键要抓好着力点。一是城市更新。二是基础教育。一方面加快建学校，增加基础教育资源供给；另一方面重视解决随迁子女教育问题，这是推进以人为核心的新型城镇化建设的重要内容，部分城市在这方面的经验已经引起国家发改委重视，潍坊可以研究借鉴，比如浙江义乌每年为外来人口随迁子女增加3000个义务教育阶段学位，武汉对随迁子女与户籍子女义务教育一视同仁。

加快县城和镇驻地建设，可组织观摩点评镇区建设活动。一方面，加快落实国家发改委《关于加快开展县城城镇化补短板强弱项工作的通知》要求，提升县城人口吸引力承载力；另一方面，按照因地制宜、分类推进的原则，以镇政府所在地的行政村为关键节点打造农村新型社区，农村新型社区的基础设施、公共服务水平等应明显高于其他农村地区水平、基本接近城镇水平，把农村人口吸引到镇区集中。

谋划推进区划调整。自1994年设立奎文区后，潍坊区级行政版图一直没再变过，应抓住国家新型城镇化建设机遇，加快谋划新一轮区划调整。一是谋划推动昌邑、昌乐设区。二是实施渐进式扩区，将邻近具有重要功能载体的镇、街道纳入市辖区，如新机场所在的寿光市稻田镇。三是推动行政区内部优化调整，争取有行政区进入全国百强区。

八　把信息化作为持续提升城市竞争力的战略引领

信息化具有牵一发而动全身的功效。抢抓、强抓信息化工作，全国、全省、全市已基本形成共识。中央经济工作会议强调，要加快数字化改造，省委经济工作会议把开展数字赋能增效行动作为2022年扩需求稳增长的“重头戏”之一。

（一）数字经济、数字社会、数字政府需要统筹推进

数字经济、数字社会、数字政府是信息化、数字化发展的重要组成部分，互为支撑、彼此渗透、相互交融。

（二）数字政府要做好“火车头”，发挥引领作用

数字政府是数字中国的核心枢纽，要以数字政府建设引领数字化改革，走在数字经济、数字社会前面。2022年，山东省推动实现“无证明之

省”，居民码和企业码成为重要的抓手。潍坊最好在此基础上出一个题目作总抓手。

（三）坚定不移走产业联盟的路子，发展数字经济

梯度培育数字经济企业，形成龙头企业创新引领、中小企业蓬勃壮大的集聚发展态势，对潍坊在内的普通地级市至关重要。产业数字化方面。建议重点引导企业用好卡奥斯工业互联网平台，同时支持潍柴、歌尔等优势企业建立跨领域、跨行业的工业互联网平台，引领、带动更多中小企业数字化转型和改造，加快数字技术与实体经济深度融合，提高企业网络化、数字化、智能化水平。数字产业化方面。突出抓龙头企业和项目，应当率先培育壮大几家大数据、人工智能、物联网等龙头企业，建设一批重大项目，打造数字产业新业态，释放引领带动作用。

（四）数字社会要有强有力的“大脑”

2022 年推动数字社会建设，重中之重是加快完善“城市大脑”功能，引领城市治理体系建设。要加大“城市大脑”推进力度，完善整体感知、全局分析和智能处置等全方位功能，尽快实现城市治理从数字化向智能化升级。

（五）新基建要畅通“经脉”

新基建有很强的公益性、基础性，起始阶段政府引导非常重要。政府先引导，接下来就有市场跟进，市场力量就会迸发出来。要像抓交通设施一样抓新基建，综合使用政府专项债、产业引导基金、融资平台以及财政支出等多元资金投入形式，适度超前布局 5G 信息化设施。争取 5G 网络在重点企业、产业园区、商务楼宇等深度覆盖，持续提升双兆网络覆盖能力，打通经济社会发展的信息网络。

（六）用好考核指挥棒

数字化转型、信息化赋能说起来重要，做起来很难一以贯之，这是新生事物的共同特点。即便是在信息化已成为共识的大背景下，也必须在考核上予以重视，把城市数字化转型纳入年度考核，并针对不同区域不同部门适当增减权重。

（七）以数字政府和法治化双轮驱动，持续优化营商环境

建设数字政府与优化营商环境相互促进，优化营商环境是城市数字化转型必不可少的一环，以数字化改革为牵引优化营商环境，也是南方先进地区的普遍做法。更值得注意的是，法治是营商环境的核心和保障，通过数字政府建设实现“一网统管”和“一网通办”就能在最大限度上减少人为干预、节约企业成本，倒逼体系重构和流程再造，实现城市治理由人力密集型向人机交互型转变、由经验判断型向数据分析型转变，法治化的营商环境就能明显改善。

九　外贸再发力、外资再提速

近两年，潍坊的外贸外资形势很好，有效支撑了经济基本盘。2020 年潍坊外贸进出口总量居全省第 3，在全国地级市 GDP 20 强中排第 10，实际使用外资规模位列全省第 5，在全国地级市 GDP 20 强中排第 12。根据 2021 年 1~10 月的数据，潍坊外贸进出口比 2019 年同期增长 32.6%，实际利用外资比 2019 年同期增长 49.2%。特别值得注意的是，1~11 月跨境电商迅猛发展，是 2019 年的 136 倍，对外贸增长的贡献率达到 30.6%。蓝帆健康科技项目实际到账外资 2 亿美元，是全省到位资金规模最大的制造业外资项目。

2021 年稳外贸、稳外资主要面临“一高二少三缺四升”难题。表现为：基数超高，外贸新增订单少、外资大项目少，缺芯、缺柜、缺工，运费、原材料成本、能源资源价格、人民币汇率上升。

外贸的发力点在外贸新业态新模式。总的发展原则是，锻长板、补短板。一是做大做强跨境电商。充分利用中国（潍坊）跨境电子商务综合试验区的政策优势和制度优势，抢抓 RCEP 正式生效机遇，进一步完善跨境电商生态体系，突出做好工业品跨境电商和农产品跨境电商。二是补齐贸易新业态的空缺项。加快开展市场采购贸易、离岸贸易等新业态，重点支持高密安防用品、临朐铝型材、昌邑纺织品等各县（市、区）传统优势产业申请进入新一批全国市场采购贸易试点名单。利用国家农综区、自贸区联动创新片区等平台优势，主动申请开展离岸贸易试点工作。

外资再提速要狠抓三项工作。①升级开放平台。一是集中建设和提升一批国际合作产业园，总结潍柴国际产业园建设经验，重点在省级以上开发区，打造高质量外资项目聚集地。二是紧紧围绕《国家级经济技术开发区综合发展水平考核评价办法（2021 年版）》，全面参与考核，争取取得好成绩、好位次。三是下大力气突破国家农综区建设。②继续加大招商引资力度。更大范围使用产业链招商、以商招商、资本招商等招商手段，提升精准服务外资“链主”企业的专业能力，对这些“链主”外资企业的上下游投资股权关系进行全方面扫描分析，实行点对点跟踪服务和政策指引。③加快重大外资项目落地。完善提升企业服务专员制度，加快建设和引进国际化的商务配套和生活配套设施，及时对重大外资项目给予用地、用能等要素保障，激励企业扩大再投资。

十　加快重大交通基础设施建设，进一步提升枢纽地位

山东省委经济工作会议把实施基础设施“七网”作为“十大行动”之首，基础设施建设将迎来新一轮爆发期。潍坊城市地位与交通枢纽功能密切相关，应该抓住机遇加快推动一批重大交通基础设施建设，进一步提升城市枢纽地位。

高度重视潍坊北站的战略地位。京沪高铁二通道建成后，潍坊北站将成为青岛北上京津的必经节点，也是烟台和威海北上、西进、南下的主要节点。因此，潍坊北站不仅仅是潍坊的高铁站，更是青岛、烟台、威海、潍坊四市连接京沪的门户车站。潍坊应高度重视潍坊北站的战略地位，超前谋划好相关工作。一方面，积极推动京沪高铁二通道建设。京沪高铁二通道天津至潍坊段 2022 年开工，应全力服务保障加快推进；同时做好潍坊至宿迁段各项开工准备，争取尽快开工建设。另一方面，提升潍坊北站的枢纽地位。市内推动构建以潍坊北站为核心的交通体系，加强潍坊北站与潍坊站、新机场、潍坊港等重要交通节点的快速交通连接，加强潍坊北站与各县（市、区）、城市功能区的快速交通连接。市外加密潍坊北站与胶东半岛城市高铁车次，特别是推动与青岛之间高铁公交化运营。

新机场应突出货运，客货统筹兼顾。①发展货运应重视借鉴鄂州的经验。鄂州与武汉接壤，从鄂州机场到武汉机场驾车约两小时，这种位置关

系与潍坊新机场和胶东机场的关系极为相似。鄂州机场 2017 年开始建设，2020 年被国家明确为货运枢纽机场，2022 年投运，是国内第一个专业性货运机场。潍坊新机场可以借鉴鄂州机场经验，在定位上突出货运功能，抓住全国专业性货运机场较少的机遇，争取被纳入全省乃至全国物流规划布局，打造服务东北亚区域的重要物流节点。②客运方面，一是重点发展与潍坊联系密切的城市航线，二是侧重包机业务。

提升市内交通节点之间联通度。潍坊海陆空交通齐全，但由于各交通节点之间联通度不够，综合立体交通优势没有充分发挥出来。比如，从潍坊港到大莱龙铁路大家洼站驾车需 40 分钟，到海天站驾车需 1 小时 20 分钟；从潍坊站到潍坊北站驾车需 40 分钟，公交需 1 小时 20 分钟。应加强潍坊站、潍坊北站、新机场、潍坊港等重要节点之间的快速交通连接，提高换乘效率，发展多式联运。

（2022 年 1 月）

迈向现代化的潍坊探索

——《现代化启示录：我从潍坊学到了什么?》解读

刘永杰

《现代化启示录：我从潍坊学到了什么?》一文指出，潍坊走出了一条自主现代化的不断进化之路。珠三角、长三角城市现代化进程强烈依赖于独特区位条件和顶级城市带动，相比而言，潍坊在缺乏独特资源禀赋、顶级城市带动和特殊政策扶持的情况下，根植于内生动力走出了一条自主、自立、自强的现代化之路，内源性特征极为突出。从这方面来讲，潍坊的发展路径具有典型的发展经济学意义，在全国更有典型性。

潍坊是如何做到的?

一　人的因素至关重要

潍坊道承齐鲁、襟连海岱，齐文化的灵活与鲁文化的厚重共同造就了潍坊人实干、创新的品格，经过一代代的传承和积淀，这种品格已深深融入潍坊广大党员干部、企业家和群众的血液中，成为潍坊保持长久竞争力的强大动力源。

前些年，房地产、金融市场炙手可热，很多实体企业都在跃跃欲试，而潍柴集团董事长谭旭光明确提出“三个坚决不做”，即非主营业务坚决不做、低附加值的不做、不做重复的规模扩张。正是这种不折腾、心无旁骛攻主业的执着成就了今天的潍柴，2020 年潍柴营业收入超过 3000 亿元，居中国机械工业百强榜第 1 位。

2021 年以来，全市上下锚定“一二三”奋斗目标，心往一处想、劲儿往一处使，凡事争一等争第一，干部群众潜在的激情和能量充分释放，汇聚成推动潍坊发展的强大合力。2021年，潍坊发展实现大跨越，多项指标位于全省前列，成为山东最大的黑马。

二　善于抓主要矛盾

习近平总书记在省部级主要领导干部学习贯彻党的十九届六中全会精神专题研讨班开班式上的重要讲话中强调，党和人民事业能不能沿着正确方向前进，取决于我们能否准确认识和把握社会主要矛盾、确定中心任务。

潍坊这些年来能够保持良好发展态势，很大程度上得益于主要矛盾抓得准。在山东半岛城市群分工中，济南、青岛更多地承担政治、金融、科技、文化等综合性功能，像潍坊这样的地级市更多地承担产业高地功能，实体经济才是城市核心竞争力和主要矛盾所在。潍坊市委、市政府准确把握这一主要矛盾，把做强现代农业、先进制造业“两大主业”作为中心任务，以重点突破带动全局整体跃升。如今，“全国农业看山东，山东农业看潍坊”“全国制造业看山东，山东制造业看潍坊”的金字招牌越发闪亮，农业和制造业成为潍坊推进现代化建设、提升城市竞争力的最重要支撑。

为服务保障重点产业发展，潍坊创新性出台服务企业专员、“链长制”两大举措。服务企业专员聚焦企业层面，重点解决企业发展面临的个性化问题；“链长制”着眼于产业层面，将产业链式发展的自然规律辅以有形之手，是顺势而为、助推大道。

三　坚定不移推动高水平开放

潍坊既有实干的品格，也有开放的基因。历史上潍坊曾是中国古代“海上丝绸之路”的起点之一，改革开放后获批成为沿海开放城市；党的十八大以来，潍坊努力在服务和融入新发展格局上走在前，着力打造国内国际双循环的重要节点城市，是全国性综合交通枢纽城市、13个全国性高铁快运城市之一，有21种产品市场占有率全球第1、6种亚洲第1、44种全国第1。

现阶段，潍坊的区位特点正在转化为开放的有利条件，潍坊开放发展将迎来新一轮机遇期。随着我国劳动力成本优势开始弱化，跨国投资者对中国投资的目的也在发生改变，越来越多的投资者不再把中国作为一个面向全球的出口基地，而是作为一个大市场。潍坊位于山东半岛几何中心，对过去的出口型外资而言，潍坊在区位上是处于劣势的，但对于市场寻求型的外资而言，潍坊的区域劣势变成了优势。在潍坊，无论是制造业还是服务业，面向山东半岛城市群的市场半径是最短的。

四　推动城乡共同富裕

潍坊形成了良性的城乡关系结构，特别是县域经济发达，每个县（市）都有自己的特色产业，县域80%以上农村转移劳动力可以不出县域实现就业。现阶段，潍坊农业农村发展出现一些规律性趋势，代表了农业农村现代化的发展方向。

产业园区化。大田作物、设施农业、农产品加工业等加速向园区集聚，产业规模化、融合化特征明显，一批新业态、新模式加速涌现，现代农业全产业链初步构建。

农民职业化。家庭农场、农民合作社、农业龙头企业等新型经营主体迅速壮大，农业从业人员无论是上述经营主体的“老板”，还是被雇用的员工，都是具有专业知识和管理能力的新型职业农民。

居住社区化。部分地区以镇区和中心村为关键节点打造农村新型社区，基础设施、公共服务基本接近城镇水平，乡村人口有序向镇区、社区集中，农民过上了城里人一样的生活。

城乡融合化。乡村与城市在公共服务上没有明显区别，人才、资金、技术等各类要素双向流动更为顺畅，一批新理念、新模式、新技术加速向乡村汇聚，城乡融合发展的体制机制初步建立。

（《潍坊日报》2022年6月23日）

推动共同富裕，基础教育要下好“先手棋”

周志鹏

习近平总书记在党的十九届五中全会中强调，共同富裕是社会主义的本质要求，是中国式现代化的重要特征。共同富裕，基础是富裕，关键是共享，重点是缩小差距。推动共同富裕，基础教育发挥着不可替代的基础性、先导性作用，基础教育发展的进程、成效，直接影响甚至决定着共同富裕的进程、成效。坚持以人民为中心的发展思想，在高质量发展中促进共同富裕，基础教育要优先发展，下好推动共同富裕的“先手棋”，厚植强国富民之基。

基础教育高质量发展任重而道远

创新是第一动力，人才是第一资源，人才培养靠教育。时代越是向前，知识和人才的重要性就愈发突出，教育的地位和作用就愈发凸显。基础教育在国民教育体系中处于基础性地位。基础教育通过提升人的全面发展能力，有助于在推动共同富裕中既能做大蛋糕，也能切好蛋糕。一方面，有助于迅速将我国的人口规模优势转化为人力资本优势，提高全要素生产率，实现创新驱动发展；另一方面，有助于完善收入分配制度，提高劳动报酬在初次分配中的比重，扩大中等收入群体，缩小收入差距。

从推动高质量发展的角度看，基础教育是一种普惠性的人力资本投资，具有很强的正外部性。从促进社会公平正义的角度看，基础教育公平又是社会公平的起点，具有普惠性和公益性特征。这两个方面，就决定了基础教育要优先发展，并且需要政府发挥主导作用。我们党和国家历来重视基础教育发展，特别是党的十八大以来，基础教育历史性地解决了“有学上”问题，正在为解决“上好学”问题而努力探索，并已取得明显成效。不断健全的基础教育政策支撑体系，不断优化的基础教育发展生态，不断提高的信息技术发展水平等，都是推动这一进程的有利因素，并将继续发挥重要作用。

然而，不能忽视的是，基础教育高质量发展还存在一些问题，办好人民满意的基础教育还面临不少挑战和问题。具体而言，校际发展差距还较大，城乡发展还不均衡，优质教育资源供给不足，教育评价体系还有待完善，基础教育育人水平还不能满足国民经济发展和个人全面发展的需要等。这些问题既有长期的也有短期的，都在一定程度上影响了教育公平和教育质量，限制了教育现代化对国家现代化和共同富裕的支撑作用，要予以高度重视，下大力气推动解决。

筑牢推动共同富裕的基础教育基石

现在，我国已经到了扎实推动共同富裕的历史阶段。在高质量发展中促进共同富裕，亟须筑牢基础教育的基石，为人民提高受教育程度、提供发展机会，创造更加普惠公平的条件。重点可以从以下几个方面入手。

一是持续推进教育公平。公平是基础教育发展的两大主题之一。教育公平主要体现在教育机会和资源配置规则上。建议加大经费保障力度，推动学前教育、普通高中教育向普及、均衡方向发展，并择机适时纳入义务教育免费范围，保障随迁子女平等接受基础教育的权利。加强前瞻性研究，基于常住人口的数量、特征和分布，形成对师资、学位和学校等的全方位科学预判，提早谋划各类学校建设，实现优质教育资源的有效供给。同时，还要及时将基础教育发展内容纳入共同富裕的目标体系、工作体系、政策体系和评价体系，实现基础教育和共同富裕的有机协调。

二是加强教师队伍建设。教师教书育人的能力是推动基础教育高质量发展的关键，优秀的教师方能培养出更优秀的学生。激励优者从教、保障教者从优是两个主要途径。激励优者从教，重点要把好“入口关”，创新招聘方式、优化教师结构，将有师德师范和学科专业造诣的毕业生及时纳入教师队伍，实现给每个学校配备优秀的管理团队及教师的目标。保障教者从优，一方面要抓住人事制度改革的核心，落实各类教师福利待遇，稳定教师队伍；另一方面，还需要狠抓师德师风建设，全面提升教师素质能力，激发办学活力。

三是完善教育评价机制。教育评价机制发挥着指挥棒作用，有什么样的评价指挥棒，就有什么样的办学导向、办学效果。完善基础教育评价机制的目的是，坚决纠正唯分数、唯升学的导向，避免以分数贴标签、以成绩论英雄的做法，缓解基础教育焦虑。要聚焦基础教育各学段特点，不断优化评价体系、改进评价方式，“五育并举”促进人的全面发展。要通过深化国家基础教育综合改革试验区的试点，完善教育考核机制和招生录用制度，及时推广行之有效的经验。同时，还要健全家庭、学校、社会协同育人机制，优化就业环境，提升家庭的教育能力等。

四是发挥信息化引领作用。数字经济时代下，基础教育的信息化应用大有作为，能够极大地促进优质教育资源共建共享。以高水平的教育信息化引领教育现代化，特别要突出源头、标准和应用三个关键环节。抓源头，就是要多方汇集优质教育资源，用好国家智慧教育公共服务平台，进一步缩小数字鸿沟，让更多的学生接受优质教学内容。强标准，就是要加大信息化学校和教室升级力度，在学校信息化基础设施、教室教学设备等配置方面尽力实现高标准，满足开展教育活动的硬件需要。广应用，就是要强化教师和学生的数字化素养，在课堂教学、教育评价、课后服务和教学管理等教育全过程丰富信息化应用场景。

（《科技日报》2022 年 4 月 11 日）

潍坊推进共同富裕研究

课题组

共同富裕是社会主义的本质要求。其中，“富裕”反映了国家、地区社会生产力的发展水平，也反映了国家、地区国民经济和社会发展水平，更直接反映了社会拥有财富的程度，还间接反映了社会精神文明建设的程度；“共同”则反映了社会成员对财富的占有方式，内含着公平合理的基本经济体制、分配制度以及分配格局，是社会生产关系性质的集中体现。

概括而言，“共同富裕”是“共同”与“富裕”两方面的有机统一，它包含着生产力与生产关系两方面的特质，也包含了物质生活富裕和精神生活富裕两方面的内容，还包含了社会治理公正、法治和共建共治共享共富的内涵，从质的规定性上确定了共同富裕的社会理想地位，是社会主义的本质规定和奋斗目标。

为全面了解潍坊市共同富裕的发展水平，从而提出完善共同富裕的对策建议，课题组在对浙江、山东两省及其部分城市，潍坊各县（市、区）进行共同富裕测度的基础上，形成对潍坊提升共同富裕的研究报告。

一　共同富裕评价指标体系

（一）指标构建与研究方法

1. 指标体系

浙江大学社会治理研究院以共同富裕的内涵和特征为逻辑起点，在总结借鉴现有指标体系的基础上，精准识别影响共同富裕进程的重要因素，确定以发展性、共享性、可持续性为共同富裕指数模型的三大评价维度。[①]

① 陈丽君、郁建兴、徐铱娜：《共同富裕指数模型的构建》，《治理研究》2021 年第 4 期。

课题组借鉴其研究成果，在指标的城市级数据可得的前提下，根据指标相关性、系统性原则，对该指标体系进行适当修订与调整。

发展性指标是要反映社会总体财富、人民收入的增长情况和物质基础建设水平，衡量的是群体、代际、城乡、区域之间的贫富差距。具体包括富裕度、群体共同度、区域共同度 3 个二级指标，19 个三级指标。

共享性指标是要反映改革发展成果是否公平地惠及全体人民，从教育、医疗、社保、精神等方面衡量人民对美好生活的期待与现实情况之间的差距。具体包括教育、医疗健康、社会保障、住房、公共基础设施、数字应用、公共文化（精神富足）7 个二级指标，22 个三级指标。

可持续性指标用以反映经济和社会发展与人口、资源和环境的承载能力相协调适应的程度，衡量的是经济发展、财政支出、社会环境和生态环境的长远发展潜力。具体包括高质量发展、财政、治理、生态 4 个二级指标，23 个三级指标。

整个指标体系由 3 个一级指标、14 个二级指标和 64 个三级指标组成（见附录 1）。[①] 课题组力图通过统计计量方法，对共同富裕进行定量的分析和比较，为潍坊市确定共同富裕发展优势和劣势、规划未来发展方向提供重要参考。

2. 研究方法

（1）数据来源

所有基础指标数据均来源于各年度《中国城市统计年鉴》、《山东统计年鉴》、《浙江统计年鉴》、山东省和浙江省各城市统计年鉴、各城市国民经济和社会发展统计公报、第七次全国人口普查公报、清华大学和复旦大学及其他研究机构相关数据库等。

（2）指标数据标准化方法

由于基础指标数据量纲不同、数值量级不同，因此需要对基础指标数据进行标准化处理，以消除量纲及数量级对评价结果的影响。标准化方法采用阈值法，具体计算公式为：

$$x_{ij}^{'} = \frac{x_{ij} - \min(x_i)}{\max(x_i) - \min(x_i)}$$

① 本课题研究以该指标体系为基础进行计算分析。但由于数据可得性的限制，在潍坊各县（市、区）共同富裕衡量过程中，对指标体系进行了较大程度的删减（详见附录 2）。

其中，i 代表指标序号，j 代表城市序号，x_{ij} 为第 j 个城市第 i 个基础指标值，x_{ij}' 为对应标准化值，$\max(x_i)$ 、$\min(x_i)$ 分别为第 i 个指标的最大值和最小值。

（3）指标权重确定

根据浙江大学相关研究，确定共同富裕指标体系中一级指标、二级指标的权重。由于各三级指标能够较为均衡地展现与二级指标的相关性，本课题研究的三级指标权重为对应二级指标的算术平均值。

共同富裕指标体系及权重如表 1 所示。

表 1　共同富裕指标体系及权重

一级指标	二级指标	三级指标
发展性（36.33%）	富裕度（13.59%）	9 项
	群体共同度（11.98%）	6 项
	区域共同度（10.76%）	4 项
共享性（31.62%）	教育（6.39%）	4 项
	医疗健康（5.84%）	4 项
	社会保障（5.16%）	2 项
	住房（4.00%）	2 项
	公共基础设施（3.75%）	3 项
	数字应用（3.09%）	3 项
	公共文化（3.39%）	4 项
可持续性（32.05%）	高质量发展（9.66%）	8 项
	财政（6.76%）	6 项
	治理（8.06%）	5 项
	生态（7.57%）	4 项

（4）指标指数的计算

由三级指标标准化值和相应权重计算出每个城市共同富裕的二级指标和一级指标。一级指标和二级指标的计算公式如下：

$$Q_i = \sum_{i=1}^{N} X_i w_i$$

其中，Q_i 表示具体某一级或二级指标的最终结果，X_i 为该一级或二级指标的三级指标标准化数值，w_i 为与 X_i 相对应的三级指标的权重，N 为该一级或二级指标所对应三级指标的项数。

共同富裕指数的最终合成公式为：

$$P = \sum_{i=1}^{N} Q_i w_i$$

（二）研究城市选择说明

共同富裕既具有明确的全民性、全域性目标，又有强烈的阶段性、区域性特点。为明确潍坊市共同富裕发展水平，本课题从以下三个层面进行区域化观察。

一是以山东省16地市、浙江省11地市为研究对象，分别观察山东省、浙江省共同富裕发展水平，明确潍坊市在山东省共同富裕发展中的定位，形成对共同富裕发展趋势和特点的一般性观察。

二是以山东省、浙江省共同富裕指数的平均值为选择标准，对山东省共同富裕指数均值以上的7个城市、浙江省共同富裕指数均值以上的5个城市进行综合性比较分析，明确潍坊市共同富裕发展的优势与劣势。

三是测度潍坊市所辖各县（市、区）的共同富裕发展水平，形成对潍坊市共同富裕发展的全面性、系统性观察，为优化发展策略提供有益参考。

二　省域共同富裕比较分析

为了解共同富裕发展趋势与特点，课题组以山东省16地市、浙江省11地市为研究对象，分别观察山东省、浙江省共同富裕发展水平，并形成以下主要结论。

（一）共同富裕指数呈现层级分化样态，杭州在浙江省一枝独秀，山东省城市间呈现梯次差距

研究发现，山东省和浙江省的共同富裕指数均呈现层级分化样态，但山东省城市间总体呈现扁平化梯次差距，而浙江省呈现单中心差异化格局。

山东省共同富裕指数以16地市共同富裕指数平均值（47.20分）为边界，呈现较为明显的城市群组层级分化结构：均值以上的7个城市共同富

裕水平较高，均值以下的9个城市共同富裕水平较低，并以均值为分界线，呈现较大幅度的断层差距，形成高低分化格局。

在两个不同的层级中，城市之间的共同富裕指数差距较为一致：均值以上的7个城市中，最高值与最低值差距为11.30分；均值以下的9个城市中，最高值与最低值差距为9.27分；两个层级的城市群体之间呈现较为均衡的梯次差距（见图1）。

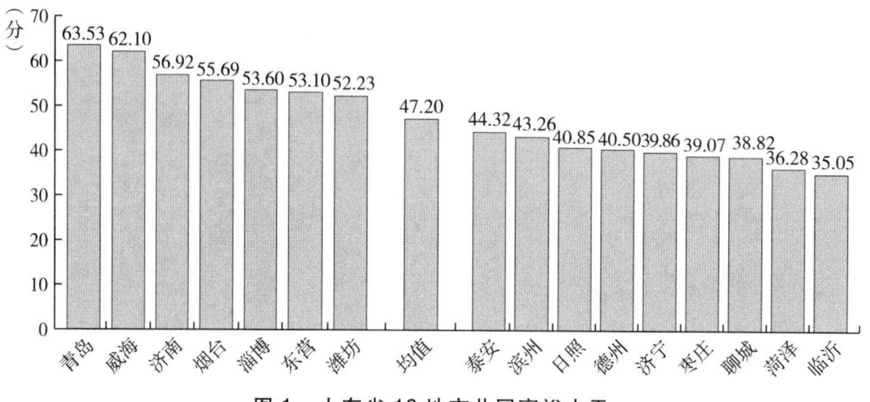

图1 山东省16地市共同富裕水平

相比较而言，浙江省11地市共同富裕指数虽然也以均值为边界形成高低两个层级，但均值以上的5个城市中，杭州市一枝独秀位居榜首，与第2位城市相差9.80分，与第5位城市相差15.52分，显著领先于其他城市。均值以下的6个城市中，最高值与最低值差距为8.91分，城市之间差距相对较为均衡（见图2）。

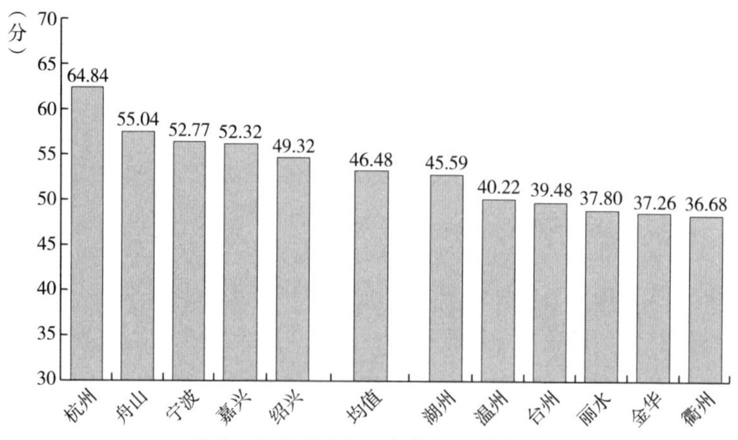

图2 浙江省11地市共同富裕水平

研究发现，潍坊市共同富裕指数为52.23分，大幅度高于山东省47.20分的均值，说明潍坊的共同富裕水平较高。潍坊市共同富裕指数是青岛市（第1名）的82.21%、威海市（第2名）的84.11%、济南市（第3名）的91.76%，说明潍坊市共同富裕指数与其他城市差距相对较小，在省内具有较好的竞争优势。

（二）共同富裕指数与城市GDP非完全正相关，但与城市综合经济竞争力、人均GDP、人均可支配收入、人均财政收入等高度正相关

进一步研究发现，共同富裕水平与中国社科院“城市综合经济竞争力（2020）”指数有较好的相关性。山东省16地市中，除泰安、临沂、济宁和威海外，其他12个城市的综合经济竞争力排名与其共同富裕指数排名之差都在2名之内，二者变动趋势基本保持一致。这说明，与城市GDP相比，综合经济竞争力是影响共同富裕水平更重要的因素（见图3、图4）。共同富裕在很大程度上是一个关涉综合经济竞争力的持续性、系统性问题。

深入研究发现，山东16地市共同富裕指数与居民人均可支配收入、人均GDP、人均财政收入等指标具有较好的相关性（见图5）。

在统计研究中，相关系数（r）是研究变量之间相关关系的统计指标。一般来说，相关系数大于零代表正相关，且相关系数越大，两个变量之间的正相关关系就越强。根据表3中的统计分析，城市共同富裕水平与GDP、人均GDP、人均可支配收入、人均财政收入、综合经济竞争力指数之间的相关系数均大于0.6，相关性均较显著，说明这些指标与共同富裕指数具有一定的正相关关系。但数据显示，各指标之中，GDP与共同富裕指数的相关系数最低（浙江为0.663，山东为0.623），这说明GDP虽然与共同富裕指数具有较好的相关性，但又不完全正相关，不是共同富裕发展的决定性要素。

一般来说，相关系数大于0.8的时候，说明各变量之间的正相关性很强。根据统计分析，浙江省人均财政收入、人均GDP、综合经济竞争力等指标，山东省的人均可支配收入、人均财政收入、人均GDP、综合经济竞争力指数等指标与共同富裕指数的相关系数值均大于0.8，甚至超过0.9，

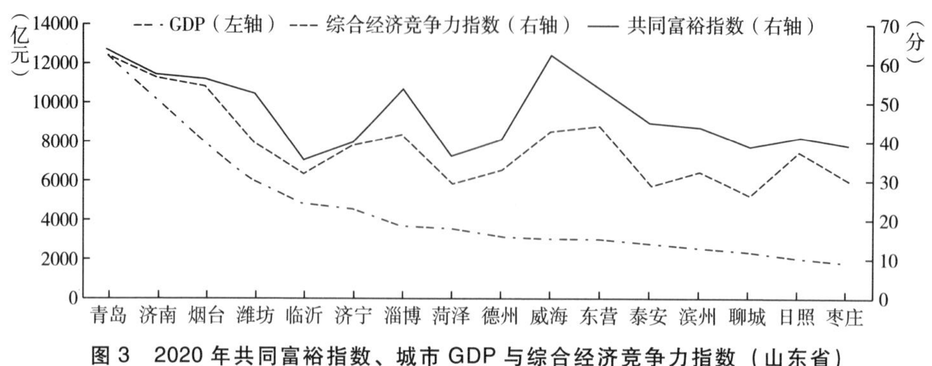

图 3　2020 年共同富裕指数、城市 GDP 与综合经济竞争力指数（山东省）

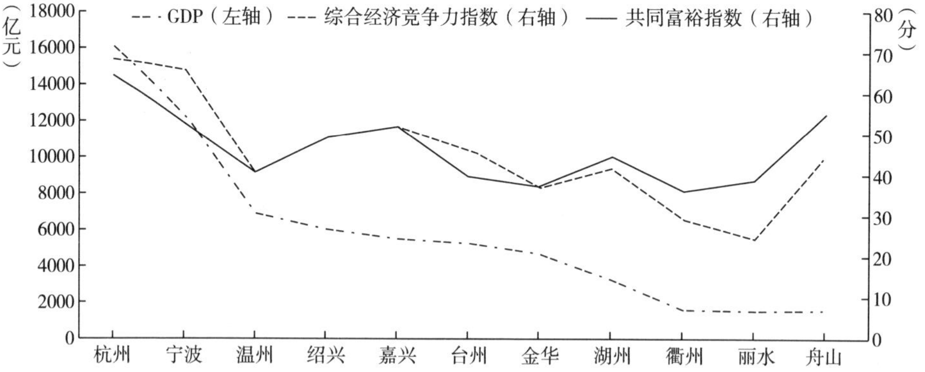

图 4　2020 年共同富裕指数、城市 GDP 与综合经济竞争力指数（浙江省）

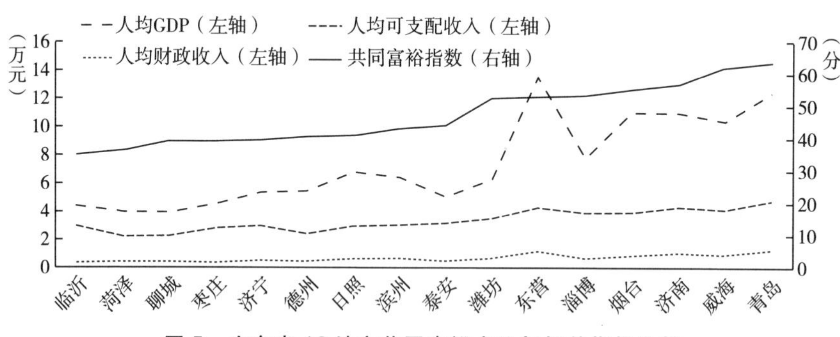

图 5　山东省 16 地市共同富裕水平与相关指标比较

说明这些指标与共同富裕指数具有非常强的正相关性，是影响共同富裕水平的重要变量（见表 2）。

表 2　共同富裕指数与各指标相关系数及显著性分析结果一览

地区	共同富裕指数					
	类别	GDP	人均 GDP	人均可支配收入	人均财政收入	综合经济竞争力指数
浙江	相关系数（*r*）	0.663	0.939	0.788	0.956	0.845
	伴随概率（*sig.*）	0.026	0.000	0.004	0.000	0.001
山东	相关系数（*r*）	0.623	0.868	0.932	0.889	0.839
	伴随概率（*sig.*）	0.01	0.000	0.000	0.000	0.000

注：相关系数（*r*）是指一个变量与另一个变量的变化的对应程度，其取值位于-1 和+1 之间。其中：$r>0$ 意味两变量正相关（当 $r=1$ 时一般称之为完全正相关）；$r<0$ 意味两变量负相关，（当 $r=-1$ 时一般称之为完全负相关）；$r=0$ 则指两变量不相关。

伴随概率（*sig.*）是指当原假设为真时检验统计量取该观察值或更极端值的概率，其大小反映了样本相关系数的显著性程度。此概率值也被称为 P 值（P-value）。一般来说，在相关系数的显著性检验中，给定的判断标准为 0.05。当 $sig.<0.05$ 时，可以认为样本相关系数显著不为 0。该值越小，说明检验的结果也就越显著。本统计表中，伴随概率（*sig.*）均小于 0.05，说明变量显著。

（三）共同富裕二级指标的差异系数不同，教育、住房等指标的城市间差异较大

本课题研究过程中，山东省 16 地市、浙江省 11 地市共同富裕发展水平测度分别以两省城市间各衡量指标的最大值、最小值为指标数据标准化计量基础，而不是将山东省 16 地市和浙江省 11 地市进行统一测度计算，因此两省城市间得分不具有直接的比较性。

但是，由于采用同样的指标体系对山东省、浙江省各地市进行共同富裕测度，因此，观察共同富裕衡量指标的差异系数，可以大致了解山东、浙江各城市在某项指标发展过程中的差异程度。

差异系数也叫离散系数，是测度数据差异（离散）程度的相对统计量，主要用于比较不同样本数据的差异（离散）程度。差异系数大，说明数据的差异程度也大；差异系数小，说明数据的差异程度也小。

数据测度发现，山东省、浙江省共同富裕指数的差异系数分别为 19.89%、19.69%。差异系数相对较小，且数据较为接近，说明两省城市间共同富裕水平的差距相对较小。

但需要注意的是，两省之间共同富裕二级指标的差异系数[①]较大。在山东，差异系数最小的3个指标分别是高质量发展（22.53%）、区域共同度（23.80%）、公共基础设施（25.96%），差异系数最大的3个指标分别是数字应用（73.09%）、教育（56.62%）、住房（52.85%）；而浙江省差异系数最小的3个指标分别是群体共同度（17.34%）、公共文化（31.07%）、公共基础设施（31.19%），差异系数最大的3个指标分别是治理（74.10%）、教育（62.27%）、住房（59.20%）。总体来看，山东、浙江两省各城市共同富裕发展的指标差异不尽相同，但教育、住房等都有较大的城市发展差异（见图6）。

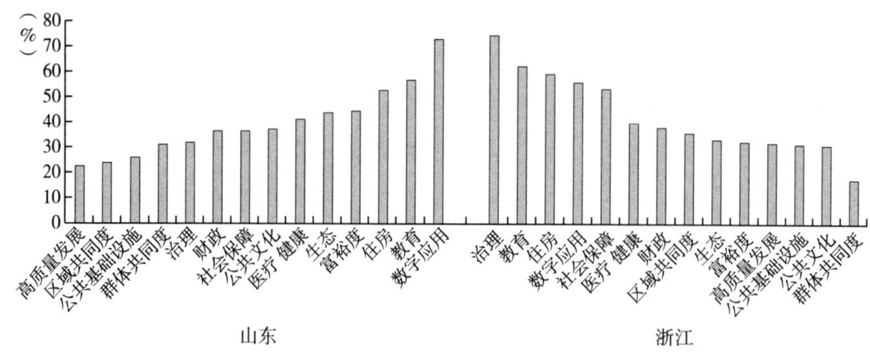

图6　山东省和浙江省共同富裕指标差异系数比较

从具体数据来看，浙江省治理指标的差异系数最大，山东省数字应用的差异系数最大，说明这两个指标之间的城市差距最大，部分城市具有较好的发展优势，是共同富裕发展中的“先富”者。其他城市可以充分借鉴其发展经验，形成更好的工作推进。

（四）潍坊市发展性指标贡献度高，但城乡贫富差距小，群体间贫富差距大，发展优势与挑战并存

潍坊市发展性指标的贡献度为35.93%，高于共享性指标的31.51%和可持续性指标的32.56%，属于共同富裕指标中贡献度最高的指标，但潍坊市发展性指标贡献度低于省内均值36.36%的水平。这说明，发展性指

① 二级指标的差异系数有两个研究维度：一是观察某个二级指标的城市间差异；二是观察某个城市14项二级指标间的发展差异。本部分内容的分析解释采用第一个研究维度。

标是潍坊市共同富裕结构性要素中基础好、优势强的指标，但是该指标在与省内其他城市比较时，又面临激烈的竞争压力。需要在关注共同富裕指标建构的基础上，形成更为全面的发展。

数据统计发现，发展性指标中的区域共同度是潍坊市 14 项二级指标中得分最高的指标，以 69.45 的得分排省内第 2 名，仅次于德州的 74.07 分，大幅度高于省内 54.67 的平均分，这说明潍坊市城乡发展较为均衡，在全省具有较好的竞争优势。

但发展性指标中的群体共同度得分较低，仅为 26.30 分①，位居省内第 14 名，仅高于滨州（20.49 分）和临沂（24.53 分），低于全省 42.40 分的平均值，与第 1 名青岛（67.11 分）相差 40.81 分，是潍坊市共同富裕 14 项二级指标中得分最低的指标。这说明潍坊在共同富裕发展过程中要充分关注群体间的均衡发展问题。

深入观察发现，潍坊市区域共同度中的城乡居民收入倍差、地区人均 GDP 差异系数、地区人均可支配收入差异系数等三级指标均有较高的均衡水平。

一是城乡居民收入倍差。城乡居民收入倍差是指城乡居民人均可支配收入的倍差，倍差越小越均衡。2020 年潍坊市城乡居民收入倍差为 1.99，优于全国的 2.56、山东的 2.33 的平均水平，与浙江省（1.96）基本持平（2021 年潍坊市与浙江省城乡居民收入倍差同为 1.94）。

二是地区人均 GDP 差异系数。数据显示，潍坊市地区人均 GDP 差异系数（逆向指标）为 18.97%②，高于东营、德州、枣庄、菏泽，低于山东省（29.01%）、浙江省（21.34%），这意味着潍坊各县（市、区）人均 GDP 差异较小，均衡化程度较高。

在省内人均 GDP 高于潍坊的城市中，除东营外，青岛、济南、烟台、威海、淄博、日照、滨州的地区人均 GDP 差异系数均高于潍坊；德州、枣庄、菏泽的人均 GDP 差异系数虽低于潍坊，但其人均 GDP 远远低于潍坊

① 本课题数据根据指标体系计算获得。全面了解群体共同度，需要人均可支配收入五等份组的详细数据支撑。由于数据的可得性限制，课题研究数据与真实情况可能存在一定出入。

② 课题研究过程中，考虑到数据的可得性和可比较性，以具备行政区划建制的县（市、区）人均 GDP 数据为基础计算地区人均 GDP 差异系数，没有将开发区、高新区等派出机构的数据计算在内。此种计算方法得出的地区人均 GDP 数据与各城市统计年鉴数据有一定差距。地区人均可支配收入差异系数计算也采用这种方法。特此说明。

(见图7)。也就是说，潍坊是较高人均GDP、较低地区人均GDP差异系数的城市，具有共同富裕发展的良好经济基础。

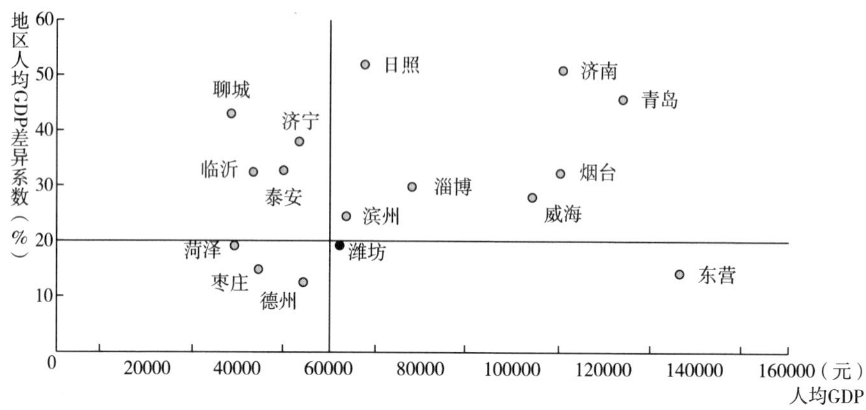

图7　山东省16地市人均GDP及其地区人均GDP差异系数

三是地区人均可支配收入差异系数。数据显示，潍坊市地区人均可支配收入差异系数（逆向指标）为13.78%，低于省内14.90%的水平，与浙江省12.96%的水平相当，这意味着潍坊各县（市、区）人均可支配收入差异较小，均衡化程度较高。

在省内人均可支配收入高于潍坊的城市中，青岛、济南、东营、烟台、威海、淄博的地区人均可支配收入差异系数均高于潍坊。菏泽、聊城、德州、临沂、滨州的地区人均可支配收入差异系数均低于潍坊，人均可支配收入均低于潍坊（见图8）。也就是说，潍坊是较高人均可支配收入、较低地区人均可支配收入差异系数的城市，具有共同富裕发展的良好基础。

与区域共同度相比较，潍坊市收入的群体间差距和结构性问题较为突出，城市竞争压力较大，主要表现为以下三个方面。

一是群体间贫富差距较大。根据人均可支配收入五等份分组数据①，潍坊市城镇居民最高收入组与最低收入组收入比（逆向指标）为6.40，高于全国6.16的水平。农村居民最高收入组与最低收入组收入比（逆向指

① 居民收入五等份分组是一种常用的统计方法，将所有调查户按人均可支配收入水平从高到低顺序排列，平均分为五个等份，处于最高20%的收入群体为高收入组，以此类推依次为中间偏上收入组、中间收入组、中间偏下收入组、低收入组。

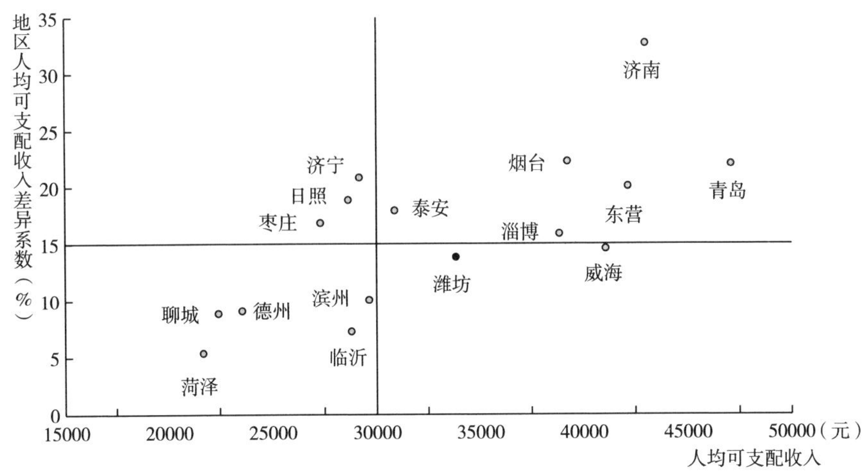

图 8　山东省 16 地城市人均可支配收及其地区人均可支配收入差异系数

标）为 14.18，远远高于全国 8.23 的水平。这在一定程度上说明潍坊市群体间收入差距较大。

二是城市间差距较大。潍坊市区域共同度水平较高，但是也有具体的富裕度指标呈现城市间的差距。比如，潍坊市 GDP 位居省内前列，但比较潍坊与其他城市的 GDP 倍数、人均 GDP 倍数、人均可支配收入倍数发现，潍坊市人均 GDP、人均可支配收入与其他城市之间的差距普遍大于 GDP 水平与其他城市的差距。

三是居民收入结构问题。在潍坊市城镇居民收入结构中，工资性收入、经营性收入、财产净收入、转移净收入比例分别是 56.14%、20.35%、9.64%、13.88%（见图 9）。可以看出，居民收入结构中，工资性收入（初次分配）占绝对主体，财产性收入较低，资产财富效应微弱。

（五）城市共同富裕发展优势各不相同，潍坊市各指标较为协调均衡

对各城市共同富裕结构分析发现，各城市的优势指标各不相同。共同富裕共有 14 项二级指标，青岛有 10 项指标位列全省前 3 名，威海、济南分别有 6 项、5 项指标位列全省前 3 名，共同富裕发展优势较为突出，共同富裕总体水平较高。而枣庄、聊城、菏泽虽有 2～3 项指标位居全省前列，但却有更多指标位列全省后 3 名，共同富裕水平总体较低。

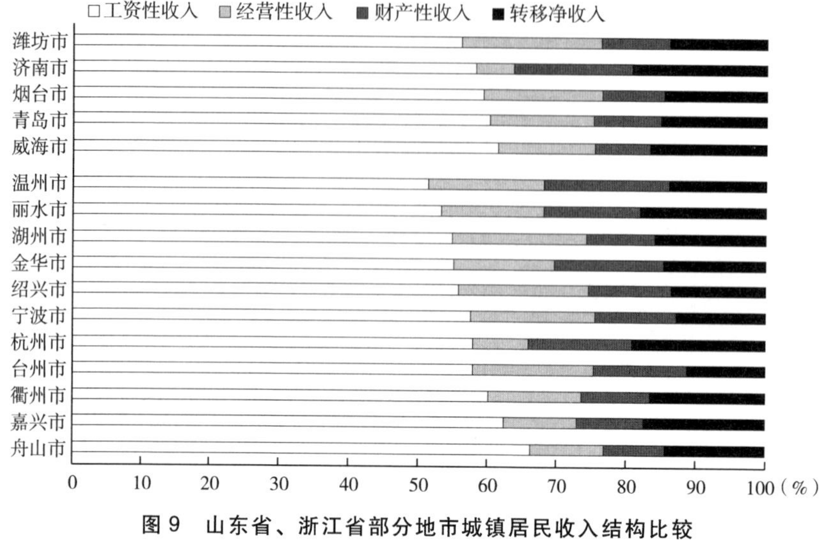

图 9 山东省、浙江省部分地市城镇居民收入结构比较

相比较而言，潍坊仅有区域共同度这 1 项指标位列全省前 3 名，共同富裕发展的比较优势不突出，不过仅有群体共同度这 1 项指标位列省内后 3 名，短板不明显。进一步研究发现，潍坊市共同富裕二级指标得分的差异系数[①]为 21.03%，是山东、浙江两省中 27 个地市的最低值，大幅低于宁波（61.59%）、杭州（48.35%）、威海（32.46%）、青岛（31.60%）的水平（见表 3）。这充分说明潍坊市各指标要素之间发展较为均衡。

但需要注意的是，指标要素差异系数较大的城市可以根据指标测度，着力弥补相关短板进而实现更加平衡和更加充分的发展。而潍坊市各指标要素较为均衡，则要通过与更多省外城市的比较分析，切准找准共同富裕的短板，才能更好推进共同富裕。

表 3 浙江省和山东省地市共同富裕二级指标均值及差异系数统计

单位：分，%

山东省			浙江省		
城市	均值	差异系数	城市	均值	差异系数
青岛	62.10	31.60	杭州	62.94	48.35

① 二级指标的差异系数有两个研究维度：一是观察某个二级指标的城市间差异；二是观察某个城市 14 项二级指标间的发展差异。本部分内容的分析解释采用第二个研究维度。

续表

山东省			浙江省		
城市	均值	差异系数	城市	均值	差异系数
威海	61.89	32.46	嘉兴	52.75	76.94
济南	59.25	27.62	舟山	52.47	69.34
烟台	54.46	23.00	宁波	50.46	61.59
淄博	52.54	29.34	绍兴	50.12	64.40
东营	52.34	28.83	湖州	44.45	84.78
潍坊	52.07	21.03	温州	39.48	51.75
滨州	45.47	36.39	衢州	38.72	64.22
泰安	42.82	35.07	台州	37.13	60.14
日照	41.67	29.57	丽水	36.66	72.60
聊城	40.32	57.56	金华	33.89	52.98
德州	39.64	54.33			
枣庄	39.34	44.63			
济宁	39.33	35.78			
菏泽	36.65	65.86			
临沂	33.69	45.02			

三　城市间共同富裕比较分析

为了解潍坊市共同富裕水平与其他城市的差距，明确其发展优势与不足，课题组以山东省、浙江省共同富裕均值为判定标准，将山东省均值以上的青岛、威海、济南、烟台、淄博、东营、潍坊 7 个城市和浙江省均值以上的杭州、舟山、宁波、嘉兴、绍兴 5 个城市进行共同富裕的整体化比较分析。研究有如下发现。

（一）共同富裕指数的区域差距明显，潍坊市共同富裕水平较低

数据测度发现，浙江省 5 市的共同富裕指数远远高于山东省 7 市。12 城市的比较中，浙江省 5 市位居前 5 名，且共同富裕指数均高于 12 城市均

值，山东省7市位居后7名，且只有青岛的共同富裕指数高于12城市均值。另外，浙江省5市共同富裕平均指数为57.68分，山东省7市共同富裕平均指数为42.13分，相差较为悬殊，这在一定程度上与城市综合经济竞争力“南强北弱”的总体趋势一致，也呈现共同富裕发展的区域化、层级性分布格局。

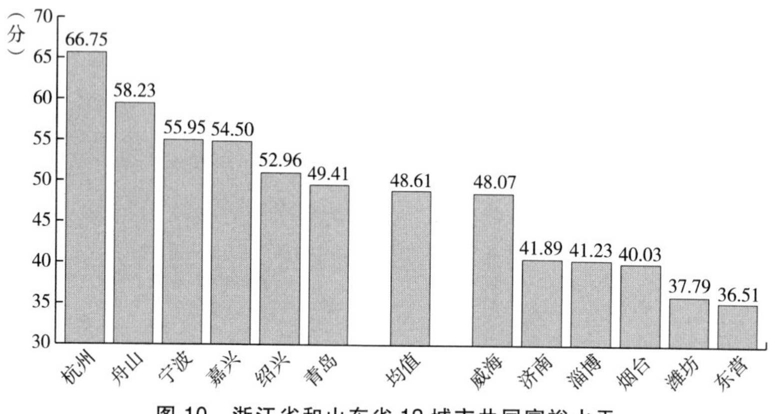

图10　浙江省和山东省12城市共同富裕水平

注：此图数据已进行标准化处理。

12城市中，潍坊市共同富裕指数为37.79分，是杭州市共同富裕指数（66.75分）的56.61%，是浙江省5市共同富裕指数均值（57.68分）的65.52%，排第11名，仅高于东营的36.51分水平（见图10）。这说明在12城市中，潍坊市共同富裕水平相对较低，亟待提升。

进一步研究发现，12城市测度中，各城市共同富裕指数与人均可支配收入的相关系数为0.918，与人均财政收入的相关系数为0.802，与人均GDP的相关系数为0.527，总体呈现较好的正相关关系。这既在很大程度上印证了省域间比较的结论，也提醒我们适度关注影响共同富裕的人口问题。

人口既是推进共同富裕的基本要素和动力，也是实现共同富裕的价值、目的所在。根据第七次全国人口普查数据，潍坊市人口数量居12城市中的第4位，仅低于杭州、青岛和宁波。人口基数较大，既是潍坊共同富裕的持续动力，也在一定程度上增添了实现共同富裕的难度。

另外，近年来潍坊市人口结构的变化在一定程度上制约了居民收入增长。一方面，潍坊市老龄化程度加剧。2020 年，潍坊市 60 岁及以上人口占 21.77%，65 岁及以上人口占 15.81%，与 2010 年第六次全国人口普查数据相比，分别提高 6.56 个和 5.71 个百分点，且分别高于山东省 20.90%、15.13%和全国 18.70%、13.50%的水平。另一方面，少儿化人口增加。2020 年，潍坊市 0~14 岁人口占比为 17.37%，较 2010 年第六次全国人口普查数据提高 2.21 个百分点。

由于人口结构中老少比重双双提高，潍坊市 15~59 岁人口占比从 2010 年的 69.63%降低为 2020 年的 60.87%（见表 4）。这在很大程度上意味着潍坊市的人口抚养比上升，即有更多的非劳动人口来分享劳动人口的劳动所得，提高居民人均可支配收入的阻力加大。同时，为照顾非劳动人口，部分劳动人口往往需要从工作中分出更多时间和精力，这会对其工作质量和薪酬水平造成影响。

表 4　2020 年全国、浙江省、山东省以及浙江省和山东省 12 城市人口数量与人口结构统计

单位：万人，%

地区	人口数量	人口年龄构成			
		0~14 岁	15~59 岁	60 岁及以上	65 岁及以上
济南	920.24	16.44	63.60	19.96	14.07
青岛	1007.17	15.41	64.31	20.28	14.20
淄博	470.41	14.89	61.87	23.24	16.50
东营	219.35	17.35	62.27	20.39	15.51
烟台	710.21	12.10	62.22	25.68	18.12
潍坊	938.67	17.37	60.87	21.77	15.81
威海	290.65	11.82	60.88	27.30	19.26
山东省	10152.75	18.78	60.32	20.90	15.13
杭州	1193.60	13.02	70.12	16.87	11.66
宁波	940.43	12.26	69.63	18.10	12.59
嘉兴	540.09	12.08	68.62	19.30	14.05
绍兴	527.10	11.89	65.52	22.59	16.21
舟山	115.78	9.81	65.31	24.88	17.09
浙江省	6456.76	13.45	67.86	18.70	13.27
全国	144349.74	17.95	63.35	18.70	13.50

与人口结构相关的另一个指标是常住人口城镇化率。城镇化进程可以在一定程度上反映一个地区的发达程度。一般来说，城镇化率越高说明城市的承载率越高，经济越发达，人民越富裕。数据显示，潍坊市常住人口城镇化率在12城市中最低。且由于潍坊市城市首位度较低，部分县（市、区）的经济发展水平、基础设施、公共服务以及现代化水平与其他城市有很大差距，承载能力低，就业机会和发展机会少，居民收入提高的途径少。人口结构对共同富裕的综合影响，需要在未来发展中予以充分关注。

（二）城市间共同富裕指数排名出现变动，潍坊市具有一定的发展优势

共同富裕指数依赖于样本城市间的差距。因观察样本不同，城市间差距呈现不同样态，最终的共同富裕指数排名可能出现一定变动。

12城市的测度中，杭州、舟山、宁波、嘉兴、绍兴5城市的共同富裕指数排名与浙江省共同富裕测度的排名完全一致，且得分均高于浙江省内测度分值。这说明这些城市不论在省内还是在省外，均具有较好的推进共同富裕的竞争优势。

表5　浙江省和山东省12城市共同富裕测度比较

单位：分

地区	城市	省内测度		城市间测度	
		省内排名	共同富裕指数	共同富裕指数	省内排名
浙江	杭州	1	64.84	66.75	1
	舟山	2	55.04	58.23	2
	宁波	3	52.77	55.95	3
	嘉兴	4	52.32	54.50	4
	绍兴	5	49.32	52.96	5
山东	青岛	1	63.53	49.41	1
	威海	2	62.10	48.07	2
	济南	3	56.92	41.89	3
	淄博	5	53.60	41.23	4
	烟台	4	55.69	40.03	5
	潍坊	7	52.23	37.79	6
	东营	6	53.10	36.51	7

12城市的测度中，山东省7个城市的共同富裕得分均低于原山东省内测度得分（见表5），说明山东省各城市的共同富裕发展水平与浙江省各城市具有较大差距，省内竞争优势无法转化成更大区域范围的优势。

另外，12城市测度发现，淄博共同富裕指数得分高于烟台，潍坊得分高于东营，这与原山东省省内测度结果不一致。究其原因，主要是样本城市不同，导致城市间差距出现变化，部分城市在省内比较中的短板被放大、优势被削弱，从而出现得分与排名的变动。

山东省共同富裕测度时，东营的发展性指标较大幅度高于潍坊（两者差距为5.98分）。这在很大程度上是由于东营市人均可支配收入较高，在省内具有极好的竞争优势。但在城市间测度中，由于浙江省5城市人均可支配收入均高于东营，其优势被减弱，东营与潍坊的差距也就相应缩小（两者差距为0.53分）。

在山东省共同富裕测度中，潍坊、东营的共享性指标得分相差较小（两者差距为1.31分），但在城市间测度中，潍坊领先优势扩大（两者差距为6.38分）。这说明潍坊市在共享性指标中具有较好的竞争优势，可以在一定程度上拉升共同富裕总体发展水平。

（三）城市间共享性发展水平差异较小，住房成为影响共同富裕差异的重要变量

12城市的共同富裕指数虽然相差较大，但城市间共同富裕的差异系数为19.29%，与山东省省内测度的差异系数（19.89%）、浙江省省内测度的差异系数（19.69%）较为接近，说明12个样本城市能够较好反映两省共同富裕的差异状态。

在共同富裕的3项一级指标中，发展性指标的均值最高（50.29分），城市间差异系数较高（25.04%），说明各城市社会总体财富、居民收入增长和物质基础建设情况总体较好，但城市间差距较大。

可持续性指标的均值最低（46.52分），且城市间差异系数最大（28.35%），说明各城市可持续性发展总体水平偏低，且城市间差异较大。

共享性指标的均值位居3项指标中第2，高于可持续性指标均值、低于发展性指标均值，城市间差异系数最小（见表6）。由于共享性指标与政府职责关涉较为直接和密切，所以该差异系数较小，说明各城市均关注民

生需求，注重公共产品和公共服务的普惠共享，但相对来说，共享性发展水平还有待进一步提高。

相比较而言，发展性指标与可持续性指标更多关涉市场与社会发展，政府干预较为间接，所以差异系数较大也说明各城市间经济结构、社会治理状态对共同富裕的影响较大。

表 6　浙江省和山东省 12 城市共同富裕一级指标的城市间差异系数统计

单位：分，%

样本量	发展性指标		共享性指标		可持续性指标		共同富裕	
	均值	差异系数	均值	差异系数	均值	差异系数	均值	差异系数
12 城市	50.29	25.04	48.80	15.03	46.52	28.35	48.61	19.29

浙江省和山东省 12 城市共同富裕二级指标的城市间差异系数统计如表 7 所示。在共同富裕的二级指标中，教育、社会保障、医疗健康、高质量发展和群体共同度等指标的差异系数较小①，说明各城市在这些领域均有较好的发展，且差距较小。财政、生态、公共文化和数字应用的差异系数较大，但其均值水平较为接近，只有住房的均值水平最低、差异系数最大，说明各城市住房水平普遍偏低，且城市间差异明显，将成为未来影响共同富裕指数的重要变量。

表 7　浙江省和山东省 12 城市共同富裕二级指标的城市间差异系数统计

单位：分，%

二级指标	均值	差异系数
住房	35.60	52.86
财政	47.34	46.41
生态	53.19	44.91
公共文化	46.87	43.63
数字应用	47.54	43.02
治理	46.15	42.73

① 二级指标的差异系数有两个研究维度：一是观察某个二级指标的城市间差异；二是观察某个城市 14 项二级指标间的发展差异。本部分内容的分析解释采用第一个研究维度。

续表

二级指标	均值	差异系数
富裕度	49.29	39.76
区域共同度	52.88	38.71
公共基础设施	55.30	36.64
教育	45.29	35.79
社会保障	59.55	34.30
医疗健康	49.75	28.15
高质量发展	41.03	26.65
群体共同度	49.09	14.85

（四）共同富裕一级指标呈现阶段性发展特点，潍坊市可持续性发展相对滞后

共同富裕指标体系包括发展性、共享性、可持续性 3 个一级指标，由于各指标权重不同，所以指标分值无法全面呈现各指标在共同富裕发展中的作用。而对共同富裕指标贡献度的衡量，可以从城市发展的内在视野，审视一座城市共同富裕结构要素之间的差距与未来改进方向。

研究发现，青岛、烟台、威海、舟山、杭州 5 座城市的一级指标贡献度差距较小，这在很大程度上说明，这些城市发展性、共享性、可持续性指标发展较为均衡。潍坊、东营等 7 座城市的一级指标贡献度差距较大，且多为发展性指标贡献度领先，说明发展性指标是各城市共同富裕结构性要素中基础好、优势强的指标，是助推共同富裕发展的关键性力量。

共同富裕的发展性、共享性、可持续性指标，分别蕴含富裕度、共同富裕度、可持续性的共同富裕度三个层面的内容。对贡献度的比较说明，共同富裕的发展既要关注“富裕性、共同性、可持续性”的同步性和均衡性，也要充分认识其发展的先后性和阶段性。

浙江省和山东省 12 城市共同富裕一级指标贡献度雷达图如图 11 所示。潍坊的发展性指标和共享性指标的贡献度（分别为 37.80%和 36.77%）基本相当，可持续性指标的贡献度（25.43%）最低，说明潍坊市共同富裕结构要素发展不均衡。另外，潍坊的可持续性指标贡献度还低于其他 11 个城市。这说明潍坊市可持续发展相对滞后，在未来的城市共同富裕发展和

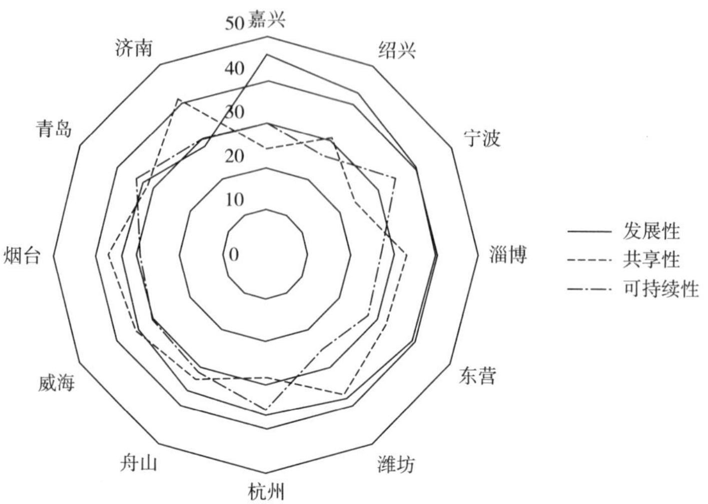

图 11　浙江省和山东省 12 城市共同富裕一级指标贡献度雷达图

城市间共同富裕竞争中有较大提升空间。

12 个城市中，除济南、烟台、青岛、威海外，其他城市的发展性指标贡献度均高于另外 2 个指标，充分说明当下多数城市的共同富裕发展处于“富裕性”阶段，而共享性指标和可持续性指标的贡献度相对较弱，也说明共同富裕蕴含的“共同性”和“可持续性”内容尚需更多关注和重视。但需要注意的是，并不是所有城市都只重点关注发展性指标。比如，济南、烟台、威海的共享性指标贡献度最高；青岛的可持续性指标贡献度最高。这些城市通过不同指标提升共同富裕发展水平的事例让我们认识到，潍坊以后既要继续巩固夯实发展性指标所代表的“富裕性”和共享性指标所代表的“共同性”内容，也要在可持续性指标建设上倾注更多的关注和努力。

（五）共同富裕指数与二级指标差异系数存在负相关关系，潍坊市二级指标差异系数较大，部分指标劣势明显

由于城市样本和指标数据的变化，各城市共同富裕二级指标得分的差异系数[①]呈现与省域测度的不一致性。浙江省 5 座城市的差异系数均出现

① 二级指标的差异系数有两个研究维度：一是观察某个二级指标的城市间差异；二是观察某个城市 14 项二级指标间的发展差异。本部分内容的分析解释采用第二个研究维度。

较大幅度下降，但山东省7座城市中，除东营外，其他城市差异系数均出现不同程度的上浮。特别是潍坊，其省内比较的二级指标差异系数为21.03%，得分较为均衡；但在城市间比较时，其差异系数为46.77%，得分差距较大（见图12）。这说明潍坊在与浙江5座城市的比较中，二级指标间得分差距被拉大。通过对共同富裕二级指标得分的观察和分析，可以较好地了解潍坊市的短板和不足。

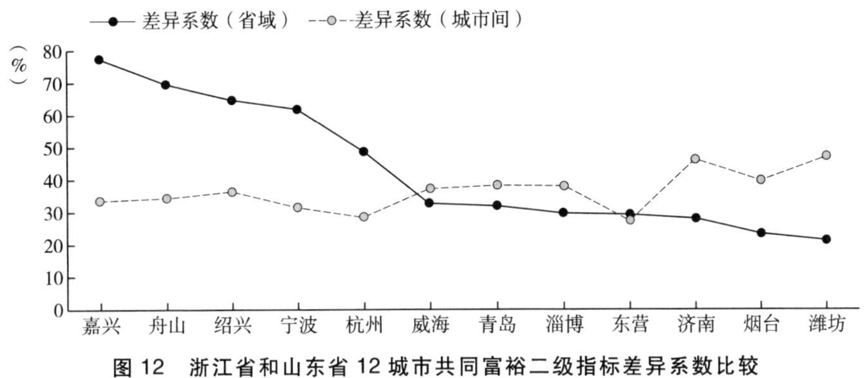

图12　浙江省和山东省12城市共同富裕二级指标差异系数比较

进一步研究发现，各城市共同富裕指数与其二级指标的差异系数存在一定的负相关关系：潍坊、济南、烟台、淄博等城市的共同富裕指数较低，但二级指标的差异系数较大；杭州、舟山、宁波、嘉兴等城市的共同富裕指数较高，但二级指标的差异系数较小（见图13）。这说明在城市间比较中，浙江省各城市的二级指标具有领先优势，且浙江省各城市发展相对于山东省各城市较为均衡，可以为潍坊的共同富裕发展提供良好经验和启发借鉴。

在12城市比较中，潍坊的社会保障、公共基础设施得分最高，且高于12城市平均值，住房、生态、数字应用得分最低，且与12城市中的最大值差距最大，说明这3项指标劣势明显，需要在以后予以充分关注。

一般来说，各城市在某项二级指标上的差距越大，该指标对共同富裕未来发展的影响也就越大。共同富裕二级指标中，治理、区域共同度、社会保障的分差最大，分别为73.19分、71.27分、68.44分（见表8）。治理强调多元主体的参与，关注社会与市场的发展空间，此项指标差距最大，需要以后进行重点关注。

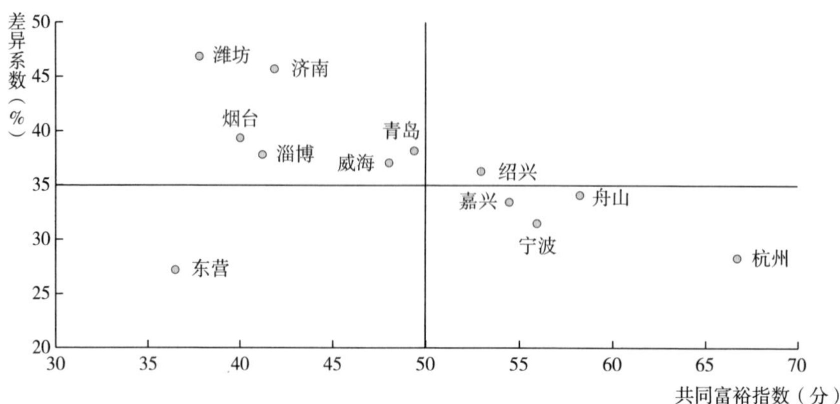

图 13　浙江省和山东省 12 城市共同富裕指数与二级指标差异系数统计

对于潍坊来说，与分值最高城市差距较大的二级指标分别是生态（威海）、财政（杭州）和数字应用（杭州），说明潍坊在这些指标上与其他城市尚有较大差距，这些领域可以成为共同富裕未来改革突破和学习借鉴的重要领域。

表 8　潍坊市共同富裕二级指标得分比较

单位：分

类别	最大值	最小值	最大最小值差	均值	潍坊	潍坊与最大值差距	潍坊与均值差距
财政	92.31	25.78	66.53	47.34	29.09	-63.22	-18.25
公共文化	91.91	26.43	65.48	46.87	32.83	-59.08	-14.04
生态	87.72	21.58	66.14	53.19	25.83	-61.89	-27.36
富裕度	85.88	21.95	63.93	49.29	30.24	-55.64	-19.05
社会保障	84.87	16.43	68.44	59.55	84.40	-0.47	24.85
区域共同度	84.18	12.91	71.27	52.88	50.75	-33.43	-2.13
数字应用	83.83	15.71	68.12	47.54	20.25	-63.58	-27.29
公共基础设施	82.65	22.35	60.30	55.30	70.67	-11.98	15.37
教育	76.97	24.05	52.92	45.29	33.64	-43.33	-11.65
治理	76.76	3.57	73.19	46.15	33.33	43.43	-12.82
医疗健康	75.69	33.03	42.66	49.75	33.03	-42.66	-16.72
住房	65.69	9.99	55.70	35.60	26.69	-39.00	-8.91
高质量发展	59.06	28.97	30.09	41.03	31.08	-27.98	-9.95
群体共同度	59.04	39.07	19.97	49.09	39.34	-19.70	-9.75

四 潍坊各县（市、区）共同富裕比较分析

为全面系统了解潍坊市共同富裕发展的内部状态，课题组对潍坊各县（市、区）[①] 共同富裕水平进行测度和比较分析。本部分研究继续沿用省域、城市间比较的指标体系，但由于数据可得性的限制，指标体系仅保留了发展性、共享性和可持续性 3 项一级指标及其权重，具体衡量指标和权重进行了适当调整（指标体系详见附录 2）。数据研究发现如下。

（一）共同富裕指数分化严重，人均可支配收入是影响共同富裕的重要因素

潍坊各县（市、区）共同富裕指数呈现明显的分化样态：城区（包括潍城区、寒亭区、坊子区、奎文区）共同富裕水平最高，临朐共同富裕水平最低，二者相差悬殊，前者是后者的 3.11 倍；城区、寿光、青州、诸城的共同富裕水平高于均值，其余 5 个县市低于均值。9 个县（市、区）之间的差异系数是 32.43%，高于省域测度和城市间测度的差异系数，说明潍坊各县（市、区）共同富裕差距较大。

指标相关性测度发现，潍坊各县（市、区）共同富裕指数与其人均可支配收入的相关系数为 0.893，说明二者之间具有非常强的正相关性，人均可支配收入是影响共同富裕的重要变量。

（二）共享性指标的发展水平最高，但医疗健康方面差异悬殊

潍坊各县（市、区）共同富裕的发展性、共享性、可持续性指标分值不一、差异系数不一，县（市、区）具体指标间差距悬殊，共同富裕一级指标的县（市、区）差异系数统计如表 9 所示。

在共同富裕的 3 项一级指标中，发展性指标的均值为 44.25 分，低于共享性指标，高于可持续性指标，但其差异系数最大（44.89%），说明各

① 由于数据可得性的限制，潍坊各县（市、区）的分析样本仅包括有行政区划建制的各县（市、区），并将潍城区、寒亭区、坊子区、奎文区合并为“城区”进行观察。本部分相关数据主要来源于《潍坊统计年鉴（2021）》。由于数据统计口径不同，部分指标无法明确是否包含高新区、开发区等数据，测度结果可能与实际情况有所出入。特此说明。

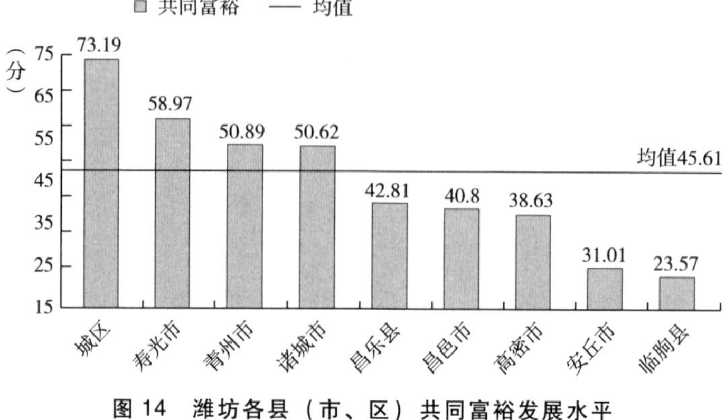

图 14　潍坊各县（市、区）共同富裕发展水平

县（市、区）社会财富、居民收入等方面还有较大差距。

可持续性指标的均值最低（44.09 分），且差异系数最低（29.88%），说明与发展性指标、共享性指标相比，各县（市、区）可持续性发展差距较小，但总体水平较低。

共享性指标的均值最高（48.72 分），说明潍坊各县（市、区）在教育、医疗、公共基础设施等方面有总体较好的共享水平。但共享性指标的差异系数较高（34.91%），说明县（市、区）之间发展差异较大。

表 9　共同富裕一级指标的县（市、区）差异系数统计

单位：分，%

发展性指标		共享性指标		可持续性指标		共同富裕指数	
均值	差异系数	均值	差异系数	均值	差异系数	均值	差异系数
44.25	44.89	48.72	34.91	44.09	29.88	45.61	32.62

各县（市、区）共享水平总体较好，与潍坊市教育、医疗等资源优势有较好的一致性。但需要注意的是，潍坊各县（市、区）教育、医疗健康等指标发展的具体状况不一。

山东省及其各地市教育、医疗健康指标统计如表 10 所示。在教育方面，潍坊市小学阶段生师比（逆向指标）为 14.22，优于省内的 16.36 均值，居省内第 3 位；初中阶段生师比（逆向指标）为 10.64，优于省内 11.94 的均值，居省内第 5 位。潍坊市义务教育阶段生师比（逆向指标）

低于省内均值，说明潍坊市注重教育发展，具有极好的教育服务均衡水平，是共同富裕得以延续和壮大的重要支撑。各县（市、区）共同富裕测度显示，教育指标差异系数是所有指标差异系数的最低值[①]，说明潍坊各县（市、区）教育发展总体较为均衡，这是支撑潍坊市教育优势的坚实基础。

在医疗健康方面，潍坊市每千人拥有执业（助理）医师数、每千人医疗机构床位数高于省级水平，且位居省内前列，说明潍坊市具有较好的医疗服务资源。但县（市、区）测度中发现，医疗健康方面的每千人拥有执业（助理）医师数、每千人医疗机构床位数 2 项具体指标上的差异系数均大于 1，说明各县（市、区）医疗健康发展水平极为不均衡。[②] 这既可能成为未来影响各县（市、区）共同富裕发展的重要因素，也会在很大程度上影响潍坊市共同富裕总体发展水平的提升。

表 10　山东省及其各地市教育、医疗健康指标统计

单位：人，张

地区	小学阶段生师比（逆向指标）	初中阶段生师比（逆向指标）	每千人拥有执业（助理）医师数	每千人医疗机构床位数
济南	15.74	10.37	4.35	7.45
青岛	12.97	11.14	3.93	6.37
淄博	16.29	14.22	3.86	7.15
东营	14.09	10.35	3.78	6.06
威海	14.57	8.31	3.51	6.65
潍坊	14.22	10.64	3.29	7.00
济宁	15.82	12.74	3.12	6.54
烟台	14.85	12.86	3.05	6.08
滨州	15.42	9.45	3.00	5.86
枣庄	16.36	11.41	3.00	6.46
泰安	19.14	13.60	2.93	6.21

① 普通小学生均公共预算教育经费支出的差异系数为 46.91%，普通初中生均公共预算教育经费支出的差异系数为 66.11%，小学阶段生师比的差异系数为 46.05%。

② 每千人拥有执业（助理）医师数指标的最大最小值分别为：城区 6.29 人，高密 2.60 人。每千人医疗机构床位数指标的最大最小值分别为：城区 11.30 张，昌邑 2.94 张。

续表

地区	小学阶段生师比（逆向指标）	初中阶段生师比（逆向指标）	每千人拥有执业（助理）医师数	每千人医疗机构床位数
德州	15.40	12.21	2.92	4.86
聊城	17.55	14.12	2.87	5.72
日照	15.61	10.76	2.81	5.50
菏泽	19.42	14.94	2.74	6.13
临沂	15.74	10.37	2.62	6.37
山东省	16.36	11.94	3.24	6.37

（三）共同富裕指数与一级指标差异系数显著负相关，临朐县共同富裕发展压力较大

潍坊各县（市、区）共同富裕与一级指标差异系数散点图如图 15 所示。从图 15 可以看出，各县（市、区）共同富裕指数与一级指标差异系数的相关系数为-0.794，接近于-0.8 的强相关水平，说明二者之间存在较强的负相关关系。也就是说，共同富裕的发展性、共享性、可持续性指标差异越小、发展越均衡，共同富裕水平越高；发展性、共享性、可持续性指标差异越大、发展越不均衡，共同富裕水平越低。

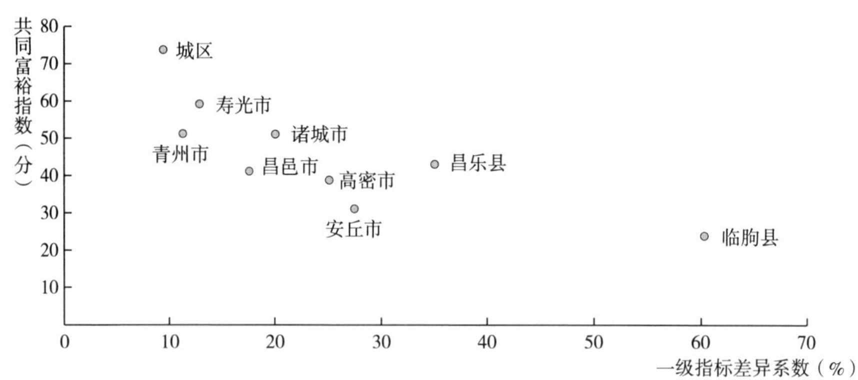

图 15　潍坊各县（市、区）共同富裕指数与一级指标差异系数散点图

具体看来，潍坊城区、寿光、青州、诸城等地方的共同富裕指数较高，但二级指标的差异系数较小。这说明潍坊城区、寿光、青州、诸城等地共同富裕发展水平较高，且发展性、共享性、可持续性等结构要素发展

较为均衡，是未来潍坊共同富裕发展的引领者和先行者。

相比较而言，临朐的共同富裕指数最低，23.57的分值只有城区的32.20%，是各县（市、区）均值的51.68%；但一级指标的差异系数却最大，高达60.33%，远远高于各县（市、区）24.63%的平均水平。这在很大程度上展现出临朐共同富裕发展过程中的整体性劣势和结构性不足，需要在以后的共同富裕发展中予以充分重视。

五　潍坊推进共同富裕的对策建议

结合省域、城市、县（市、区）的共同富裕比较分析，潍坊市共同富裕发展未来需要关注以下几方面：一是学习借鉴浙江省各城市共同富裕先行案例和典型经验，系统筹划共同富裕发展规划探索试点；二是要持续强化提升发展性指标，在优化“区域共同度”的基础上，强化“富裕度”、改善“群体共同度”，夯实共同富裕的物质基础；三是在促进县（市、区）医疗健康等指标均衡发展的基础上，积极关注住房、公共文化等指标，强化共享性指标的优势与竞争力；四是要积极关注可持续性指标，改善治理、生态，促进共同富裕3项一级指标的均衡性发展，提升共同富裕总体发展水平。

（一）强化统计监测与评估分析，鼓励试点示范与学术追踪

1. 完善统计监测与指标设计

一是依托第七次全国人口普查数据，加强信息互联互通和数据共享，摸清全市社会群体结构特征，加快构建“全面覆盖+精准画像”的基础数据库，完善统计监测体系和政策效果评价机制，加强统计数据分析；二是根据潍坊实际探索建立科学量化的共同富裕指标体系，对潍坊市收入差距、城乡差距、地区差距、公共服务共享性等指标进行动态评估与全面分析；三是根据各县（市、区）发展优势，探索共同富裕的特色化考核指标和差别化考核方式，鼓励共同富裕发展的多元化发展方式与路径。

2. 鼓励特色探索与试点示范

推进共同富裕具有长期性、艰巨性、复杂性等特点，各地都在因地制宜地探索有效路径：浙江省以市场主体多元性、较为突出的科技创新能

力、为人称道的社会治理水平为基础进行共同富裕先行先试；广东省以推动基本公共服务均等化为抓手，完善和创新社会治理；江苏省着力发展壮大乡村集体经济，不断提高农村基本公共服务水平，农村社区福利比较好。①

考虑到潍坊的发展基础和特点，建议在以下两方面进行重点关注和探索：一是潍坊市城乡居民收入倍差为 1.99，低于山东省 2.33 和全国 2.56 的水平。地区人均 GDP 差异系数和地区人均可支配收入差异系数在省内也具有极好的发展优势。基于此，潍坊市可率先在优化收入分配格局上取得更多进展，争取成为山东省共同富裕示范区（缩小城乡差距、缩小地区差距等领域）。二是要基于潍坊市农业农村发展优势，用好全国唯一的国家农业开放发展综合试验区品牌，增强农业创新活力、改革动力。如以寿光蔬菜经济为核心，建设辐射全国的蔬菜特色产业集群，做大做强集品牌塑造、科技研发、电商销售、展览展示、休闲文旅于一体的现代农业全产业链条，打造共同富裕发展的潍坊样板。

为推进共同富裕的有效探索与创新实践，潍坊市要鼓励支持有条件的县（市、区）、部门和乡镇（街道）先行先试。这方面可借鉴浙江省共同富裕示范区建设试点工作经验（见表 11），由各级地方政府根据发展优势自愿申报，经潍坊市政府审核、领域内外专家和领导小组成员单位联审，最终确立试点示范名单，进行集成式创新改革，打造共同富裕分项内容的最佳探索与实践。

3. 学术聚焦与案例开发

一是邀请专家、学者和新闻媒体聚焦潍坊共同富裕实践，提炼、推广案例经验，并通过专题研讨、学术论坛、皮书报告等形式建立系统持续的案例开发活动，持续提升潍坊共同富裕改革实践的辨识度；二是邀请国内知名研究机构启动关于潍坊市共同富裕的专项监测评估研究，并将潍坊作为地方典型样板，开展持续深入的评估追踪，打造改革实践和学术研究双重聚焦点，提升潍坊的国内影响力。

---

① 厉以宁、黄奇帆、刘世锦等：《共同富裕：科学内涵与实现路径》，中信出版集团，2022。

表 11　浙江省共同富裕示范区建设名录

类别	试点领域	试点地区
第一批 2021 年 7 月	缩小地区差距	丽水市、温州泰顺县、嘉兴平湖市、衢州龙游县
	缩小城乡差距	湖州市、杭州淳安县、宁波慈溪市、金华义乌市、台州路桥区、台州仙居县、丽水松阳县
	缩小收入差距	温州鹿城区、绍兴新昌县、金华磐安县、舟山嵊泗县
	公共服务优质共享	宁波市、杭州富阳区、温州瓯海区、台州三门县
	精神文明高地	衢州市、嘉兴南湖区、绍兴诸暨市、金华东阳市
	共同富裕现代化基本单元	绍兴市、杭州萧山区、宁波北仑区、湖州安吉县、衢州衢江区
第二批 2022 年 6 月	县域综合类	舟山溗泗县、丽水景宁县
	成果展示类	宁波市、嘉兴市、温州瑞安市、金华义乌市、台州玉环市
	机制创新类	杭州市、衢州市、杭州钱塘区、杭州桐庐县、温州乐清市、湖州吴兴区、湖州南浔区、嘉兴桐乡市、金华永康市、衢州常山县、台州温岭市、丽水遂昌县
	改革探索类	杭州余杭区、杭州临安区、宁波海曙区、温州龙湾区、湖州德清县、嘉兴秀洲区、嘉兴嘉善县、绍兴柯桥区、金华兰溪市、衢州龙游县

（二）集成式推进城镇化改革与产业发展，激发社会增收致富动力活力

省域共同富裕研究发现，共同富裕指数与城市综合经济竞争力具有较好的正相关关系；12 城市测度中，多数城市的发展性指标在共同富裕指数中贡献度最高。这些研究说明，在推动共同富裕工作中，解决发展问题是第一位的，分配问题也很重要，但不能仅仅靠分配来实现共同富裕。基于此，潍坊市要充分关注发展窗口，厚植共同富裕的发展基石。

1. 积极推进城镇化集成改革，以中心性大城市建设助推共同富裕发展

根据经济合作与发展组织（OECD）的研究，农村劳动力从农村转向城市的时候，消费水平可以提高 30%，一旦获得城市户口，成为城市居民，消费水平能够再提高 30%。由于适度消费是支持经济可持续增长的重要条件和内在动力，这两个 30%的叠加就意味着共同富裕也可以从户籍制

度的改革中获益，户籍制度改革可以提高居民收入、消费力和消费倾向，稳定社会总需求。

浙江省共同富裕发展中非常重要的一个方向就是探索农业转移人口市民化集成改革，即推进涵盖户籍、农村土地、公共服务、收入分配等体制机制的综合改革。要根据常住人口规模配置国家转移支付资金、新增建设用地指标、教师医生编制等资源要素，破解公共服务、资源要素供给与常住人口规模不匹配问题。

目前，潍坊市常住人口城镇化水平不高，中心城市首位度较低。为此，建议潍坊市强化中心城市的人口聚集效应，通过新型城镇化和乡村振兴战略努力提高城镇化发展水平；加快产业发展，积极开发适合农业转移人口的就业岗位，拓展农民就近就地就业空间；完善城镇基础设施，健全基本公共服务体系，增强基本公共服务能力，提高城镇的承载能力，加大城镇对农民的吸引力；建立城市不同圈层间差异化住房土地供给与房地产调控机制，利用要素成本差异引导人口流动，促进就业岗位和居住人口的合理布局。

2. 持续优化产业结构，强化产业创新支撑

潍坊市目前属于“后工业化聚集型”城市①，即城镇化率处于30%~70%的加速成长期，但产业结构已经呈现以服务业为主导（第三产业产值/第二产业产值>1）的特征。这种情况意味着城镇化的演进主要不是由工业的发展推动，更多地是由第二产业和第三产业共同拉动。在后工业化时代，高新技术特别是人工智能技术在现代制造业中的应用促进了劳动生产率的提高，使得制造业对劳动力的吸收作用减弱。这就意味着，城镇化未来需要更多依靠第三产业创造就业岗位进行拉动。

基于此，潍坊市可借鉴东莞、佛山等地全域城镇化、产业化与城镇化一体发展经验，和杭州、郑州等地高度城镇化、产业结构高端化和服务业化的经验，集成推进城镇化改革与产业发展。在加速城镇化过程中持续优化产业结构，强化科技企业群体培育、加大人才引聚力度、优化科创生

① 中国社会科学院城市与竞争力指数相关研究中，按照城镇化率和第三产业/第二产业的比值，将城市划分为四种类型。潍坊市2020年城镇化率为64.4%，第三产业为3028.43亿元，第二产业为2308.10亿元，第三产业/第二产业比值为1.31，属于“后工业化聚集型”城市。

态，全面激发社会创新活力和创造潜能，全面提升产业经济核心竞争力；以多层嵌套的产业链集群体系为基础，在不同功能空间合理规划被疏解产业及其产业链不同环节，实现与功能空间原有产业的协调发展；改造和新建城市“微中心”，通过建设空间载体平台、特色产业服务平台等功能性平台，加强“微中心”与中心城区的对接合作来吸引人口和产业调整；建立产业分工和层级体系，推进产业融合和空间融合，建立不同区域的收益共享机制。

3. 优化资源配置、强化技能培训，缩减城乡和群体间收入差距

一是推进城乡融合。培育乡土特色产业，打造三产融合的农业全产业链；系统构建农村产权流转交易服务体系，基本形成农村产权保护交易制度，促进城乡要素双向流动和平等交换；探索构建乡村经营平台，推动村庄运营市场化发展。二是强化技能培训。提升人力资本质量，是提高收入、走向富裕的最佳路径。为此，潍坊要在关注人口结构变化、推进老龄化发展规划的基础上，充分关注群体间收入差距问题，持续加大教育投入，整合各种教育和培训资源，全面提供文化素质和职业技能培训服务，提高低收入从业人员知识水平和技能水平。三是实施高素质农民激励计划，推动农民权益价值实现。具体可学习借鉴浙江的“农民学院”建设，建立培训、比赛、技能鉴定等协同培养机制；推动农房财产权（含宅基地使用权）抵押贷款和闲置宅基地、闲置农房盘活利用；培育乡村创客，引导乡贤回报家乡。

（三）加大优质公共服务供给，缩小城乡公共服务差距

共同富裕是全体人民共同富裕和发展成果全民共享。所以其基础是“富裕”，关键却在“共同”上。为提高共同富裕水平，潍坊要聚焦居民全生命周期需求，加大优质公共服务供给，巩固优化教育优势，缩小医疗健康的县（市、区）差距，全面提高城乡居民生活质量和水平，实现共享发展。

1. 优化教育资源布局，巩固优化教育共享性水平

一是根据人口变化加大学前教育总量供给，实施普惠性幼儿园扩容工程和农村幼儿园补短提升工程，全面创建学前教育普及普惠县（区）；二是进一步推进实施“银龄讲学”计划，支持优秀退休教师到薄弱地区和薄

弱学校支教，巩固提升教育均衡化水平。

2. 建立区域均衡的医疗资源配置机制，优化医疗卫生服务体系

一是深化全市域医疗服务改革，建设推进县域医共体和城市医联体升级发展，实施乡镇卫生院基础设施补短板项目；二是建设城乡一体的公共卫生服务体系，持续开展乡村医生继续教育培训，建立补充基层医务人员的长效机制；三是全面做实基本医疗保险市级统筹，建立更加公平的城乡居民基本医疗保险和职工基本医疗保险的筹资和待遇享受机制。

3. 挖潜潍坊文化特质与内涵，推进高质量文化供给

一是以创建“东亚文化之都”为契机，打造城市公共文化系列品牌；开展文化和旅游公共服务融合综合性试点工作，打造新型公共文化空间。二是争取入选乡村博物馆国家试点，改造建设具有当地文化印记的“文旅空间”；深入推进历史文化（传统）村落保护利用，活化传承农耕文化，开展农业文化遗产和特色农业文化保护传承，打响一批极具潍坊特色的农事节庆活动品牌。三是要深入挖潜“潍坊风筝”的深层文化特质与内涵，凝练具有影响力的文化主题形象和文化符号，构建完整的文化旅游品牌体系。

4. 加大社会保障投入，推进城乡居保提档补缴政策

一是根据财政收入和居民需求适当加大社会保障投入，推进潍坊市社会保障高水平发展。二是推进城乡居保提档补缴政策，即允许参保人员对已缴费年度自愿选择高档次缴费标准进行补缴；允许只领取基础养老金的人员自愿选择缴费档次进行补缴；允许年满 60 周岁、符合城乡居民基本养老保险参保条件且未享受基本养老保险待遇的人员通过补缴方式参加城乡居民基本养老保险。通过城乡居民提档补缴城乡居民基本养老保险，引导城乡居民选择较高缴费档次，有助于缩小城乡居民收入差距、提升生活品质。

5. 创新公共服务供给方式，推进公共服务社会化改革

一是支持社会组织、企业参与兴办公共服务机构，探索完善公建民营、民建公助、委托代理服务等模式，提高公共服务专业化水平；二是提升公共服务供给效率，依托互联网、人工智能等技术，推动优质公共服务资源延伸下沉。

（四）聚焦数字经济新生态，深化治理改革与创新

在共同富裕的 3 项一级指标中，发展是实现共同富裕的前提，共享是

共同富裕的底色，可持续性则是保证发展和共享的持久动力。可持续性指标只有与发展性、共享性指标均衡协调发展，才能有效保证和推进共同富裕的长期结构性改革目标的实现。由于可持续性指标是城市发展各结构要素经过长期发展和积淀而形成的综合形态反映，代表城市的长远发展潜力，需要从高质量发展、财政支出、社会治理和生态环境等方面进行系统关注。

1. 聚焦数字经济新生态，激发转型升级新活力

一是紧抓产业消费双升级发展的新机遇。由于新信息技术的广泛应用以及新业态新消费模式的加速普及，产业消费双升级机遇正在形成。潍坊市应把握线上新兴消费发展契机，大力推动线上消费蓬勃发展，实现线上线下深度融合。二是深化制造业与数字经济深度融合发展，加快智能制造进程。加快重点制造领域装备数字化、智能化，大力发展数字产品，提升制造业数字化控制和管理水平。三是聚焦数据汇聚，积极推动全面转型升级新路径。加大新型基础设施建设力度，充分发挥5G、数据中心、工业互联网等新基建的头雁效应，提供数据全生命周期的支撑能力，激活数据要素潜能；持续提升对所汇聚海量数据的实时采集、跨界流动、动态分析及快速响应能力，促进数据运营平台的实施落地和应用深化，推动跨部门、跨区域、跨领域数据的深度打通，推进全方位转型升级新路径。

2. 关注市场与社会发展，深化治理改革与创新

一是持续推进“有效市场+有为政府”更好结合，持续激发企业家精神；继续保持小微企业发展特色和支持政策，活跃小微企业生态；建立多层次企业梯度培育体系，扩大优质企业蓄水池。二是建立健全回报社会的激励机制。完善有利于慈善组织持续健康发展的体制机制，加快培育发展不同类型慈善组织，支持慈善事业进一步发挥第三次分配作用；大力发展慈善信托，打造慈善服务信息平台，推进“时间银行”发展，发扬人人慈善的现代慈善理念，推动互联网慈善，完善慈善组织监管等。

3. 强化绿色低碳共富理念，探索建立生态产品价值实现机制

一是持续推进区域产业优化升级，强化工业企业污染深度治理，进一步减少主要污染物排放总量、降低高能耗高污染行业比例；二是持续推进河道综合整治、湿地生态保护修复等工程，利用森林公园、湿地公园等生态资源，建设原生型的自然生态系统，提升全市域自然生态系统质量；三是推进绿色富民制度创新，积极探索生态产业化的有效路径，形成以“生态资源转化平台”为代表的经济多元化发展机制。

课题负责人：李波

课题组成员：山东师范大学战建华、张敏、骆苗

潍坊市改革发展研究中心杜慧心、董俐君

（2022年9月）

附录 1　共同富裕指标体系

共同富裕指标体系（省域、城市间）

一级指标	二级指标	三级指标		备注
		浙江大学研究团队指标体系	本课题研究指标体系	
发展性（36.33%）	富裕度（13.59%）	城镇居民人均可支配收入（元）	城镇居民人均可支配收入（元）	
		农村居民人均可支配收入（元）	农村居民人均可支配收入（元）	
		人均可支配收入占人均 GDP 比重（%）	人均可支配收入占人均 GDP 比重（%）	
		劳动报酬占 GDP 比重（%）	—	
		城镇居民人均消费支出（元）	城镇居民人均消费支出（元）	
		农村居民人均消费支出（元）	农村居民人均消费支出（元）	
		居民人均投资额（元）	—	
		居民人均存款余额（元）	居民人均存款余额（元）	
		人均社会消费品零售总额（元）	人均社会消费品零售总额（元）	
		居民消费率（%）	—	
		恩格尔系数（%）	城市居民恩格尔系数（%）	逆向指标
			农村居民恩格尔系数（%）	逆向指标

续表

一级指标	二级指标	三级指标		备注
		浙江大学研究团队指标体系	本课题研究指标体系	
发展性（36.33%）	群体共同度（11.98%）	中等收入群体比例（%）	—	
		低收入群体收入增长（%）	—	
		低收入群体财产性收入增长（%）	城镇居民财产性收入增长率（%）	
			农村居民财产性收入增长率（%）	
		城镇居民最高最低收入倍差	—	
		城乡居民最低生活保障标准（元/年）	城市居民最低生活保障标准（元/年）	
			农村居民最低生活保障标准（元/年）	
		最低生活保障增速与人均可支配收入增速之比（%）	城镇最低生活保障增速与人均可支配收入增速之比（%）	
			农村最低生活保障增速与人均可支配收入增速之比（%）	
		代际收入弹性	—	
	区域共同度（10.76%）	常住人口城镇化率（%）	常住人口城镇化率（%）	
		区域经济发展差异系数	—	
		地区人均 GDP 差异系数	地区人均 GDP 差异系数	逆向指标
		城乡居民收入倍差	城乡居民收入倍差	逆向指标
		地区人均可支配收入差异系数	地区人均可支配收入差异系数	逆向指标

续表

一级指标	二级指标	三级指标		备注
		浙江大学研究团队指标体系	本课题研究指标体系	
共享性（31.62%）	教育（6.39%）	劳动年龄人口平均受教育年限（年）	—	
		普通小学生均公共教育经费支出（元）	普通小学生均一般公共预算教育事业费（元）	2019年数据
		普通初中生均公共教育经费支出（元）	普通初中生均一般公共预算教育事业费（元）	2019年数据
		小学阶段生师比	小学阶段生师比	逆向指标
		初中阶段生师比	初中阶段生师比	逆向指标
		高等教育毛入学率	—	
	医疗健康（5.84%）	出生时预期寿命（岁）	—	
		健康预期寿命（岁）	健康预期寿命（岁）	
		每千人拥有执业（助理）医师数（人）	每千人拥有执业（助理）医师数（人）	
		每千人医疗机构床位数（张）	每千人医疗机构床位数（张）	
		每万老年人拥有持证养老护理员数（人）	每万老年人拥有养老服务机构床位数（张）	
	社会保障（5.16%）	社会保障支出占GDP之比（%）	社会保障支出占GDP之比（%）	
		民生性支出占一般公共预算支出之比（%）	民生性支出占一般公共预算支出之比（%）	
		城乡居民基本医疗保险政策范围内住院医疗保险比例（含大病保险）（%）	—	
		养老保险抚养比（%）	—	

续表

一级指标	二级指标	三级指标		备注
		浙江大学研究团队指标体系	本课题研究指标体系	
共享性（31.62%）	住房（4.00%）	保障性住房覆盖率（%）	住房保障支出占 GDP 比例（%）	
		城镇人均住房面积（平方米）	城镇人均住房面积（平方米）	
	公共基础设施（3.75%）	每万人公共交通车辆（标台）	每万人公共交通车辆（标台）	
		城市污水处理率（%）	污水处理厂集中处理率（%）	
		人均体育场地面积（平方米）	—	
		城镇每万人拥有公厕数（座）	—	
		农村每万人拥有公厕数（座）	—	
		—	公路密度（公里/百平方公里）	
	数字应用（3.09%）	移动电话普及率（部/百人）	移动电话普及率（部/百人）	
		互联网普及率（%）	（固定）互联网宽带普及率（%）	
		依申请政府服务办件“一网通办”率（%）	地方政府数据开放指数	复旦大学
	公共文化（3.39%）	人均教育文化娱乐消费支出（元）	城镇人均教育文化娱乐消费支出（元）	
			农村人均教育文化娱乐消费支出（元）	
		农村文化礼堂覆盖率（%）	每百万人拥有文化站数量（个）	
		人均拥有公共图书馆藏量（册）	人均拥有公共图书馆藏量（册）	
		居民综合阅读率（%）	—	
		群众幸福感获得感评价	—	

续表

一级指标	二级指标	三级指标		备注
		浙江大学研究团队指标体系	本课题研究指标体系	
可持续性（32.05%）	高质量发展（9.66%）	人均 GDP 增长率（%）	人均 GDP 增长率（%）	
		R&D 经费投入增长（%）	R&D 经费投入增长（%）	
		R&D 经费支出占生产总值比重（%）	R&D 经费支出占生产总值比重（%）	
		数字经济产业增长值占 GDP 比重（%）	数字经济指数	新华三集团
		高新技术产业产值占规模以上工业产值比重（%）	高新技术产业增加值占规模以上工业增加值比重（%）	浙江省
			高新技术产业产值占规模以上工业产值比重（%）	山东省
		每万人口高价值发明专利拥有量（件）	每万人口发明专利拥有量（件）	
		全员劳动生产率增长（%）	—	
		城镇登记失业率（%）	城镇登记失业率（%）	逆向指标
	财政（6.76%）	人均财政收入（万元）	人均财政收入（万元）	
		转移支付依赖度（%）	转移支付依赖度（%）	逆向指标
		税收收入占比（%）	税收收入占比（%）	
		大税占比（%）	大税占比（%）	
		土地出让金依赖度（%）	财政平衡率（%）	
		财政透明度	财政透明度	清华大学

续表

一级指标	二级指标	三级指标		备注
		浙江大学研究团队指标体系	本课题研究指标体系	
可持续性（32.05%）	治理（8.06%）	平安指数	—	
		民间资本投资比重（%）	民间资本投资比重（%）	山东省
		慈善捐赠占 GDP 比重（%）	—	
		每万人拥有登记社会组织数（个）	每万人拥有登记社会组织数（个）	山东省 2022 年 5 月数据
		志愿者活跃度	志愿者活跃度	浙江省
		志愿服务渗透率（%）	志愿服务渗透率（%）	浙江省
		银行不良贷款率（%）	—	
		每万人拥有律师数（人）	每万人拥有律师数（人）	浙江省 2020 数据 山东省 2022 年 7 月数据
	生态（7.57%）	森林覆盖率（%）	建成区绿化覆盖率（%）	
		地级及以上城市空气质量优良天数比例（%）	地级及以上城市空气质量优良天数比例（%）	
		地级及以上城市 PM2.5 平均浓度（ug/m^3）	地级及以上城市 $PM_{2.5}$ 平均浓度（ug/m^3）	逆向指标
		地表水达到或好于Ⅲ类水体比例（%）	—	
		单位 GDP 能耗（吨标准煤/万元）	单位 GDP 电耗（千瓦时/万元）	逆向指标
		非化石能源占一次能耗消费比重（%）	—	

附录2　潍坊各县（市、区）共同富裕指标体系

潍坊各县（市、区）共同富裕指标体系

一级指标	二级指标*	备注**
发展性（36.33%）	城镇居民人均可支配收入（元）	不明确
	农村居民人均可支配收入（元）	不明确
	人均可支配收入占人均 GDP 比重（%）	不明确
	居民人均存款余额（元）	不明确
	人均社会消费品零售总额（元）	不含
共享性（31.62%）	普通小学生均公共预算教育经费支出（元）	不含
	普通初中生均公共预算教育经费支出（元）	不含
	小学阶段生师比（逆向指标）	寒亭包含滨海、经开区；坊子包含峡山；奎文包含高新、保税区
	每千人拥有执业（助理）医师数（人）	寒亭包含滨海、经开区；坊子包含峡山；奎文包含高新、保税区
	每千人医疗机构床位数（张）	寒亭包含滨海、经开区；坊子包含峡山；奎文包含高新、保税区
	公路密度（公里/百平方公里）	不含
可持续性（32.05%）	人均 GDP 增长率（%）	不含
	人均一般预算收入（万元）	不含
	大税占比（%）	不含
	财政平衡率（一般预算收入/预算支出）	不含
	万人律师数（人）	不明确

注：* 二级指标权重为相应一级指标的平均数。

** 备注信息是指县（市、区）数据与高新区、开发区等数据的关系。

全面推进乡村振兴

深化拓展“三个模式”在建设农业强国大局中做出潍坊新贡献

李　波　李少军　刘永杰　刘　磊　方典昌

2018年，习近平总书记在全国“两会”期间参加山东代表团审议和视察山东时两次指出，改革开放以来，山东创造了不少农村改革发展经验，贸工农一体化、农业产业化经营就出自诸城、潍坊，形成了“诸城模式”“潍坊模式”“寿光模式”。潍坊940万人民深受鼓舞。五年来，我们牢记总书记嘱托，按照山东省委、省政府部署要求，把深化拓展“三个模式”作为重大政治任务，走出一条以产业振兴引领乡村全面振兴、推进共同富裕的路子，使潍坊“三农”面貌发生根本性改变。潍坊“三农”之变见证了思想的伟力，全市上下进一步增强了捍卫“两个确立”、做到“两个维护”的高度自觉。潍坊将深学笃行习近平总书记关于“三农”工作的重要论述，以深化拓展“三个模式”为引领加快建设农业强市，在建设农业强国大局中做出潍坊新贡献。

一　扛牢粮食安全和重要农产品供给责任

保障粮食和重要农产品稳定安全供给，是习近平总书记念兹在兹、反复强调的“国之大者”。潍坊是产粮大市、重要农产品供给大市，把粮食安全这一党中央交办的大事要事办好办妥，是深化拓展“三个模式”最基本的出发点。潍坊坚持政治责任引领、科学技术支撑、适度规模经营、社会化服务一起抓，用全国1.7‰的土地贡献了全国6.4‰的粮食、16.8‰的蔬菜、10.7‰的肉蛋奶、21.4‰的农产品出口额。下一步，潍坊将牢固树立大食物观，把耕地、种子作为粮食提产能的两个要害，扛牢粮食安全和重要农产品供给责任。一是粮食生产坚持面积和产能一起抓。围绕稳面积、提单产、增产能，实施新一轮粮食产能提升行动。二是耕地保护坚持数量和质量一起抓。守牢耕地红线，坚决遏制耕地“非农化”、有效防止耕地“非粮化”，率先把永久基本农田全部建成高标准农田。三是现代种业坚持平台和企业一起抓。加快构建以产业为主导、企业为主体、基地为依托、产学研相融合、育繁推一体化的现代种业体系，着力攻克一批“卡脖子”技术。四是食物供给坚持品质和多元一起抓。大力发展设施农业，推动蔬菜、畜牧等优势产业提质增效，加快构建多元化、品质化食物供给体系。

二　放大现代农业优势

“三个模式”的核心是农业产业化，潍坊“三农”优势在产业，放大农业优势对于深化拓展“三个模式”、推进农业农村现代化、建设农业强市、实现共同富裕至关重要。潍坊把握现代农业发展趋势，以融合化、科技化、规模化、品牌化为方向持续强化现代农业优势，农业总产值超过1200亿元，农产品出口额连续4年突破百亿元。下一步，一是坚持产业形态转向三产深度融合。大力发展预制菜等新产业、新业态，用数字手段推动农业“接二连三”，推动产业链、价值链、供应链“三链重构”。二是坚持发展动力主要转向农业科技。重点抓好北京大学现代农业研究院、中国农科院寿光蔬菜研发中心、全国畜禽屠宰质量标准创新中心等国家级创新平台，推动科技创新资源要素加速聚集。三是坚持产业组织形式向规模经营拓展。大力培育家庭农场、农民合作社等新型农业经营主体，加快探索“三权分置”的有效实现形式，引导农村承包地经营权长期、稳定地流向各类新型主体。四是坚持品牌强农战略。打造系统的农产品品牌、农业企业品牌、农产品区域公用品牌、乡村旅游品牌、乡村文化品牌等品牌集群。

三　大力推进农村现代化

大力推进农村现代化、建设宜居宜业和美乡村、让“农村基本具备现代生活条件”是深化拓展“三个模式”的主攻方向之一。一是把乡村建设作为突破口。改善乡村水、电、路、气、网等基础设施，办好教育、医疗、养老等民生实事，让群众在短时间内就能见到实实在在的成效，乡村治理的许多难题将会迎刃而解。潍坊乡村产业优势突出，乡村建设的经济基础好，可以通过乡村建设这一抓手，最终实现乡村产业、乡村建设、乡村治理的有机统一和良性互动。二是平稳有序推动农民相对集中居住。按照因地制宜、分类施策的原则，在充分尊重农民意愿基础上，引导农民能进城进城、能进镇进镇、能进社区进社区，集中建设公共设施、提供公共服务，这样既能算好经济账，节约生产生活成本、管理成本和社会运行成本，又能为社会治理方式和手段现代化创造良好条件。三是注重挖掘乡村生态和文化功能。推动“农业+”文化、教育、旅游、康养等产业发展，催生创意农业、教育农园、消费体验、农业科普、康养农业等新产业新业态，促进农业从粮食功能向多功能转变，促进农民从卖农产品向卖体验转变。四是把典型引领带动作为推进路径。潍坊围绕乡村建设、乡村文明、乡村治理打造了一批典型案例，将继续发挥好典型案例的示范带动作用，把经验模式向更大范围推广辐射，形成农村现代化系统性优势。

四　千方百计增加农民收入

增加农民收入是深化拓展“三个模式”的中心任务。5 年来，潍坊农村居民人均可支配收入由 18719 元增长到 25639 元，年均增长 8%，城乡居民收入比缩小到 1.9∶1，农民增收取得显著成效。下一步，增加农民收入关键是拉长板、强弱项，精准施策。一是以促就业稳就业为重点增加工资性收入。持续强化特色优势产业，大力发展农产品加工、休闲观光、电子商务等县域富民产业，提升农民职业技能水平，通过高质量就业获得高工资收入。二是以创新农业经营体系为重点增加经营性收入。培育壮大家庭农场、农业合作社、龙头企业等新型农业经营主体，推动农业产业链向“微笑曲线”两端延伸，提升农产品附加值。三是以盘活农村土地资源为重点增加财产性收入。突出抓好“三块地”改革，承包地改革重在探索“三权分置”的有效形式，集体经营性建设用地改革重在入市增值收益分配机制建设，宅基地改革重在建立健全宅基地有偿使用和退出机制。四是以落实好支农惠农政策为重点增加转移性收入。重点关注两类群体：一类是小农户。健全农业支持保护制度，稳定和加强农民种粮补贴，按时足额把惠农资金发放到农民手中。另一类是低收入农户。建立健全常态化帮扶机制，守住不发生规模性返贫底线。

五　加快推进城乡融合

立足城镇化大背景、促进城乡融合发展是潍坊深化拓展“三个模式”的基本路径。潍坊发挥县域经济强、城乡均衡度高的优势，在城乡要素融合上先行探索，制定“人才新政20条”，设立100亿元乡村振兴基金，撬动近400亿元社会资本投向乡村，10年来城镇化率年均增长1.7个百分点，这一时期是历史上增长最快的时期。下一步，加快建立健全城乡要素平等交换、双向流动的体制机制，促进要素更多支持农业、流向农村、惠及农民，重点解决好4个问题。一是农民进城问题。探索农民“带着资产权益进城落户”的有效路径，破除农村人口向城镇转移的障碍，让想进城农民尽可能进城。二是人才下乡问题。打造良好发展环境，完善激励机制，吸引更多人才返乡入乡创业，培养更多懂技术、懂管理的致富能人和新型职业农民，让愿意留在乡村、建设家乡的人留得安心，让愿意“上山下乡”、投身乡村的人干得有劲。三是资本进村问题。强化金融赋能，推出更多普惠性金融产品，提供更多多元化金融服务，撬动更多工商资本、金融资本投入乡村。四是土地流通问题。以“三块地”改革为重点，盘活闲置低效的土地资源，将“沉睡”资产转变为有效资本。

六　加强党对“三农”工作的全面领导

潍坊“三农”工作地位特殊、使命特殊，深化拓展“三个模式”是第一政治任务，党的领导是根本保证。工作机制上，全面落实五级书记抓乡村振兴要求，建立健全领导机制、推进机制、考核机制、监督机制、社会动员机制、要素保障机制，做到一盘棋部署、一体化推进，真正形成合力。建强农村基层党组织，派强用好驻村“第一书记”和工作队，确保农村党组织对其他各类村级组织的全面领导。队伍建设上，把更多具有专业背景的干部选配到“三农”关键岗位，加大交流、学习、培训力度，不断提高其领导和从事“三农”工作的本领；大力培养引进发展引路人、产业带头人、政策明白人，从政策上吸引一批中高等院校毕业生、退役士兵、科技人员到农村创新创业，打造一支沉得下、留得住、能管用的乡村人才队伍。

（2023年2月）

关于潍坊乡村教育和乡村医疗状况的调查与思考

李少军 刘 磊 王文远

实施乡村振兴战略，推进农业农村现代化，实现共同富裕，是当前和今后一个时期乡村实现高质量发展的主要任务。乡村教育和乡村医疗扮演什么样的角色？现状如何？有哪些突出问题？着力点和突破点在哪？带着这些问题，近期笔者采取座谈交流、实地走访等方式，到坊子区、高密市、青州市、昌乐县、临朐县的教育、卫健等部门开展了实地调研和分析，有关情况报告如下。

一 基本情况

（一）乡村教育方面

现有乡村学校 572 所、乡村幼儿园 1183 所，分别占全市的 55.5%、57.5%；乡村就读学生有 32.7 万名、在园幼儿有 16.4 万人，分别占全市的 36.6%、43.3%。总体呈现乡村学校数量占比大、就读学生占比小的特点。办学条件明显改善。近几年先后实施中小学校舍安全、标准化学校建设、“全面改薄”、“四改”等系列工程，乡村学校硬件基本达标，有的甚至超过城区学校。临朐县近 3 年新建改扩建中小学 30 所、幼儿园 31 所，完成投资 6.5 亿元；昌乐县近年投资 2.8 亿元，在建成 4 所农村小学基础上，2018 年同步新建改扩建 21 所省级标准化农村中小学，新增公办学位 3000 多个。打破镇域、区域界线，组建中小学发展合作共同体 7 个。教师队伍有关政策得到有效落实。全面落实城乡教师统一编制标准、农村学校按照班师比核编、上浮 5%机动编制、教职工编制动态调整等政策，对学生班额不足的村小和教学点，按照小学 1∶2.4、初中 1∶3.7 的班师比核编。大力推进教师安居工程，投资 300 万元妥善解决年轻教师食宿问题。高密市实施班级管理团队激励机制、乡村教师乡镇工作补贴政策；青州市落实乡村教师职称倾斜政策，乡村任教满 10 年、20 年、30 年的教师申报中级、高级、正高级职称不受岗位结构比例限制。总的来看，各地学校内涵发展进一步深化。深化“一校长多校区”改革、加强城乡学校共同体建设，持续开展“五清三提”行动，推动校园绿化提质、美化提效、文化提升，2021 年潍坊 15 所学校入选山东省教育乡村温馨校园，数量居全省首位。

（二）乡村医疗情况

现有各类基层医疗卫生机构 7662 个，其中有卫生院 141 个，社区卫生服务中心 34 个，村卫生室 4413 个，社区卫生服务站 121 个，诊所、卫生所、医务室、门诊部等各类机构 2953 个。服务体系逐步健全。以县医院为龙头、镇卫生院为枢纽、村卫生室为网底的县镇村三级医疗卫生服务体系基本形成，初步建成农村居民“15 分钟就医圈”。基层医疗卫生机构达标率高。潍坊市共有 55 个基层医疗卫生机构达到国家推荐标准、162 个达到国家基本标准，创建 67 个甲等乡镇卫生院，30 个省级、160 个市级、1408 个县级示范标准村卫生室，有 35 个乡镇卫生院获评国家卫健委“群众满意的乡镇卫生院”，数量均居全省前列。基层医疗卫生机构的服务能力和水平逐步提升。39%的乡镇卫生院配备（16 排以上）CT，53%的乡镇卫生院安装了医用电梯，60%的乡镇卫生院能够开展二级及以上手术，80%的乡镇卫生院能够识别和初步诊疗 60 个以上病种，90%、77%的乡镇卫生院分别能够实现远程影像、远程心电。2020 年基层医疗卫生机构诊疗量占比 61%，2021 年疫苗接种基层医疗卫生机构接种点占比 89%、接种人次占比 85.8%。

二　存在的主要问题

（一）乡村教育方面

1. 乡村学校面临的问题

一方面，受经济社会发展和城镇化进程影响，农村适龄入园儿童数量急剧减少，义务教育阶段学生也持续加速流出，现有学校普遍班额小、“吃不饱”，校舍空置闲置造成一定程度的浪费。另一方面，对乡村人口、适龄入学儿童趋势性变化谋划不足，目前教育设施配备与实际需求脱节。据教育部门统计，潍坊市乡村小规模学校有 278 所，少于 100 人的有 114 所，几乎所有县（市、区）都存在乡村小规模学校，这些学校班级少、学生数量少、教师人数少，面临办学条件落后、师资水平低、教学质量差等发展困境。实地走访发现，个别学校 2018 年刚刚建成投用，现在仅有 3 个年级、8 名学生、6 名教师，其中一年级仅有 1 名学生，这些学生存在不同程度的家庭生活困难情况。按规定少于 100 人的学校，经费按 100 人拨付，需要配备相应的教师、安保人员和教学设备，这无形中占用了大量的教育资源。

2. 乡村教育质量与群众期望有差距

对农村家长而言，教育寄托着未来希望，为孩子教育举家迁往城市的家庭比例很高，其根本原因在于城乡教育质量存在较大差距。据教育部门统计，潍坊市有 235 所乡村中小学存在着学科专用教室不足、卫生无害化厕所不达标、无食堂餐厅、运动场地及设施设备条件简陋等问题。目前镇级财政较为紧张，投入难以保证，部分县（市、区）国有投资平台投资意愿下降，在建项目周转困难，甚至出现个别项目中途停工、更换施工企业等问题。特别是部分乡村学校在管理过程中，注重校舍、操场、图书室等硬件设施，在办学理念、特色发展和办学品质方面存在短板与不足，教育质量提升不明显，加剧学生的流失。

3. 乡村师资队伍短板问题明显，整体素质不高

发展教育离不开教师。目前乡村学校教师队伍存在以下问题：一是年龄老化，专任教师平均年龄为 42.47 岁，比全市的平均年龄高 1.57 岁，其中农村小学 50 岁以上教师占比 40.23%，幼儿园 45 岁以上专任教师占比 54.30%。二是学历层次偏低，农村小学教师第一学历为中专及以下的占比 49.41%，高于全市平均水平 7.7 个百分点，乡村幼儿园教师持证上岗率为 58.9%，低于全市 70.6%的整体水平。三是学科性缺人现象突出，音体美、信息技术、心理健康教师缺乏。四是结构性缺人明显，乡村教师多为民办教师，或由其他形式人员转化而来，近些年已到退休高峰期，年轻教师普遍缺乏。五是培训资源少、机会少、层次低，大多教师没有外出培训的机会，特别是小规模学校，难以组织形式多样的教科研等各类培训活动，乡村教师获得县级以上优秀教师荣誉占比低于全市平均水平15.7个百分点。六是激励机制不均衡、部分倾斜政策落实不到位，“上热、中温、下冷”问题突出，特别是省级政策支撑的教师交通补贴、走教补助、艰苦偏远乡村教师生活补助等难以落到实处。

（二）乡村医疗方面

1. 基层医疗卫生机构运营举步维艰

潍坊市多数乡镇卫生院负债运行、收不抵支情况突出，2020年有186个乡镇卫生院、社区卫生服务中心，113个机构收不抵支，数量占机构总数的60.75%，合计亏损20550万元。个别镇街卫生院建于20世纪六七十年代，建设年代久远、标准低、条件差，在勉强维持基本运转的情况下，无力进行新建或改扩建。基层医疗卫生机构发展不平衡、不充分的问题突出，乡村医疗机构从业人员仅占24.6%，住院床位数占17.5%。2019年有村委会6000个，但村卫生室仅有4413个，而且面临持续萎缩的状况。

2. 基层医疗机构对人才的吸引力不够

大部分基层卫生院离城区较远，各方面环境条件、工资待遇与城区差距较大，对人才的吸引力不够，面临人才留不住、外来人才引进难等问题。全市乡村共有执业（助理）医师6968人、仅占23.3%，执业护士3777人、仅占11.9%。2020年以来高密市镇街卫生院招聘人员30名，流失13人，流失人员占比43.3%；坊子区近3年流入46人，流出6人，3人辞职，1人调出。2019年以来昌乐县基层医疗卫生机构人员净减少69人，其中辞职、辞退、调出37人。

3. 基层医疗能力与群众的期盼有差距

卫健部门反映，近年来，国家、省、市出台的一系列加强基层卫生工作的政策措施，没有真正、全面落实到位，这既影响基层卫生事业发展，也影响群众的幸福感和满意度。比如，潍坊市委组织部等七部门联合印发《关于潍坊市加强基层卫生人才队伍建设的实施意见》，要求优先保障基层医疗卫生机构用人需求，原则上有编即补，但从实际情况看，潍坊市基层医疗机构2020年空编率高达23.5%。再如，医保政策未有效引导病人在基层首诊，实行住院医保按病种分值付费后，乡镇卫生院报销额度降低，这不利于乡镇卫生院长远发展，将导致基层医疗业务开展不充分、难以满足群众健康需求。此外，镇卫生院属全额拨款事业单位，但实际上自收自支。市县两级资金投入有限，2018~2021年基层医疗设备投入的3407万元来自财政，仅占财政总投入的15.4%。卫生院自身没有能力添置新的医疗设备，加上医疗设备更新换代较快，部分卫生院的医疗设备陈旧老化，不能满足群众的需求。

三　思考与建议

（一）进一步强化乡村教育、乡村医疗建设对推进农业农村现代化、实现共同富裕重要性的认识

实施乡村振兴战略，总目标是实现农业农村现代化，农村现代化的重要标志是城乡基本教育、医疗均等化。现代化的乡村，需要有产业的支撑、完善的教育医疗等公共服务、便捷高效的基础设施等。当前乡村之所以吸引力不强，是因为公共服务存在短板，为乡村提供优质的教育医疗等公共服务，对增强乡村吸引力、补齐公共服务短板具有重要意义。特别是，潍坊作为人口大市，在相当长的时期内农村人口将保持较大规模，未来我们要实现共同富裕、不断满足人民群众对美好生活的向往，在乡村配套高质量的教育医疗资源，不但有强烈的现实需求，而且有很强的紧迫性。

（二）加强科学研判、统筹规划、合理布局，系统解决乡村教育、乡村医疗问题

当前，乡村正经历着前所未有的急剧变迁，突出表现为人口快速向城镇流动，乡村人口老龄化、村庄空心化进程加速，因此不能就问题谈问题，必须充分考虑发展规律、趋势和当地实际等因素。一是把乡村教育、乡村医疗置于推进农业农村现代化、实现共同富裕的大背景下进行审视和谋划。着眼2035年基本实现社会主义现代化，立足未来15~30年乡村人口流动趋势，以调整布局、提升能级、增强补短为主线，科学合理确定各级各类教育、医疗机构的数量、规模及布局。二是统筹整合配置教育、医疗资源。乡村教育、乡村医疗要想维持正常运转甚至实现高质量发展，需

要一定的人口规模支撑。以镇域为基本单元，可以克服单个村资源体量少、力量有限等难题，实现资源在更大范围的有效整合利用。建议以镇驻地或中心村为基础打造乡村田园综合发展区，统筹解决教育、医疗资源整合与条件改善问题。三是坚持抓发展不动摇。乡村教育、乡村医疗发展质量不高、投入不足等问题，归根结底是乡村发展问题。历史地看，乡村教育、乡村医疗问题在发展过程中产生，也必须用发展的办法解决。应注重用发展的思路、办法解决乡村教育、乡村医疗问题，特别是用足用好潍坊市农业产业基础好、城乡差距小等优势，建设现代产业支撑有力、公共服务优质便捷、基础设施配套完善、极具乡村风貌的现代化乡村，以此增强乡村的吸引力，为统筹解决乡村教育、乡村医疗问题提供新路子。

（三）进一步深化乡村教育、乡村医疗改革

解决乡村教育、乡村医疗突出问题，最终要靠发展的思维、改革的手段来推进。一是抓改革创新。把城乡义务教育共同体、紧密型医疗联合体作为缩小城乡教育、医疗差距的重要载体。本着县域统筹、因地制宜的原则，鼓励教育系统采取灵活多样的形式进行教共体模式探索与创新；推动县乡医疗机构组建的医联体向紧密型发展，探索人、财、物“三统一”运行模式。通过以上方式，让城市优质教育、医疗资源向乡村延伸，有效弥补乡村在师资和教学质量、医疗人才和设备等方面的不足。二是抓典型推广。近年来，潍坊市探索形成了人才编制“蓄水池”、城乡学校共同体、共建“特色专科”等经验做法，推动各类资源向基层倾斜并取得了一定的成效。卫健、教育部门应进一步深入挖掘和推广相关经验做法，发挥典型带动作用，推动更多基层教育、医疗机构高质量发展。三是抓试点突破。最近国家卫健委提出遴选建设“基层卫生健康综合试验区”，寿光市作为全国 8 个县（市）之一成功入选，这既是对潍坊市基层医疗卫生工作的肯定，也为推动实现基层医疗事业高质量发展带来了难得机遇。建议围绕城乡一体化、人才适宜化、诊疗分级化、赋能数字化、服务均等化，出台一揽子扶持政策，特别是支持寿光市先行先试、创新突破，推动基层卫生健康政策集成落地，力争到 2025 年基本建成“区域一体、中西医并重、医防协同、数字智能、功能完善、运行高效”的基层卫生健康服务体系。

（四）聚焦乡村教育领域热点难点问题，精准施策

一是优化乡村学校布局。结合区域发展规划和人口流动趋势，进一步优化乡村学校分布设点，稳妥做好部分中小学、幼儿园的合并，办好长期保留的学校、幼儿园和教学点。二是做好乡村教师“引”“育”“留”文章。逐县制定实施2022~2025年乡村教师引进计划，落实农村学校机动编制政策，补充乡村学校紧缺学科教师；以县为单位，与国内知名师范院校建立合作培养机制，每年可对乡村教师全员外出或线上线下集中培训5天以上；落实基层中小学职称制度和乡村教师乡镇工作补贴、艰苦偏远生活补助等政策，探索推行教师“驻城下乡”制度，规划建设乡村教师家园和乡村教师周转房。三是提升乡村教育管理水平。深入实施教育强镇筑基行动，加强4个省级、4个市级、16个县级试点镇建设，辐射带动乡村教育水平整体提升；深化办学体制改革，推行优质校托管薄弱校、一校长多校区等改革，全面推进乡村义务教育学校学区制、幼儿园镇村一体化管理等。

（五）聚焦办人民满意的医疗卫生事业，着力解决制约基层卫生高质量发展的共性问题

一是制定发展规划。着眼实施乡村振兴战略和实现共同富裕的要求，基于全市乡村和城市社区发展建设规划，科学制定潍坊市基层卫生服务体系建设规划，特别是进一步优化布局乡镇卫生院、村卫生室。二是落实财政保障。落实政府办医职责，实现基本医疗和基本公共卫生服务的可及性、公平性。利用3~5年时间，逐步化解当前基层医疗卫生机构的合理债务。三是强化医保支撑。针对基层医疗卫生机构实际，结合群众健康服务需求，对目前实行的门诊统筹政策和住院医保资金分配政策进行调整完善，通过医保资金杠杆作用，引导优质医疗资源下沉，提升基层医疗的服务能力和水平，引导群众就近在基层享受健康服务，节约医保资金，实现多方互利共赢。四是完善人事管理。适时重新核定乡镇卫生院、社区卫生服务机构人员编制总量，由县级卫健部门或依托县乡医共体统筹使用。创新基层医疗卫生机构人才招聘办法，放宽标准，简化流程；完善卫生专业技术人员职称评审办法，提高基层卫生高级专业技术岗位比例。五是加强

能力建设。狠抓信息化建设，全面完成市县两级全民健康信息平台建设，整合卫健、民政、公安等部门信息，建立完善的居民电子健康档案数据库，加强对居民健康大数据的分析应用，实现全人群、全生命周期智慧化健康管理；以常见病、多发病的诊断和鉴别诊断为重点，强化乡镇卫生院、社区卫生服务中心基本医疗服务能力建设，扶持30个乡镇卫生院将服务能力提升到二级医院水平。

另外，根据调查了解的情况，笔者整理了当前乡村教育、乡村医疗领域急需解决事项清单（见附件），建议有关部门抓紧研究并提出有效措施，确保尽快全力解决问题。

（2021年11月25日）

附录1

当前乡村教育、医疗领域急需解决事项清单

1. 制定出台“全市乡村小规模学校整改提升方案”，科学预测、合理设置乡村学校和教学点布局，尽快解决100人以下的小规模学校问题。

2. 制定基层医疗人员表彰奖励办法，对做出突出贡献的基层一线医护人员给予表彰奖励和适当补助。

3. 适当提高乡村居民医保报销比例，对基层医疗卫生机构发生的住院和门诊慢病费用，提高拨付比例，最高据实结算。

4. 对本年度基层医疗机构涉及疫苗接种及运行保障等方面的财政资金尽快拨付，在调整年度预算资金时予以倾斜；在2022年度市级财政预算中列专项资金，通过以奖代补的方式，引导各县（市、区）加强基层医疗卫生服务体系建设。

以拓展创新“三个模式”为引领加快建设农业强市

李少军

党的二十大报告提出，要全面推进乡村振兴，加快建设农业强国。深入贯彻党的二十大精神，认真落实习近平总书记关于“三农”工作的重要论述，关键是以拓展创新“三个模式”为引领加快建设农业强市，在建设农业强国大局中做出潍坊新贡献。

一　扛牢粮食安全和重要农产品供给责任

粮食安全是“国之大者”，2022 年底召开的中央农村工作会议强调“保障粮食和重要农产品稳定安全供给始终是建设农业强国的头等大事”。近年来，潍坊坚持政治责任引领、科技支撑、适度规模经营、社会化服务一起抓，用全国 1.7‰的土地贡献了全国 6.4‰的粮食、16.8‰的蔬菜、10.7‰的肉蛋奶、21.4‰的农产品出口额。与此同时，影响粮食安全的问题不容忽视，比如种粮比较效益偏低、农民缺乏种粮积极性、有的工商资本存在投机行为、存在变相圈地现象等，应认真研究解决的办法。

牢固树立大食物观，扛牢粮食安全和重要农产品供给责任。一是抓耕地保护，坚决遏制耕地“非农化”，有效防止耕地“非粮化”，率先把永久基本农田全部建成高标准农田。二是抓粮食生产，围绕稳面积、提单产、增产能，实施新一轮粮食产能提升行动。三是抓多元食物供给，大力发展设施农业，推动蔬菜、畜牧等优势产业提质增效。四是抓积极性，坚持价格支持、精准补贴，特别是推动保险企业创新农业保险品种，有效防控自然、市场、经营等多重风险。

二　进一步放大现代农业优势

潍坊“三农”优势在产业，“三个模式”的核心是农业产业化。建设农业强市的关键是农业产业“强”，就是要立足潍坊市资源禀赋和发展阶段，发挥自身优势，着力推动乡村产业全链条升级，增强国际市场竞争力和可持续发展能力，加快建设既有一般现代化农业强国特征又有自己市情特色的农业强市。

推动乡村产业向价值链“微笑曲线”的两端延伸。一方面，向前端延伸应突出现代种业。就是把种业提升到战略高度，坚定不移地走以企业为主体引领创新之路，充分发挥种业领军人才引领作用，加快攻克一批突破性关键核心技术，更多分享产业链延伸带来的增值收益。另一方面，向后端延伸应突出品牌。把品牌作为农业提质增效的关键支撑，抓住品牌建设的重点区域和关键环节，打造系统的农产品品牌、农业企业品牌、农产品区域公用品牌、乡村旅游品牌、乡村文化品牌等品牌集群，提升乡村品牌价值，创造乡村品牌经济。

突出数字赋能农业全产业链。加快打造一批数字农业农村应用场景，打造数字大田、数字牧场、数字菜园、数字果园、数字渔业、数字加工车间，加快发展直播电商、淘宝村镇、生鲜电商、产地仓、直采基地等电商新模式、新业态，打通“产业互联网+消费互联网”完整链路，推动数字农业发展走在全省全国前列。

三　推动乡村人口大量有序转移

农村人口占比降至合理区间是实现现代化的基本前提。2022 年潍坊常住人口城镇化率为 65.7%，分别高于全国、全省 0.5 个、1.2 个百分点，省内排第 7 位；万亿 GDP 地级市常住人口城镇化率佛山、东莞超过 90%，苏州、无锡在 80%以上，潍坊与上述城市有 15 个百分点以上的差距，应高度重视乡村人口大量有序转移。

破除农村人口向城镇转移的障碍，实现能转尽转。现阶段有很多农民想到城镇落户，但因种种限制很难实现。农村集体产权与农民户口挂钩，是现阶段农民进城落户的最大阻力。应深化农村集体产权制度改革，探索农民“带着资产权益进城落户”的有效路径，破除农民进城阻力。

把教育作为推动农村人口向城镇转移的关键着力点。目前潍坊中心城区入学与户籍挂钩，周边县（市）有大量的孩子想到中心城区上学，受户籍制约很难实现。应研究出台相关政策措施，在保证教育公平性、普惠性的前提下，破除周边县（市）有需求的适龄生源到中心城区上学的障碍，打造一个以基础教育吸引人口的政策高地。

四　扎实推动农村基本具备现代生活条件

农村现代化的重要标志是，农村居民的生产生活水平与城市居民相当。潍坊作为人口大市，即使城镇化率达到峰值，也会有200万~300万人口居住在乡村，应着力推进农村基础设施、公共服务和人居环境现代化，让农民就地过上现代文明生活。

充分挖掘乡村生态和文化功能。农产品供给、生态屏障、文化传承是乡村三大功能，现阶段应高度重视挖掘乡村生态和文化功能。一方面乡村在生态和文化方面有独特优势，应该用好这方面资源；另一方面乡村生态和文化可以转化为产业，拓宽农民增收渠道，提升农民富裕水平。

长期看，推动农民集中居住是大势所趋。按照因地制宜、分类施策的原则，有序推动农民集中居住。让农村居民能进城进城、能进镇进镇、能进社区进社区、能向大村集中的向大村集中，不能进城进镇进社区的农村居民，在自然村内也要相对集中居住。集中建设公共设施、提供公共服务，既能算好经济账，节约生产生活成本、管理成本和社会运行成本，又能为社会治理方式和手段现代化创造良好条件。

五　千方百计拓宽农民增收渠道

从推动农村实现全面脱贫、全面建成小康社会，到巩固拓展脱贫攻坚成果、促进农民农村共同富裕，增加农民收入都是基本目标。近五年，潍坊农村居民人均可支配收入由18719元增长到25639元，年均增长8%，城乡居民收入比缩小到1.9：1，农民增收取得显著成效。从农民收入构成看，工资性收入占比53.4%、家庭经营性收入占比35.3%、财产性收入占比3.5%、转移性收入占比7.7%，其中财产性收入占比微乎其微，仅为城镇居民的1/9。下一步，增加农民收入的关键是拉长板、强弱项，精准施策。

做好土特产文章，增加经营性收入。土特产既“土”又“特”，市场空间广阔，是提高农民经营性收入的有效途径。一方面，通过订单生产、入股分红等多种利益联结机制，引导农民在家门口就业，提高农民经营收入；另一方面，强化规划引导和产业指导，突出财政、标准、科技、金融政策供给，向开发农业多种功能、挖掘乡村多元价值要效益。

发展县域富民产业，增加工资性收入。在县域产业选择上，更加注重比较优势明显、带动能力强、就业容量大的产业，尽可能提升农民职业技能水平，通过提高人力资本实现高质量就业，进而让农民获得高工资收入。

深化“三块地”改革，增加农民财产性收入。深化“三块地”改革是增加农民财产性收入的重要渠道，也是推动实现农业农村现代化乃至整个城市现代化的关键，应该成为拓展创新“三个模式”的重要方向。现阶段应开展好诸城、昌乐、寒亭、高密、昌邑等国家和省农业农村领域改革试点工作，首先考虑改进宅基地、集体经营性建设用地“两块地”管理办法，采取更加市场化的配置方式，让农民真正从中获得收益，增加其财产性收入。

（《潍坊通讯》2023年第4期）

四方面发力建设美丽宜居乡村

李少军　王耀强

实施乡村振兴战略，建设美丽宜居乡村是重要着力点之一。近年来，山东省潍坊市从四方面对此进行了积极探索。

一　坚持规划先行，有效发挥规划的引领作用，科学布局生产生活生态空间

一是城乡一体编制规划。跳出乡村看乡村，既统筹好乡村内部生产生活生态规划，又把乡村空间规划与城市产业、生态、文化及社会事业等规划相衔接，推进城乡规划一体化。二是因地制宜推进村庄规划编制。把调查摸底作为“先手棋”，开展村庄布局专项调研，全面摸清村域范围的基本情况。综合考虑村庄发展现状、市县发展战略及定位、产业发展重点、生态保护目标等因素，推进村庄科学分类。三是加强组织，提高规划编制水平。引进高水平编制团队，指导美丽宜居乡村规划编制；完善推进机制，成立村庄规划工作专班，合力推动工作开展；完善专家评审咨询制度，对编制的村庄规划进行科学论证，确保村庄规划编制高质量、接地气、可操作。

二　坚持稳扎稳打，从点开始、线上延伸、面上拓展，“点、线、面”联动推进

一是注重抓示范点。选择产业基础好、生态环境美、文化特色明显的村庄，通过打造典型来带动整体工作提升。像以昌邑市山阳村为代表的三产融合模式、以高密市咸家工业区为代表的高效农业模式、以诸城市蔡家

沟村为代表的文化传承模式等探索，都很有特点和代表性。二是注重打造示范带。突出抓一批重大工程，引领打造一批美丽乡村风景线。潍坊市结合国家森林城市建设，依托森林资源优势，分类施策，打造山水、平原、滨海等不同形态的乡村宜居空间景观；实施乡村绿化美化提升工程，充分利用村边荒山、荒滩等闲置土地，有序推进环村林、围镇林建设，加强街道庭院、公共场所及四旁绿化建设，推动乡村绿化美化升级。三是创建示范片区。潍坊市统筹考虑产业培育、村居建设、生态治理等因素，规划乡村振兴齐鲁样板示范片区。注重强化政府作用，发挥企业、社会组织等主体作用，制定示范区创建方案，完善奖补措施，推动资金、人才、土地、信息等优势资源向片区流动。

三　坚持政府引导、市场主导、群众主体，充分调动各方力量共建美丽宜居乡村

一是发挥政府引导作用。潍坊市陆续出台支持工商资本下乡的意见、支持乡村振兴和巩固拓展脱贫攻坚成果的若干政策、“人才新政 20 条”等支持举措，推动资金、土地、人才等要素合理流动，为美丽宜居乡村建设注入新动能。二是发挥市场决定作用。积极引导市场多元投入，带动打造一批现代农业、乡村旅游、传统工艺等特色村、专业村。三是发挥群众主体作用。坚持以群众答应不答应、高兴不高兴、满意不满意为出发点和落脚点，有效调动群众参与的积极性。比如，在村庄规划建设中，拆不拆、搬不搬、怎么建、怎么规划都由群众说了算，特别是在选择搬迁时间、制定搬迁方案、设计安置户型等方面，充分考虑农业生产和农村传统习俗，最大限度满足群众意愿。

四　坚持党建引领，建强基层党组织，有力有序建设美丽宜居乡村

一是突出建强农村基层党组织。通过深化村级党组织星级创评，常态化开展过硬党支部评选、软弱涣散村党组织集中整顿，推动晋位升级、整体提升，巩固党的执政基础和农村基层政权，为美丽宜居乡村建设保驾护航。二是选优配强基层党组织带头人。潍坊市把选好村党组织带头人作为

工作的重中之重，从2019年开始，每年评选百名“乡村振兴带头人”，实施“万名优秀人才回引行动”“优秀后备人才递进培养计划”，显著提升了带头人振兴乡村的能力。三是完善乡村治理体系。通过规范落实“四议两公开一监督”“阳光议事日”等制度，不断健全完善村规民约，不断培育乡村治理的法治思维，探索开展自治、法治、德治相结合的善治模式，让更多乡村变成富裕村、文明村、和谐村。

（《农民日报》2022年5月26日）

城乡要素双向流动：城镇化与乡村振兴的协调发展

方典昌

习近平总书记在十九届中共中央政治局第八次集体学习时的讲话中指出，在现代化进程中，如何处理好工农关系、城乡关系，在一定程度上决定着现代化的成败。推进乡村振兴应协同推进城镇化和乡村振兴，将城乡关系的调适与发展作为重大改革主线之一，促进城乡要素双向流动。

一　乡村到城域：现阶段促进农业转移人口市民化是重点

当前我国城镇化进程尚未结束，城镇化率在64%左右，到2035年预计达到75%~80%，“十四五”时期及未来15年是农村人口规模流动的最后“窗口期”。因此现阶段，应将农村要素流动的重点放在促进农业富余劳动力的转移上，顺应城乡发展规律、跳出农村看农村，以城镇化为动力拉动农业转移人口向城镇流动。

因地制宜以土地托管为抓手释放农村富余劳动力。当前我国农业农村发展显现两大特征：一是70%以上的农户兼业且不愿放弃土地，二是城镇化发展“窗口期”仍有15~20年时间。在农户兼业和城镇化之间需要一个节点，我们认为土地托管是很好的抓手。相比土地流转，土地托管更符合我国农业发展的阶段性特征，土地托管在土地权属、利益分配、抗风险能力等方面灵活性强、更稳妥，容易被农户接受。据农业农村部统计，2018年全国土地承包经营权流转面积增速为5.3%，同期土地托管面积增速达50%，表明土地托管模式发展速度更快。

从山东高密的实践看，土地托管每年每亩能够节约成本280元，且农户从土地中解放出来进入城市打工，人均收入约为4000元，土地托管可以帮助农户实现种田务工两不误；同时村集体对托管土地计提服务费，拓宽了集体收入渠道。目前，山东已经向全国20多个省份输出土地托管经验，土地托管在全国逐步兴起。各地可根据自身农业农村条件，通过开展土地托管项目的典型宣传示范、发挥好供销社系统“为农服务”中心作用、引导社会资本参与等促进农村富余劳动力转移。用好土地托管，农村可弹性吸纳城市失业的返乡人员，对社会稳定也具有重要作用。例如，2021年一度有3000多万农民工留乡或二次返乡，但社会大局保持稳定，其中很大原因是农民在农村还有一块地、一栋房，农村发挥了重要的“蓄水池”和“稳定器”作用。

抓住农民工这一关键群体，促进农业转移人口市民化。“十三五”期间，超过1亿农业转移人口在城镇落户，在农业转移人口中，农民工占有较大比例，对城乡经济发展做出重要贡献，我们应予以高度重视。农民工群体是沟通城乡的有效载体。农户兼业特点决定了农民工市民化有三方面潜在效用：一是逐步转移乡村富余劳动力；二是为城市提供劳动力资源，提升城市能级和活力；三是返乡创业农民工将城市资本、理念、技术等要素带回乡村。

2019年，全国外出农民工群体在城镇居住的比例为77.5%，总数达13500万人，同期农村承包耕地流转面积约为5亿亩，这表明农民工群体对城镇化及乡村振兴的促进效应正逐步显现。在传统观念上，我们多从民生视角考虑农民工相关问题，很少看到农民工群体蕴含的对城市发展和乡村振兴的双重作用。在新发展格局下，给农民工市民化待遇不应成为一种负担，而应成为统筹城镇化和促进乡村振兴的有效抓手，应将其提升到战略层面来谋划和推进。一是加快推进基本公共服务覆盖新增城镇常住人口，推动在县域就业的农民工就地市民化。二是深化户籍制度改革，完善财政转移支付和城镇新增建设用地规模与农业转移人口市民化挂钩政策，强化教育、医疗等基本公共服务保障，加快农业转移人口市民化。

二　从城域到乡村：资本、人才、信息等要素下乡是大势所趋

当前，必须坚持把解决好“三农”问题作为全党工作重中之重。“三农”工作被提升到事关实现中华民族伟大复兴的高度，这必然需要加大对乡村振兴所需的核心要素下乡的支持力度。

把社会资本投资农业农村作为城市要素下乡的重要力量。从山东的实践看，社会资本投资农业农村规模超千亿元，逐渐显现出破解乡村发展“人、地、钱”困境的潜力，对乡村振兴的综合带动效应逐渐凸显。现代农业产业园、美丽宜居乡村建设、农业社会化服务、土地规模化经营等都离不开社会资本的参与。2021 年，农业农村部办公厅、国家乡村振兴局综合司联合印发的《社会资本投资农业农村指引（2021 年）》，进一步增强了工商资本下乡的可操作性。下一步，可着力从统筹城乡融合发展的角度予以深化。一是双招双引项目更多地考虑乡村地区，与城市产业一体谋划、一体推进。二是可探索研究社会资本参与新型农村集体经济发展的多样化途径，以村或镇域为单位注册成立集体经济发展有限公司，以股份经济合作社为股东，开展实体化运作，将企业经营的理念与营运的方式用于村庄经营。三是引导社会资本更多地投向生态、文化、乡村建设等领域。

把城市返乡人才作为引领乡村振兴的生力军。城市返乡人才对乡村振兴的带动作用显著。2020 年，在全国就业创业服务经验交流活动主题展上，山东省组织优秀创业项目参加了“创业筑梦”主题特展，展示主题为“返乡创业展新貌、乡村振兴谱华章 ”。近年来，山东省涌现出一批回乡担任党支部书记的优秀人才，也诞生了诸多返乡创业项目，下一步可重点抓好两类城市返乡人才：一是愿意回乡担任党支部书记的能人，二是想返乡创新创业的新农人。建议研究实施乡村人才回归计划，遴选一批关心、支持乡村发展的人才，将其分类纳入村党组织书记候选储备库和新农人项目库，积极引导创业成功人士回乡担任村党组织书记、回乡创新创业。同时引导基层把工作重心向农业农村领域倾斜，县、市层面提供保障，让人才无后顾之忧，聚精会神干事创业。

把信息化作为城市要素下乡的关键。信息基础设施作为新型基础设施，极大地提升了乡村居民的信息获取能力，迅速影响着人的理念和思维

方式，也快速地变革着农业生产生活方式，正在对乡村产生全方位、潜移默化的深刻影响。“十四五”时期是推进农业农村信息化的重要战略机遇期，2020 年农业农村部、中央网络安全和信息化委员会办公室制定了《数字农业农村发展规划（2019—2025 年）》，农业农村信息化进程提速，可抓住机遇促进信息下乡。一是夯实农村信息基础设施。像抓交通基础设施一样抓农村信息基础设施，充分调动社会资本力量，推动农村 4G 网络全覆盖、5G 网络点领域领先发展。开展 5G 示范推广，探索打造一批 5G 农场等农业信息化项目。二是培育一批农村电商产业强镇。抓住互联网电商企业下沉农村市场机遇，以县为单位与电商龙头企业加强合作，促进电商下乡。

当前，城镇化与乡村振兴正在加速融合发展，必须站在更高角度做好城乡协调发展这篇大文章，以城乡要素双向流动为突破口，推动形成工农互促、城乡互补、协调发展、共同繁荣的新型工农城乡关系，加快农业农村现代化。

（《乡村振兴》2022 年第 1 期）

寿光市19个帮扶村乡村建设的实践与思考

方典昌　王耀强

2021年以来，山东省派“加强农村基层党组织建设”工作队在寿光市崔家村、张家营前村等19个村开展帮扶行动，同时针对当地乡村建设的举措及取得的成效进行了广泛调研，探寻乡村发展的内在逻辑和趋势。调研认为，要抓牢当前乡村建设“窗口期”，加强科学预判，精准地向乡村配置资源，在补齐基础设施“硬件”的同时，更加注重公共服务“软件”投入，不断拓宽农民深度参与乡村产业发展路径，真正做到乡村为农、发展为民。

一　抓好“窗口期”，有序推进乡村建设

2022年中央一号文件提出要把握乡村建设的时度效，这要求把乡村建设行动放在乡村振兴大框架下来考虑，更好地把握时机、把控方向。寿光市19个帮扶村分布在文家街道、孙家集街道、稻田镇等6个街道和乡镇。近年来，当地抢抓发展机遇，开展了各具特色的乡村建设行动，并取得了一定成效。

调研认为，国家支持“三农”发展的宏观政策大多分阶段有重点，应在重点阶段用足用好用活政策，抢抓稍纵即逝的发展“窗口期”。近年来，国家推进乡村建设力度持续加大，各级政府应充分把握城乡发展规律，注重用好“土地增减挂钩”“棚改”等政策，积极探索创新集体经营性建设用地入市、宅基地改革等工作，为乡村建设提供指导和保障。

“十四五”规划用一个章节阐述“优先发展农业农村，全面推进乡村振兴”，首次提出乡村建设行动。从实践看，寿光19个村积极争取乡村建

设相关政策，为乡村建设顺利进行奠定了基础。

实践中，寿光积极运用“土地增减挂钩”“棚改”等相关政策，为乡村建设顺利推进提供了有力支撑。侯镇崔家村共有 318 户 1094 人，原村址位于山东鲁丽钢铁有限公司高炉 1200 米半径之内，环境较差。本着为群众负责的态度，镇党委、镇政府会同村两委在充分征集群众意见后，决定开展村庄搬迁重建工作。同时积极与发改、环保、财政、国土等部门对接，逐级申报，最终于 2017 年成功将该村纳入省级棚户区改造项目清单，为崔家新村的顺利建设打下坚实基础。

调研认为，实施乡村振兴战略是一项长期的历史性任务，乡村建设也应因地制宜、有序推进，应坚持数量服从质量、进度服从实效的原则，求好不求快，把握时度效。

寿光牢牢把握顺应群众意愿这个核心，稳扎稳打，先后启动 120 多个村拆旧建新，数量约占寿光行政村数量的 13%，为后续乡村建设预留了足够时序和空间。村庄拆旧建新涉及面广、工作量大，寿光在实践中逐步探索出了分期建设、稳步推进的方式，成效显著。

位于稻田镇驻地以北的张家营前村，全村有 248 户 900 人，自 2012 年开始分期进行社区建设。第一、第二期分别于 2013 年和 2016 年建成并入住，第三期于 2021 年 5 月建成，目前群众全部回迁完成。得益于分期建设的时间缓冲，村两委与建设方相继解决了物业、水电气暖、社区服务中心和村卫生室配套等问题，并探索出了一条成熟的乡村建设路径。这也为 2020 年以来寿光北部 12 个村的迁建提供了宝贵经验。

二　统筹发展，精准配置乡村资源要素

从发达国家发展经验看，提升乡村地区基础设施和公共服务水平是普遍趋势。但在我国城镇化进程尚未结束的背景下，不宜对每个村均衡地投入资源。乡村建设不能一蹴而就、齐头并进，而应放在城镇化、人口流动的大背景下，以发展的眼光谋篇布局，更加精准地向乡村配置资源。

“十四五”规划提出，强化县城综合服务能力，把乡镇建成服务农民的区域中心，统筹县域城镇和村庄规划建设。从寿光 19 个村看，新建村分布在 4 个镇、2 个街道内，其中营里镇 9 个村和侯镇 4 个村都是集中在一

处建设新村，乡村居住区向县城、镇区集中的趋势明显，乡镇正逐步成为服务农民的区域中心。

立足这一发展趋势，工作队在深入调研基础上，在侯镇镇区引入了共享电动单车，方便了群众到乡镇办事。这既有效配置了资源，还逐渐形成了绿色低碳出行新模式。调研认为，县级党委、政府应统筹好城镇和村庄发展规划，在此基础上对乡村建设投入进行整体谋篇布局。

当前，部分地区乡村建设存在重基础设施建设、轻公共服务现象，有的村子进行了大范围基础设施投入，后因村子迁建或消亡造成巨大资源浪费。因此，乡村建设应重点向公共服务倾斜，如养老、医疗、教育等领域，这在短期内可以提高当地群众的生活质量，长期来看可以在劳动力的流动中实现教育、医疗投资回报最大化。

以寿光19个村为例，养老方面，2020年寿光居民基础养老金标准提高到每人每月142元，农村低保、特困供养标准分别提高到每人每年6444元、9120元；医疗方面，2020年寿光居民基本医疗保险财政补助标准提高到每人每年550元；教育方面，19个村所在的镇（街）均设有中小学及配套幼儿园（仅侯镇就有3所初中）。这些养老、医疗和教育资源不仅提高了留守老人和孩子的生活质量，还推动了城镇化发展。2020年，寿光新增城镇就业1.07万人。

三　拓宽农民深度参与乡村产业的路径

农民深度参与乡村产业发展是乡村建设的前提，乡村建设好的地方大多有乡村产业支撑，农民能够留下来参与乡村建设。

一方面是深耕农业产业化，提高农村吸引力。近年来，寿光始终牢牢抓住农业产业化这条主线，大力发展蔬菜产业。目前共有蔬菜大棚15.7万个，农民人均可支配收入达2.6万元，城乡收入比缩小到1.85∶1，远优于山东省和全国平均水平。得益于乡村产业振兴，大量农民留乡、返乡创新创业。2015年以来，寿光的农业镇外出务工人员数量年均减少17.9%，返乡创业、回村种棚人员年均数量增加20.6%。

在寿光19个帮扶村，农民参与农业产业分以下两种方式：一是南部的纪台镇丁家尧河村等5个村，村民以大棚蔬菜种植为主，菜农年收入10万元以上，农民参与乡村建设的热情较高。二是北部的侯镇崔家村等 14 个村，村民以工资性收入为主，适龄劳动力大多在镇域工业园务工，日常往来于村居和园区之间。虽然主要收入来源不同，但因寿光整体县域经济发展较好，农民的流出率相对较低，农民对乡村建设的关注度和参与度较高。实践证明，通过农业产业化、就地城镇化等方式，乡村能够实现良序发展，农民能够过上体面的生活，也能够积极参与乡村建设。

另一方面是把产业优势转为乡村建设优势。当前，山东乡村产业发展呈现两个突出特点：一是小农户逐渐发展成为家庭农场等新型农业经营主体；二是社会资本投资农业农村进行规模化经营。这两种方式为乡村建设所需的资源配置和要素整合打下了基础。

调研建议，各地在乡村建设中，应注重拓宽农民深度参与乡村产业发展的路径，让农民能够积极主动参与到乡村建设中来。可探索以下几个路径：一是以土地托管模式保留农民对土地的经营权益；二是在土地流转模式下，引导社会资本投资农业农村项目，研究通过法定程序确定村集体的主体地位，通过农户再承包、入股分红等方式，保障农民深度参与；三是运用好党支部领办合作社模式，以党建引领带动农民共同富裕。

（新华社中国经济信息社《山东智库报告》2022 年 3 月 29 日）

强化科技支撑性作用，实现农业高水平开放

周志鹏

习近平总书记在2020年的中央农村工作会议上强调，农业现代化关键是农业科技现代化。要坚持农业科技自立自强，加快推进农业关键核心技术攻关。改革开放以来，特别是加入WTO后，我国农业开放的范围、领域、层次都有了质的提升，我国成为全球第二大农产品贸易国、第一大进口国、第五大出口国。然而，客观来说，我国农业总体上仍缺乏竞争优势，对外贸易大而不强、质量效益偏低的问题依然存在，具有全产业链掌控能力的大企业较少，农业国际竞争力还有提升空间。

从“两个一百年”交汇的新起点出发，构建以国内大循环为主体、国内国际双循环相互促进的新发展格局，统筹用好国内国际两个市场、两种资源，扩大农业开放是不可缺少的重要组成部分。在刚性需求不断增长而资源环境要素约束趋紧的双重压力下，实现农业高水平开放、提高农业的国际竞争力，重中之重是要切实发挥科技的支撑性作用，提高科技创新能力，实现农业科技自立自强。

一　农业国际竞争力来源于科技自立自强

农业开放发展面临巨大压力。在世界经贸规则和产业优势的双重变化下，无论是大豆、棉花以及谷物等土地密集型农产品，还是水果、蔬菜以及水产品等劳动密集型农产品，承受的压力都很大。

科技支撑在提高农业生产效率方面作用明显。美国、荷兰等农业开放大国，推进农业现代化的道路大有不同，农业资源禀赋、农业政策、农业管理体制亦各有特点，二者唯一的共同点就是高度依靠科学技术。实际

上，农业在这些国家都是高技术行业，涉及生命科学、遗传学、基因工程、机械制造等多个学科，农业科技创新已成为大国农业竞争的前沿阵地。在国际市场上，要利用高科技实现“物美价廉”，农产品才有市场竞争力。

我国农业科技“卡脖子”的风险客观存在。虽然山东潍坊等农业大市在部分农业品种、领域和环节上，科技水平达到了国际一流。但是，其与农业发达国家的技术差距仍然存在，需要高度警惕。实现农业科技自立自强，确保农业核心关键技术可控，农业才有国际竞争力。新一轮科技革命和产业技术变革，让我国农业扩大开放面临着不同的技术经济环境，也给了农业科技于危机中育先机、于变局中开新局的机遇。集中精力发展农业生物技术、农业信息技术、农业工业技术以及农业生态修复技术等，重点解决“卡脖子”问题，促进农业生产经营方式变革，农业高水平开放会有更坚强支撑，农业安全将有更强保障。

二　综合施策强化农业科技支撑性作用

面向“十四五”及更长时期，扩大农业开放、保障农业安全，需要综合施策，不断强化农业科技的战略支撑性作用。建议从以下几个方面发力。

一是加强重点领域的研发创新。以打好“种业翻身仗”为突破口，强化政策支持，推动种业原始创新，确保重要品种和关键技术自主可控。围绕生命科学等基础研究和人工智能等前沿交叉学科在农业中的应用，以及畜禽核心种质育种等技术，加强联合攻关。同时，发挥好我国社会主义制度能够集中力量办大事的显著优势，广泛吸纳和动员各种社会力量，集中资源解决“卡脖子”难题，打通农业科技创新链、产业链的堵点。

二是完善推动农业科技创新的制度体系。主要是通过制度创新释放科技创新活力，打通科技创新的“最先一公里”和“最后一公里”。在人事管理、科研经费、国际交流等方面增强制度体系的系统性、集成性和协同性。营造有利于农业科技创新的社会环境，对新技术、新产品、新业态等实行包容审慎监管，提高农业科技创新成果转化率和市场准入便利化水平。还要鼓励支持各类社会资本进入农业科研领域，并加大财政支持力度，构建科研经费稳定增长机制。

三是全方位加强国际科技交流合作。在农业高水平开放过程中，实现农业科技自立自强，不是另起炉灶，不能搞封闭式创新。要充分发挥农业科技国际合作平台作用，推动优势科技资源双向流动，在人才、科技、研发等诸多领域开展形式灵活多样的国际合作。重点聚焦农业科学领域和全球共性挑战，超前部署、大胆谋划，在国际农业大科学计划和大科学工程、共性科技问题等方面，提高国际参与程度，贡献中国智慧，提供中国方案。

四是用好资本投资的手段。积极借鉴德国拜耳、美国科迪华等农业跨国公司的发展经验，鼓励国有企业和大型民营企业开展跨国并购，注重加大对农业重要企业、重点领域和关键环节的投资，以掌握自主知识产权，形成技术优势，增强供应链韧性。同时，从农业全产业链布局出发，协同推进产品、技术、品牌、商业模式的创新，共同提升农业全产业链的科技水平。

五是发挥好重点平台的引领作用。国家自贸区、国家农业开放发展综合试验区以及国家农业高新技术产业示范区等园区，都是推动农业科技创新的重要平台。要充分利用这些平台的体制机制优势，先行先试，积极开展农业领域的引资、引智、引技工作，汇聚国际农业科技创新前沿的生产要素，对接国际经贸最新规则。

（《科技日报》2021 年 7 月 12 日）

潍坊市农业高水平开放发展研究

课题组

一　前言

（一）全国农业高水平对外开放的必要性

1. 农业高水平对外开放是新时代中国经济高质量发展的迫切需要

党的十九届四中全会提出推动农业扩大开放，建设更高水平开放型经济新体制。2020 年政府工作报告中也强调，面对外部环境变化，要坚定不移扩大对外开放。因此，必须利用好我国改革开放 40 多年来的农业对外开放成果和积累的经验，持续推进农业高水平对外开放，进一步巩固改革开放以来的成绩和果实，精准部署进一步扩大农业开放的关键措施和核心战略，以高水平开放推动农业高质量发展，使得中国农业对外开放程度和中国国情相适应，进而满足中国人民日益增长的美好生活愿景。

2. 农业高水平对外开放是国家以开放化解挑战、促进中国与全球粮食安全的重大举措

当今世界正面临“百年未有之大变局”，贸易保护主义、单边主义、民粹主义、霸权主义重新抬头。全球发展格局复杂多变，国际贸易、对外投资、技术交流等渠道都受到阻碍，世界经济发展不确定因素增多。中美贸易摩擦在全球范围内快速蔓延，对经济全球化造成全新挑战，给全球粮食安全与国际农业发展带来重大影响。农业对外合作面临前所未有的困难和挑战，凸显了加强国际农业合作的必要性与紧迫性。推进农业领域的对外开放，体现国家以开放迎接挑战的战略布局，也是推动国家与全球粮食安全的关键举措。

3. 农业高水平对外开放是实现更广泛互利共赢的理性选择

党的十九届四中全会指出，要推进合作共赢的开放体系建设。中国数千年的农耕文明为全球的农业发展提供了宝贵经验，而我们也学习了别国先进的农业科研、育种、生产等领域的技术，农业开放实现了优势互补，促进了农业产业调整，丰富了农产品市场，补充了农产品国内供给，为农民销售产品和就业找到了出路，促进了彼此农业科技整体实力的共同提升，有利于农业先进技术在全世界范围内的推广应用，对世界粮食安全与农业发展有重要意义。

（二）全国农业高水平对外开放对乡村振兴的影响

1. 农业高水平对外开放有助于乡村社会经济发展

在农业对外开放进程中，乡村地区一方面通过吸引更多资本到农业科技与服务的研发之中，创新培育出自己的特色优质农产品，带动了农业生产高质量发展，获得比国外产品更多的比较优势，从而促进农业产业振兴；另一方面通过扩大农产品贸易规模以及农业利用外资的规模，带动乡村就业，增加农民收入，促进其消费水平的提升，由此也带动了乡村商贸业等相关产业的发展。

乡村社会在参与国际农产品贸易的过程中，可以学习市场经济的相关知识，同时，引进、吸收并创新培育自己的特色优质农产品，带动农业生产向高端化发展，进而促进产业的振兴。

2. 农业高水平对外开放推动城乡融合发展

农业对外开放能够促进创新要素在区域间的合理流动与聚集，促进跨区域创新资源整合，打破阻碍劳动力流动的不合理壁垒，进一步消除城乡要素流动障碍，推动城乡要素有序流动、平等交换和公共资源均衡配置，提高资源配置效率，拉动乡村振兴的发展。伴随着对外开放程度的不断提高及交通基础设施便利化程度的提升，乡村人口收入水平将有显著提高，城乡差距显著缩小，整体推进城乡融合深度发展。

农业高水平对外开放，有利于建立现代化农业体系，提高农业供给能力和供给质量，促进农村三次产业融合发展，培育农业农村新产业、新业态和新模式，增强农村吸引要素和留住要素的能力，形成农业农村发展的新动能。农业高水平对外开放有利于构建城乡融合发展新体制机制，为缩小城乡差距、促进城乡共同繁荣和城乡融合提供有效的制度供给体系。

3. 农业高水平对外开放有利于乡村生态文明建设

生态宜居、乡风文明，是乡村振兴中的重要一环，也是其不可或缺的一部分。在对外开放的进程中，我国的乡村地区，一方面可以拓宽自己的眼界，与其他各国和地区的乡村加强沟通交流，学习其在治理环境和文化建设上的有益经验；另一方面能够加强与国内外相关环保企业、文化服务企业的合作，促进文化服务设施数量的增长和质量的提升。需要建立更为有效的乡村文化发展机制，推动更多的国内外优秀文化团体和个人深入乡村，为农村人口进行服务，促进乡民的思维观念等更多地与城市接轨，提升乡村整体的文明水平。

（三）潍坊农业高水平对外开放的落脚点

1. 深耕海外市场，发展全产业链经济

从全球看，新一轮科技革命和产业变革深入发展，和平与发展仍是时代主题，与此同时，贸易保护主义抬头、全球市场萎缩等，可能对经济产生持久冲击，不稳定性明显增加。在此背景下，为应对外部环境变化，潍坊应以开放的理念规划布局、引领农业出口，持续增加农产品出口品种，在巩固已有海外市场的基础上优化产品结构，全方位、宽领域、多层次地开拓市场，不断扩大农产品对外贸易的“朋友圈”。首先，深耕日本、韩国等贸易合作国的市场潜力，积极培育新的出口市场，打开潍坊农产品出口在欧盟和北美洲等地区的市场，扩展市场到非洲等地区。其次，潍坊应借助“一带一路”倡议，与沿线国家建立双边、多边农产品贸易合作，让具有特色的农产品“走出去”，让潍坊优质特色农产品进入世界市场，更好地迎合市场，从而鼓励潍坊农产品开拓新的市场。再次，潍坊应借助自贸协定的优惠政策，开拓广阔的东盟市场，以确保潍坊农产品出口市场多样化，从而提高潍坊农产品出口在国际风险下的抵抗能力。最后，围绕农业产业建链、补链、强链、延链，在农副产品精深加工上做文章，打造更多农业产业集群，发展农业全产业链经济。以开放引领潍坊特色农业发展，需要以质量兴农、以品牌强农，创新发展起潍坊生态循环农业，争创中国特色农产品优势区，推动全市农业高质量发展。

2. **加速融入全球农产品供应链，保障高质量农产品进口**

农产品贸易领域需要优化贸易布局、实施农产品进口多元化战略，支持企业融入全球农产品供应链。潍坊下一步要构建多元化农产品进口格局，加强与国际组织和其他国家的多双边合作，通过签署中长期贸易协议等方式，实施农产品进口多元化战略，拓展进口来源地和农产品进口种类，改变进口来源地相对单一、容易受制于出口地政策和产量变化的国际贸易格局。同时，要以全程降风险为重点加强农产品进口贸易管理服务，进口贸易主体的增加、商品种类的增多都需要高质量的进口监管。积极主动扩大进口是新时代中国对外开放的长期举措，打造高质量的农产品进口促进体系具有重要意义。潍坊要充分发挥进口的产业链替代作用、引导作用和示范作用，完善进口政策支撑体系。加快进口载体建设，在充分发挥农综区、自贸区、保税区对进口带动作用的同时，充分利用国家重视进口贸易的有利时机，积极争做消费中心城市、争取进口贸易促进创新示范区落户潍坊。

3. **抓住重大战略机遇，推动农业“走出去”行稳致远**

统筹利用好国内国际两个市场、两种资源，将更好地推动国内国际双循环相互促进。RCEP 区域一直是中国农业“走出去”的重要目的地，随着 RCEP 等协议生效，东盟在投资负面清单中对农业种植、畜牧饲养及产品加工等方面，做出高水平开放承诺，潍坊应抓住协议带来的机遇，推动农业更好“走出去”。下一步潍坊要进一步优化农业“走出去”布局，拓宽“走出去”渠道，强化政策支撑和服务保障体系，做好精准帮扶企业的“加法”，做好项目成本的“减法”，撬动对外投资力度的“乘法”，进一步推动农业对外投资向产业链两端、价值链高端延伸发展。

鼓励支持有实力的农业企业将目光投向境外优质企业，积极跟踪，推动企业跨越式发展。进一步加大对海外并购支持服务力度，建立起外资并购支持资金储备制度、政企重大国际并购战略磋商机制，完善现有国有企业绩效考核体系，扶持起一批大而强的企业，以跨国涉农企业并购等方式“切出一块蛋糕”。针对涉农企业海外并购模式，设计出并购战略路线图，脚踏实地以并购等方式推动农业“走出去”，进而促进潍坊农业产业提质、农民群众增收。

4. 优化外商投资环境，同步实现招商引资质量提升和规模扩大

现阶段，应结合我国农业利用外资工作面临的新形势、新特点、新挑战，以激发市场活力、提振投资信心为出发点，以打造公开、透明、可预期的外商投资环境为着力点，持续深化“放管服”改革，进一步做好农业利用外资工作。潍坊下一步要充分利用国家农业开放发展综合试验区平台优势，扩大农业开放，加大多元市场开拓力度，推动重大外资项目落地实施，完善重大项目“并联审批、特事特办、一站式办结、保姆式服务”，进一步优化引进外资的环境，促进农业招商引资数量的增长和质量的提升。大力开展引资、引智、引技，打造国际农业投资新规则对接平台，进行农业对外合作政策集成试验平台建设，提升农业现代物质技术装备水平。在“引进来”的过程中，需要引进高质量外资、高新技术、创新产品和先进管理经验，不断优化农业产业，提升潍坊企业国际化经营能力。同时，加大对国外农业新品种、新技术、新装备的引进熟化力度，培育现代农业示范基地，助推全市农业高质量发展。

二　全国农业对外开放的趋势性特征

（一）全国农产品国际贸易的特点及发展趋势

1. 农产品贸易规模持续增长，贸易逆差进一步扩大

中国是世界上最大的农产品生产国和消费国。随着中国在国际农产品贸易中参与度不断提高，我国农产品进出口总量不断上升。2012~2019年中国农产品国际贸易情况如表1所示，中国农产品进出口总额由2012年的1739.5亿美元增加到2019年的2284.3亿美元。其中，进口额由1114.4亿美元增长到1498.5亿美元；出口额由625.0亿美元增长到785.7亿美元。我国农产品进口额和出口额实现“双增长”。我国在成为全球农产品贸易大国的同时，也成了农产品贸易逆差大国，且农产品贸易逆差将在一段时间内长期存在。随着国际检验检疫要求越发严格、国际贸易壁垒日益增多，中国农产品出口受阻，且国际农产品价格一直处于低位，为满足国内市场需求，大宗农产品贸易逆差逐步加大。我国农产品贸易逆差从2012年的489.4亿美元增长到2019年的712.8亿美元。

表 1　2012~2019 年中国农产品国际贸易情况

单位：亿美元，%

年份	贸易额				比上年增长		
	进出口总额	出口额	进口额	贸易逆差	进出口	出口	进口
2012	1739.5	625.0	1114.4	489.4	11.8	2.9	17.4
2013	1850.0	671.0	1179.1	508.1	6.4	7.4	5.8
2014	1928.2	713.4	1214.8	501.4	4.2	6.3	3.0
2015	1861.0	701.8	1159.2	457.4	-3.5	-1.6	-4.6
2016	1832.3	726.1	1106.1	380.0	-1.5	3.5	-4.6
2017	1998.2	751.4	1246.8	495.4	9.1	3.5	12.7
2018	2164.7	793.2	1371.5	578.3	8.3	5.6	10.0
2019	2284.3	785.7	1498.5	712.8	5.5	-0.9	9.3

资料来源：中华人民共和国商务部。

2. 农产品贸易结构持续优化

从贸易结构看，蔬菜和水产品长期保持贸易顺差，且贸易顺差额波动性增加；水果进口额持续增加，从 2018 年起出现贸易逆差；棉花、食糖、大豆、油菜籽等近年来始终呈现贸易逆差，且进口规模持续扩大。2017~2019 年中国主要农产品进出口情况如表 2 所示，农产品出口主要集中在蔬菜、水果、畜产品、水产品等劳动密集型农产品上。其中，水产品出口比重总体稳定，保持在 26%以上；蔬菜出口比重呈波动下降趋势；畜产品出口比重呈波动下降趋势，但仍占据重要地位。农产品进口主要由以土地密集型为主的粮油产品转变为以劳动密集型为主的畜产品、水产品，劳动密集产品的进口比例不断增加。目前，进口额所占比重最高的农产品依然是油籽，长期维持在 30%左右。

3. 农产品贸易对象相对集中，贸易合作伙伴日趋多元化

我国农产品的出口市场主要集中在亚洲、欧洲和北美洲，尤其以亚洲为主，亚洲市场长时间保持着较高市场份额，且比重保持在 60%以上（见图 1）。我国农产品的进口更加分散，总体上以北美洲、南美洲和亚洲为主（见图 2）。近年来，受中美贸易摩擦影响，中国对北美洲进出口呈现下降趋势，对其他各大洲进出口呈现增长趋势。

表 2　2017~2019 年中国主要农产品进出口比重情况

单位：%

类别	占农产品出口比重			占农产品进口比重		
	2017 年	2018 年	2019 年	2017 年	2018 年	2019 年
水产品	28.0	27.9	26.1	9.0	10.9	12.4
蔬菜	20.5	18.9	19.6	—	—	—
水果	9.4	8.9	9.4	5.0	6.1	6.9
畜产品	8.4	8.5	8.2	20.4	20.8	24.0
油籽	—	—	—	34.2	30.4	25.5
植物油	—	—	—	5.7	5.3	5.8

资料来源：中华人民共和国商务部。

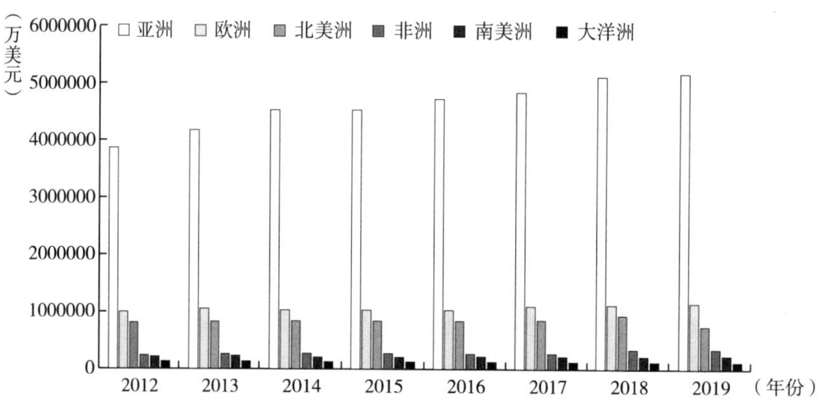

图 1　2012~2019 年中国农产品出口洲际情况

资料来源：《中国农产品贸易发展报告（2019）》。

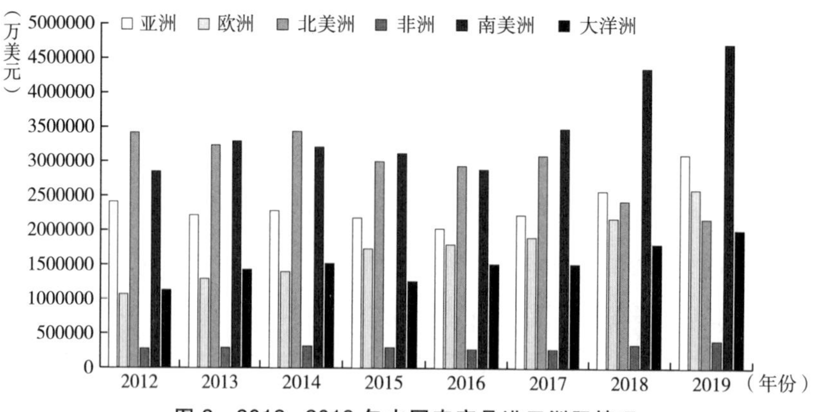

图 2　2012~2019 年中国农产品进口洲际情况

资料来源：《中国农产品贸易发展报告（2019）》。

从国别（地区）贸易看，进出口市场比较集中。日本、美国、韩国、越南和中国香港地区是我国农产品主要出口市场；美国、巴西、澳大利亚、新西兰和加拿大是我国农产品主要进口来源国。受中美贸易摩擦影响，中国对美国的进出口额出现下降。

随着“一带一路”建设的推进，我国与共建“一带一路”国家的农产品贸易快速增长。2014~2019 年中国与共建“一带一路”国家农产品贸易情况如表 3 所示，农产品出口额从 2014 年的 210.3 亿美元增长到 2019 年的 269.5 亿美元，进口额从 2014 年的 228.4 亿美元增长到 2019 年的 335.0 亿美元。

表 3　2014~2019 年中国与共建“一带一路”国家农产品贸易情况

单位：亿美元

年份	2014	2015	2016	2017	2018	2019
进口额	210.3	218.1	227.6	234.4	269.5	269.5
出口额	228.4	225.5	226.0	206.1	270.2	335.0

资料来源：《中国农产品贸易发展报告（2019）》。

4. 农产品贸易方式以一般贸易为主，加工贸易为辅

从贸易方式看，我国农产品进出口贸易均以一般贸易为主，以加工贸易为辅。农产品加工开发能力不足、产业和产品结构不合理、加工贸易配套产业发展不理想、不适应农产品规模加工，导致农产品加工贸易发展缓慢。2012~2019 年，我国一般贸易额呈增长趋势，加工贸易额呈下降趋势。具体而言，一般贸易进口额远高于一般贸易出口额，且贸易差额呈扩大趋势；加工贸易出口额高于加工贸易进口额，且贸易差额呈扩大趋势（见表 4）。

表 4　2012~2019 年中国农产品进出口贸易方式发展趋势

单位：亿美元

年份	2012	2013	2014	2015	2016	2017	2018	2019
一般贸易出口额	501.9	550.1	583.9	573.1	595.1	620.3	656.2	654.2
一般贸易进口额	884.7	957.3	979.7	948.5	906.4	1036.1	1142.0	1275.0
加工贸易出口额	98.6	95.2	97.6	93.0	90.9	88.4	93.5	90.6
加工贸易进口额	93.8	91.9	96.2	67.5	60.7	62.4	74.3	65.1

资料来源：《年中国农产品贸易发展报告（2019）》。

（二）我国农业对外投资的发展特点及趋势

1. 我国农业对外投资发展迅速

2012~2019 年中国农业对外投资发展速度较快，农业对外投资流量和投资存量总体呈现增长状态。2012~2019 年中国农业对外投资总体情况如表 5 所示。投资流量由 2013 年的 12.99 亿美元增加至 2019 年的 79.36 亿美元，增长幅度达 510.93%；投资存量由 2012 年的 37.13 亿美元增长至 2019 年的 348.87 亿美元，增长 839.59%。近年来农业对外投资规模虽在不断扩大，但相较其他行业对外投资规模仍较小，占对外投资总额的比重常年不足 2%。

表 5　2012~2019 年中国农业对外投资总体情况

单位：亿美元，个

年份	投资流量	投资存量	企业数量
2012	—	37.13	379
2013	12.99	39.56	443
2014	17.98	57.79	505
2015	36.51	129.70	764
2016	32.90	157.60	863
2017	20.54	173.33	851
2018	21.95	197.17	888
2019	79.36	348.87	986

资料来源：《中国农业对外投资合作分析报告（2019 年度总篇）》。

从中国农业对外投资国家和地区数量来看，中国农业对外投资发展迅速。对外投资国家和地区数量由 2012 年的 71 个增长至 2019 年的 106 个，投资覆盖由 2012 年的 28.98%增长至 2019 年的 45.49%。

2. 对外投资区域集中于亚洲地区

近年来，亚洲、欧洲一直为中国农业对外投资最重要的区域。从投资流量来看，2015~2017 年亚洲是中国农业对外投资所占比重最大的区域，2018 年被欧洲反超，2019 年农业对外投资聚集区由欧洲转回亚洲且中国对亚洲农业投资保持遥遥领先的局面。从投资存量来看，2015~2019 年中国对亚洲的农业投资存量远超对其他大洲。2019 年中国对亚洲的农业投资大幅提升，相较 2018 年，投资流量和投资存量分别增加了 53.86 亿美元、59.54 亿美元，农业对外投资集中区域由 2018 年的老挝转变为 2019 年的印度尼西亚，2019 年中国对印度尼西亚的农业投资流量和存量分别占对整个亚洲农业投资的 83.39%、48.27%。

从境外企业设立数量方面看，中国境内投资机构最主要的意愿投资地为地理位置相近及文化环境相似的周边邻近国家及地区和具有先进技术及管理经验的发达国家。因非洲廉价的劳动力和宽松的投资政策环境，众多中国企业也选择在非洲投资建厂。2019 年中国农业境外企业主要设立在亚洲，其次为欧洲和非洲（见图 3）。其中，亚洲 546 家（55.38%），欧洲 143 家（14.50%），非洲 136 家（13.79%），大洋洲 78 家（7.91%），北美洲 51 家（5.17%），南美洲 32 家（3.25%）。这些企业主要分布于缅甸（99 家）、老挝（91 家）、俄罗斯（89 家）、印度尼西亚（57 家）、澳大利亚（42 家）、美国（42 家）等国家。

自 2013 年提出“一带一路”倡议以来，“一带一路”架起了中国与世界农业合作沟通的桥梁。目前中国与共建“一带一路”国家在基建项目投资、种植业、畜牧业、种业等领域合作空间巨大，为农业对外开放提供了重要的方向。面对粮食危机等问题挑战，“一带一路”建设将继续为农业对外投资带来重要的增长点。

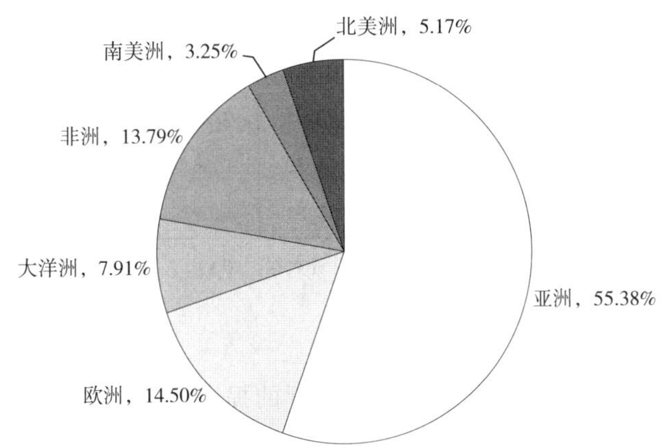

图 3　2019 年中国农业境外企业区域分布

资料来源：《中国农业对外投资合作分析报告（2019 年度总篇）》。

3. 对外投资领域仍以种植业和畜牧业为主

中国农业对外投资已覆盖粮、油、棉、糖、胶、薯、肉、蛋、奶等多个产业。2012~2019年中国农业对外投资流量、投资存量产业分布情况如表6所示，2012~2019年中国农业对外投资领域仍以种植业、畜牧业两大产业为主。2019年种植业投资流量、投资存量分别达到57.23亿美元、168.79亿美元，分别占总投资流量、总投资存量的72.11%、48.15%；2019年畜牧业投资流量、投资存量为11.74亿美元、32.81亿美元，分别占总投资流量、总投资存量的14.79%、9.40%。2019年在境外设立的986家农业企业中，其中，从事种植业的企业数目为408家，占总数的41.38%。从事种植业的企业经营范围多为国内需求较为旺盛的产品，从事粮食作物种植的企业主要经营产品为玉米、水稻和小麦等，从事经济作物种植的企业主要经营产品为大豆、天然橡胶、棉花、橄榄油等。

表6 2012~2019年中国农业对外投资流量、投资存量产业分布情况

单位：亿美元

年份	种植业		畜牧业		林业		渔业	
	投资流量	投资存量	投资流量	投资存量	投资流量	投资存量	投资流量	投资存量
2012	—	14.15	—	0.26	—	1.12	—	1.22
2013	7.66	21.43	1.06	2.40	0.81	2.96	0.84	2.24
2014	9.50	30.97	1.25	2.68	0.35	5.31	2.11	4.74
2015	10.50	76.00	2.40	5.10	0.34	4.80	1.60	5.90
2016	15.10	73.40	3.60	8.80	1.70	7.40	1.20	4.60
2017	9.29	97.88	3.14	32.31	0.29	4.46	2.33	14.18
2018	7.84	102.97	8.34	24.32	1.56	8.61	1.14	8.22
2019	57.23	168.79	11.74	32.81	4.68	12.02	1.58	9.14

资料来源：2012~2019年《中国农业对外投资数据汇编》。

4. 农业对外投资主体更加多元化

随着中国经济的发展与对外开放程度的提高，中国农业对外投资主体更加多元化。民营企业发展迅速，在企业数量上具有绝对优势。2015~2019年，在境外设立的民营企业数量由702家增长至909家，远超国有企业，民营企业以其经营方式灵活、受限少的优势，展现出巨大的投资发展潜力，2019 年民营企业投资流量达到 27.31 亿美元，投资存量达到 212.33 亿美元。虽然民营企业数量庞大，但大多数企业资金实力较弱、投资规模小。2019 年单个民营企业平均投资流量和投资存量分别为 0.03 亿美元、0.23 亿美元，远低于国有企业的 0.68 亿美元、1.77 亿美元。

5. 中国与共建“一带一路”国家农业投资合作稳步推进

2019 年，中国企业在共建“一带一路”国家的农业投资规模不断扩大，投资范围更加宽阔，产业结构趋向完整。

2019 年，中国对共建“一带一路”国家农业投资流量、投资存量分别达到 65.16 亿美元、156.59 亿美元，占对外农业投资总流量、总存量的 78.62%、45.67%。其中，亚洲地区为农业对外投资最为集中的地区，投资流量、投资存量分别达到 60.54 亿美元、117.10 亿美元，占比为 92.92%、74.79%。中国企业对共建“一带一路”国家农业投资较为集中，2019 年在印度尼西亚、老挝等 10 国投资流量达到 63.53 亿美元，占共建“一带一路”国家投资总流量的 97.50%；在印度尼西亚、老挝、新西兰等 10 国投资存量为 130.33 亿美元，占共建“一带一路”国家投资总存量的 83.23%（见表 7）。

表 7　2019 年中国在共建“一带一路”部分国家农业投资情况

单位：亿美元，家

国家	投资流量	国家	投资存量	国家	企业数
印度尼西亚	50.91	印度尼西亚	65.19	缅甸	99
老挝	5.41	老挝	18.42	老挝	91
缅甸	1.82	新西兰	10.90	俄罗斯	89
新西兰	1.76	缅甸	8.16	印度尼西亚	57
泰国	0.90	俄罗斯	7.72	柬埔寨	54
俄罗斯	0.73	柬埔寨	5.48	越南	37
柬埔寨	0.59	泰国	4.81	泰国	33
毛里塔尼亚	0.56	越南	3.62	马来西亚	20
埃及	0.52	毛里塔尼亚	3.36	新西兰	19
塔吉克斯坦	0.33	新加坡	2.67	韩国	16

资料来源：《中国农业对外投资合作分析报告（2019 年总篇）》。

截至2019年底，中国企业已经在共建“一带一路”国家投资建立了778家农业企业，覆盖了80个国家，覆盖率达57.97%。在这778家农业企业中，独资企业达到451家，占比为57.97%；合资企业为238家，占比为30.59%；合作企业为46家，占比为5.91%；其他企业为43家，占比为5.53%。中国企业在选择共建“一带一路”国家企业的投资区位时，多选择中国周边国家，2019年缅甸为中国企业设立境外农业企业数量最多的国家，其次为老挝、俄罗斯、印度尼西亚、柬埔寨、越南及泰国，设立企业数量均超过30家（见表7）。

产业结构方面，中国农业在共建“一带一路”国家的农业投资已覆盖农、林、牧、渔等行业。企业投资流量、投资存量的产业集中度高。农业投资集中于种植业，种植业企业投资流量达到53.85亿美元，占比高达82.64%，投资存量为95.53亿美元，占比为61.02%；其次为林业，投资流量为4.68亿美元，占比仅为7.19%，投资存量为11.75亿美元，占比为7.50%。与企业投资流量、投资存量的产业集中度高相同，企业数量的产业集中度也十分高，在境外设立的778家农业企业中，种植业企业为365家，占比为46.91%；渔业为77家，占比为9.90%；畜牧业仅为39家，占比为5.01%。整体上看，种植业为企业进行投资最为重要的产业。

（三）我国农业利用外资的特点及发展趋势

1. 农业引资规模偏低，外商投资审批标准不断提高

2012~2019年中国农业利用外商直接投资情况如表8所示。2012~2019年，中国农业利用外商直接投资项目数呈现先降低后上升再降低的变化趋势，2019年项目数降为495个，成为近年最低；中国农业实际利用外商直接投资金额呈现下降趋势，由2012年的20.62亿美元下降至2019年的5.62亿美元，2019年农业实际利用外商直接投资金额仅占总实际利用外商直接投资金额的0.5%，农业对外资的吸引规模偏低。

目前，我国农业利用外资的主要来源为外部官方资本，且多来源于签订合同项目，资金需逐年到账，这就造成我国的农业利用外资情况比较紧张，落实到本土资金、农业银行贷款指标无法实现，资金供给匮乏。配套资金不足、资金到位率不高、外商投资农业的审批程序复杂，加上地方政府吸引外资的优惠政策缺乏稳定性、连续性、落实性等问题，加大了外商

表 8　2012～2019 年中国农业利用外商直接投资情况

单位：个，亿美元

年份	外商直接投资项目数	实际利用外商直接投资金额
2012	882	20. 62
2013	757	18. 00
2014	719	15. 22
2015	609	15. 34
2016	558	18. 98
2017	706	10. 75
2018	741	8. 01
2019	495	5. 62

注：本表中农业指农、林、牧、渔业。

资料来源：2012～2019 年《中国统计年鉴》。

投资农业的风险和成本，影响了资本投资的积极性，导致农业利用外资规模偏低。此外，农业投资前期投入大、回收期长，且我国缺失此类投资的产业政策，导致外来资金有效利用率较低；相关产业政策的缺失导致现阶段投资项目普遍存在规模小、交易成本高等问题，容易造成恶性循环。

我国对外商投资审批标准不断提高，农业外资的引进逐步由注重直接投资数量转变为注重外商直接投资质量。例如，2019 年郑洛新国家自主创新示范区提出禁止发展高能耗、高污染和高环境风险的产业项目要求；2020 年黑龙江等地区在鼓励外商投资奖励办法中明确表示高耗能、高污染和消耗资源性行业项目不在奖励范围内；2020～2021 年无锡因未达标准等原因婉拒众多外资项目，其中不乏一些重大项目。

2. 农业外商投资支持力度不断加大

近年来，我国实施新一轮高水平开放，国家不断缩减外资准入负面清单、放宽农业外资准入限制，采取诸多措施促进农业外商投资发展。2019 年国家发布的《外商投资准入特别管理措施（负面清单）（2019 年版）》取消了禁止外商投资野生动植物资源开发等规定，农业领域的对外开放持续扩大。2020 年 1 月 1 日实施的《外商投资法》授权县级以上地方政府在法律法规框架下制定外商投资促进和便利化政策措施，这将为各级地方政府营造稳定、透明、可预期和公平竞争的市场环境创造有利条件，吸引更多国际投资。

三　潍坊农业对外开放发展的特征

（一）农产品贸易保持良好增长态势，进出口规模仍较小

山东省是全国农业大省，2019 年农产品进出口规模为全国第 1，出口连续 21 年在全国各省份位居第 1，进口在全国位居第 4。潍坊作为山东省重要的农业大市，农业高质量发展效果显著，蔬菜等农产品价格较快上涨，对农产品出口增长拉动明显。随着居民生活水平的提高，消费类农产品对农产品进口拉动作用显著。如图 4 所示，2016~2020 年，潍坊农产品进出口大体呈上升趋势，进出口总额由 2012 年的 16.6 亿美元增长至 2020 年的 22.2 亿美元，增长了 33.7%。其中，农产品进口额由 2016 年的 3.9 亿美元增长到 2020 年的 6.4 亿美元，出口额由 2016 年的 12.8 亿美元增长到 2020 年的 15.8 亿美元，实现进口额和出口额的“双增长”。潍坊市农产品贸易规模与同省的青岛、烟台等市相比，仍有较大差距，2019 年潍坊农产品进出口总额仅为青岛的 15.0%、烟台的 38.3%，出口额仅为青岛的 25.7%、烟台的 47.6%，进口额仅为青岛的 6.7%、烟台的 24.2%。

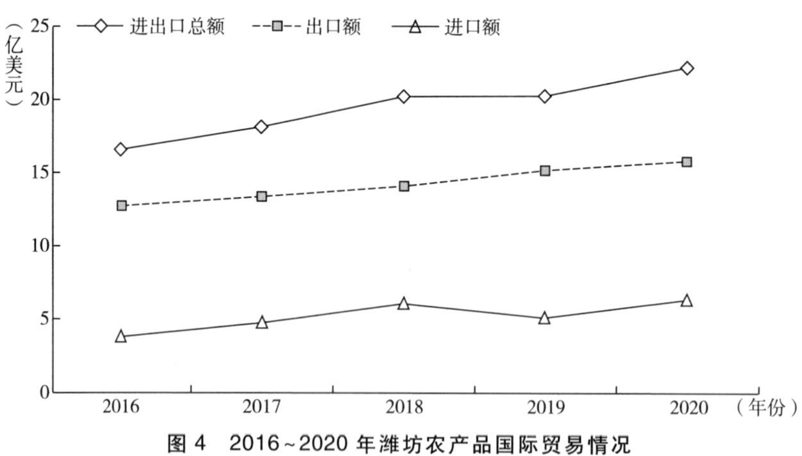

图 4　2016~2020 年潍坊农产品国际贸易情况

从农产品进出口差额来看，潍坊农产品贸易表现为顺差。具体而言，2016~2020 年蔬菜及其制品、肉食品及制品保持了较高的贸易顺差，顺差

额逐年增加；粮食及棉花则始终为逆差，逆差额呈现波动上涨趋势（见表9），这与全国农产品贸易结构变化趋势类似。潍坊农产品贸易差额为顺差，与全国逆差的形势相反的原因可能是：首先，潍坊农业产值约占 9%，高于全国 7%的平均水平，其中，2019 年谷物及其他作物产值约占 11.1%，蔬菜园艺作物产值约占 29.3%，家禽饲养产值约占 12.9%，水果饮料和香料作物产值约占 11.85%，这说明农业对潍坊经济贡献度更大，其自足率可能较高；其次，潍坊农产品贸易在货物贸易中占比约为 8%，高于全国 5%左右的平均水平，2016~2020 年潍坊农产品出口占比平均为 10%，远高于全国 3.2%的平均水平，这说明潍坊农业产业布局比较合理，精准定位本地优势产业，产品国际竞争力较强，因此出口规模相对较大；最后，潍坊 2016~2020 年农产品进口占比平均为 5.8%，低于全国 7.1%的平均水平，这说明潍坊的农产品进口需求还有进一步释放的空间，可以按照“多元、均衡、可控”的思路扩大农产品进口，结合本地长远利益，合理布局进口品种优先序。

表 9　2016~2020 年潍坊主要农产品贸易顺差额

单位：万美元

年份	名称	顺差额	名称	顺差额	名称	顺差额	名称	顺差额
2016	蔬菜及其制品	54353	肉食品及制品	14727	棉花	-4634	粮食	-20561
2017	蔬菜及其制品	58203	肉食品及制品	18797	棉花	-7241	粮食	-27779
2018	蔬菜及其制品	57799	肉食品及制品	19418	棉花	-15676	粮食	-31627
2019	蔬菜及其制品	59842	肉食品及制品	20082	棉花	-12801	粮食	-17023
2020	蔬菜及其制品	65244	肉食品及制品	18204	棉花	-13892	粮食	-23677

资料来源：潍坊市商务局。

（二）突出产业特色，着力打造农业外贸新优势

潍坊市 12 个县（市、区）都形成了各具特色的区域品牌产业。寿光市是冬暖式蔬菜设施大棚的发源地，是全国重要的“菜篮子”。诸城市是首批全国农业产业化示范基地、全国畜牧业绿色发展示范县、全国知名的肉类加工基地。安丘市是大宗农产品生产加工出口基地。青州市是我国江北最大的花卉种植交易中心。昌邑市是全国重要的园林绿化苗木生产区和

苗木集散中心。临朐县的奶牛和大棚樱桃、昌乐县的西（甜）瓜、寒亭区的潍县萝卜以及潍坊中心城区的都市休闲农业等，都形成了较为完整的产业体系。

潍坊积极争取扩大农产品进口配额，发挥港口、保税区开放优势，增加农产品进口品种，扩大进口规模。潍坊粮食进口额由2016年的2.2亿美元增长至2018年的3.3亿美元后略有下降，2020年粮食进口额为2.4亿美元；棉花进口额由2016年的0.5亿美元激增至2018年的1.6亿美元后略有下降，2020年棉花进口额为1.3亿美元。潍坊在抓好粮食、棉花、油料等传统产业提升基础上，瞄准国际市场，着力培植蔬菜、禽肉两大出口主导产业。潍坊蔬菜出口额由2016年的10.7亿美元增长至2020年的13.3亿美元，增长了24.3%；禽肉出口额由2016年的5.4亿美元增长至2020年的6.4亿美元，增长了18.5%，出口势头强劲。

从出口的地区和国家来看，潍坊已向120多个国家及地区出口农产品。亚洲、欧洲为潍坊农产品主要出口地区，农产品出口额占比常年达87%以上。其中，日本和韩国为潍坊农产品最主要的出口市场，2020年农产品出口额占比分别达到33.2%、11.9%。此外，荷兰、美国、马来西亚、德国、印度尼西亚等国家也是潍坊农产品重要的出口市场。近年来，潍坊出口至韩国、荷兰、马来西亚、德国等国家的农产品比重稳中有升，出口至日本、印度尼西亚等国家的农产品比重略有下降（见表10）。

表10　2016~2020年潍坊农产品主要出口国家和地区及比重

单位：%

2016年		2017年		2018年		2019年		2020年	
国家和地区	比重	国家和地区	比重	国家和地区	比重	国家和地区	比重	国家和地区	比重
日本	39.0	日本	40.6	日本	38.4	日本	36.1	日本	33.2
韩国	10.7	韩国	10.4	韩国	10.3	韩国	11.5	韩国	11.9
美国	5.9	美国	6.1	美国	6.2	荷兰	5.4	荷兰	6.3
印度尼西亚	5.1	德国	4.8	印度尼西亚	4.8	美国	4.9	美国	6.0
德国	4.0	荷兰	4.2	荷兰	4.5	马来西亚	4.5	马来西亚	5.1
荷兰	3.8	马来西亚	3.9	德国	4.1	德国	4.2	德国	4.6

资料来源：潍坊市商务局。

（三）新型经营主体不断壮大

目前，潍坊市场企业主体不断壮大，农业龙头企业已经发展至3100余家，市级以上农业龙头企业家有836家，其中有国家级12家、省级95家、市级729家，农产品加工转化率达68%。2020年潍坊农产品出口企业增至700余家，建成各类农产品出口基地2000多处，建成区域性特色农副产品出口基地120多处。全市9个主要出口食品农产品的县（市、区）已全部获得国家级出口食品农产品质量安全示范区称号，安丘市获批首批省级农产品出口产业集聚区（山东省共有10个）。

（四）农业开放政策环境不断完善

近年来，潍坊市政府及相关机构以开放倒逼改革，以问题为导向攻克农产品进出口存在的难题，不断创新政策模式，在潍坊国家农综区先行先试诸多灵活政策，促进潍坊农产品进出口，诸如对进出口食品实施“即报即放”，针对鲜活农产品实施“即验即放”，针对入区货物实施“预检验”制度，针对潍坊港货物实施进口“船边直提”、出口“运抵直装”模式，制定创新型政策持续优化营商环境。

2020年潍坊出台《关于构建开放发展新格局进一步推动高水平利用外资工作的实施意见》，在加大引进外资力度、提升投资服务、优化营商环境、要素保障等方面提出24条高含金量政策要求，2021年潍坊市人民政府办公室印发《关于更好服务外向型企业发展的若干政策》，针对通关服务类、要素支持类、配套保障类3大类提出共33项高质量政策要求，不断完善政策环境，持续推动潍坊对外开放的高质量发展。

（五）农业“走出去”“引进来”的步伐不断加快

2020年安丘大姜、安丘大葱、青州柿干入选《中欧地理标志协定》规定的互认清单，这成为潍坊农产品不断“走出去”的标志性事件。潍坊企业积极响应号召，不断投身到新一轮高水平对外开放格局中去，“走出去”的涉农企业数量不断增多，由2017年的19家增长至2020年的29家。截至2020年，潍坊在海外设立的农业企业已达15家，潍坊市海外设立的农业企业数量占山东省海外设立的农业企业总数的17.4%。2020年潍坊协议投资境外农业合作项目 6.3 亿美元，完成投资 1.2 亿美元。以华盛农业为代表的潍坊企业利用国际先进技术与自身模式相嫁接，提升农产品质量，针对性地攻克农产品进入他国存在的困难，使自身“走出去”的步伐不断加快。与此同时，潍坊市政府积极鼓励本土企业并购海外领军企业，整合境外资源返回潍坊投资建厂，带动要素“引进来”、产品“走出去”。

在“引进来”方面，潍坊积极在日本、韩国、以色列、荷兰等重点贸易合作国家开展专业招商，大力开展引资、引智、引技，深化与他国在农业领域的合作，2017~2020 年潍坊农业利用外资总额累计达到 2.74 亿美元。2020 年潍坊新设农业领域外资项目 26 个，同比增长 73.33%；合同外资额为 2.68 亿美元，实际到账外资为 1.02 亿美元，同比分别增长 122.86%、66.34%。以玉泉洼种植专业合作社为代表的潍坊企业不断引进先进农业科学技术、农业种植经验，进一步提高了潍坊农业生产水平，促进了农业快速发展。

近年来，开办农业展会成为潍坊推动开放型农业发展的一个缩影。为增加与其他国家的经贸合作机会，潍坊成功举办中国—中东欧国家特色农产品云上博览会、潍坊国际食品农产品博览会等活动，搭建起了潍坊农业企业与国内外企业合作与交流的平台。

（六）种业硅谷初见雏形，国际化水平不断提升

潍坊是部省共建全国蔬菜种业创新创业基地，种业合作十分国际化，先后有先正达、海泽拉、瑞克斯旺等 10 多个国外知名种业企业在潍坊建立试验站、科研基地。近年来，潍坊不断推进种业产业化进程，研发企业已达到 44 家，种子生产经营持证企业达到 133 家，种子生产经营业户共计 1652 家。育苗呈现集约化发展，目前育苗企业达到 404 家，年育苗能力达 18 亿株以上。在“十三五”期间，潍坊市共审定新品种 24 个，取得新品种权 84 个，自主研发设施蔬菜品种市场占有率达到 75%，摆脱了过去国外种子对中国市场垄断的局面。目前，已反向出口到欧美等国家和地区，以寿光蔬菜种业集团、山东华盛农业为代表的企业建立了境外种业研发生产基地，产品远销欧洲、中东等 10 多个国家和地区，实现在他国落地生根。2020 年 7 月，华盛农业自主培育的叶菜类和茄果类四个品种，成功打开对种子进口要求苛刻的新西兰市场，华盛农业成为国内首家出口蔬菜种

子到新西兰的企业。

四　国际经贸规则新变化及其对潍坊农业开放发展的影响

（一）国际经贸规则新变化

1. 多元化趋势更明显

2008 年国际金融危机爆发之后，发达国家经济复苏受阻，而新兴市场国家经济发展势头强劲，以美欧为代表的发达国家认为 WTO 规则损害了自身利益，开始纷纷参与到双边和区域贸易协定谈判中，区域经济合作不断升温，国际经贸规则日益呈现多元化趋势。

一是 WTO 多边规则体系面对单边主义、贸易保护主义的挑战，自身存在的问题亟待解决，改革之势不可阻挡。2018 年 3 月，美国率先就 WTO 改革和谈判发表了书面意见，随后加拿大、欧盟、日本等国家和地区也先后提出 WTO 改革方案，内容涉及 WTO 谈判、争端解决、贸易救济以及加强通知和透明度等方面。2018 年 11 月，中国商务部也提出了针对 WTO 改革的三个基本原则和五点主张。

二是区域贸易协定谈判、自贸区谈判如雨后春笋，超大型区域贸易协定成为构建国际经贸新体系的重要平台，高标准广覆盖的国际贸易投资规则逐步成形，主要以除美国外的原 TPP 协议 11 国签署的《全面与进步跨太平洋伙伴关系协定》（CPTPP），美国与加拿大、墨西哥签署的《美国—墨西哥—加拿大协定》（USMCA）为代表，其中 CPTPP 涵盖区域的 GDP 之和占全球 GDP 的 13%，覆盖全球人口的 7%，贸易总量占全球的 15%。由中国、日本、韩国、澳大利亚、新西兰和东盟十国制定的《区域全面经济伙伴关系协定》（RCEP）于 2022 年 1 月 1 日生效，标志着当前世界上人口最多、经贸规模最大、最具发展潜力的自由贸易区正式启航。

三是双边贸易协定谈判势如破竹，以欧盟、日本、韩国、中国、澳大利亚等为代表的国家和地区正在全球不断推动双边贸易协定谈判。如 2014 年 4 月、2015 年 6 月、2015 年 7 月，澳大利亚分别与韩国、中国、日本签订自由贸易协定（FTA）；2015 年 6 月，中国与韩国签署自贸协定；2018 年 7 月，日本与欧盟签署《欧盟—日本经济伙伴关系协定》（EPA），该协定涵盖区域的 GDP 之和占全球 GDP 的 28%，贸易总量占全球的 37%；2020 年 10 月中国与柬埔寨签署自由贸易协定等。

2. 覆盖内容更广泛

经济全球化改变了世界经济的整体结构，国际化分工和全球价值链的纵深推进则模糊了国与国在贸易中的边界，原本隶属一国境内市场环境的诸多问题被纳入协议谈判的内容中。相较于传统的国际经贸规则，当前的贸易协定和经贸规则覆盖内容更广，不仅包括了与贸易直接相关的措施，如关税、原产地规则、市场准入、技术性贸易壁垒、贸易便利化等，更包含了许多与贸易间接或弱相关的措施，如劳工、环境、政府采购、透明度、反腐败、政治体制、文化、人权等。这种内容扩大倾向，最直接的来源就是以国家利益为代表的“边境后”措施取代“边境”措施，成为国际经贸规则谈判的重点，从 TPP、EPA 以及 CPTPP 的谈判内容看，“边境后”措施内容均超过了“边境”措施。如当前受关注度较高的产业政策、知识产权保护、环境政策、投资政策、竞争政策等都属于“边境后”措施，不仅如此，为了强化这些措施的可执行性，许多规则还增加了必要的法律约束和争端解决机制。

3. 设定标准更严格

新一轮国际经贸规则重构是发达国家为了维护自身利益而推动的一场规则之争，为了占据规则制定的主导权，发达国家一开始就坚持高标准严要求的设计理念，意图将发展中国家排除在国际分工体系之外，许多标准甚至超出了发展中国家的承受能力。以目前影响较大的 CPTPP 和 USMCA 为例，CPTPP 的前身是 TPP，TPP 曾被视为标准规格最高的一项自由贸易协定，也正是由于 TPP 的标准设定过高，在 CPTPP 和 USMCA 中，对原产地标准的设计更为严密，不仅在认定标准上有了新的变化，对敏感产品也设定了新的要求，如 CPTPP 针对纺织服装产品设定了“从纱开始”的原产地标准，USMCA 针对乘用车、轻型卡车提出了逐步提高区域价值比例（即使用来自成员国的原料、人工以及制造等的比例）等要求。在劳工事务和环境保护领域，CPTPP 和 USMCA 的要求也十分严苛，在分别被单独设置成章的条件下，加入了许多高标准新的条款。例如，针对劳工标准，CPTPP 和 USMCA 均要求成员国通过国内法律来保证履行《国际劳工组织关于工作中基本原则和权利宣言》核心标准的义务，包括结社自由和集体谈判、废除强制或强迫劳动、废除童工、消除雇佣歧视等，以此加强劳动权利的可执行性（这就将国际贸易与劳工标准相挂钩，从而引导自由贸易劳工标准的发展）；针对环保标准，CPTPP 和 USMCA 均制定了严格的环境保护条款，对环境法的实施、信息公开与公众参与、环境影响评价、环境合作、磋商和争端解决机制等方面进行了规定，并对环境保护的范围和责任做出了必要的解释。

4. 公平意识更突出

当前国际经贸规则与传统国际经贸规则所遵循的逻辑有所不同，传统国际经贸规则以市场规模为导向，要解决的是国家边界所带来的交易成本和规模问题，而此轮国际经贸规则重构突出的是国家利益，所追求的也是各自在国际分工中的地位和利益最大化。这种背后逻辑的变化必将带来规则理念上的变化，原本追求贸易自由的规则理念逐步向贸易公平演进，主要表现在投资政策、竞争政策等方面。就投资政策的公平性而言，此轮国际经贸规则重构主要突出的是“公平竞争”原则，“负面清单和准入前国民待遇”就是此类投资政策的具体体现，目前 CPTPP、USMCA 和 EPA 在投资领域均采用了负面清单模式，并在服务业部门实行准入前国民待遇，以此为跨国服务机构和跨境服务贸易提供公平竞争环境等方面的承诺。就竞争政策而言，此轮国际经贸规则重构主要突出的是“竞争中立”原则，发达国家从自身利益出发，在新一轮国际经贸规则中开始设定专门针对国有企业和垄断企业的限制性条款，要求国有企业和垄断企业在国际经贸活动中遵循“竞争中立”原则，不得因其所有权和垄断地位而享受私营企业竞争者所不能享受的竞争优势，以此来确保市场竞争主体的公平地位。对此，CPTPP、USMCA 和 EPA 都在竞争政策方面做了相关规定，主要是反垄断法律与措施方面的规定，并对国有企业和垄断企业获取政府补贴做出了限制，承诺对任何企业无歧视地执行竞争法，遵守执法程序公正原则，确保程序透明。

（二）国际经贸规则新变化对潍坊农业开放发展的影响

1. 农产品出口机遇与挑战并存

（1）机遇：①农产品关税下降，尤其是蔬菜、禽肉等潍坊出口优势农产品关税的下降，将提升潍坊优势农产品出口竞争力，促进对日本的农产品出口。②2020 年，东盟取代欧盟成为潍坊市最大贸易伙伴，东盟十国开放的市场将为潍坊农产品出口开辟新天地。

（2）挑战：①近年来，潍坊出口到美国的农产品占比下降，出口到荷兰的农产品占比增加，荷兰成为潍坊第三大农产品贸易国。日欧 EPA 协定的实施，极有可能产生贸易转移效应，减少潍坊农产品出口。②潍坊在农产品出口上，主要以初级农产品出口为主，缺少高附加值农产品出口，精深加工产品比例较低，缺乏市场竞争力，随着区域自贸协定与双边协定的不断签署，缺乏竞争力的农产品极有可能受到较大影响，很多替代性高的初级产品和初加工产品的市场份额，可能被周边低成本国家挤占。

2. 区域内贸易便利化水平的提升将拓展潍坊农业贸易发展空间

自由贸易协定通过制定一系列措施促进贸易便利化。RCEP 在海关程序和贸易便利化方面，简化了通关手续，对快运货物、易腐货物等争取实现货物抵达后 6 小时内放行，这将推动潍坊进出口 RCEP 其他成员国的果蔬和肉制品等生鲜产品的快速通关和贸易增长。RCEP 致力于各缔约方实施无纸化贸易与承认电子签名的法律效力，提高了业务效率，促进潍坊中小企业更多地参与国际贸易。CPTPP 中有关贸易便利化的规则更加全面、更加严格，若中国加入 CPTPP 协议，将进一步促进潍坊企业贸易便利化。

与此同时，原产地规则是影响双边农产品贸易的重要自贸协定条款。在传统原产地证书之外，将允许经核准的出口商声明以及出口商的自主声明，这标志着原产地声明制度将由官方授权的签证机构签发模式转变为企业信用担保的自主声明模式，节省政府行政管理成本和企业经营成本，也将提升涉农企业利用自贸协定的积极性。RCEP 采用了区域原产地累积规则，产品原产地价值成分可在 15 个成员国构成的区域内进行累积，降低了涉农企业使用 RCEP 优惠税率的门槛，这对潍坊需要进口原材料的农产品加工企业尤其有利。

3. 投资环境的改善将促进更多潍坊农业“走出去”

RCEP 涉农投资领域的开放对我国农业的冲击有限。这是因为根据该协定，中国投资负面清单中，农业领域的承诺要求外商投资小麦、玉米新品种选育和种子生产须由中方控股，而 2020 年版中国外商投资准入负面清单要求小麦新品种选育和种子生产中方控股不低于 34%。

RCEP 通过减少成员国的投资壁垒，进一步便利中国涉农企业对外投资。东南亚一直是中国涉农企业对外投资的重要地区。泰国等东南亚国家取消了对中国企业投资某些农业领域的限制。例如，泰国此前禁止外资从事牲畜饲养，但RCEP项下，允许外商在参股比例不得超过49%的条件下经营牲畜养殖。此外，RCEP还在自然人移动方面达成了共识，允许某些中国公民在其他成员国从事农业工人、厨师等职业，并对“走出去”企业人员提供签证便利，这些软规则将有利于解决潍坊涉农企业当前“走出去”面临的技术人员缺乏和劳务签证困难等生产要素问题，有利于潍坊涉农企业开展境外投资合作项目。

RCEP在投资保护方面采用了“实体先行”策略，先就实体保护标准达成协议，再对投资争端解决机制进行谈判，为潍坊涉农企业进行海外投资提供保障。

4. 增强外商投资信心

日本、韩国和东南亚国家是潍坊农业利用外资主要来源国。在RCEP框架下，成员国提供适当的优惠措施，吸引更多先进的外商投资企业进入潍坊布局，鼓励潍坊企业加强与拥有先进技术的跨国公司之间的合作，更好地促进农业产业布局，从而提高利用外商直接投资的综合效益。RCEP实行后，将会大幅度减少RCEP成员国企业进入潍坊的投资障碍。但在CPTPP协定中，便利的投资条件将产生投资转移效应，使部分劳动密集型产业向越南等劳动成本低的国家转移，减少了外国企业对潍坊企业的投资，对潍坊企业吸引外资产生一定影响。

5. 自贸区建设对潍坊农业的影响

中国从2013年开始分批次建立了21个自贸试验区，形成了覆盖东西南北中的全面开放格局。其中，涉农任务比较集中和突出的有陕西自贸区杨凌片区、海南自贸区等，浙江自贸区舟山南部片区、山东自贸区青岛片区等也有涉农贸易相关内容。山东自贸区的建立，能够在一定程度上带动潍坊农业发展。山东自贸区设立以来，三大片区与日本、韩国等多个国家通过城市外交等合作方式，达成多个合作项目，架起了与日本、韩国合作的桥梁。青岛借助承办上合峰会的优势，组织“RCEP经贸合作高层论坛”等主场活动。同时，山东自贸区不断深化与共建“一带一路”国家合作。潍坊可借鉴山东自贸区可复制可推广的措施，充分利用山东自贸区开放性资源，加强与日本、韩国及共建“一带一路”国家的对外贸易合作，推动潍坊农业领域开放发展。

五　推动潍坊农业对外开放高水平发展的政策建议

（一）积极利用国际经贸新规则，适应农业高水平对外开放要求

依托国家（潍坊）农业开放发展综合试验区、山东自贸区等开放平台，对标 CPTPP 等高标准规则，部署关于环保要求、劳工标准、原产地规则等各类事项的深入研究和压力测试，逐步形成可复制可推广的开放措施。

1. 以“边境后”措施为改革重点，对接高标准经贸规则

充分发挥开放对改革的倒逼作用，逐步推动潍坊政策法规与最新国际经贸规则接轨。高标准的国际经贸规则可能使潍坊因尚处于比较劣势的农产品贸易处境而陷入更加被动的地位，但对标高标准国际经贸规则、实行更大限度开放会促进潍坊优势农产品国际贸易的发展，带来更多的贸易红利。潍坊应该继续加强国家（潍坊）农业开放发展综合试验区建设，进行高水平压力测试，以此为基础对接高标准规则，为市场开放提供更加完备的营商环境。

劳工标准方面，可在法律法规层面积极推进国际劳工标准的加入、批准和适用工作，并结合国际贸易劳工条款和核心劳工标准等内容，完善相关法律法规。环境标准方面，要主动对接高标准，积极将环保要求融入日常经济监管中。虽然从短期看，更严格的环保标准可能增加企业成本，但从长期看，有助于企业提升国际竞争力。公平竞争方面，探索按照“竞争中性”原则规范国有企业行为、提高补贴政策的透明度等具体措施，从而推动边境内外规则的接轨，为跨境货物、资金和人员流动营造法治、公平、自由、透明的环境，全面提升对外开放水平。

企业层面，一是要加快提升出口农产品技术含量，引导农产品出口企业和行业组织积极融入规则的标准制定中，促使潍坊农产品行业、企业产品的技术标准在国际上具有领先性和推广性。二是对标此轮国际经贸规则在知识产权领域的标准要求，激励农产品企业自主创新，提高出口农产品质量、档次及附加值，鼓励自主知识产权和自主品牌产品出口。

政府方面，要加大知识产权保护力度，打通知识产权创造、运用、保护、管理和服务全链条，开展知识产权保护强化执法安全试点。为对接RCEP规则，进一步改善营商环境，潍坊可借鉴广西的做法，用三年时间打造“六位一体”的国际知识产权支撑体系，通过建设知识产权保护中心、知识产权快速维权中心、国家海外知识产权纠纷应对指导中心、国际知识产权运营中心、商标品牌研究中心、知识产权大数据中心等方式，建设完善面向RCEP区域的知识产权保护、运营、信息服务平台，支持潍坊企业对接、融入RCEP。

2. 充分利用原产地累积规则

根据原产地规则优化安排海外生产基地的生产，鼓励企业申请RCEP项下的“经核准出口商”资格，依托国家（潍坊）农业开放发展综合试验区开展先行先试，先行适用原产地自主声明制度。根据原产地累积规则，在确定产品原产资格时，可将RCEP其他成员国的原产材料累积计算，来满足最终出口产品增值40%的原产地标准，从而更容易享受到优惠关税。原产地累积规则有利于各国进一步扩大出口，促进中间产品贸易，稳定和强化区域供应链。

原产地规则的优化，也会面临低端产业转移等挑战，尤其是一些劳动力密集型、资源密集型产业，可能向土地成本、劳动力成本更加低廉的东盟国家转移。面对这些潜在挑战，企业应当充分利用好我国大市场的优势，用足产业部门齐全和综合配套能力强的有利条件，妥善应对产业链重构带来的风险和挑战。必要时，企业也要善于运用贸易救济等措施，维护企业发展的合法利益。

（二）用好本地特色，拓展“一带一路”新兴市场

1. 充分利用潍坊特色对外窗口

在深耕日韩、巩固欧美等传统市场基础上，不断扩展“一带一路”的新兴市场。潍坊具有蔬菜、禽肉等特色开放窗口，为此可进一步借鉴乌鲁木齐亚欧博览会经验和模式，利用中国（寿光）国际蔬菜科技博览会、国际食品农产品博览会等农业博览会，邀请相关企业与人员参加博览会以扩大影响。对共建“一带一路”国家的经济政策、法律法规、经济发展、企业情况进行全面研究，对招商对象采取针对性措施，提高引资效果。

2. 鼓励开拓清真产品市场

在“一带一路”沿线国家中，几近半数的国家为伊斯兰国家且人口众多，市场庞大，而潍坊市禽肉等产品规模较大、交通更为便利，为此可鼓励企业仿效已获得清真认证产品线的乐购、麦当劳等跨国公司，对接清真食品标准，取得“halal”清真食品出口认证，借助“一带一路”不断拓展新兴市场。

3. 培育发展潍坊海铁联运业务

借鉴烟台港经验，不断研究论证中韩日铁路轮渡、渤海海峡跨海通道建设，开辟衔接东北亚、连接黄河流域的多式联运出海大通道。结合国内上海港等其他港口的经验，积极拓展“一带一路”跨境集装箱多式联运业务，实现铁路箱、海运箱、自备箱等各种箱源的互认，推动各式单证互认，并建立起电子单证。将铁路场站变成内陆无水港，使之成为港口的延伸，或者把铁路线修至港区内，不断推动两种运输方式更好地对接。积极建立起一套平台系统，进一步探索海铁联运业务的全程信息化改造。

（三）多措并举加快潍坊农业对外投资，提高农业投资效率

1. 发挥企业主体作用，实施团结协助策略

注重发挥企业主体作用，鼓励涉农大型企业集团“走出去”，发挥其在投资管理、农业技术、市场渠道等方面的优势，鼓励其紧扣主营业务、明确定位、注重对产业链关键环节投资。企业主体可以借鉴光明集团和中粮集团海外投资的成功经验，保障所有海外投资紧扣核心业务，完善全球贸易网络，打通产业链关键节点。例如在光明集团葡萄酒产业并购案中，光明集团通过收购轻资产的酒商，获得数十种波尔多高端葡萄酒的销售代理权，形成1对N的资源集成能力，开创了“以轻带重、以内接外、以软控硬”的国际化布局新模式。

鼓励企业集群投资，“抱团出海”，借鉴广东农业科技创新联盟等区域联盟建设经验，引导龙头企业和产业基金组建合作开发联盟。借鉴以中山灯饰为代表的中小企业“走出去”联盟模式，通过政府支持、行业商会协会组织、企业主导的方式，建立农产品企业联盟，推动联盟“走出去”，打造出农产品区域性企业联盟平台。引导“走出去”农业联盟加强与金融法律等机构合作，探索“产业链条+专业服务”的“走出去”新模式。充

分发挥大型企业投资示范作用，鼓励大型企业对中小企业开放服务共享，树立团结互助理念，允许中小企业在大型企业承接跨国项目中承包一定份额，以降低中小企业投资风险。

2. 创新农业财政金融支持政策，解决融资担保缺失问题

（1）探索农业长期低息贷款支持政策。农业投资周期长、风险大、回报低、收效慢的特点决定了农业海外投资并购项目在商业化融资方面面临更多阻碍，可借鉴日本和韩国农业“走出去”支持政策，政府主管和监管部门引导金融机构按照风险可控、商业可持续的原则，从贷款利率、期限、额度、投资收益、担保费率、代偿比例等方面予以政策支持。特别是出现重要并购机会时，可通过主权基金入股、长期无息或低息贷款等方式给予企业大规模资金支持。争取财政资金，开展贷款贴息政策试点，采取事先备案、事后贴息的方式，直补给为农业“走出去”企业放贷的金融机构，降低企业融资成本。

（2）探索建立农业“走出去”融资担保体系。在借鉴美国和韩国担保做法基础上，依托国家农业信贷担保联盟有限责任公司，由政府出资设立农业“走出去”融资担保基金，发挥国家融资担保基金—省级再担保机构—辖内融资担保公司担保体系的作用，形成省级农业信贷担保机构、辖内融资担保公司，为农业“走出去”企业提供担保，由农业“走出去”融资担保基金为该业务提供再担保，纠正当前金融制度流向大型企业的结构性扭曲，有效解决融资担保缺失问题。

3. 完善海外投资保险制度，保障投资者合法权益

（1）完善海外投资保险制度，推动海外投资保险审批与业务经营分离化。在审批环节建立指导、支持、协调、监督多功能审批体系，提高人力物力利用效率；在经营业务中，可借鉴美国等国家经验，鼓励商业性和政策性保险机构创新发展自然灾害等境外保险业务，还应鼓励针对企业跨国经营中常面临的并购限制、营业中断风险增设相应险种，扩大保险品种覆盖面，并支持“走出去”企业享受国内保费扶持政策或推动出台境外农业投资项目专项保费扶持政策，支持和引导农业“走出去”企业购买保险，为企业提供完善的投资保障。

（2）积极探索建立农业境外投资的损失补偿制度。当为农业“走出去”企业提供融资贷款支持的金融机构出现放贷风险时，分类别和额度给予其一定的损失补偿。

4. 有效利用资本运作手段和金融工具，破解海外投资融资困境

借鉴光明集团和中粮集团在海外并购的成功经验，坚持开放视野、国际理念，集中企业总体优势，积极组建专业化筹资团队，采用现代化融资理念和国际先进的融资工具，通过境内、境外多渠道多主体融资。例如中粮集团在对尼德拉集团和来宝集团的并购中联手厚朴基金，不但弥补了国际化管理团队缺失、并购经验不足的短板，而且获得了大量的资金支持，规避了并购的财务风险。

引入国际信用评级，获得东道国和投资伙伴的认可，降低财务风险。光明集团聘请穆迪、标普和惠誉三大国际信用评级机构对企业评级，以国际公认的方式获得了国际资本市场认可。一方面，光明集团依托评级在海外发行低息美元债，逐步置换目标企业原有高息贷款，降低了财务费用，增强了竞争优势，成为上海第一家在境外发行投资级国际债券评级的国有企业；另一方面，光明集团凭借良好的评级吸引到金融机构竞相参与项目，为低成本俱乐部融资提供了关键保证。

（四）打好优化营商环境“组合拳”，增强吸引外资“向心力”

1. 转变理念，实施精准招商

进一步转变招商引资理念，将“你投我服务”转变为“相伴共生、共同发展”的招商理念。突出专业招商、以商招商、延链招商、以情招商，发挥招商引资顾问优势，提升招商引资决策水平；以企业为主角，围绕产业链条补缺和延伸以商招商，提高招商引资实效；树立农业店小二意识，推己及人帮助企业解决问题。以“缺什么引什么、弱什么补什么”的原则，聚焦潍坊资源，精确锚定所需项目，引进产业链关键环节、上下游配套企业，实现招商引资从项目资金的传统引进转变为资源、技术、管理和人才的综合引进。通过农业开放发展综合试验区等渠道，对项目进行比对筛选，锁定企业、项目，开展一对一、点对点精准招商，积极引导外资扩大在农产品的深加工以及流通领域的投资，着重于科技含量高、创新性技术强的农业项目，重点引进实力雄厚、竞争力强、影响力大的农产品精深加工、物流、销售企业，力求引进一个龙头企业，带动一个产业升级，提升产业整体竞争力。科学构建起“领导联系+科室负责+专员服务”“一企一策”“多部门联动”等服务机制，精化企业服务。

2. **发挥政府导向作用，加大政策扶持奖励**

政府应注重发达国家民间资本、商业资本、风险资本的引进，重视国家（潍坊）农业开放发展综合试验区的诚信，强化国家（潍坊）农业开放发展综合试验区的背书，提升外商投资在农业方面的到位率，更好地吸引外资流入。加大政策扶持、奖励，鼓励外资企业落户发展，大力奖励农业外资总部落户潍坊，对外籍高端人才的住房、交通给予一定补贴，通过贷款贴息助力企业融资，降低外资企业资金成本。借鉴武汉经验，鼓励中介机构引进外资，对成功引进外资企业到农综区的招商引资中介，按照项目公司新增实缴注册资本中的外资部分的1‰给予一次性奖励，激发社会各界广泛参加。

3. **强化土地要素保障，护航项目落地**

对潍坊范围内批而未供、供而未用的建设用地，逐宗调查形成存量台账。依据上一年度存量盘活规模，原则上按存量与增量3∶1比例核定新增建设用地指标。加强农综区内的农业设施用地、建设用地需求保障。在土地规划编制和调整中，扩大农业经济开发区内一般农用地规模，并按规划合理布局区域位置，确保满足现代种养殖农业设施用房建设的用地需求。潍坊可预留出部分空间用于重大外资项目的招引，集中力量攻关引领型、龙头型的项目，重大项目积极争取享受配套指标。可借鉴学习顺德村级工业园经验，破除利益固化藩篱，整治低散乱的小微企业，推进低效企业的改造提升，加快淘汰落后产能。对于成长型的规模以上农业企业，支持配套小微企业，但必须将其全面纳入农综区统一管理，集约使用有限的土地资源。借鉴甘肃经验，全面推进规划用地“多审合一、多证合一、多测合一、多评合一”改革；在不违反国家法律法规的前提下，可以办理先行用地。同时，在符合国土空间规划的前提下，探索推动土地复合利用，实现两种或两种以上使用性质的用地类型，提高土地利用效率。针对企业在潍坊购买及租赁自用办公用房或厂房给予一定的场地补贴，同时兼顾境外商会、协会等国际社会组织，同等给予部分房租补贴。

4. **优化外商投资环境，增强外商投资信心**

落实扩大外商投资快速审批试点相关政策，简化审批程序，减少外商投资各类审批事项，实行“一个窗口”对外，设立外国人“一站式”咨询服务窗口，加快建立完善外国人投资、投诉咨询服务机制，开设外商投资服务热线，统一受理外商咨询、投诉。在政务大厅设立外资企业双语服务窗口，编制双语办事公开目录和服务指南，提高行政效率。借鉴海南经验，全面推行外商投资企业商务备案和工商登记“一口办、办到底”、全程代办制和“不见面审批”。建立“四个一”措施，即一个专席受理、一个值班长协调、一个联席会议研究处置、一个督查督办制度跟进处置，采取“一对一”跟踪服务模式，最大限度缩短企业设立、项目登记等审批手续的办理时间，充分发挥快速反应、快速处置作用，有效解决外商所涉事务和遇到的问题。

（五）统筹农产品进出口，推动农业结构优化

1. 提高渠道掌控能力，推进风险防控工作常态化

要扩张进口农产品种类、提高产品间的可替代性、提高农产品来源的稳定性。加快培育大型跨国粮商，把渠道掌控与风险防控能力放到优先位置，加大对农产品价格、物流仓储、风险管理等薄弱环节的投资力度。明确、强化农业对外合作相关部门各自职责，与潍坊重点农业对外企业建立对口联系制度，做好信息采集工作，专人专项及时了解企业存在的问题及困难，帮助企业协调遇到的风险规避等问题。尽快建立统一管理的全球农业生产与农产品贸易数据监测网络及农业“走出去”“引进来”等信息相互通报机制，每季度向农业对外企业通报相关信息。借鉴安徽经验，建立、使用企业微信群、钉钉群，及时向企业发布国内外限制性措施和国外技术性贸易措施变化情况。

2. 加强农产品深加工，进一步提高农产品加工转化率

通过政策调整和资金支持，打造出一批现代化农产品精深加工龙头企业。加大企业培育力度，建立起政府部门联系重点加工龙头企业联系机制，精准实施“一企一策”；加大农产品加工中小微企业梯度培育力度，扶持骨干型企业跨阶段成长。进一步加大对企业农产品种类的开发扶持，目前国际上有很多成功经验，如美国玉米农作物能加工成 3500 多种农产品、日本老年食品的消费市场规模达千亿元等，潍坊要以蔬菜等潍坊特色农产品为突破口，延伸产业链，加大对农产品加工技术的投入力度，鼓励企业将蔬菜等传统农产品创新深加工为冻干休闲零食、美妆补水产品等，

不断提升农产品附加值。

3. 重视农产品区域品牌差别化管理，进一步提升品牌影响力

强调农产品区域公用品牌需为专品，进一步规范“产地名+产品名”区域公用品牌命名组成；充分挖掘潍坊各县（市、区）农业历史和资源特色，注重突出品牌的差异化和个性化特征。政府部门要利用行政手段确保农产品的生产加工流通阶段的合法合规，在种子、种植、仓储、加工、销售、物流等方面制定政策的标准要明显高于国家标准，形成潍坊标准化体系，从源头处把控农产品的质量。在产业政策基础上进一步引进竞争政策，更有利于促进区域公用品牌建设。为提高潍坊农产品辨识度，可借鉴五常大米经验对农产品包装进行形象设计，形成模板样式，推广给各农产品加工企业，并对使用统一包装、进入溯源系统的农产品加工企业，在网络销售平台重点展示。潍坊要构建起一个立体多元、新旧媒体兼顾的传播体系，整合品牌传播的活动。为进一步推广潍坊农产品，可借鉴桂林等地经验，向公众征集农产品区域公用品牌 LOGO，并进行品牌 LOGO 投票评选。如与美团、拼多多等农产品销售平台及抖音等短视频平台开展合作，联动线下门店，以销售业绩强化母品牌（区域公用品牌）与子品牌（区域内各产品品牌）之间的纽带关系。在品牌农业发展的过程当中，要注重利用直播电商将品牌与流量进行资源整合。目前央视等平台展开助农行动，刚开始潍坊可与国内龙头直播平台联合，一段时间后进行平台独立运行。在自身平台建设中，可仿效拼多多等电商平台签到领水果机制，使用签到领取潍坊标志性农产品方式增加潍坊农产品品牌曝光率。

4. 调整优化农业结构，提高资源配置效率

充分发挥潍坊劳动力资源丰富的优势，扩大劳动密集型农产品出口，促进农业资源向高价值农产品生产集中，推动农业结构的战略性调整，优化资源配置，提高潍坊农业的整体生产率。增加紧缺农产品和有利于提升农业竞争力的农资、农机等产品进口，进一步扩大农产品进口规模，优化进口结构，更好地发挥进口对人民群众消费升级、提升国际竞争力等方面的积极作用。加大潍坊远洋渔业自捕水产品（及其加工制品）回运力度，增加水海产品进口。

5. 提高产业链掌控能力，补齐短板与锻造长板并举

依托境外农业合作示范区、农业技术示范中心等既有平台，逐步建立由农场、农机、仓储物流、运输加工等上下游行业构成的现代化境外农业产业体系，形成全产业链掌控能力。缩小重要产业链以及产业链关键环节与世界领先水平的差距，减轻对国际供应链的依赖，重点鼓励支持创新主体特别是行业龙头企业发挥引领作用。

（六）打造外贸新热点，推进跨境电商发展

1. 加大跨境电商金融创新力度

潍坊市可依托农综区创新跨境贸易金融新模式。借鉴陕西自贸区金融创新经验，中国人民银行潍坊市中心支行可联合农综区，建立农综区跨境贸易金融新模式——“央行·跨境票据通”，降低企业融资成本。联合各大银行在农综区应用区块链技术实现跨境直联支付业务。潍坊金融机构可探索开发“跨境电子商业票据业务”、“优质可信企业跨境人民币结算便利化方案”、“e 商融信贷云”、金融服务平台等一系列跨境金融服务和产品。

2. 夯实冷链物流基础设施建设，提升跨境物流冷链服务水平

政府应大力支持冷链运输基础设施和冷链运输技术的建立与发展，推动智能化仓库管理系统的开发。加紧布局潍坊市农村物流代收点、田头预冷、冷链储存、运输车辆等，优化农村物流基础设施，对农产品货物快速及时收揽，推动农产品利用跨境电子商务冷链物流出口海外。优化农产品跨境电商物流服务，利用信息化技术、冷链技术、存储运输技术，构建一个集加工包装、冰鲜存储及冷链运输于一体的标准化物流体系，建立一个国内外信息查询网站，确保物流信息的公开、准确，有效溯源及传输过程信息。

资金实力雄厚的大企业，可以考虑通过在海外自建仓库来提高物流配送效率，小型企业可以利用联合租仓或者共同出资建仓的方式来促进跨境电商物流的发展。作为跨境贸易“新基建”的重要组成部分，海外仓为农产品企业开拓海外市场提供产地直采、直邮、生鲜加工、数字营销、海外接洽、大数据选品、展示宣传、本土化运营等复合型多元化的服务，提高了农产品跨境电商出口的便利化水平。海外仓能为农产品卖家在销售目的地提供农产品冷冻仓储、加工、保鲜、养护、冷链派送等一站式管理服务，国外消费者在线上购买农产品后，卖家只要对海外仓库下达指令即可完成订单履行，大大缩短了从国内发货到目的地的周期，减少运输过程中

农产品的损耗。如果有退换货的情况，也可轻松解决，有助于大幅度提升海外消费者的购物体验。因此，有一定保存时间、形成稳定订单的农产品及食品非常适合采用海外仓模式开展跨境电商出口业务。

3. 构建特定的标准化农产品跨境电商质量体系

潍坊农产品种类繁多，一些农产品质量安全标准内容不适用于当下，为此需要从行业标准和政府层面出发，借助数字化技术，制定与贸易国家相适应的农产品生产质量标准及贸易标准。农产品跨境电商可以借鉴贸易国家相对成熟的农产品质量标准体系，针对贸易国家各区域农产品的实际情况，制定相对统一的农产品质量标准，不仅包含农产品生产环节使用农药等，还需考虑农产品在初次加工及再加工过程中的产品质量标准，从而针对贸易各国制定符合全球各个国家的农产品特定出口质量要求的规划。针对贸易国家制定特定的农产品质量体系，鼓励农产品电商企业打造个性化特色品牌，提升贸易国家消费者对潍坊农产品的品牌黏度。同时，加强跨境农产品质量追溯体系建设，借助大数据、智能化技术等创建跨境农产品从种植或养殖开始到配送到消费者手中的完整贸易链条数据库，确保跨境农产品质量有数据可查，降低跨境农产品损耗率及退换率。此外，政府部门需要加强对农产品质量标准制定的跟踪检查，并制定政策措施监管跨境农产品生产及加工，优化农产品质量管理机制。

4. 借助跨境社交电商带动农产品国际化

潍坊农产品出口企业可借助海外社交媒体，以潍坊蔬菜、禽肉等特色优势农产品为例，打造蕴含中国文化的农产品、食品，吸引海外消费者的眼球，促进农产品跨境销售。为了加速品牌化、国际化进程，良品铺子、三只松鼠等纷纷布局 Facebook、YouTube 等海外社交媒体，以贴近用户的方式获取更多流量，提高品牌的认知度和国际影响力。截至 2020 年 1 月，YouTube 上中国区粉丝数量 TOP4 的网红创作者依次为李子柒（816 万）、办公室小野（814 万）、滇西小哥（377 万）、The Food Ranger（373 万），其中 3 个都与中国美食文化相关。

借助海外社交媒体，打造网红主播、达人、店铺主等，开启原产地直播，呈现潍坊蔬菜、水果等农产品种植、生产的原生态场景，通过原产地溯源直播，获得更多消费者的信任。在直播间，凭借主播与消费者的强互动性，大大提高农产品及食品营销的转化率。

5. 建立跨境电商独立站，提高跨境电商独立性，减少外在风险

为应对亚马逊“封号潮”，提高潍坊跨境农产品企业独立性，可借鉴深圳市跨境电商发展经验，支持潍坊具备一定实力的跨境电子商务企业，通过独立站销售渠道开拓海外市场，通过提升企业数字化水平强化市场开拓能力，对通过建设海外仓为企业开拓市场提供综合配套服务的企业进行扶持申报。可以考虑“独立站+Facebook”模式，目前 Facebook 是一个比较好的购物流量渠道，直接拥有大流量群体。

在支持标准上，可借鉴深圳市的做法。对符合申请条件的独立站项目进行专家评审与专项审计、择优资助；相关申报企业，需在潍坊市注册，以取得开展相关业务资格；申报企业需直接或间接持有申报独立站域名所有权主体不少于 50%的股份。此外，对跨境电子商务公共海外仓进行一定程度的资助。

6. 注重跨境电商人才培养，打造跨境电商“人才高地”

随着跨境电商业务的兴起与发展，潍坊对跨境电商人才的需要越来越迫切。除了通过住房补贴、创业扶持等政策积极吸引复合型跨境电商专业人才外，可鼓励潍坊市各高职类院校加大力度开设相应的农产品跨境电商课程，着力培养懂外贸知识并熟练运用计算机网络应用知识的人才。在此基础上，给他们提供更多机会进行实践锻炼，以便他们在动手操作过程中融会贯通，加深学生们对农产品跨境电商业务的理解。一些组织机构也可以聘请专业老师来开设相应的课程，并招收具备一定文化水平或年龄适当的社会待业人员进行跨境电商业务知识的学习，鼓励他们再就业，从而扩大农产品跨境电商人才服务市场。

企业应定期有针对性地对工作人员进行业务技能培训，不断提升从业人员的学习能力、应变能力，进而适应时代发展的潮流。此外，为了避免现有业务人才的流失，出口企业应积极参与市场竞争，让他们看到出口企业的发展潜力以及跨境电商能够带来的发展机会，由此提高外贸人才的归属感。最后，应适当提高薪资水平，使跨境电商贸易人才的投入与回报成正比，进而为农产品跨境电商业务进行更好的服务。

7. 加快推进潍坊跨境电商综试区建设，推动外贸转型升级

加大财政资金投入，以潍坊综合保税区为核心，统筹推进跨境电商综试区建设，推动传统外贸企业转型升级。以保税区为主阵地，建设跨境电

商综合服务平台和大数据信息中心，打造潍坊市跨境电商总部基地，形成功能设施高度完善、规模企业高度聚集、辐射和带动作用明显的跨境电商核心功能区。同时，建设一批配套完善、定位清晰的大型跨境电商专业园区，培育一批具有较强竞争力的跨境电商企业，充分发挥行业龙头作用，引导更多的中小型企业进行转型升级，推动潍坊跨境电商实现规模化发展。

借鉴已有跨境电商综试区建设经验，紧抓“一带一路”机遇，构建跨境贸易在“一带一路”沿线的布局，大力开展海外营销中心和海外仓建设，加快欧美市场海外仓布局。支持海外仓企业研发智能仓储技术、拓展航空货运业务。打造以日韩、独联体、中东、非洲为主要市场的海外营销区，推动品牌企业 B2B2C 模式的落地，扩大进出口，实现跨境电商全球业务的开展；充分利用“互联网+”，使用云计算、物联网、大数据等手段，整合各行业资源，搭建跨境智能物流体系，实现传统外贸企业经济结构转型升级。

聚焦现代农业与食品等战略性支柱产业集群，开展“产业集群+跨境电商”试点，提升跨境电商产业集聚和公共服务能力。鼓励企业开展自主品牌境外商标注册和国际认证。支持企业建设跨境电商供应链数字化协同平台，实现原料采购、生产制造、终端销售等产业链上下游环节的业务协同，帮助传统制造企业“出海”。

课题负责人：王冰林

课题组成员：山东农业大学陈盛伟、宋晓丽、姜笑寒

潍坊市改革发展研究中心周志鹏、孙潇涵、王伟

（2021 年 11 月）

前孙家庄村及周边区域乡村建设研究

课题组

2021 年中国向全世界庄严宣告完成全境脱贫攻坚事业，进而拉开了全面乡村振兴的序幕。然而对于许多地区而言，巩固拓展脱贫攻坚成果，探索乡村振兴道路的任务依然十分艰巨。前孙家庄村位于山东省潍坊市峡山生态经济开发区（以下简称“峡山区”），该村人口少、经济基础薄弱、基础设施落后，推进乡村振兴的条件极差。课题组以解剖麻雀的方式，以该村为样本开展乡村振兴研究，进一步探索乡村振兴规律，加深对乡村振兴的理解，优化乡村振兴政策，提高乡村建设效率，指导该村及周边区域的乡村振兴工作。

一 前孙家庄村及周边区域的基本状况

前孙家庄村（36°N，119°E）隶属于峡山生态经济开发区太保庄街道，地处该区东南部，位于峡山区、昌邑市和高密市接壤地带，距离潍胶路约 2 公里。基本村情如下。

（一）村庄规模较小、人口少且老龄化严重

该村现有村民 93 户共 287 人，其中留守村民约有 100 人，绝大多数为老人和妇女。

（二）村庄基础设施较为完备，但亟待改造提升

“第一书记”驻村帮扶之前，该村已经通自来水、通电、通网络、通有线电视信号，完成了厕所改造，村内主干道用混凝土或红砖进行了硬

化，但进村道路破损严重，村内路灯数量少且亮度不够，缺少足够的休闲娱乐设施，村委办公场所已经成为危房，村内有多处残垣断壁。

（三）周边生活设施完备，但公共服务水平较低

该村及周边拥有小卖部、卫生室、小型饭店、农资售卖点，但大型商超、综合性医院、银行网点、学校距离该村超10公里，公交站点距离该村约2公里，直达峡山主城区的公交车只有一辆。

（四）地质情况较差，生产设施建设成本高，靠天吃饭情况严重

该地区为红板岩地质结构，土壤中夹杂着大量的散碎石块，开凿机井需要深钻超300米，成本高且难度大，因此目前村内尚无灌溉机井。该地区表层土深度不足50厘米，较差的水肥条件导致农作物产量不稳定。

（五）集体经济收入的缺乏阻碍了村庄发展，制约了村委为民服务的能力

该村集体经济收入主要来自村内机动地的承包费，集体经济收入总量少且来源单一，除承担村委日常办公所需之外，仅能承担每年人居环境整治等常规工作。长期拖欠村支书等人的绩效工资，也没有资金支持开展群众性活动，严重制约了村委为民服务的积极性和办事能力。

（六）村委班子和党员年龄老化

该村现有党员18人，其中60岁及以上党员有15人，占比为83.3%，35岁及以下党员人数为0。村两委成员共有5人，年龄都在50岁以上，文化程度较低（初中及以下学历），不会操作计算机等现代办公设备。综上所述，前孙家庄村是一个基础薄弱、缺少发展资源、人口老龄化严重的村庄。

二　前孙家庄村及周边地区实施乡村振兴的劣势与优势

实现乡村振兴的方式和路径多种多样，唯有根据地方特点因地制宜，才能提高发展效率。

（一）发展劣势

①区位条件差。该地处于峡山、昌邑、高密三地交界区域，但距离各城区较远。②交通条件差。周边区域以乡间道路连接，路面狭窄且运输承载力不强。区域内公共交通不发达，仅有1辆公交车直达峡山主城区，全天只有4趟，车次时间跨度大、停靠站点较少，运力不足且极不便利。③人力资源条件差。村庄人口稀少且老龄化严重，年轻人外流严重，常住人口少，村民的学历普遍较低。④基础设施条件差。无论是村庄内的生活服务设施还是产业配套设施，都呈现严重不足或者破损老旧的状况。⑤产业基础薄弱。该村主要产业为种植业和养殖业，主要种植小麦和玉米，另有少量葡萄和花生等经济作物。有13户村民从事养殖业，主要养殖牛、猪、鸭、鸡等畜禽，但单个养殖户的养殖规模不大。⑥资源禀赋条件差。该地既无秀丽的自然风光，又缺乏深厚的历史底蕴，地下也不含高经济价值的矿产。⑦政策倾斜少。峡山区作为库区，有众多的库区移民及移民村。水库移民专项资金也成了峡山区民众改善生活条件和进行村庄建设的重要资金来源。前孙家庄村不是水库移民村，无法享受到移民资金的照拂，地处偏远又决定了其发展的重要性和序列靠后，难以受到政策的优先照顾。⑧生产生活配套水平低，难以吸引年轻人回流。该地位置偏远，生活便捷度较差。周边没有大型企业，就业市场狭小且高薪工作岗位少。周边休闲娱乐设施少，教育培训机构少，年轻人得不到很好的放松和提升。生产配套条件差，商业氛围不浓，民众消费能力低，创新创业难度高。总而言之，对年轻人的吸引力极弱。

（二）发展优势

①闲置劳动力多，用工成本低。随着农业现代化的推动，农业生产的人工需求减少，农村拥有大量的闲置劳动力。这些村民经过简单培训，能够满足诸多劳动密集型企业的用工需求。较低的薪金期待，也便于企业降低用工成本。②拥有大量成方连片的耕地。现代农业的发展趋势是规模化经营，前孙家庄村及周边90%以上的耕地未进行流转，土地平整且成方连片，土地流转的操作空间巨大。③小村寡民，治理成本低。该村面积小、人口少，治安状况较好，村民关系和睦，村两委班子团结且为民服务意识

较强。小村寡民决定了它的治理成本和沟通成本较低，进行村庄建设的资金需求也较少。④村民拥有一技之长。周边区域村民长期以屠宰牲畜为业，成年村民大多能够熟练宰杀牲畜和处理皮毛、肉、内脏。目前该区域依然存在很多养殖户，养殖的总体规模比较可观。如果可以进一步延伸产业链，这些村民的技能也许可以发挥更大作用。⑤在外经商人员多。部分村民早年间在青岛等地售卖猪牛肉及其副产品，目前有多人定居其他城市依然从事相关职业。这些人与村内居民保持着密切的联系。这些销售渠道和人脉资源是一笔宝贵的财富。⑥合理利用区位条件。尽管该地距离峡山、昌邑、高密主城区较远，但是对于在三地都有经营业务的企业而言，该地是综合运输成本最低的理想场所。如果尝试将其建设成为物流运输中心，该地必将成为货物运输的重要中转地。

综上所述，前孙家庄村及周边区域面临发展上的诸多不利条件，但是也有一些特定优势，如果能够借助外部资源和政策，对该地进行有针对性的规划，不需要大量资金投入，就能实现村庄面貌翻天覆地的变化。

三 乡村振兴路径及选择

根据发展路径的不同，乡村振兴可以分为以下三种主要类型。

（一）资源主导型

通过对自然资源（矿产资源、自然风光、土地资源、空气质量、区位资源）和人文资源（历史人物、民俗节日、人造建筑）进行合理地开发运作，带动所在地区实现乡村振兴。资源开发主要有自主开发、合作开发、委托经营等多种形式，通过让沉睡的资源运转起来，实现所在地的经济腾飞。

（二）政策主导型

出于经济社会发展的需要，中央或地方政府会对某些地区出台相应政策，进行重点开发，帮助其实现乡村振兴。典型案例如黄河滩区搬迁安置、雄安新区建设等。能否实现政策主导型乡村振兴，取决于该地对国家、地方发展的重要性，以及当地与发展政策的吻合程度。除此之外，个人偏好也会影响某地乡村振兴的实现，比如潮汕地区吸引华侨投资、知名企业家投资家乡等。此外，某些地区也可能因为某地做出过特殊贡献，得到国家适当的政策性倾斜，如全国各地的革命老区等。

（三）内生主导型

在没有丰富资源和缺少政策倾斜的情况下，通过集中本村现有资源，按照村民参与、自主管理、风险共担、收益共享等原则，自主自发地进行乡村建设，最终实现该地乡村振兴，比如当年创办村办企业、开挖红旗渠、贵州省安顺市塘约村的“塘约模式”等。相比于其他类型，内生主导型能够充分调动村民参与乡村建设的积极性，克服外力支持不足的困难，对于财政欠发达地区开展乡村振兴具有重要的借鉴意义。

对照前孙家庄村及周边区域的现实状况，要实现该地的乡村振兴，最为高效的方案是政策主导型乡村振兴，最为稳妥的方案是内生主导型乡村振兴，最难实现的方案是资源主导型乡村振兴。内生主导型乡村振兴需要村民有着高度的自觉意识和强烈的改变意愿，需要协调和平衡各方利益，需要带头人有高超的政治智慧，现实中往往难以实现。政策主导型乡村振兴则是可遇不可求的事情，需要通过大量的前期工作，尽可能争取政策倾斜。资源主导型乡村振兴则要考虑在缺乏自然资源的前提下，如何将人文资源转变为发展优势。

四　前孙家庄村及周边地区的发展建议

围绕村庄发展需求，从“硬件”与“软件”两方面着手，既要改善村庄的基础设施条件，为发展创造更好的物质保障，又要营造良好的营商环境，大力招引人才，为乡村振兴提供源源不断的动力。

（一）多渠道筹措发展资金

前孙家庄村及周边地区发展滞后，需要投入大量资金，进行大面积改造和提升。该地民众收入较低，村庄缺少集体经济收入，靠自有资金进行发展的可行性较低，需要多渠道筹措发展资金。一是争取财政资金投入。当地政府主动担当作为，投入财政资金，对该地的基础设施建设和产业项目进行扶持。二是吸引社会资本投资。积极进行招商引资，引导工商资本下乡，并探索通过 BOT 或 PPP 等模式进行共同开发。三是借助在外能人力量。鼓励本村在外的能人，以回馈家乡的方式，将资金与资源招引到本村，实现村庄发展。四是挖掘本村现有资源。通过党支部领办合作社的形式，将村庄和村民掌握的资源转变为发展所需的资料，通过科学高效的管理，实现“1+1>2”的规模化效应，实现村民共同富裕。

（二）改善村庄基础设施状况

完善的基础设施是实现乡村振兴的基础和先决条件。前孙家庄村基础设施落后，严重制约了村庄的发展，必须改善基础设施状况。一是硬化村庄道路。对进村路和村内道路进行改造，解决村民“晴天一身土，雨天一脚泥”的状况。二是修缮村委办公场所。村委办公场所是否安全、设施是否完备将直接影响村委为民服务的效率。该村村委办公场所年久失修，已经是危房，应该对其进行修缮或翻新。三是打造疏排水网络。该村排水沟较少，汛期常出现村内排水不畅的情况，是一个较大的安全隐患。建议该村在主干路两旁开挖排水沟，连通现有的沟渠和河道，确保汛期能够快速、顺畅地排出积水。四是完善村民休闲娱乐设施。该村缺乏休闲娱乐的场地和设施，村民的这部分需求无法得到满足。建议向体育局争取一批体育器材，并争取建设一个村民文化广场。五是对村庄进行绿化和美化。优美的村庄环境能够大幅提升村民幸福感。建议在村庄道路两旁栽种绿化苗木并播撒花种，营造绿树成荫、花团锦簇的村庄氛围。

（三）积极促成合村并居，提升公共服务效率

受到城市化、老龄化和年轻人外流等因素影响，我国部分农村正在加剧消亡。人口稀少、居住分散且拥有大量闲置宅基地的村庄，增加了公共产品供给的成本，造成了大量重复性建设和资金浪费。与前孙家庄村相似的村庄也存在小村寡民且缺少产业支撑的情况，合村并居既是应对村庄消亡的无奈之举，也是提升公共产品供给的效率与质量、减少社会资源浪费、增进村民福祉的理想方式。需要注意的是，中国农村承载了很多国民的乡愁，既是人们的情感寄托，又是抵御市场化风险的关键屏障。合村并居过程中应该切实尊重村民意愿，不可动用行政命令，强行进行村庄拆

除，对村民的补偿安置也要符合农村特点。

（四）积极进行土地流转

现代农业的发展趋势是机械化、规模化和集约化。小农经济的生产模式已不能满足我国农业生产的需要，它既不能降低生产成本，又无法很好地适应市场经济。这些年我国政府一直积极推行农村土地流转，通过这种方式实现土地的规模化经营，更好地将社会资本引入农业领域，提升我国农业的现代化水平。我们建议前孙家庄村及周边区域推行土地流转是基于以下理由：一是前孙家庄村及周边区域的大量农田，未进行流转且成方连片，具有机械化、规模化经营的基础；二是该地区农田水肥条件差且农业基础设施严重不足，通过土地流转引入社会资本，补齐农业基础设施短板，可以增强农业生产的稳定性。具体的经营模式有三种：第一种是将土地流转给种粮大户，收取承包费用；第二种是采取大田托管模式，前期收取土地承包费，后期根据产出进行二次分红；第三种是党支部领办合作社，将土地交由村集体统一经营，村民以土地、现金和农业机械入股，通过参与生产和股本分红获得收益。

（五）引进劳动密集型企业

当今中国正面临产业升级，大量低技术含量、低附加值的劳动密集型产业正在进行产业转移。目前产业转移的路径有两个，一是由发达省份向欠发达省份转移，二是向欠发达国家转移。当前中国农村普遍缺乏产业支撑，无法很好地解决农民就业与收入增加的现实困境，笔者建议可以将劳动密集型产业由城市往农村转移。首先，解决农村赋闲人员就业问题，增加农民家庭收入。其次，借助廉价的生产资料降低企业成本，增强企业竞争力，增加企业利润。再次，村民就近就业，便于照顾家庭，也能吸引年轻人回乡就业创业。最后，村集体增加收入，地方政府获得税收，周边地区受益于企业建设带来的基础设施改善，该举措还可以带动餐饮、零售、房地产等相关产业的发展。根据前孙家庄村的具体情况，可以尝试通过招商引资或创立村办企业等方式，建设玩具加工厂、工艺品厂、食品加工厂、服装加工厂等。

（六）发展乡村旅游，搞好旅游服务

峡山区的空气优良天数、负氧离子含量、人均绿化面积居全省第一，同时拥有峡山水库等秀美的自然风光和郑玄故里等历史文化遗迹，具备发展乡村旅游的良好基础。近年来，郊区游、露营、短途旅游方兴未艾，乡村旅游正在成为城市居民短期放松的热门选择。潍坊市区缺少旅游资源，峡山区正好可以填补短途旅游的市场空白。当前中央和地方政府出台了多项扶持乡村旅游发展的优惠政策，这些政策也是峡山区大力发展乡村旅游的重要契机。前孙家庄村及周边地区在这个大背景下，应该积极探索开发民宿、农家乐、蔬果采摘等适合当地的旅游项目，并带动农产品销售和工艺品销售。

（七）创造有利条件，吸引年轻人回流

吸引年轻人回流是减缓农村消亡、保持地区竞争力的重要手段。让部分年轻人回流农村既是消解“城市病”的良方，又是实现农业农村现代化的必要条件。考虑到年轻人在就业、收入、教育、医疗、居住环境、休闲娱乐等方面有着较高的需求，政府需要进一步改善农村的居住环境，改善基础设施条件，增加公共产品供给，为年轻人就业创业提供政策支持，为年轻人安家提供现金补贴和住房贷款优惠。具体到前孙家庄村及周边地区，要充分认识到返乡年轻人的重要性，将其吸纳到党组织内，并作为后备干部进行培养，让他们逐渐成为引领村庄发展的带头人。

（八）发展电子商务，探索直播带货

峡山区拥有大姜、有机蔬菜、黑木耳等多款优质农产品，但缺乏大型农产品交易市场，品牌塑造和推广不够，导致农产品销路不畅，卖不到较好的价格。在自媒体时代，发展电商产业，能够消弭线下渠道的鸿沟，更好地助力农产品销售。具体做法，借助淘宝、京东、拼多多等购物平台搭建店铺，借助抖音、快手等短视频平台进行直播带货。为了更好地实现这个目标：一是要着力搭建5G通信基站，提升辖区内的网络信号稳定程度；二是要设立电商产业基金，出台优惠政策，引进MCN孵化公司和直播类公司，打造网红主播；三是要完善道路交通和物流仓储，保证货物运输顺

畅；四是要加强执法监督，确保电商行业良性发展，避免劣币驱逐良币。前孙家庄村及周边地区可以对赋闲在家的农民进行培训，教他们视频拍摄、账号运营等方面的知识，等账号粉丝数累积到一定数量，就邀请专业团队为他们提供内容拍摄、视频剪辑等方面的专业服务，并为他们直播带货提供场地、设施与人员支持。

五　前孙家庄村及周边地区乡村建设的启示

（一）根据地区特点，确定发展模式/路径

一个地区的发展模式都是由自身特点决定的，自身特点既包括自身的资源禀赋，又包括需要承担的特殊使命。前者决定如何选择一条阻力最小且有相对竞争优势的道路，后者体现为大局服务的政治担当。具体到峡山区，最重要的使命就是保护峡山水库，确保周边地区的饮用水安全。在发展路径的选择上，只能在环保这个大前提下，选择最有发展潜力，带动能力最强，且更有持续性的道路。除此之外，在保护耕地和确保粮食安全的国家目标下，峡山区应该更加合理地使用自身土地，发展的产业也要与国家目标相匹配和吻合。前孙家庄村必须在符合国家要求和峡山区定位的前提下，选择一条最佳的发展道路。

（二）把握产业发展特点，顺应时代发展脉络

企业生存和产业发展都有其特点，有些必须具备一定的产业基础，在此基础上逐步做大做强，有些则可以通过政策优势、搭建平台、招商引资，让一个产业在当地从无到有，从小到大快速地成长壮大，比如合肥的新能源产业，上海的电动车产业等。对于峡山区而言，第一、第二、第三产业都没有绝对优势，如果还本着“大而全”的思想，将政策、资金分散用于各个产业和企业，很难实现对其他地区的超越。建议以“长板理论”为指导，集中本地优质资源，着力培育有竞争力的大型企业，通过大型企业营造产业生态，从而消弭产业劣势，最终实现弯道超车。前孙家庄村是峡山区的缩影，底子弱、基础薄，因此在发展过程中，应尽量做到集中优势资源，重点突破某些领域或培育某些企业，通过辐射带动实现全面的乡

村振兴。

（三）地区发展过程中，高效利用社会资金

如何更好地利用庞大的社会资金池是摆在各级政府面前的一道难题。峡山区主要依靠上级财政拨款和转移支付开展社会建设，辖区内各村庄普遍缺少集体经济收入，而村庄发展与财政支持力度紧密相关。在峡山区整体财政状况不佳的情况下，前孙家庄村要充分考虑利用在外能人回馈家乡、村民捐款、招商引资等方式，对村庄建设和产业发展开辟更多筹款渠道，更高效地利用这些资源助力村庄发展。

（四）挖掘自身发展的内生动力

当今中国的农村建设主要靠外部力量推动，对内生动力的挖掘不充分不彻底，“政府干、村民看”的现象比较突出。这与改革开放前开凿红旗渠、农业学大寨的情形截然相反。组织和动员群众，让他们参与到村庄建设中，能够提高村庄建设的效率，也能够避免“等靠要”给地方政府带来的财政压力。为此，一是要开展舆论宣传，嘉奖参与村庄建设的典型，曝光破坏村庄建设的行为与个人，改变“各扫门前雪”的村风与民风；二是将村庄发展与村民利益深度捆绑，通过党支部领办合作社、村民积分制等形式，让村民的行为与村庄发展相互绑定、与个人利益紧密相关，从而促使村民更好地参与村庄建设；三是选择一个由公正无私、有担当、爱奉献、有能力的村民组成的村委班子。通过他们的引领示范，带领村民凭借自身力量扭转落后局面，让村庄面貌焕然一新。

课题负责人：丛炳登

课题组成员：潍坊学院韩敏、王瑞华、路艳

潍坊市改革发展研究中心王耀强、王伟

（2022 年 12 月）

先进制造业

关于制造业几个问题的分析

杜慧心　刘永杰　刘　磊

一　制造业对于普通地级市打造核心竞争力至关重要

在区域分工中，省会城市、副省级城市往往承担政治、金融、科技、文化等综合性功能，普通地级市更多地承担产业高地功能。2020 年，国内 23 个万亿 GDP 城市中，苏州、无锡、佛山、泉州、南通这 5 个普通地级市第二产业比重都在 50%左右，而省会、副省级城市第二产业比重大多在 35%左右甚至更低（见图 1）。

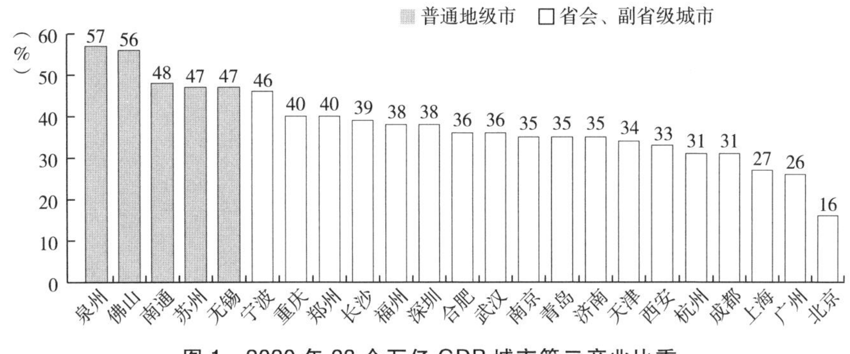

图 1　2020 年 23 个万亿 GDP 城市第二产业比重

潍坊制造业规模体量大、质量效益好，围绕制造业打造城市核心竞争力具有坚实基础。2020 年潍坊 GDP 在普通地级市中排第 15 位，这 15 个城市中：①规模以上工业企业数量潍坊排第 11 位，其中营收 4 亿元以上、从业人员 1000 人以上的大型工业企业潍坊有 86 家，排第 6 位，位于苏州、东莞、泉州、佛山、无锡之后。②企业资产流动性潍坊排第 6 位，潍坊规模以上工业企业流动资产为5231亿元，固定资产为2120亿元，流动资产与固定资产之比为2.5，位于东莞、无锡、苏州、温州、绍兴之后。③工业营收潍坊排第8位，高于南通、烟台、绍兴、温州、扬州、盐城、徐州。④利润总额潍坊排第12位，高于徐州、扬州、盐城，比温州仅低4亿元。制造业是潍坊发展的最重要支撑，与潍坊的城市地位密切相关，潍坊应该把制造业作为提升城市竞争力、实现“一二三”目标的主要依靠力量。

二 理性看待潍坊制造业比重低、下降快问题

第一，潍坊制造业比重在全国地级市GDP 15强中排第14位（见图2）。2020年潍坊制造业占GDP比重为29.5%，万亿GDP地级市中佛山、泉州、苏州、无锡在40%以上。

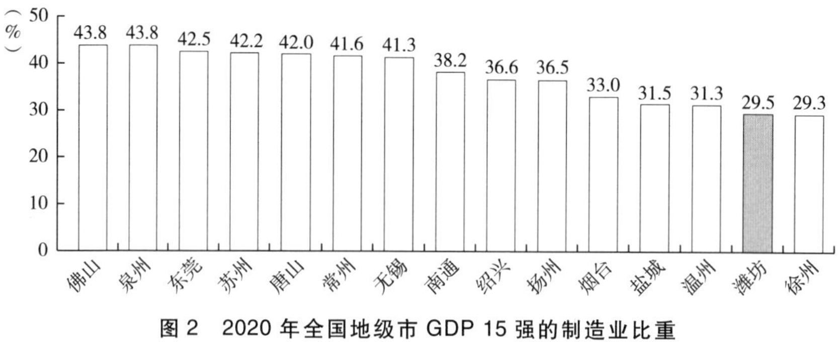

图2 2020年全国地级市GDP 15强的制造业比重

潍坊制造业比重连续14年下降，下降明显过快。2006~2020年，潍坊制造业比重由最高的46.3%降至29.5%，降低16.8个百分点。如图3所示，在全国地级市GDP 15强中，制造业比重降幅只有烟台、苏州大于潍坊，而佛山提高4.2个百分点、盐城提高3.1个百分点。苏州由61.6%降至42.2%，苏州制造业比重的快速下降符合后工业化阶段城市发展规律。潍坊制造业比重低、下降快，应引起关注。

第二，潍坊工业营收规模与工业增加值规模匹配度不高，一般而言，工业营收与工业增加值位次高度正相关，潍坊是个例外。2020年，潍坊工业营收在全国地级市GDP 15强中排第8位（见图4），工业增加值排第15位（见图5），从工业营收视角看，潍坊工业增加值规模应该更大。

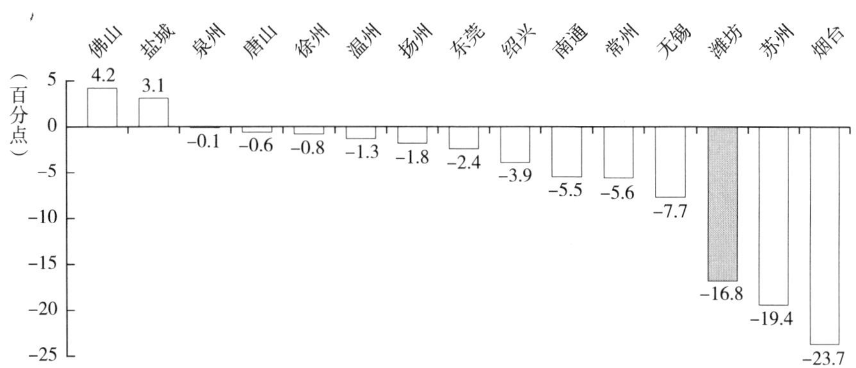

图 3　2006~2020 年全国地级市 GDP 15 强的制造业比重变化

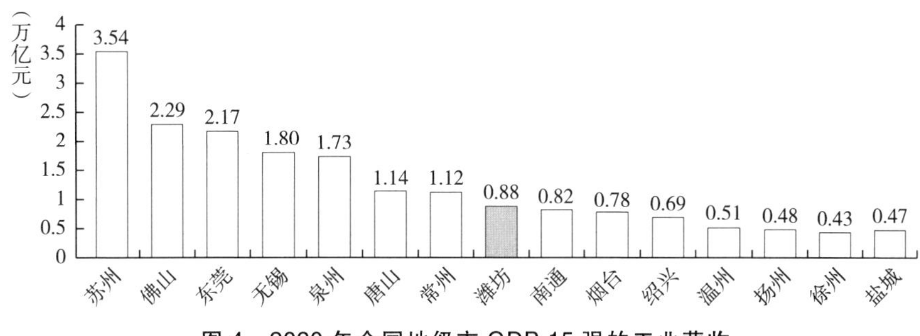

图 4　2020 年全国地级市 GDP 15 强的工业营收

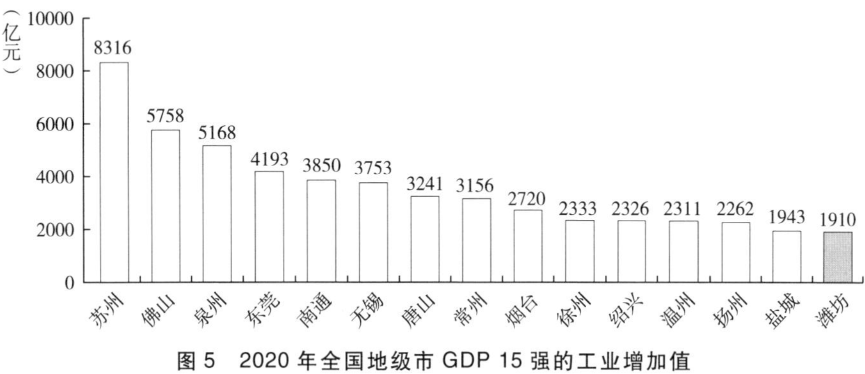

图 5　2020 年全国地级市 GDP 15 强的工业增加值

“潍坊工业比重低、下降快”可能有统计方面的原因。一是最近十几年山东省一直在强调第三产业比重，统计中难免会对第三产业给予更多关注。二是 2018 年经济普查调低了各类工业库存产品的估算价格，潍坊制造业规模较大，在 GDP 重新核算中受到的影响更大，因此从数据上看潍坊制造业比重下降更快。

第三，“十四五”时期乃至今后十五年，潍坊制造业比重应保持在30%以上。发达国家和城市一般在人均 GDP 达到 1.9 万美元左右、制造业走向高端后出现比重下降，潍坊现阶段人均 GDP 为 1 万美元左右，正处于向工业化中后期阶段全面转化时期，这一阶段制造业比重不应出现大幅持续下降。中国社会科学院工业经济研究所提出，到 2030 年中国制造业比重保持在 30%左右为宜。无论从当前发展阶段看，还是从潍坊制造业在全省全国的地位看，潍坊制造业比重今后十五年都应保持在 30%以上。

三　加快制造业智能化转型

智能化是制造业转型升级的主要方向，要实现“全国制造业看山东、山东制造业看潍坊”目标，潍坊应把智能化转型作为核心抓手。潍坊制造业大企业智能化水平相对较高，中小企业相对较低，但中小企业往往是制造业智能化主战场，由此影响了整体优势形成。国家社科基金重大项目发布“中国智能制造企业百强榜”，山东有 5 家企业入选，其中潍坊有 2 家，分别为潍柴、歌尔，青岛有 1 家、济南有 1 家、聊城有 1 家。工信部公布智能制造试点示范项目，山东有 34 项，其中青岛有 12 项、潍坊有 6 项、济南有 4 项、烟台有 2 项。

推动本地行业龙头企业打造跨行业跨领域的工业互联网平台。工业互联网是制造业智能化的基础支撑，潍坊大企业已经到了要突破工业互联网困境的阶段，迈过去就能一直处于领先地位，迈不过去就将与领军型企业差距越拉越大。当前工业互联网仍在初创起步阶段，面临诸多困难，不少城市已经克服困难形成先发优势，比如佛山、青岛、长沙，尤其是青岛举全市之力支持海尔大力建设卡奥斯，如今海尔稳居中国智能制造企业百强榜第一名，青岛也因此具备了迈向“世界工业互联网之都”的资本。潍柴、歌尔、盛瑞、豪迈等大企业已具备建设工业互联网平台的实力，应鼓励这些企业去建平台，进一步发展形成跨行业跨领域工业互联网平台，向产业链上下游中小企业输出技术、模式，形成大企业建平台、中小企业用平台的态势。

鼓励中小企业用好卡奥斯、树根互联、阿里云 ET 工业大脑等工业互联网平台，尤其要充分借力卡奥斯。我国较为成熟的工业互联网平台超过

50家，用好这些平台是中小企业实现智能化转型的重要手段。卡奥斯在工信部发布的跨行业跨领域工业互联网平台中排名第一，当前山东在大力推动卡奥斯为全省制造业转型赋能，全省有近70万家企业链接卡奥斯平台。胶东半岛烟台、威海、日照三市，都在积极用卡奥斯平台，相对来说，潍坊不算领先。比如，烟台市政府与卡奥斯达成全面战略合作，日照市政府与卡奥斯签订战略合作协议、共建钢铁行业工业互联网平台，威海在服装、房车、渔具等多个行业与卡奥斯合作，潍坊仅青州、寿光与卡奥斯达成战略合作。卡奥斯在烟台、威海、日照、淄博、济宁、枣庄等地打造一系列示范基地，胶东半岛城市中唯独潍坊没有与卡奥斯合作打造示范基地。潍坊应高度重视与卡奥斯的全面合作，通过政府牵头签署战略合作协议、上云补贴等形式，支持中小企业多用、用好卡奥斯平台。

积极申报省级工业互联网产业园区、积极争创国家级工业互联网产业示范基地。2020年山东获批成为全国三大工业互联网示范区之一，在全省建设30个以上工业互联网产业园区。2020年12月工信部提出到2023年遴选5个国家级工业互联网产业示范基地。这些都是重大机遇，我们应该积极申报，并借此契机借鉴青岛发布的《工业互联网示范园区建设指南》，高标准打造本地工业互联网产业园区。

以智能制造成熟度评估促诊断、促改造。《智能制造能力成熟度模型》和《智能制造能力成熟度评估方法》两项国家标准已于2021年5月正式实施，这是政府、企业判断智能制造水平高低的重要依据。建议通过政府采购方式，选择全国范围内优秀的智能制造诊断服务商，按照上述标准，对中小企业的智能化水平进行评估、诊断，以此促进智能化改造、升级。苏州每年都为40家工厂、600家车间提供智能制造诊断服务。

鼓励中小企业智能化升级，相应资金扶持要跟上。比如增加上云补贴金额，设立中小企业智能化改造贴息奖励资金，将技改经费重点用于为中小企业提供智能制造诊断服务、咨询及数字化采集服务等。

发挥潍坊职业教育优势，解决智能化转型用工难问题。潍坊有中职、高职院校47所，数量排全省第3；在校生总数约为20万人，是南通、无锡的2倍，发挥职业教育优势解决用工难问题有显著优势。目前来看，职业院校在专业设置、课程设置、培养模式上，不能很好地适应产业智能化转型升级，应尽快组织研究相关激励措施和政策，引导职业院校紧跟发展趋势，在专业、课程上与制造业智能化全面融合。

四　加快制造业绿色化转型

在“双碳”背景下，制造业绿色化转型迫在眉睫。“双碳”目标正在重构全国经济版图尤其是制造业版图，对任何一个城市而言，“双碳”带来的影响不可估量，谁在绿色化转型上先人一步，谁就是新赛道上的领跑者，就有可能引领下一轮产业革命。目前，全市能源消费量的75%、碳排放量的70%由制造业产生，潍坊无论是提升制造业竞争力，还是实现全市“双碳”，都应该加快推进制造业绿色化转型。

（一）建设能源碳排放数据监测平台

能源碳排放数据监测平台是实现制造业绿色化转型和“双碳”目标的基础性支撑，不可不建，越早建越有利。比如厦门电碳生态地图依托供电公司打造平台，将1811家规模以上工业企业的电力数据与煤、油、气、热等能源消费数据链接起来，通过用电量实时监测重点行业、重点企业碳排放情况。研究发现，先进城市一般依托供电公司建平台，主要是因为这类企业有掌握能源数据的优势。建议潍坊市有关部门积极借鉴，研究依托供电公司这类企业制订建立数据监测平台的方案。

（二）培育低碳、零碳示范园区，带动全市制造业绿色化转型

培育低碳、零碳示范园区是2021年以来的新现象，也是制造业强市推进产业绿色化转型的共性做法。成都、上海、南京建设碳中和示范区，东莞、重庆、南京建设零碳工厂、零碳示范园区、零碳未来城，宁波、天津建设“近零碳”示范区。无锡有两点值得关注：一是在高新区建立零碳科技产业园，二是建立碳中和示范区。建议借鉴这些制造业强市的经验，结合潍坊产业实际，把打造低碳、零碳示范园区作为推进制造业绿色化转型的主要抓手。选址应充分考虑产业基础，可在高新区等开发区建设低碳、零碳示范园区，加快培育一批具备低碳、零碳产业基础的重点企业。

（三）加快氢能产业发展，优化制造业能源结构

发展氢能不仅是能源转型的重大机遇，更是推动制造业绿色化转型的重要举措。建议落实好潍坊氢能产业中长期发展规划，依托潍柴、山东海化集团等龙头企业，进一步拓展氢能在工业领域的应用，逐步提升氢能在潍坊能源结构中的占比。

（四）探索成立减碳联盟

可由政府发起，环保行业龙头企业牵头，联合制造业骨干企业及科研机构成立联盟，以此带动更多行业企业、组织和机构参与减碳行动，加快形成推动制造业绿色化改造的合力。

（五）研究制定绿色化转型激励政策

充分运用财政、税收、金融等手段，围绕节能降耗扶持、绿色低碳技术应用、绿色品牌建设、企业实施循环经济和资源综合利用项目等领域，制定相关扶持、奖励政策，形成鼓励绿色化发展的政策导向。2021 年 5 月广州出台《广州市黄埔区　广州开发区　广州高新区促进绿色低碳发展办法》，对纳入监管的重点用能单位实施节能降耗，最高补贴 1000 万元；对纳入国家绿色制造示范名单的绿色工厂、绿色园区、绿色供应链管理企业给予 100 万元补贴。

五　加快制造业片区化、集群化发展

工业化进入中后期，片区化、集群化成为优化制造业空间布局的主要方向。

（一）成都打造产业功能区的理念值得借鉴

成都 2017 年以来在全市规划建设 29 个先进制造业功能区，逐一明确范围边界、主导产业，有效提升了产业集约集聚水平和产业链现代化水平。产业布局对于整个城市的空间布局具有重要引领带动作用，成都以产业功能区引领城市空间优化已经取得了良好效果，被视为引领产业空间布局理念转变、重塑城市经济地理的一场革命。潍坊的潍柴国际配套产业园

等重点园区也体现了产业功能区的理念，应进一步总结经验，形成共识，立足当前产业基础在全市范围内规划若干产业功能区，进一步提升产业链现代化水平。

（二）潍坊打造产业功能区，应向大企业集中，向中心城区和胶济沿线集中

①向大企业集中。大企业是潍坊的优势，按照国家统计局标准，潍坊大型工业企业有 86 家，在全国地级市中排第 6 位。但这些大企业没能有效带动为其提供专业化协作服务的中小企业在地理上集中分布，建立在专业分工基础上的企业集聚效应和协同效应不显著。应重视发挥大企业对上下游企业的集聚带动作用，围绕大企业打造若干产业功能区，在功能区规划建设、项目引进、资源要素配置等方面应给予大企业更大自主权。②向中心城区集中。潍坊现阶段城市化率低、中心城区辐射带动力弱等都与中心城区产业支撑不足密切相关。2020 年潍坊中心城区第二产业增加值占全市比重 32.5%，低于常州的 86.4%、无锡的 45.8%、苏州的 43.4%、南通的 35.3%。潍坊要提升中心城区竞争力、保持制造业比重基本稳定，应在中心城区保持相当的工业比重。③向胶济沿线集中。随着都市圈、城市群战略深入推进，济南、青岛的联系将越来越紧密，胶济沿线正在成为山东省经济最活跃、人口密度最高的发展轴带。除诸城、临朐外，潍坊所有的县（市、区）建成区都在胶济沿线上，越早推动产业在胶济沿线布局，越能够抢占发展先机、降低进入成本。

（三）本轮国土空间规划应高度重视产业功能区规划，留足工业用地指标

潍坊现阶段工业用地规模明显偏低，根据住建部《城市建设统计年鉴》，潍坊市区 2019 年工业用地面积为 33.1 平方公里，排全省第 11 位，工业用地占城市建设用地面积的比重为 19.2%，排全省第 11 位，远低于潍坊工业营收全省第 2 位的水平。

六　走龙头企业带动、外部借力的路子，推动制造业科技创新

普通地级市高校院所少、创新资源缺乏，难以像副省级城市、省会城

市那样更多依靠高校院所开展创新，更应依靠企业特别是龙头企业带动创新。泉州、佛山等制造业明星城市，都是龙头企业牵头推动重大科技突破。潍坊近年来创新竞争力持续增强，也是一批龙头企业发挥了关键作用，如盛瑞、潍柴获得国家科技进步一等奖，歌尔虚拟现实一体机入选2020 年全球 100 项最佳发明等，这样的成就在地级市中极为罕见，应坚定不移地走龙头企业带动中小企业和科研院所协同创新的道路。

（一）支持龙头企业突破关键核心技术

财政资金直接支持关键核心技术攻关是近年制造业明星城市的普遍做法，无锡的“太湖之光”科研攻关计划和佛山实施的“强核工程”，每年均安排 1 亿元财政资金解决“卡脖子”难题。建议潍坊对几大重点产业链、特别是产业链上的关键龙头企业面临的“卡脖子”难题进行梳理，根据紧迫和重要程度确定攻关课题，通过财政资金直接扶持、实施“揭榜挂帅制”、建立创新联合体等方式，解决关键核心技术难题。

（二）支持现有龙头企业建设高能级创新平台

高能级创新平台是提升企业创新水平的重要载体，泉州安踏、匹克等企业创新实力快速提升，主要得益于设立的高能级研发机构。泉州对新认定的国家、省级重点实验室分别补助 150 万元、50 万元，对省级新型研发机构最高给予 500 万元的补助。建议潍坊市进一步加大专项资金扶持、市财政贴息、财税优惠等支持力度，加快建设一批重点实验室、工程技术研究中心、海外研发中心等高能级创新平台。同时，积极争创国家工程研究中心、国家工程实验室等国家级科创平台。

（三）支持龙头企业与大院大所开展合作

与大院大所深度合作已经成为新一轮城市科技竞争的典型特征，对于普通地级市而言更是如此。在这一轮竞争中，潍坊在人才、资金、创新生态等方面都存在差距，但龙头企业有竞争优势。推动龙头企业引进大院大所，一方面可以强化企业创新主体地位，另一方面可以减少政府资金投入，提升与大院大所的合作效果。佛山支持企业与全国各地的高等院校、科研机构开展合作，目前已与 78 家大院大所组建各类创新机构 100 家。建议潍坊研究出台龙头企业与大院大所开展合作的措施和政策，特别在成果转化、项目对接、人才引进、土地资金等方面予以支持，激励引导龙头企业在这一轮大院大所争夺战中有所作为，尽快弥补长期制约潍坊制造业创新能力发展的短板，争取逐渐形成制造业的科技研发优势。

（四）应形成借力济南、青岛科创资源的共识，把区位优势转化为科技竞争优势

任何城市的崛起，都需要启发内力、借助外力，科技创新更是如此。普通地级市在高校、科研院所等创新资源方面先天不足，借助外力显得尤为重要。济南、青岛是全省的两大创新引擎，是其他 14 个地市借外力的重点。潍坊在 14 个地市中区位最特殊，借力济南、青岛有最佳区位优势。如果能用好两市科创资源，潍坊就能把区位优势转化为创新优势，在 14 个地市科技竞争中脱颖而出。建议高度重视借力济南、青岛问题，研究制定专门的措施和政策，持续吸引、利用两市优势科创资源和要素，同时谋划更大范围内借外力，特别是谋划利用京沪二通道，争取让北京、上海等城市的创新资源为我所用，让更广范围、更高层次创新资源集聚潍坊，助力打造制造业创新高地。

七　合肥以资本招商培育新兴产业的经验值得借鉴

任何一个城市要迅速脱颖而出、保持长期竞争力，都不能不积极培育新兴产业。这些年众多城市的经验表明，资本招商是培育新兴产业的有效手段，合肥在这方面最为突出。合肥最近十年 GDP 从不足 3000 亿元到突破万亿元，成为 GDP 增长最快的城市，其最重要的经验就是以资本招商培育新兴产业，实现弯道超车。

（一）合肥的三个标志性事件

2008 年合肥以基金投资方式引进京东方，在全市财政收入 160 亿元的情况下，承诺为京东方提供 90 亿元资金托底保障（政府引导基金 30 亿元，募集社会基金 60 亿元），这成为推动京东方落户的决定性因素，合肥自此成为全球最大的新型显示面板生产基地之一。2015 年以直接股权投资方式

引进力晶科技，合肥国资平台——合肥建投出资48亿元与力晶科技共同成立晶合公司，晶合公司带动200余家上下游企业入驻，集成电路成为合肥千亿级产业集群。2020年合肥以直接股权投资方式引进蔚来中国总部，合肥建投、安徽高新产投等合肥国资平台出资70亿元与蔚来汽车共同成立蔚来中国，成功推动蔚来中国总部落户合肥，合肥进入全国新能源汽车产业第一方阵。

（二）合肥经验对潍坊的几点启示

一是把龙头企业作为引育重点，关键要选得准。合肥近几年引进京东方、力晶科技、蔚来汽车这些企业，都是在其经济波动的关键时期、在企业资金链遇到困难的情况下，政府果断出资成功推动企业落地。时间节点准：在企业遇到困难时主动出击，可以有效降低引进成本、提高成功率。企业选得准：这些企业除了资金问题其他的方面都没问题，辐射带动力强，可以迅速形成产业集群优势。产业链选得准：合肥培育的新型显示面板、集成电路、新能源汽车三大产业，都是科技密集型产业，符合合肥高校院所多、创新能力强的比较优势。

二是打造一支研究产业规律的高质量招商队伍。合肥招商引资之所以选得准，并不是靠运气，而是因为对产业和产业规律有深度理解和把握。合肥有一大批人在研究产业，对行业协会网站、产业发展报告、上市企业招股说明书、企业新闻通通都有研究。合肥每年派遣一批县处级领导干部到外地大企业挂职，主要将其安排在企业发展战略部和投资部，以便使其准确把握产业发展规律，及时了解企业投资动态。

三是基金运作，舍得投入。这是合肥经验的核心。这些年来，潍坊已经成立了一些政府引导基金，有了较好基础。关键是要激励引导这些基金敢于和善于寻找目标企业，如果哪个基金选定的企业项目得到市级认可，就应该下决心加强这个基金的投资能力，全力支持把认定的企业项目引进来。

（2021年10月）

潍坊市深化校地合作加速高校科技成果转化的调研分析

刘永杰　戴真真　孙　桐

习近平总书记2021年4月到清华大学考察时要求，加强产学研深度融合，促进科技成果转化。山东省委“十二个着力”工作重点把“推进科技自立自强”放在第一位。深化校地合作、加速高校科技成果转化，是贯彻落实习近平总书记指示要求和省委、省政府决策部署的具体行动，是加快推进创新型城市建设的重要任务，也是推动科技与产业紧密结合的关键环节，对于潍坊做强“两大主业”、提升产业链现代化水平至关重要。

一　潍坊校地合作、科技成果转化工作初见成效

（一）政策体系日益完善

近年来，潍坊市委、市政府高度重视校地合作、科技成果转化工作，先后出台《潍坊市科技成果转化贷款风险补偿管理办法》《潍坊市支持培育技术转移服务机构补助资金管理办法》《潍坊市科技成果转化补助管理办法》《关于进一步促进科技成果转移转化的实施意见》等一系列政策措施。这些政策措施紧紧围绕全市科技成果转化的堵点难点问题，精准施策，含金量高，针对性强，有力地推动了全市校地合作、科技成果转化工作。

（二）全市校地合作氛围已经形成，特别是驻潍院校服务地方发展热情日益高涨

在潍坊市委、市政府引导支持下，驻潍院校都把服务地方发展作为自身使命担当，很多院校围绕服务地方发展成立专门机构、出台专项政策，

与企业开展多种形式合作。比如潍坊学院，2020年出台《潍坊学院服务地方工作暂行办法》，明确了服务地方发展的工作机构和服务内容，实施“高端人才服务企业”行动计划，首批32名教师进入天瑞重工、华光照排等地方企业和政府部门提供科技服务。再比如潍坊职业学院，设立产学研合作中心，先后与潍柴、歌尔、北汽福田等800余家企业建立长期稳固的合作关系，校企共建产业学院11个、专业40个，牵头成立的潍坊市化工职业教育集团入选全国首批150所示范性职业教育集团培育单位。

（三）新型研发机构引进共建走在全省前列

近几年，潍坊通过整建制引进、建立分支机构、联合共建等多种方式，推动市外重点院校来潍坊共建研发创新平台、专业性研究院等新型研发机构近300家，其中山东省科技厅发布的2021年度绩效评价结果优秀的省级新型研发机构有9家，数量排全省第3位，位于济南（20家）、青岛（17家）之后，位于烟台（8家）、临沂（3家）、淄博（2家）等城市之前。这些新型研发机构为全市重点领域创新突破提供了有力支撑。比如中科万隆产业技术研究院，由中国科学院理化技术研究所与万隆电气合作共建，研发的热声低温制冷机打破了国外在超低温制冷领域的垄断地位；再如电声联合实验室，由中科院声学研究所与共达电声共建，研发的人机智能语音交互技术获7项授权专利，创造新增企业产值2200万元、新增利税260万元。

二　潍坊校地合作、科技成果转化的制约因素

（一）驻潍院校整体实力不强，可转化的高质量成果总体偏少

潍坊目前拥有各类高等院校20所，其中普通本科院校有5所，高职院校有12所，高级技工院校有3所，无“双一流”建设高校和建设学科。驻潍院校整体实力相对于经济社会发展需要特别是产业转型升级需要而言，存在明显的支撑不足的问题，可在潍坊转化的高质量成果总体偏少。

（二）高校教师推动科技成果转化的积极性不高

一是教师科研考评没有充分体现科技成果转化特点。高校教师科研考

评仍然存在重理论研究、轻成果转化的现象，主要关注课题级别、科研经费、论文发表和专利授权等，成果转化指标体现不够。教师以科研考评为导向，更愿意把精力投入到理论研究、论文发表上，对应用研究、成果转化重视不够，科研成果与企业生产结合不紧密，能够解决企业生产实际问题的成果不多。二是部分高校科技成果转化收益分配政策落实效果不理想。潍坊2020年4月出台的《关于进一步促进科技成果转移转化的实施意见》明确提出，科技人员就地转化科技成果所得收益可按至少80%的比例奖励科技成果完成人以及对成果转化有突出贡献的人员。从调研情况看，潍坊市个别高校还没有出台具体的实施办法，部分高校尽管出台了实施办法，但由于缺乏专业化服务机构等配套措施，科研人员推动科技成果转化仍然面临诸多制约因素，很大限度影响了收益分配政策的实施效果。

（三）企业科技成果转化主体作用发挥不够

企业科技成果转化主体作用发挥不够主要有四个方面原因：一是中小企业创新意识普遍不强。潍坊大企业的创新优势较为突出，80%以上的大中型骨干企业都建立了技术研发机构，而中小企业普遍对科技创新重视程度不够，对科技创新投入积极性不高。二是资金制约。部分企业特别是中小企业资金实力有限，融资难度较大，科技成果承载能力较弱。三是担心风险。高校科技成果从研发到转化落地往往需要较长的周期，企业由于担心风险，普遍不愿意开展那些投入较高、时间较长的创新项目，更愿意引进立竿见影的成熟技术。四是校企之间信任度不高。由于缺乏有效沟通，企业对高校的创新能力及科技成果推广应用价值存在疑虑，合作意愿难以实现。

（四）技术转移服务机构发育不健全

科研人员大多对技术与市场对接了解不够，对科技成果转化涉及的成果价值判断、知识产权处置、收益分配、维权等问题不够熟悉，需要专业机构为其服务。目前，潍坊市社会化的技术转移服务机构发育不健全、实力不强，无法提供覆盖全创新链的专业化服务。部分高校尽管在高校内部设立了专门的技术转移服务机构，但机构人员普遍较少，主要从事信息统计、提供简单中介服务等工作，与企业联系面较窄，对企业需求掌握不全，对高校科技成果转化的支撑作用有限。

（五）缺乏系统完备的第三方信息交流平台

缺乏有效的沟通机制和合作平台，产学研合作各方交流互动性不强，导致市场信息、科技信息、生产信息、融资信息不对称，高校不了解企业需求，企业也不清楚高校的科技成果，高校科技成果与企业需求匹配度不高，制约了高校科技成果的转移转化。

三　潍坊深化校地合作、加速高校科技成果转化的建议

（一）提高市内高校科技成果供给质量和转化动力

高校是科技成果的主要供给方，科技成果能否顺利转化，大多数取决于其提供的科技成果能否满足市场需求。高校主要研发方向的确定以及对科研人员考核激励等都应充分考虑这一因素。

一是引导高校围绕地方发展需要确定主要研发方向。尽快组织研究相关激励政策和措施，重视发挥科研立项导向功能，引导高校在课题立项、专业设置、课程设置、培养模式等方面更好地适应经济社会发展特别是产业转型升级需要。

二是高校教师科研考评应充分体现科技成果转化特点。教育部 2020 年 11 月发布的《第五轮学科评估工作方案》指出，自然科学学科更加强调科技成果转化应用与解决关键核心问题，并将“科研成果（与转化）”作为二级指标之一。有关部门应加快落实此方案，强化高校自然科学学科的成果转化目标导向，引导高校建立科技成果转化工作机制，对于自然科学学科，教师职称晋升、科研考核应充分体现科技成果转化率、转化收益等指标。对于那些把科技成果推广到生产生活中，并且取得重大经济效益和社会效益的教师，在职称晋升中应充分考虑。

三是加强高校科技成果转化收益分配政策的落实监督。用好考核指挥棒，将科技成果转化收益分配政策，特别是“科技成果转化收益可按至少 80%的比例奖励科技成果完成人以及对成果转化有突出贡献的人员”这一项，落实情况纳入高校绩效考核，让科研人员享受到政策红利，调动科研

人员成果转化积极性。

（二）重视借力外部创新资源，推动本地企业与市外高水平院校有效对接

借力外部创新资源是地级市弥补自身创新能力不足、持续提升创新能级的有效手段。

一是组织开展高层次、多样化的科技成果对接活动。潍坊在这方面已经有了一些经验，近几年举办的智能制造领域重点企业与山东大学科技成果线上对接会、山东省现代农业食品业科技成果对接洽谈会等取得了良好效果。应进一步提升活动层次、增加活动场次，围绕动力装备、汽车制造、新一代信息技术、高端化工、现代农业等优势产业，聚焦国内外一流院校和最前沿的科技成果，探索线上线下相结合、“走出去”与“请进来”相结合的方式，组织开展多种形式的科技成果对接活动，推进更多高水平科技创新成果在潍坊转化落地。

二是支持龙头企业与市外院校开展多种形式的合作。一方面，推动龙头企业引进大院名校。在这一轮创新资源争夺中，潍坊在人才、资金、创新生态等方面都有差距，但龙头企业有竞争优势。推动龙头企业引进大院名校，可以减少政府资金投入，提升合作创新效果。潍坊前期支持潍柴、歌尔等企业招院引所的做法取得了很好的效果，应进一步总结经验，研究出台鼓励全市龙头企业与大院名校合作创新的政策措施，在成果转化、项目对接、人才引进、土地资金等方面予以支持保障。另一方面，加大力度支持龙头企业建立省外、海外研发机构，助力企业融入全球创新网络，不断提升科技创新能级。

三是在借力区域上突出济南、青岛、北京、上海。济南、青岛是山东省两大创新引擎，是全省其他 14 个地市借外力的重点。潍坊位于济南和青岛之间，与青岛大面积接壤，到两市交通极为便利，借力济南、青岛有最佳区位交通优势。如果能用好两地科创资源，潍坊就能把区位交通优势转化为创新优势，在 14 个地市科技竞争中脱颖而出。建议高度重视借力济南、青岛，研究制定专门政策措施，持续吸引、利用两地优势科创资源和要素。同时谋划在更大范围内借外力，特别是谋划利用京沪二通道，争取将北京、上海等城市创新资源为我所用，让更广范围、更高层次的创新资

源集聚潍坊。

（三）强化企业在科技成果转化中的主体地位

企业是科技成果的使用者、评判者，科技成果转化的关键在企业。

一是充分发挥服务企业专员作用，引导企业树立创新意识。潍坊市服务企业专员制度在解决企业发展难题方面发挥了重要作用，推动企业创新发展也应该用好这一制度。服务企业专员可通过培训、座谈、引导示范等方式，让企业特别是中小企业管理层真正认识到科技创新对企业发展的重要作用。

二是支持骨干、龙头企业牵头组建需求导向的产业技术创新联盟。引导企业围绕转型升级需求，联合上下游企业、高校、科研院所和产业领军人才等，组建一批联合开发、优势互补、利益共享、风险共担的产业技术创新联盟。目前，潍坊市已有工业设计创新联盟、软件信息开发创新联盟等一批产业技术创新联盟，这些联盟在强化企业创新主体地位、推动重点领域创新突破方面发挥了重要作用。下一步，应在技术研发、资源共享、市场开拓等方面进一步加大对联盟的支持力度，既要把现有的联盟扶持做大，也要新组建一批在国内外具有广泛知名度和影响力的联盟。

三是鼓励企业加大创新投入。一方面，落实好支持企业创新的优惠政策。服务企业专员可以在这方面加大工作力度，加强面向企业的优惠政策解读，推动政策落地见效，让更多企业享受到政策红利。另一方面，持续完善激励政策。比如，科技创新券是引导企业加大科技投入的有效政策工具，潍坊市科技创新券政策即将到期。应尽快研究出台新一轮科技创新券政策，适当提高补贴比例、扩大适用范围，进一步提升激励效果。

（四）加强高校内部和社会化技术转移服务机构建设

一方面，落实科技部、教育部2020年出台的《关于进一步推进高等学校专业化技术转移机构建设发展的实施意见》要求，指导和推动高校技术转移服务机构建设相关工作，依据不同高校的专业特色，建设一批能够提供行业特色成果转化服务的技术转移机构。另一方面，推动社会化技术转移服务机构高质量发展，与高校技术转移服务机构互为补充、互为促进。

（五）加快科技服务平台建设

进一步提升市级以上科技创新共享服务平台、科技成果展示交易市场的运营效率，加大面向企业和高校的宣传力度，更好地为创新各方提供技术扩散、成果转化、创新资源配置、创新决策等专业化服务。支持符合条件的平台争创国家级创新平台，积极推进平台的行业开放和资源共享。

（六）突出科技成果转化的引导示范作用

一是组织开展优秀科技成果转化项目评选。每年筛选一批特色鲜明、成效显著、具有典型示范意义的科技成果转化项目，加大对重大科技成果转化项目的奖励支持力度，发挥其激励引导作用，让更多的创新成果源源不断地涌现和高效转化。二是加大对技术转移服务机构的支持力度。组织开展技术转移服务机构评级认定，采取后补贴等方式，对优秀机构给予支持，推进技术转移服务机构不断发展壮大。

（2021 年 11 月）

关于制造业优质企业的分析建议

李　波　杜慧心　董俐君　李朋娟

一　制造业优质企业分类

第一，根据2021年工信部等六部门发布的《关于加快培育发展制造业优质企业的指导意见》，制造业优质企业主要指以下三类。

产业链领航企业，在技术、标准、市场等方面具有较强的国际话语权、影响力和竞争力。目前国家和省级层面没有进行领航企业评选。

单项冠军企业，专注于制造业某些特定细分市场。国家级单项冠军企业已评选6批848家，要求是单项产品市场占有率为全球前3。山东省单项冠军企业已评选5批600家，要求是单项产品市场占有率为全国前5且全省第1。

“专精特新”小巨人企业，位于产业核心领域、产业链关键环节，掌握核心技术，其主导产品在全国细分市场占有率达到10%以上。全国目前已评选3批4762家企业。

第二，根据2022年工信部发布的《优质中小企业梯度培育管理暂行办法》，优质中小企业还有以下两类。

“专精特新”中小企业，专业化、精细化、特色化特征突出，由省级主管部门认定，山东省级“专精特新”中小企业目前已评选14批5777家。

创新型中小企业，由省级主管部门负责导向性评价，山东没有进行评选。

第三，山东省还评选了以下四类企业。

链主企业，2021年山东省工信厅确定了制造业重点产业链及链主企业名单，名单共包括42条产业链、124家链主企业。

隐形冠军企业，山东2017年、2018年评选过隐形冠军企业，要求其产品市场占有率为全国前10、全省前3，且营业收入在1000万元以上。

瞪羚企业，入选条件为经营3年以上、进入高成长期、预计未来3年内能达到10亿美元估值的非上市企业，目前已评选6批1666家。

独角兽企业，从省瞪羚企业筛选出的成立时间不超过10年、融资估值10亿美元以上的企业，目前已评选5批24家。

二　潍坊制造业优质企业现状

（一）从总体数量看，潍坊处于省内第二梯队

综合分析，青岛、济南为全省第一梯队，潍坊与烟台、淄博为全省第二梯队。潍坊国家级单项冠军企业有16家，为省内第3；“专精特新”小巨人企业有27家，为省内第4。省级链主企业有12家，与烟台并列省内第4；单项冠军企业有85家，为省内第1；隐形冠军企业有64家，为省内第1；“专精特新”中小企业有392家，为省内第3；瞪羚企业有148家，为省内第4；独角兽企业有1家，与淄博并列省内第4（见表1）。

表1　烟潍淄三市优质企业数量

单位：家

城市	总计	国家级		省级					
		单项冠军企业	“专精特新”小巨人企业	链主企业	单项冠军企业	隐形冠军企业	“专精特新”中小企业	瞪羚企业	独角兽企业
烟台	910	15	42	12	54	48	545	187	7
潍坊	745	16	27	12	85	64	392	148	1
淄博	619	17	25	14	56	44	336	126	1

（二）从企业规模看，潍坊中部企业较多，而淄博头部企业较多、烟台尾部企业较多

根据规模大小，可将优质企业大致分为头部、中部、尾部企业。国家级单项冠军企业和省级链主企业规模较大，可归为头部企业；国家级“专

精特新”小巨人企业和省级单项冠军企业、隐形冠军企业规模居中，可归为中部企业；省级“专精特新”中小企业、瞪羚企业、独角兽企业规模较小，可归为尾部企业。

潍坊头部企业有24家，与烟台持平，淄博有30家（见表2）。

表2　烟潍淄三市头部企业数量

单位：家

城市	合计	国家级单项冠军企业	省级链主企业
淄博	30	17	14
潍坊	24	16	12
烟台	24	15	12

注：国家单项冠军和省链主企业有部分重合，合计数已去除重合企业。

潍坊中部企业有176家，为省内第1，优势明显（见表3）。

表3　烟潍淄三市中部企业数量

单位：家

城市	合计	国家级“专精特新”小巨人企业	省单项冠军企业	省隐形冠军企业
潍坊	176	27	85	64
烟台	144	42	54	48
淄博	125	25	56	44

潍坊尾部企业有541家，比淄博稍多，与烟台有较大差距（见表4）。

表4　烟潍淄三市尾部企业数量

单位：家

城市	合计	省级“专精特新”中小企业	省级瞪羚企业	省级独角兽企业
烟台	739	545	187	7
潍坊	541	392	148	1
淄博	463	336	126	1

（三）从产业分布看，潍坊优质企业主要集中在装备制造和化工产业，战略性新兴产业较少

潍坊80%以上的国家级优质企业分布在装备制造和化工产业。16家单

项冠军企业中有装备制造 8 家、化工 7 家，约占 94%；27 家“专精特新”小巨人企业中有装备制造 12 家、化工 7 家，约占 70%。

潍坊一半以上的省级优质企业分布在这两个产业。如 85 家省级单项冠军企业中有装备制造 26 家、化工 21 家，约占 55%；64 家省级隐形冠军企业中有装备制造 24 家、化工 14 家，约占 59%。

（四）从区域分布看，潍坊约 1/3 的优质企业在中心城区

潍坊各类优质企业分布在中心城区的比例约为 30%。其中，国家级单项冠军企业 37.5%、“专精特新”小巨人企业 22%、链主企业 33%、省级单项冠军企业 25%、省级隐形冠军企业 26%、省级“专精特新”中小企业 31%，分布在中心城区。淄博、烟台各类优质企业分布在中心城区的比例分别为 67%、75%。

（五）潍坊优质企业上市数量略少、比重略低

潍坊优质企业上市 23 家，略低于烟台（30 家）、淄博（26 家）。其中，潍坊“专精特新”小巨人企业中没有上市企业，而烟台有 4 家、淄博有 3 家。潍坊优质企业中上市企业比重为 4.3%，明显低于淄博（5.8%），略低于烟台（4.5%）（见表 5）。

表 5　烟潍淄三市优质企业上市数量

单位：家，%

各类优质企业	国家级			省级					总计	比重
	合计	单项冠军企业	“专精特新”小巨人企业	合计	链主企业	单项冠军企业	隐形冠军企业	“专精特新”中小企业		
烟台	8	5	4	22	5	11	1	9	30	4.5
潍坊	6	6	0	17	5	7	4	5	23	4.3
淄博	8	6	3	18	4	9	3	4	26	5.8

注：不同优质企业之间有部分重合，上市总计数已去除重合企业。比重为上市企业总数/优质企业总数（瞪羚、独角兽企业明确为非上市企业，不计入总数）。

三　几点建议

提升制造业核心竞争力，关键靠各级各类优质企业。

第一，引导企业积极参加各级各类优质企业评选，以获取更多政策资源，引导企业把握正确发展方向。

①搭建平台，畅通申报渠道。北京通企业服务版、上海企业服务云、青岛政策通等，均为企业开通了线上自主申报服务。建议依托“潍企通”打造自主申报服务平台，便利企业申报，及时发现高成长性企业。

②政策引导，激发申报动力。潍坊隐形冠军企业数量为全省第一，主要得益于2018年在省内率先出台《潍坊市“隐形冠军”企业群培育方案》等一系列政策；潍坊市经开区仅2021年一年就增加了三家“专精特新”小巨人企业，主要得益于市区两级财政补贴。建议适时出台针对性政策措施，提高企业参与申报积极性。

③做好服务，让企业应评尽评。通过编制申报指南、辅导企业规范填写材料、专业化审核材料等，让企业应知尽知，为企业答疑解惑，提高企业的申报通过率。

第二，发挥头部企业引领带动作用。潍柴、歌尔、雷沃、新和成等链主企业本地配套率不足40%，它们处于产业链、创新链、数据链等各链核心，引领带动作用有待进一步发挥。

①梳理头部企业配套需求，开展头部企业与中小企业对接需求活动。青岛为链主企业、“专精特新”企业开展对接需求服务，打造“专精特新”企业“卡位入链”发布平台，链主企业发布需求，中小企业与之对接解决需求。2022年6月工信部等三部门开始在全国范围内开展大企业与“专精特新”中小企业对接需求活动。建议依托头部企业尽快开展对接需求活动，打造动态对接库，开展线上线下需求发布和供需对接活动，帮助企业进行需求征集、供需合作、对接交流等。

②推动头部企业联合中小企业、科研院所、高校等组建创新联合体。建设创新联合体可以发挥头部企业创新优势，弥补中小企业创新能力弱的短板。例如，南通成立半导体产业创新联合体，在市政府指导、龙头企业牵头下，联合细分领域20多家企业、15所知名高校，攻关半导体关键核心技术。潍坊头部企业近年取得了一系列突出成就，在创新资源、平台、人才等方面有了较好积累。建议出台创新联合体认定办法，通过专项资金扶持、财税优惠等，激发龙头企业带动中小企业、科研院所协同创新的动力。

③推动头部企业与卡奥斯、浪潮云洲、蓝海、橙色云共建工业互联网行业子平台，分行业重点打造典型应用场景。全国由工信部遴选的工业互联网“双跨平台”共有28家，其中山东有4家，分别是卡奥斯、浪潮云洲平台、蓝海、橙色云。“双跨平台”在推动企业、产业数字化转型上作用巨大。应充分利用好“双跨平台”，通过与头部企业共建行业子平台、开发一批产业链供应链协调解决方案和场景等，提升产业链整体智能化水平，用“数”和“智”深度赋能产业。

第三，发挥优质企业高度集中优势，进一步建圈强链，推进装备制造和化工产业高质量发展。

①通过产业集群招商，大力招引装备产业链中的关键基础元器件、基础零部件企业，招引化工产业链中、下游深加工企业。潍坊装备制造产业的关键基础元器件、基础零部件生产水平达不到高端配套要求，长期依赖外地和国外供应商；化工产业缺乏中、下游的深加工企业，导致产业链延伸不足、未形成上下游一体化产业链。建议充分发挥两大产业集群优势，通过产业集群招商招引上述优质企业，以进一步壮大集群。

②引导企业选准产业发展切入口，主攻主导产业或某一细分领域。潍坊两大产业拥有多个产业园，也形成了各自有所侧重的产业集聚区，但总的看，这些园区主导产业不突出、同质化发展严重；产业园区内优质企业不少，但仍面临企业间分工协作水平较低、产业链层次不合理、产品大同小异等问题。成都通过打造产业功能区，帮助企业清晰定位主导产业和细分领域，将产业发展集中到某一产业或小类行业，聚焦这一产业领域的若干技术发展方向和产品发展方向，既能选准产业发展切入口，又能解决企业分工协作不紧密、同质化竞争问题。比如成都电子信息产业功能区和新经济活力区的主导产业都是电子信息产业，但前者企业聚焦集成电路和新型显示，后者企业则聚焦5G通信和人工智能。建议以产业功能区的理念优化现有园区布局，在现有装备制造和化工园区基础上，根据主要产业和细分领域，在全市范围内优化调整企业分布，引导企业锻造最强产业链条。

第四，更加注重引育战略性新兴产业领域的优质企业。战略性新兴产业与制造强国战略十大重点产业，是国家重点支持的方向，潍坊这些领域的优质企业相对较少，亟须重点引育。

①将资本招商的重点放在招引战略性新兴产业优质企业上。传统优势产业适合产业链招商，战略性新兴产业适合资本招商。合肥通过资本招商引进京东方、力晶科技、兆易创新、蔚来汽车等优质企业，带动发展起显示屏、集成电路、新能源汽车等战略性新兴产业，成为经济发展的“黑马”。建议潍坊现有的产业引导基金重点招引战略性新兴产业企业。

②放宽战略性新兴产业优质企业培育标准。放宽这些领域优质企业培育标准，能更好地扶植、储备、培育、发展企业，进而促进产业发展。特别是在制定市级“专精特新”中小企业认定标准时，对属于新材料、新能源、高端装备、电子信息等战略性新兴产业领域的中小企业，适当放宽主营业务收入占比、年度营业收入、平均营收增速等指标。

③为战略性新兴产业企业营造包容宽松的发展环境。深圳给予新兴产业企业 1 至 2 年的成长“包容期”，为各类新业态、新模式企业提供了发展缓冲的空间。建议对口学习并借鉴这一做法，通过合规承诺、行政提示等柔性监管，降低对企业的检查频次等方式，给予战略性新兴产业企业适当的成长包容期。

第五，着力培育中心城区优质企业。潍坊中心城区优质企业数量、比重远低于烟台、淄博等城市，这直接影响中心城区首位度、发展活力及引领带动能力，亟须针对性突破。

①发挥中心城区大型产业园区吸纳功能。潍坊中心城区拥有深圳（潍坊）科技工业园、潍柴国际配套产业园、千亿级磁悬浮产业园、歌尔光学产业园等一批大型产业园区。这些大型产业园区能更好地满足企业、项目对区位、空间、科技、人才、金融等综合服务的高要求。建议面向中心城区产业园区，制定更多类似《潍柴集团配套产业园入园政策》的扶持政策，通过租金优惠、减税降费、资金补贴等措施，吸纳一批优质企业往中心城区集中，这也是苏州、无锡等城市增强中心城区产业竞争力的普遍做法。

②重点推动优质企业的创新研发机构，向中心城区、中央创新区集中。中心城区人流、资金流、信息流密集，在创新方面具有县城无法比拟的显著优势。建议以正在建设的中央创新区为主要载体，出台优惠政策、措施，吸引各类优质企业的创新研发机构向中央创新区加速集聚，尽快建成创新资源的重要集聚地。

第六，加快推进优质企业上市。

①优先将各类优质企业列入上市企业“白名单”。建议在动态调整“白名单”过程中，重点关注各类优质企业；对列入“白名单”的优质企业优先提供资源要素保障，优先推介投资对接，在其遇到问题时开辟“绿色通道”，特事特办，急事急办，全面畅通上市办事链条。

②加快推动优质中小企业在北交所上市。

（2022年8月）

关于加快发展数字经济的分析与建议

李　波　刘永杰　戴真真　孙潇涵

数字经济发展到了关键期，数字经济对城市发展的影响也到了关键期。围绕加快数字经济发展，潍坊市委办公室、市改革发展研究中心组成课题组，课题组与市大数据局、市工信局、市发改委、市农业农村局进行座谈交流，到部分重点企业、园区开展实地调研，深入了解苏州、佛山、东莞等制造业强市及省内城市的先进做法，经综合分析、借鉴吸收和反复研讨，形成本报告。

一　形势与挑战

习近平总书记在中共中央政治局第三十四次集体学习时指出，发展数字经济意义重大，是把握新一轮科技革命和产业变革新机遇的战略选择。是新一轮国际竞争重点领域，我们一定要抓住先机、抢占未来发展制高点。

数字经济是继农业经济、工业经济之后的主要经济形态。现阶段，数字经济出现两个趋势性变化：一是数字经济正在由经济的组成部分，转变为经济发展的引领力量。二是数字经济正在由消费领域向生产领域加速扩展，生产制造领域数字化转型进入爆发期。

各地竞相抢跑数字经济新赛道，经济地理格局正在发生深刻改变。北京、上海、深圳成为我国数字经济最强三核，城市综合优势持续扩大；区域中心城市竞相追赶，杭州、贵阳等率先突破，实现优势再造、换道超车；更多城市在某些领域打造特色亮点，像苏州、佛山、东莞等制造业强市，都在产业数字化方面形成了优势，城市竞争力更加强劲。

数字经济是历史机遇，更是严峻挑战，稍有迟疑就会掉队。潍坊的城市发展、产业转型升级已经到了关键期、拐点期，迫切需要进一步统一思想，树立起数字理念，以非常之策推动数字经济加快发展。

二 基础与优势

在赛迪顾问“2021 数字经济城市百强榜”中，潍坊居全国第 40 位、全省第 4 位，为数字经济二线城市。部分领域形成一定基础优势。

（一）数字经济规模居全国普通地级市第 10 位

根据中国信通院测算，2020 年潍坊数字经济规模为 2699 亿元，在全国所有城市中排第 32 位，在普通地级市中排第 10 位。数字产业化与产业数字化规模之比，全国为 20∶80，全省为 15∶85，潍坊大致为 10∶90，潍坊数字产业化占比明显低于全省、全国水平，这与潍坊产业结构密切相关。

（二）大企业数字化转型形成先发优势

在制造业领域，以大企业为主体的各类智能制造示范项目，潍坊在数量上少于青岛，多于济南、烟台、淄博、临沂等城市。比如，全球“灯塔工厂”，山东有 3 家企业入选，包括潍坊市潍柴集团，以及青岛啤酒、海尔中央空调互联工厂。国家级智能制造示范工厂，青岛有 4 家、潍坊有 2 家、烟台有 1 家，济南、淄博、临沂没有企业入选。省级数字化车间，潍坊有 11 家、青岛有 10 家、淄博有 6 家、济南有 5 家、临沂有 3 家、烟台有 1 家。省级智能制造标杆企业，青岛有 13 家、济南有 8 家、潍坊有 8 家、烟台有 4 家、临沂有 3 家、淄博有 1 家（见表 1）。

表 1　山东部分城市智能制造示范项目数量

单位：家

城市	合计	全球“灯塔工厂”	国家级智能制造示范工厂	省级数字化车间	省级智能制造标杆企业
青岛	29	2	4	10	13
潍坊	22	1	2	11	8
济南	13	0	0	5	8

续表

城市	合计	全球灯塔工厂	国家级智能制造示范工厂	省级数字化车间	省级智能制造标杆企业
淄博	7	0	0	6	1
烟台	6	0	1	1	4
临沂	6	0	0	3	3

（三）数字产品制造业形成一批优势企业、冠军产品

潍坊数字产品制造业营业收入占全部数字经济核心产业营业总收入的接近70%，主要有3个优势领域：电声器件，以歌尔、共达电声为代表，微型麦克风、蓝牙耳机市场占有率为全球第1，手机用微型扬声器、受话器业务为全球第3；半导体照明和激光器，依托浪潮华光、中微光电子、元旭光电、欣立得光电等骨干企业，形成从LED和LD外延片生长、芯片制作、器件封装到应用产品设计生产较为完整的产业链，LD激光器产销量全国第1；虚拟现实，歌尔从2012年开始布局，VR头显产销量全球第1，占全球中高端市场的70%以上（见表2）。2022年胡润中国元宇宙潜力企业榜中，歌尔在全国所有企业中排第4位，是山东排名最靠前的企业，前20位企业所在城市中，潍坊是唯一的普通地级市。

表2 潍坊数字产品制造业情况

优势领域	优势企业	冠军产品
电声器件	歌尔、共达电声	微型麦克风、蓝牙耳机市场占有率全球第1；手机用微型扬声器、受话器业务全球第3
半导体照明和激光器	浪潮华光、中微光电子 元旭光电、欣立得光电	LD激光器产销量全国第1
虚拟现实	歌尔	VR头显产销量全球第1，占全球中高端市场的70%以上

（四）公共服务数字化水平走在全省前列

潍坊的省政务公开评估考核结果连续4年居全省第1位。潍坊在省新

型智慧城市评价结果中居全省第 2 位，有 108 个案例入选全省新型智慧城市建设优秀案例，案例总数居全省第 1 位。潍坊在《大众日报》“数字政务活跃度指数”上居全省第 3 位，位于青岛、济南之后。“物联潍坊”成为新的城市名片，智慧供热、智慧井盖、智慧河长、智能水表等物联网应用亮点纷呈，中国（潍坊）智能物联网大会已连续举办 3 届，影响力持续提升。

三 困难与问题

（一）中小企业数字化转型面临诸多障碍

工信部调查显示，全国近 80%的制造业中小企业仍然处于数字化转型初级阶段。潍坊情况也大致如此，调研发现，潍坊市面广量大的制造业中小企业数字化基础普遍比较薄弱，开展数字化转型受意识、资金、技术、人才等多方面制约，这既有中小企业自身的问题，也有金融、科技等供给侧问题，需要全方位解决。

（二）数字经济核心产业弱，特别是数字软件产业短板突出

2021 年潍坊数字经济核心产业增加值占 GDP 比重为 4%，全省为 6%，全国为 8%，潍坊明显低于全省、全国平均水平，特别是云计算、大数据、人工智能等数字软件产业实力弱、企业少，缺少引领性的数字龙头企业和平台企业，对传统产业转型升级支撑不足。2021 年 10 月，中国大数据网在全国评选出优质大数据企业 1.6 万家，其中山东共有 705 家，潍坊有 26 家、烟台有 57 家、青岛有 215 家、济南有 284 家。

（三）数字产业集聚度不高

潍坊市数字企业布局相对比较分散，没有形成标志性的数字经济集聚区。在《大众日报》“数字产业集聚度指数榜单”上，潍坊排全省第 12 位，位于德州、东营、滨州、菏泽之前。佛山 2022 年 6 月启动数字经济创新集聚区建设，力争 3 年内培育数字经济相关企业 6000 家以上，产值突破 1000 亿元。

（四）5G 网络建设和规模化应用超前性不够

目前，潍坊累计建设 5G 基站 10500 个，居全省第 5 位，位于济南、青岛、烟台、临沂之后。5G 商业模式不成熟，特别是“5G+工业互联网”应用场景不够丰富。5G 时代最大的蓝海在工业互联网，未来 5G 将有 80%被应用于物联网特别是工业互联网，而潍坊乃至山东现有的 5G 应用超 60%在生活消费领域，亟须向生产制造领域渗透。

（五）数字人才短缺

我国数字经济从出现到迅速发展历时较短，数字人才短缺问题在全国层面上普遍存在。潍坊知名高校、科研院所相对较少，人才吸引力相比青岛、济南还有差距，高端数字人才短缺问题尤其突出。根据组织部门摸排，潍坊市新一代信息技术产业青年人才需求量占全部十强产业需求量的 37%，排十强产业第 1 位。

（六）政策集成度低

潍坊市涉及数字经济的各类政策散落于科技创新、产业转型升级、战略性新兴产业培育有关文件中，目前尚未出台数字经济专项政策，政策支持力度与先进城市相比力度偏小。比如佛山，2021 年 7 月出台《推进制造业数字化智能化转型发展若干措施》，预计未来 3 年拿出不少于 100 亿元支持制造业数字化转型发展。

四　几点建议

（一）从战略高度把握数字经济

一是造势。建议尽快召开全市数字经济大会，全面动员、全面部署数字经济工作。近年来，很多城市召开多轮数字经济大会，像苏州连续两年“新年第一会”都聚焦数字经济，而潍坊一直没有召开数字经济大会，这与数字经济发展形势不符，与兄弟城市争先发展的氛围不符。二是系统化推进。建立领导机制、考核机制、通报机制、学习机制、咨询机制等，横向覆盖市直部门、重点企业、产业联盟、行业协会等，纵向覆盖各县（市、区）、镇街，形成系统化、网络化工作体系，全市“一盘棋”推动数字经济发展。三是加强顶层设计，尽快研究出台数字经济发展规划。2021年12月，国务院发布《“十四五”数字经济发展规划》，这是数字经济领域首部国家级专项规划，苏、浙、粤的许多城市都跟进出台了市级规划。

（二）走产业数字化带动数字产业化的路子，把实体经济优势转化为数字经济优势

产业数字化是“优存量”的重要助推器，数字产业化是“扩增量”的主要着力点。潍坊工业营收过万亿、农业产值过千亿，具有海量数据资源和丰富应用场景，产业数字化需求巨大、空间巨大、潜力巨大，这是潍坊发展数字经济的最大优势所在，也是发展实体经济、实现产业转型升级的迫切需要。建议走产业数字化带动数字产业化的路子，以应用场景为牵引培育集聚一批数字龙头企业，围绕龙头企业打造产业生态、形成集群效应，把实体经济优势转化为数字经济优势。同时，以数字赋能推动实体经济由大变强，促进数字经济与实体经济深度融合、相互赋能。

（三）以链长制为抓手，整产业链推进制造业数字化转型

数字赋能是推动制造业由大变强的关键。推进过程中，应充分考虑不同行业特点和差异化需求，以链长制为抓手整产业链推进。一是分产业链制定数字化转型路线图。链长制工作专班应把制造业数字化转型作为重要方向，围绕15条先进制造业产业链，“一链一策”分别制定数字化转型路线图，明确主要目标、重点任务、推进路径等。“一链一库”建立典型应用场景、优秀应用产品库，推动典型场景在行业普及应用。二是发挥大企业引领带动作用。加快培育一批生态主导型的产业链“链主”企业，支持“链主”企业利用工业互联网、5G、大数据、人工智能等新一代信息技术对研发设计、生产制造、产品销售、市场服务等进行全链条改造，带动上下游中小企业“链式”数字化转型。三是加快工业互联网落地应用。工业互联网是产业链数字化转型的关键支撑。建议面向优势产业链、重点领域，加快建设一批国家和省级综合型、特色型和专业型工业互联网平台，特别是支持“链主”企业牵头建平台、建节点，鼓励上下游中小企业用平

台、用节点，推动形成大企业引领推广、中小企业广泛应用的融通发展模式。对“链主”企业主导建设的工业互联网平台，政府可以根据服务企业情况予以事后奖补。四是把各类优质中小企业作为政策扶持重点对象。调研发现，潍坊市大企业资源比较充足，数字化转型制约因素不突出；小微企业优先要解决生存问题，数字化转型不迫切。500余家优质中小企业有转型诉求，但在不同程度上受到资金、人才、技术制约，更希望得到政府扶持和引导，应当被作为现阶段政策扶持重点对象。

（四）打造农业全产业链数字化优势

数字农业是农业现代化的高级阶段，从传统农业到工业化农业再到数字农业，是农业发展的大趋势。潍坊是山东省3个智慧农业试验区之一，与同类城市相比，生产加工环节数字化水平形成先发优势，仓储物流、市场营销环节优势不明显，应锻长板、补短板，加快农业全产业链数字化转型。在生产加工环节，打造数字大田、数字牧场、数字化设施农业、数字渔业、数字加工车间。发挥好潍坊数字农业联盟作用，引导联盟企业推出一批实用、好用、管用的数字软件产品。开展好“区块链+蔬菜”试点，并逐步推广至畜禽、瓜果等领域，打造全国农产品质量安全高地。在仓储物流环节，加快建设国家骨干冷链物流基地，鼓励大型生鲜电商和连锁商超统筹建设城乡一体冷链物流网络，推动农产品高质快速通达。在市场营销环节，加强与龙头电商平台合作，加快发展直播电商、淘宝村镇、生鲜电商、产地仓、直采基地等电商新模式新业态，打通“产业互联网+消费互联网”完整链路。在平台支撑方面，整合全市涉农数据平台，建设全市统一的“三农”大数据平台。

（五）以特色产业集群培育为抓手，推动数字经济核心产业倍增式发展

数字经济核心产业是数字经济发展的先导力量，其质量和规模是数字经济核心竞争力的集中体现。按照“紧盯前沿、打造生态、沿链聚合、集群发展”的产业组织理念，突出平台思维、生态思维，推动数字经济核心产业倍增式、跨越式发展。一是领跑发展数字产品制造业。关键要发挥好歌尔、共达电声、浪潮华光等龙头企业的引领带动作用，支持龙头企业用

市场手段和资本力量整合上下游企业、科研院所等各类资源，打造良好的产业生态，构建涵盖数字产品制造、服务、应用的完整产业链，打造具有核心竞争力的数字产品制造业集群。二是集聚壮大特色软件产业。以产业升级需求为导向，面向工业设计、工业互联网等重点领域招引一批龙头企业、龙头项目，围绕龙头企业、龙头项目开展产业链招商、基金招商、朋友圈招商，迅速壮大潍坊市特色软件产业。制定潍坊市数字技术应用场景需求清单，可以通过中国（潍坊）智能物联网大会公开发布，以应用场景为牵引集聚一批数字龙头企业。三是超前布局元宇宙、人工智能、区块链等前沿新兴产业。建议重点关注元宇宙，元宇宙将开启下一代互联网，引领互联网由电脑时代、智能手机时代迈向智能穿戴时代，加快发展元宇宙已经成为普遍共识。上海把元宇宙明确为四大“新赛道”之一，2021 年开始谋篇布局，2022 年推出特色产业园区、发布行动方案，成为全国元宇宙率先起跑的城市。歌尔在虚拟现实、智能穿戴领域形成了一定技术优势，具备抢跑元宇宙赛道的基础条件，对地级市而言这是难得的机遇，应支持歌尔抢抓元宇宙风口，打造万亿级虚拟现实产业链，加快把先发优势变成领先优势。

（六）走龙头企业带动的路子，开展数字科技创新

数字经济是科技创新主战场，是提升创新力、竞争力的关键。潍坊强化领先产业发展优势、提升追赶型产业竞争力，都应把数字科技创新作为关键抓手。在各类创新主体中，龙头企业是潍坊最大的优势，潍坊取得的重大科技成果多数由龙头企业牵头完成，2021 年度山东省科学技术奖潍坊有 17 项入选，其中龙头企业牵头完成的有 12 项，包括全部 3 个一等奖项目。建议走龙头企业带动的路子，开展数字科技创新，支持龙头企业建设高能级创新平台、牵头组建创新联合体，带动中小企业和科研院所协同创新。应坚持自主创新与开放创新相结合，积极融入山东半岛城市群、京津冀协同发展、长三角一体化数字经济创新生态，深化协同联动创新，面向济南、青岛、北京、上海等城市，招引一批云计算、大数据和人工智能领域高端研发机构，通过人才柔性引进、联合科技攻关等方式最大限度用好外部优势资源。

（七）发挥职业教育优势，打造全国数字技能人才高地

职业教育是潍坊的优势，也应该成为潍坊发展数字经济的优势。根据中国信通院《数字经济就业影响研究报告》，现阶段全国复合型数字人才严重缺乏，并且缺口将持续放大，职业教育应该在这方面发挥更大作用。在专业设置上，教育部2021年对《职业教育专业目录（2021年）》进行修订，优化和加强了5G、人工智能、大数据、云计算、物联网等领域专业设置。建议以此为契机，推动潍坊市职业院校面向数字经济发展需要，进一步优化专业设置，对于专业建设突出的院校，给予适当奖励。比如淄博，对职业院校新增四强新兴专业、优化提升特色专业、调整转型应用服务型专业分别给予400万元、300万元、200万元奖励。在培养模式上，做强现代产业学院。歌尔2021年入选全国首批产教融合型企业，2022年又入选教育部产学合作协同育人项目指南企业，在现代产业学院建设方面探索出了路径。建议深入挖掘、推广歌尔现代产业学院办学经验，面向数字经济重点领域，加快培育一批产教融合型企业、建设一批现代产业学院，使人才培养更好地适应数字经济发展需要。在就业服务上，打造一流就业创业生态，加快建设潍坊数字经济创业园，研究出台毕业生本地就业创业支持政策，鼓励数字企业优先聘用本地毕业生，尽可能留住数字技能人才，更好服务潍坊数字经济发展。

（八）打造省内先进的数字基础设施高地

数字基础设施是建设数字潍坊的先决条件，也是推动经济社会高质量发展的关键支撑，数字基础设施建设水平，正成为衡量城市核心竞争力的重要标志。建议潍坊市把数字基础设施建设上升到战略高度，像抓交通基础设施一样抓数字基础设施，尽快形成数字基础设施发展优势。一是加快5G网络建设和规模化应用。5G是数字基础设施最核心领域，正处于规模化应用关键期。建议进一步加快5G基站建设，综合使用政府专项债券、产业引导基金、财政支出等多元资金投入形式，吸引更多社会资本参与，尽快实现中心城区、县城、镇区、重点行政村5G信号全覆盖。以行业应用为重点加快5G规模化应用，遵循从试点示范到规模推广再到大规模商用的规律，发挥好潍坊数字赋能联盟作用，面向潍坊市优势制造业领域，

加快培育一批“5G+工业互联网”应用场景，推动5G向工业生产领域加速渗透。二是持续强化物联网领先优势。物联网部署涉及多个领域、多种设施、多方主体，建设规模小、零散化是制约其发展的重要因素。建议围绕工业、农业、能源、交通、民生等领域统筹推进物联网部署和应用创新示范，解决碎片化发展问题，推动物联网全面深度覆盖。积极服务和融入山东半岛国家级工业互联网示范区建设，推动山东北斗智慧信息产业有限公司建设潍坊市首个工业互联网标识解析二级节点。三是加快推进新型数据中心建设。数字时代，数据、算法、算力成为关键资源，新型数据中心作为释放数据要素价值的关键基础设施，是数字经济发展的基石。《山东一体化算力网络建设行动方案（2022—2025年）》提出“2+5+N”全省一体化算力网络总体布局，潍坊为5个省级集聚区之一。应加快创建一批规模发展、存算均衡、绿色节能的数据中心，加快布局边缘计算资源池节点，引导云计算与边缘计算协同发展，推动潍坊成为国内领先的集成政务云和各类社会化行业云的综合性云计算中心。

（九）持续提升数字化治理服务水平

数字赋能是高水平推进市域治理现代化的关键。一是以“无证明城市”为牵引加快数字政府建设。“无证明城市”建设是推进市域治理现代化的牵引性举措，应把蕴含其中的理念、导向、方法运用到数字政府建设全过程。建议聚焦政务服务、数字机关两大领域，依托一体化政务服务平台，加快推进“一网通办”，全面推进证照证明电子化和数据共享，加快建设全市统一的“居民码”“企业码”。推动办文、办会、办事等机关业务数字化转型，加快实施机关内部“一件事”集成改革，推动机关运行流程再造。二是以“物联潍坊”建设为抓手深耕智慧城市。面向城管、交通、环保等领域，打造一批一体化综合指挥重点应用场景，全面提升“城市大脑”实战能力。深化拓展“人工智能+物联网”应用，鼓励各级政府先行先试打造亮点，以较低成本在全市快速复制推广。研究组建潍坊市大数据运营平台公司，承担智慧城市项目建设运营，探索公共服务授权运营、有偿使用等新模式，逐步实现以数养数，形成持续运营、多元融资、多方受益的商业模式。

（十）打造数字经济发展最优生态

数字经济作为一种新的经济形态，对发展生态要求更高更敏感，应把生态打造作为发展数字经济的基础性工作。一是争取在全省率先出台《潍坊市数字经济促进条例》。数字经济快速发展，需要建立与之相适应的法规制度体系。全国至少有浙江、江苏、贵州等15个省，贵阳、深圳等10个城市出台了大数据、数字经济地方性法规。山东省2021年9月出台《山东省大数据发展促进条例》，市级层面还没有城市出台相应法规。建议抢抓领跑机遇，争取在全省率先出台数字经济促进条例，为数字经济发展提供法治保障。二是强化金融赋能。加大财政资金和政府性引导基金、投资基金投入力度，吸引更多社会资本参与。鼓励金融机构针对数字企业特点创新金融产品和服务，加大信贷支持力度，综合运用创投、风投等力量和股权投资等方式，为数字经济发展提供低成本、便利化、全周期的科技金融服务。三是加强宣传引导。利用线上线下各种媒体渠道，积极推广数字经济新技术、新产品、新模式，提高市民认知度和参与度。抢抓中国（潍坊）智能物联网大会、全民数字素养与技能提升月等契机，鼓励政府部门、行业组织、企业、高校等组织品牌推介、供需对接、创新创业大赛、博览会等活动，形成有利于数字经济发展的良好氛围。四是尽快出台专项扶持政策。加强部门之间统筹协调和政策衔接，围绕产业数字化、数字产业化、数字化治理、数字基础设施建设、“双招双引”等领域，研究出台针对性、集成性、操作性强的数字经济专项政策，引领潍坊市数字经济加快发展。

（2022年8月）

关于抢抓机遇加快元宇宙产业发展的建议

刘永杰　孙　桐

一　元宇宙发展进入关键窗口期，政府、企业都在超前布局

元宇宙是2021年兴起的一个新概念，指虚拟世界与现实世界相融合的社会形态，是未来社会的发展方向。元宇宙的兴起主要有两个原因：一是数字技术的集群性突破，特别是区块链、物联网、人工智能等技术的日趋成熟并加速落地，为元宇宙发展创造了技术条件；二是前几年信息化诸多领域爆发式增长后陆续进入平台期，资本需要新的投资赛道，元宇宙一经出现立即引起资本关注。现阶段，元宇宙正处于技术积累和场景探索的窗口期，政府、企业都在超前布局、抢占先机。

（一）互联网巨头纷纷进军元宇宙领域

Facebook的母公司在2021年10月更名为Meta（元宇宙），计划5年内在元宇宙领域投资500亿美元，逐步成为一家元宇宙公司，引爆全球元宇宙发展热潮。微软、英伟达以及我国阿里巴巴、百度、字节跳动等都从各自优势领域切入元宇宙赛道，元宇宙领域中美企业竞争格局正在形成。

（二）全球主要国家竞相进行战略布局

中国、美国处于全球第一梯队，两国都以企业为主要推动力，政府通过提供基础设施、出台监管政策等措施促进元宇宙发展。日本、韩国政府层面强力推动元宇宙发展，特别是韩国，2021年提出打造首尔元宇宙城市，2022年实施“元宇宙新产业引领战略”，计划到2026年元宇宙市场规模进入全球前5位。欧洲缺乏本土科技巨头，试图在元宇宙治理和规则上

占据先发优势，维护欧盟市场的竞争与活力。

（三）国内很多城市已经超前布局

元宇宙概念一出现，一线城市就凭借数字技术、资本优势抢先进入赛道。比如，上海把元宇宙、绿色低碳、智能终端、数字经济作为四大“新赛道”。通过2021年谋篇布局，2022年6月推出特色产业园区2022年7月发布行动方案，上海成为元宇宙领域在行动层面率先起跑的城市。北京出台《北京城市副中心元宇宙创新发展行动计划（2022—2024年）》，提出3年内将城市副中心打造成为以文旅内容为特色的元宇宙应用示范区，以元宇宙为引领的副中心数字经济标杆城市样板初具形态。部分二线城市、制造业强市也找到了切入点，如杭州、厦门、苏州、无锡等。比较典型的是无锡，无锡依托宝通科技、华润微电子、朗新科技等元宇宙优势企业，成立元宇宙创新联盟，打造元宇宙产业园，设立元宇宙招商中心，成为地级市中起步较早的城市。不具备抢跑条件的三、四线城市也在密切关注，伺机切入。

（四）山东省级层面高度重视，各市积极跟进

省级层面，2022年3月，省政府办公厅出台《“十强产业”2022年行动计划》，提出要抢抓元宇宙发展“风口”，推进元宇宙前瞻布局；省工信厅等7部门出台《山东省推动虚拟现实产业高质量发展三年行动计划（2022—2024年）》，提出要紧跟元宇宙浪潮，加强元宇宙基础能力建设，构建元宇宙时代下的山东省数字经济新业态。市级层面，青岛2022年5月出台《青岛市虚拟现实产业发展行动计划（2022—2024年）》，力图以虚拟现实产业打造元宇宙核心优势；济南提出加快布局元宇宙等前沿产业，2022年8月打造出山东首个“传媒+元宇宙”应用案例；烟台、淄博、临沂等也在通过打造典型应用场景、开展创新创业大赛等营造元宇宙发展氛围；潍坊提出推动元宇宙等新兴产业“换道超车”，在市级层面做出专门安排部署，走在了全省地级市前列。

二　潍坊发展元宇宙具有独特优势

与同类地级市相比，潍坊发展元宇宙有两方面独特优势。

（一）拥有元宇宙龙头企业歌尔

潍坊拥有元宇宙龙头企业歌尔是其发展元宇宙最大的优势，也是潍坊区别于其他地级市的重要标志。胡润中国元宇宙潜力企业榜，歌尔在全国所有企业中排第4位，位于阿里巴巴、爱奇艺、百度之后，前20位企业所在城市中，潍坊是唯一的普通地级市。元宇宙产业链包括硬件、软件、内容、应用、服务五大领域，歌尔在硬件领域优势明显，VR头显产销量位居全球第1，占全球中高端市场80%的份额，与苹果、Meta、索尼等公司建立了长期稳定的合作关系。作为龙头企业，歌尔在潍坊市元宇宙发展中扮演重要角色，有望在城市的产业知名度提升、生态打造、人才集聚方面发挥引领带动作用，牵引潍坊市元宇宙产业加快发展。

（二）借力济南、青岛的独特区位优势

潍坊处在济南、青岛两个副省级特大城市之间，在1小时通勤圈内，这样的区位特点在北方地区几乎独一无二，放眼全国也仅有东莞、绍兴等少数城市具备。省委提出培育济青科创智造廊带，济青双向发展趋势越来越明显，济南、青岛外溢的能量将首先辐射潍坊，从而使潍坊区位优势更加突出。在城市群、都市圈日益成为区域发展核心载体的背景下，潍坊制定发展战略、谋划长期工作，必须考虑这一因素，特别是充分借力济南、青岛的高端资源，如机场、港口等重大基础设施，以及金融、科技等高端服务业资源。

元宇宙领域借力济南、青岛格外迫切。元宇宙对数字技术、金融资本的要求较高，地级市在这方面优势不明显，高能级城市的辐射带动至关重要。济南、青岛是全省数字产业高地、科技创新高地、金融资本高地，元宇宙发展的要素支撑极为突出，据元创元宇宙研究院统计，元宇宙企业数量青岛15家、排全国第8位，济南14家、排全国第9位，两市合计29家、占全省的71%。潍坊打造元宇宙产业生态、开展应用场景示范等，都应重视借力济南、青岛的优势资源。

三 几点建议

（一）密切关注元宇宙发展态势

可以在市级层面成立元宇宙工作专班，选准牵头部门，吸纳市工信局、市大数据局、重点企业、科研院所等参与。关键要形成有力的工作机制，包括项目推进机制、学习机制、通报机制、考核机制等，及时掌握国家政策及先进城市发展动向，研究潍坊市元宇宙发展政策措施，协调解决产业发展重大问题。

（二）打造元宇宙产业园，以一流数字基础设施和创新创业生态集聚一批元宇宙企业

可以选取1~2个数字产业基础较好的园区，在此基础上打造元宇宙产业园，比如歌尔总部园区、科技创新园、智能硬件产业园、光学产业园等。园区建设应关注两点：一是高标准配套数字基础设施。元宇宙复杂的运行机制需要消耗大量的网络资源、存储资源和算力资源，对数字基础设施要求较高。园区应围绕元宇宙发展需要，高标准布局5G、物联网、数据中心等数字基础设施，打造全市数字基础设施高地。二是发挥好歌尔链主作用。支持歌尔运用市场手段和资本力量整合元宇宙上下游企业、科研院所、金融机构等各类资源，不断丰富完善产业链条，打造良好产业生态。政府应在土地、人才、资金等方面给予政策支持，比如南京支持企业入驻元宇宙产业先导区，对于当年营业收入达到500万元以上或纳税额达到50万元以上的企业，给予园区场地3~5年的全额租金补贴。

（三）支持歌尔牵头，联合共达电声、景致三维、同心视界、火狐网络等组建元宇宙产业联盟

元宇宙产业专注于元宇宙不同领域，具有深度合作的现实需要。具体而言，歌尔和共达电声侧重智能硬件，景致三维专注于3D建模，同心视界主要从事VR教育内容研发，火狐网络主要开展虚拟现实定制开发。但由于缺乏对接机制和合作平台，企业之间缺乏有效沟通交流，没有形成发展合力。建议支持歌尔牵头组建元宇宙产业联盟，整合各类元宇宙企业、

金融机构、科研院所，常态化开展元宇宙项目对接、科技攻关、场景探索等，打造元宇宙发展共同体，这也是上海、杭州、无锡等元宇宙先行城市的共性做法。

（四）以重大节会为优先突破领域，打造一批元宇宙特色应用场景

改革开放以来，节会已经成为潍坊的一个品牌，风筝会、菜博会、鲁台经贸洽谈会等已经形成相当的影响力，但近些年传统的办会方式越来越不适应数字时代发展要求，亟须转型。元宇宙的出现为节会转型提供了一个重要方向，近期召开的北京服贸会、上海世博会、广东旅博会、苏州全球智博会都设立了元宇宙体验区，引起了强烈反响。建议把重大节会作为元宇宙应用优先突破领域，面向风筝会、菜博会、中国画节、鲁台经贸洽谈会等率先打造一批元宇宙特色应用场景，并逐步推广至文旅、教育、工业、政务等领域，打造良好元宇宙应用生态。

（五）设立元宇宙产业基金

产业基金对于新兴产业培育的作用举足轻重，合肥新兴产业培育的核心经验就是基金运作，元宇宙先行城市北京、上海、广州、杭州等都设立了元宇宙产业基金。建议尽快设立元宇宙产业基金，重点关注以下几点：一是注重吸收龙头企业参与，以更好地把握产业发展规律，提高项目招引成功率。二是探索建立单独的管理办法，以适应元宇宙的产业特点和发展阶段，也为未来类似的新兴产业基金提供经验。三是如果基金选定的企业项目得到市级认可，就应该下决心加强基金的投资能力，全力支持把认定的企业项目引进来。

（六）打造元宇宙现代产业学院

现代产业学院有别于以职业院校为办学主体的产业学院，由本科院校与龙头企业联合办学，旨在面向未来科技和新兴产业培养“新工科”人才。潍坊理工类院校专业数量少、层次低，更应该抢抓现代产业学院大发展机遇，以新兴产业为抓手打造一批现代产业学院，推动潍坊理工类院校和专业扩大办学规模、提升办学层次，为新兴产业发展提供科技人才支

撑。建议深入挖掘歌尔现代产业学院办学经验，支持歌尔与潍坊理工学院、潍坊科技学院、青岛科技大学高密校区等深度合作，面向元宇宙领域率先打造一批高层次现代产业学院。

（七）最大限度引进和利用济南、青岛的优势元宇宙资源

一是直接引进。落实好“六个一”平台招引机制，尽快组建专业招商团队、出台个性化招商政策，从济南、青岛等重点区域引进一批高端项目和人才，特别是歌尔上下游企业，以及潍坊打造元宇宙生态所需要的软件、内容、应用、服务类企业。二是借力。对于不便直接引进的资源，坚持不求所有、但求所用的理念，做好借力文章。鼓励企业、科研机构积极对接济南、青岛的优势资源，通过项目委托、联合公关、柔性引才、共建联盟等多种方式，最大限度用好济南、青岛优势资源，补齐潍坊元宇宙发展的短板弱项。

（八）尽快研究出台有竞争力的元宇宙支持政策

全国至少有北京、上海、杭州、南京、无锡等10个城市出台元宇宙专项规划，《青岛市虚拟现实产业园发展的若干政策》覆盖了元宇宙很多重要领域。建议积极对标先进城市，围绕项目引进、平台搭建、场景应用、人才汇聚等领域，尽快研究出台有竞争力的元宇宙支持政策，引领潍坊市元宇宙产业加快发展。

（2022年9月）

关于现代产业学院发展的分析与建议

李　波　刘　磊　孙　桐　刘永杰

在国家新工科建设背景下，现代产业学院迎来大发展窗口机遇期，全国共规划建设300个国家级现代产业学院。首批已建设50个，苏州、常州、南通、扬州、东莞、佛山等制造业强市都已获批建设；2023年3月，第二批国家级现代产业学院开始申报。建设现代产业学院，对潍坊保持并强化职业教育优势、弥补高教资源不足、支撑产业转型升级、提升城市长期竞争力至关重要。

一　基本认识

首先，现代产业学院是教育部2018年提出的新概念，是在高等学校加速新工科建设的大背景下，以普通本科高校为主体、联合政府和企业等共同建设管理的新型产教融合组织。

其次，现代产业学院与传统意义的产业学院有较大区别。在办学主体上，现代产业学院依托本科院校，产业学院依托职业院校；在专业领域上，现代产业学院主要面向新工科领域，包括新一代信息技术、智能制造、物联网、机器人等专业，产业学院面向所有产业；在培养目标上，现代产业学院重点是培养高素质应用型复合型创新型人才，产业学院主要是培养技能人才。

最后，培养发展现代产业学院对潍坊意义重大。普通地级市普遍缺大学，更缺理工类大学。对于潍坊这样的制造业大市，理工科实力与产业发展不相称的问题越来越成为制约发展的重要瓶颈。发展现代产业学院非常适合潍坊这种制造型城市，可以有效缓解高教资源不足的问题，对支撑产业转型升级乃至提升城市长期竞争力具有重要意义，这也是保持并强化潍坊职业教育优势的需要。

二　发展形势

（一）国家、省密集出台支持政策

国家层面，2018 年教育部、工信部等部门出台了《关于加快建设发展新工科 实施卓越工程师培养计划 2.0 的意见》，首次提出现代产业学院概念；2020 年出台《现代产业学院建设指南（试行）》，明确了现代产业学院建设的目标、原则及任务；2021 年公布首批 50 个国家级现代产业学院；2023 年 2 月出台《普通高等教育学科专业设置调整优化改革方案》，提出建设 300 个现代产业学院；3 月下发《关于开展第二批现代产业学院建设工作的通知》。省级层面，2020 年山东省教育厅、工信厅出台《推进本科高校现代产业学院建设实施方案》；2022 年 11 月山东省委、省政府印发《关于深入推动山东高等教育高质量发展的若干措施》，明确建设 100 个省级现代产业学院，争创 10 个左右国家级现代产业学院。

（二）许多制造业大市建成了国家级现代产业学院

首批 50 个国家级现代产业学院有 19 个位于普通地级市，这些地级市多数为制造业强市、大市，其中东莞、常州各 2 个，苏州、南通、扬州、盐城、佛山、芜湖等各 1 个，山东城市无一入选（见图 1）。东莞理工学院作为一所省市共建的普通本科学校，建成 2 个国家级现代产业学院。常州举办长三角现代产业学院高峰论坛，长三角“一市三省”发起成立长三角现代产业学院协同育人联盟，90 余所本科高校参与，重点围绕国家战略布局和地方产业需求，全面推动现代产业学院建设。

（三）山东公布两批共 52 个省级现代产业学院

山东省级现代产业学院在地级市的分布情况如图 2 所示。山东 52 个省级现代产业学院中，济南 21 个，青岛 14 个，滨州 4 个，烟台 3 个，临沂 2 个，潍坊 2 个（潍坊医学院生物医药产业学院、潍坊学院潍柴产业学院）。

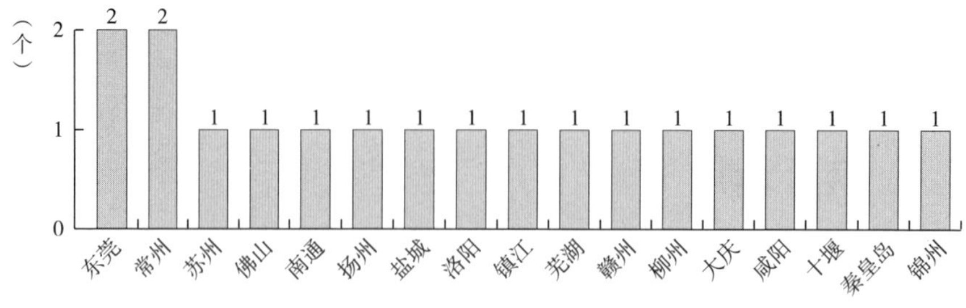

图 1　国家现代产业学院在普通地级市的分布情况

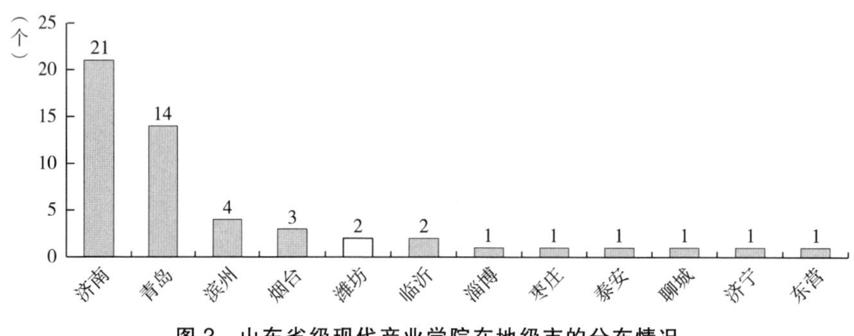

图 2　山东省级现代产业学院在地级市的分布情况

滨州尽管只有滨州学院、滨州医学院 2 所本科高校，但建成了 4 个省级现代产业学院，数量居全省第 3 位。

三　面临的困难和问题

（一）提高认识问题

当前企业、高校、部门等相关方对现代产业学院概念、作用的认识还不一致，对现代产业学院的重要意义认识不足，没有形成识别机遇、抢抓机遇的共识。

（二）区分现代产业学院与产业学院问题

2022 年潍坊市评选的首批 20 个现代产业学院中，以本科院校为主体申报的仅 3 个（潍坊学院歌尔科技产业学院、潍坊医学院生物医药产业学院、潍坊科技学院智慧蔬菜产业学院），其他 17 个都是以职业院校为主体进行申报的，严格来讲这 17 个是产业学院而非现代产业学院。潍坊职业院校数量多、实力强，普通本科相对较弱，一体推进现代产业学院和产业学院发展可以是现阶段基本思路，但应该明晰二者之间的界限，以深化认识、精准支持。

（三）提升建设层次问题

目前，潍坊还没有国家级现代产业学院，省级现代产业学院 2 个，落后于济南、青岛、滨州、烟台，亟须在数量上实现突破。同时，调研发现，潍坊市现代产业学院建设主要以实习实训、共建基地为主，与国家要求的搭建产学研服务平台、开展技术攻关、项目孵化、探索共建共管治理模式等还有差距。

（四）理工类本科高校支撑不足问题

理工类本科高校是现代产业学院建设的主体。普通地级市普遍缺大学，更缺理工类大学，相对而言，苏州、东莞、泉州以及山东省内的烟台、淄博、东营等理工类院系实力较强，极有可能在这一轮现代产业学院竞争中实现大突破，进而形成比较优势，潍坊应高度重视、积极应对。

四　几点建议

系统谋划、高校企业两端发力、打造典型示范是常州、南通、扬州、东莞、佛山等城市建设现代产业学院的普遍做法。

（一）加强系统谋划

市级层面尽快组织专门力量，系统谋划现代产业学院申报建设工作，以加强顶层设计，建立共识，抢抓机遇，推动发展。

（二）从高校端发力

高校是现代产业学院的申报和建设主体。潍坊有 5 所本科院校，应确保每所院校建成两个以上省级现代产业学院。建议特别支持潍坊医学院、潍坊学院申报创建国家级现代产业学院，确保全市至少 1 个获批。同时，聚焦元宇宙、智能机器人、工业母机等新产业新赛道，争取引进高水平理工类院校。支持驻潍本科院校在做强现有理工科专业的基础上，新建一批理工科专业。

（三）从企业端发力

一是聚焦优势产业、新赛道产业，引导链主企业、龙头企业积极参与现代产业学院建设；二是支持龙头企业借力市外高校资源，特别是就近借力济南、青岛高校资源。

（四）加强典型示范

总结推广潍坊医学院生物医药产业学院、潍坊学院潍柴产业学院、曲阜师范大学歌尔工学院等省级现代产业学院办学经验，组织潍坊市本科院校、重点企业观摩学习。

（五）把高水平产业学院作为现代产业学院的有效补充

潍坊职业教育有很好的基础，职业院校建设产业学院，可参照现代产业学院的模式开展人才培养、专业建设、实习实训，更多聚焦新工科领域，以高水平产业学院强化职业教育优势。

（2023 年 4 月）

抓制造业优质企业　全力以赴拼经济

杜慧心　董俐君

潍坊市工作动员大会提出，拼经济是2023年工作的重中之重。制造业优质企业作为潍坊的突出优势，是拼经济的主要力量，是“七个突破”的重要抓手，更是各企业家施展才华的主战场。潍坊坚定信心抓落实、振奋精神求突破、全力以赴拼经济，要重点抓好制造业优质企业。

一　国家高度重视优质企业培育，优质企业迎来黄金机遇期

全市工作动员大会指出，要在把握大局大势中提振信心。近年来，国家接连释放出加强制造业优质企业培育发展的强烈信号。制造业优质企业事关中国制造核心竞争力，在制造强国建设中发挥领头雁、排头兵作用。抓制造业优质企业，是把握时代发展大势的必然要求，其关键是抓好以下九类企业。

根据2021年工信部等6部门《关于加快培育发展制造业优质企业的指导意见》，制造业优质企业主要指三类。

一是产业链领航企业。这类企业在技术、标准、市场等方面具有较强的国际话语权、影响力和竞争力。目前国家和省级层面没有进行产业链领航企业评选。

二是单项冠军企业。这类企业专注于制造业某些特定细分市场，国家级单项冠军企业要求单项产品市场占有率全球前3。山东省单项冠军企业要求单项产品市场占有率全国前5且全省第1。

三是“专精特新”小巨人企业。这类企业位于产业核心领域、产业链关键环节，掌握核心技术，主导产品在全国细分市场占有率达到10%

以上。

根据2022年工信部出台的《优质中小企业梯度培育管理暂行办法》，优质中小企业主要指以下两类。

一是“专精特新”中小企业。这类企业专业化、精细化、特色化特征突出，由省级主管部门认定。

二是创新型中小企业。这类企业由省级主管部门负责导向性评价，山东没有进行评选。

另外，省里还评选了以下四类企业。

一是“链主”企业。2021年省工信厅确定了制造业重点产业链及链主企业名单，共42条产业链、124家链主企业。

二是隐形冠军企业。山东2017年、2018年评选过隐形冠军企业，要求其产品市场占有率全国前10且省前3、营业收入1000万元以上。

三是瞪羚企业。省标准是经营3年以上、预估3年内能达到10亿美元估值的非上市企业。

四是独角兽企业。这类企业指从省瞪羚企业筛选出的成立时间不超过10年、融资估值10亿美元以上的企业。

二　潍坊制造业优质企业现状特点

潍坊制造业优质企业总量多，总体数量处于省内第二梯队。国家级单项冠军企业数潍坊省内排第3位；“专精特新”小巨人企业数潍坊在省内排第4位。省级“链主”企业数潍坊在省内排第4位；单项冠军企业数潍坊在省内排第1位；隐形冠军企业数潍坊在省内排第1位；“专精特新”中小企业数潍坊在省内排第3位；瞪羚企业数潍坊在省内排第4位；独角兽企业数潍坊在省内排第4位。

发展潜力大。从企业规模看，国家级单项冠军企业和省级“链主”企业规模较大，可归为头部企业；国家级“专精持新”小巨人企业和省级单项冠军企业、隐形冠军企业规模居中，可归为中部企业；省级“专精特新”中小企业、瞪羚企业、独角兽企业规模较小，可归为尾部企业。中部企业在其中起着承上启下的关键作用，潍坊这部分企业数量多，且明显多于烟台、淄博，优势突出，有发展成为头部企业的潜力。

产业分布集中。这更有利于优势产业发挥产业链集群效应。潍坊优质企业主要集中在装备制造和化工产业，国家评选的优质企业，潍坊80%以上分布在装备制造和化工产业；省评选的优质企业，潍坊一半以上分布在装备制造和化工产业。

但潍坊优质企业仍面临战略性新兴产业领域的企业少、中心城区企业较少、上市企业数量略少等问题，仍有提升空间。

三　提升先进制造业整体竞争力，关键靠各级各类优质企业

引导企业积极参加各级各类优质企业评选，以获取更多政策资源，引导企业把握正确发展方向。主要是搭建平台，畅通申报渠道；政策引导，激发申报动力；做好服务，让企业应评尽评。

发挥头部企业引领带动作用。一是梳理头部企业配套需求，开展头部企业与中小企业对接需求活动。工信部等在全国范围内开展大企业与“专精特新”中小企业对接需求活动。要依托头部企业尽快开展此类活动，打造动态对接库。二是推动头部企业联合中小企业、科研院所、高校等组建创新联合体。建议出台创新联合体认定办法，激发协同创新动力。三是推动头部企业与卡奥斯、浪潮云洲、蓝海、橙色云共建工业互联网行业子平台，分行业重点打造典型应用场景。“双跨平台”在推动企业、产业数字化转型方面作用巨大，要利用好这一平台。

发挥优质企业高度集中优势建圈强链，推进装备制造和化工产业更高质量发展。一是以产业集群招商，大力招引装备产业链中的关键基础元器件、基础零部件企业，招引化工产业链中、下游深加工企业。建议充分发挥两大产业集群优势，以集群招商招引上述优质企业。二是引导企业选准产业发展切入口，主攻主导产业或某一细分领域。成都通过打造产业功能区，帮助企业清晰定位主导产业和细分领域，这既能帮助企业选准产业发展切入口，又能解决企业协作不紧密、同质化竞争的问题。建议以产业功能区的理念优化现有园区布局，引导企业锻造最强产业链条。

更加注重引育战略性新兴产业领域的优质企业。战略性新兴产业与制造强国战略十大重点产业是国家重点支持的方向。一是将资本招商的重点放在招引战略性新兴产业优质企业上。二是放宽战略性新兴产业优质企业

培育标准。特别是在制定市级“专精特新”中小企业认定标准时，对新材料、新能源、高端装备等领域的企业，适当放宽主营业务收入占比、年度营业收入、平均营收增速等指标标准。三是为战略性新兴产业企业营造包容宽松的发展环境。比如深圳给予新兴产业企业1~2年的成长“包容期”，为各类新企业提供了发展缓冲的空间。建议对口学习借鉴这一做法，通过合规承诺、行政提示等柔性监管方式，给予企业成长“包容期”。

着力培育中心城区优质企业。一是发挥中心城区大型产业园区的吸纳功能。潍坊中心城区的大型产业园区能更好满足企业、项目对区位、空间、科技、人才、金融等综合服务的高要求。建议制定更多类似《潍柴集团配套产业园入园政策》等的扶持政策，通过租金优惠、减税降费等措施，吸纳一批优质企业往中心城区集中。二是重点推动优质企业的创新研发机构向中心城区中央创新区集中。中心城区人流、资金流、信息流密集，在创新方面具有县城无法比拟的优势。建议以正在建设的中央创新区为主要载体，出台优惠政策、措施，吸引各类创新研发机构向中央创新区加速集聚。

加快推动优质企业上市。优先将各类优质企业列入上市企业“白名单”。建议在动态调整“白名单”过程中，重点关注各类优质企业；对列入“白名单”的优质企业优先提供资源要素保障，优先推介投资对接，遇到问题时开辟“绿色通道”，特事特办，急事急办，全面畅通上市办事链条。

（《潍坊日报》2023年2月4日）

把数字经济作为拼经济主战场

刘永杰　戴真真　孙潇涵

数字经济是新赛道，更是主赛道，“十四五”期间将成为我国经济的主要增长点，成为拼经济的主战场和突破口。全市工作动员大会提出在发展数字经济上加力突破，从产业数字化、数字产业化、数据价值化、治理服务数字化四个方面做出安排部署，抓住重点和关键，要确保各项部署要求落到实处、取得实效。

一　走产业数字化带动数字产业化的路子，把实体经济优势转化为数字经济优势

潍坊工业产值超过 1.1 万亿元、农业产值超过 1200 亿元，具有海量数据资源和丰富应用场景，产业数字化需求巨大、空间巨大、潜力巨大，这是潍坊发展数字经济推动产业转型升级的最大优势所在。应发挥好这一优势，走产业数字化带动数字产业化的路子，一方面，以应用场景为牵引集聚壮大一批数字龙头企业，把实体经济优势转化为数字经济优势；另一方面，以数字赋能推动传统产业由大变强，促进数字经济与实体经济深度融合、相互赋能。

二　整链条、整行业、整园区推进制造业数字化转型

数字化转型是制造业由大变强的关键，当前正由理念普及、试点示范阶段转向系统创新、深化应用的新阶段。整链条推进，要把着力点放在强化大企业对上下游中小企业的辐射带动上。支持“链主”企业利用工业互

联网、5G、大数据、人工智能等新一代信息技术对研发设计、生产制造、产品销售、市场服务等进行全链条改造，带动上下游中小企业“链式”数字化转型。根据企业服务情况，对“链主”企业主导建设的工业互联网平台、研发机构等予以事后奖补。整行业推进，要把着力点放在推动典型场景在行业普及应用上。“一业一库”建立典型应用场景库、优秀应用产品库。同行业产品及工艺流程很相似，一旦实现标准化，智能装备和方案价格会大幅降低，特别在智能软件方面，边际成本几乎为零。整园区推进，要把着力点放在带动区域产业整体数字化转型上。潍柴国际配套产业园、元宇宙产业园、深圳（潍坊）科技工业园等重点园区先行示范，“一园一策”制定个性化实施方案。

三　打造农业全产业链数字化优势

农业已经发展到以数字化为特征的3.0时代，全产业链数字化转型应该成为农业强市建设的重要方向。生产加工环节应打造数字大田、数字牧场、数字化设施农业、数字渔业、数字加工车间，发挥好潍坊数字农业联盟作用，引导联盟企业推出一批实用、好用、管用的数字软件产品。仓储物流环节应加快建设国家骨干冷链物流基地，鼓励大型生鲜电商和连锁商超统筹建设城乡一体冷链物流网络，推动农产品高质快速通达。市场营销环节应加强与龙头电商平台合作，加快发展直播电商、淘宝村镇、生鲜电商、产地仓、直采基地等电商新模式新业态，用数字手段推动农业“接二连三”，提升农产品附加值。

四　以特色产业集群培育为抓手，推动数字经济核心产业倍增式发展

数字经济核心产业是数字经济发展的先导力量，其质量和规模是数字经济核心竞争力的集中体现。一是领跑发展数字产品制造业。关键要发挥好龙头企业引领带动作用，支持龙头企业用市场手段和资本力量整合上下游企业、科研院所等各类资源，打造良好产业生态，构建涵盖数字产品制造、服务、应用的完整产业链，打造具有核心竞争力的数字产品制造业集

群。二是集聚壮大特色软件产业。以产业升级需求为导向，面向工业设计、工业互联网等重点领域招引一批龙头企业、龙头项目，围绕龙头企业、龙头项目开展产业链招商、基金招商、朋友圈招商，加快形成集聚效应。三是超前布局前沿新兴产业，特别是加快打造元宇宙地标性产业集群。元宇宙是继 PC 互联网、移动互联网之后的下一代互联网，是数字经济发展的高级阶段，将成为新的经济增长点和竞争制高点。潍坊发展元宇宙具有产业基础优势、应用场景优势、人才支撑优势、区位交通优势，具备抢跑元宇宙赛道的基础条件，这在地级市中是难得的优势。应加快落实潍坊市元宇宙发展行动计划、若干政策，发挥龙头企业引领带动作用，在技术攻关、园区打造、链条延伸、行业应用、生态构建等方面加力突破，加快把先发优势转化为领跑优势。

五 发挥职业教育优势，打造全国数字技能人才高地

职业教育应该成为潍坊发展数字经济的优势。现阶段，全国复合型数字人才严重缺乏，并且缺口将持续放大，职业教育可以在这方面发挥更大作用。专业设置上，教育部在《职业教育专业目录（2021 年）》中优化了 5G、人工智能、大数据、云计算、物联网等专业设置，应抢抓机遇，推动驻潍职业院校面向数字经济发展需要，进一步优化专业设置，给予专业建设突出的院校适当奖励。培养模式上，深入挖掘潍坊市现代产业学院发展经验，面向数字经济重点领域，加快培育一批产教融合型企业、建设一批现代产业学院，使人才培养更好地适应数字经济发展需要。就业服务上，加快建设潍坊数字经济创业园，研究出台毕业生本地就业创业支持政策，鼓励数字企业优先聘用本地毕业生，打造一流创新创业生态，尽可能地留住数字人才。

六 打造省内先进的数字基础设施高地

数字基础设施是数字经济发展的先决条件，也是推动经济社会高质量发展的关键支撑，数字基础设施建设水平，正在成为衡量城市核心竞争力的重要标志。一是加快 5G 网络建设和规模化应用。5G 是数字基础设施的最核心领域，当前正处于规模化应用关键期。网络建设方面，综合使用政

府专项债券、产业引导基金、财政支出等多元资金投入形式，吸引更多社会资本参与，尽快实现中心城区、县城、镇区、重点行政村5G信号全覆盖。行业应用方面，遵循从试点示范到规模推广再到大规模商用的规律，发挥好潍坊数字赋能联盟作用，面向潍坊市优势制造业领域，加快培育一批“5G+工业互联网”应用场景，推动5G向工业生产领域加速渗透。二是持续强化物联网领先优势。物联网部署涉及多个领域、多种设施、多方主体，建设规模小、零散化是制约其发展的重要因素。应围绕工业、农业、能源、交通、民生等领域，统筹推进物联网部署和应用创新示范，解决碎片化发展问题，推动物联网全面深度覆盖。三是加快推进新型数据中心建设。新型数据中心作为释放数据要素价值的关键基础设施，是数字经济发展的基石。应围绕打造环渤海算力中心，加快创建一批规模发展、存算均衡、绿色节能的数据中心，谋划建设全市工业大数据平台、三农大数据平台，充分激活和发挥数据价值。

七　持续提升治理服务数字化水平

数字赋能是高水平推进市域治理现代化的关键。一是以“无证明城市”为牵引加快数字政府建设。“无证明城市”建设是推进市域治理现代化的牵引性举措，应把蕴含其中的理念、导向、方法运用到数字政府建设全过程。数字政务方面，依托一体化政务服务平台“一网通办”的枢纽作用，打造以线上“全程网办”为主、线下专窗代收代办为辅、线上线下相融合的政务服务通办体系；数字机关方面，强化“山东通”平台推广应用场景，加快办文、办会、办事数字化转型，深化机关内部“一件事”集成改革，推动机关运行流程再造。二是以“物联潍坊”建设为抓手深耕智慧城市。面向城管、交通、环保等领域，打造一批一体化综合指挥重点应用场景，全面提升“城市大脑”实战能力。深化拓展“人工智能+物联网”应用，鼓励各级单位先行先试打造亮点，以较低成本在全市快速复制推广。研究组建潍坊市大数据运营平台公司，承担智慧城市项目建设运营，探索公共数据授权运营、有偿使用等新模式，形成以数养数、持续运营、多元融资、多方收益的商业模式。

（《潍坊通讯》2023年1~2期合辑）

以新型工业化坚定推动产业转型升级

杜慧心

党的二十大报告提出，坚持把发展经济的着力点放在实体经济上，推进新型工业化。山东省委书记林武来潍坊调研时强调，要深入推进新型工业化，坚定推动产业转型升级。潍坊正处在产业转型升级的关键时期，工业是经济的压舱石、产业的主引擎，推进新型工业化是必然要求，更是战略选择。

一　以数字化为主攻方向

新型工业化的本质是以信息化带动工业化，以工业化促进信息化，信息化和工业化两者结合就是要抓好制造业数字化，重点在产业数字化和数字产业化上下功夫。产业数字化应充分考虑不同行业特点和差异化需求，以“链长制”为抓手整产业链推进。分产业链制定转型路线图，一链一策；发挥生态主导型产业链“链主”企业引领带动作用，带动上下游中小企业数字化转型；加快工业互联网落地应用，用好青岛卡奥斯，推动形成大企业引领推广、中小企业广泛应用的融通发展模式。数字产业化要选准突破产业、领域，打造局部优势。把培育数字产业龙头企业和引进数字产业龙头企业作为当前及今后一个时期的关键，集中力量建设一批数字产业化重大项目，壮大数字产业规模，释放引领带动作用。特别关注已经在重点发展的元宇宙等领域。

二　以绿色化为重要导向

“双碳”正在重构发展版图，给区域竞争、产业转型带来的系统性变革前所未有，它类似于10年前的信息化，对潍坊、对任何城市而言，都是机遇，都是挑战。应牢固树立抢抓机遇、弯道超车、树立优势的紧迫感，以绿色化为导向，加快推进新型工业化。一是依靠专业力量谋划和推进。前期潍坊做了大量基础性工作，推进“双碳”工作具备良好基础，应尽快在政府、企业、社会各个方面形成专业力量干专业事的局面，加快推进绿色化。二是建设统一的能源碳排放数据监测平台。通过用电量实时监测重点行业、重点企业碳排放情况。三是把推进工业碳达峰作为重点和突破口。建议培育低碳、零碳示范园区，选址充分考虑产业基础、发展潜力、示范带动等因素，以此加快培育一批具备低碳、零碳产业基础的重点企业。四是探索成立减碳联盟。由政府发起，环保行业龙头企业牵头，联合制造业骨干企业及科研机构共同成立减碳联盟，以此带动更多行业企业、组织和机构参与减碳行动，加快形成绿色化合力。

三　以科技创新为关键支撑

科技创新是支撑产业发展的根本驱动力，推进新型工业化的过程也是持续科技创新的过程。潍坊近年来之所以创新竞争力持续增强，主要是因为一批龙头企业发挥了关键作用，应坚定走龙头企业带动、外部借力的路子。更大力度支持龙头企业突破关键核心技术，梳理制造业重点产业链特别是产业链上关键龙头企业面临的“卡脖子”难题，根据其紧迫和重要程度确定攻关课题，通过“揭榜挂帅制”“组阁制”等方式攻关。更大力度支持龙头企业联合中小企业组建创新联合体，发挥头部企业创新优势，弥补中小企业创新短板。更大力度支持龙头企业建设高能级创新平台，特别是更多地建设国家重点实验室等国家级平台。更大力度支持龙头企业与大院大所开展合作，建立常态化对接机制，及时组织科技成果专场推介会、对接会、项目路演等活动。更大力度借力外部，积极融入山东半岛城市群发展、京津冀协同发展、长三角一体化科技创新生态，最大限度用好济南、青岛及北京、上海等城市的优势资源。重视柔性引才，做好住房、就医、教育等配套服务。

四　以集群化为发展路径

新型工业化的一个明显特点就是空间布局越来越集中、产业分工越来越细，集群化成为制造业空间布局的主要方向。潍坊动力装备集群成功入选国家先进制造业集群，集群化水平进一步提高，下一步应持续提升。一是以产业功能区的理念优化、提升现有园区。产业功能区按照主导产业和细分领域进行划分，可以有意识地引导产业集群发展。二是支持“链主”企业领建产业园区，提高“链主”企业本地配套率。主要是发挥建立在专业分工基础上的集聚协同效应，促进“链主”企业带动相关中小企业在空间地理上集中分布。三是引导产业集群向中心城区集中。在中心城区建设更多产业集群、保持相当的工业比重，对于潍坊提升中心城区辐射带动力、城市化率乃至城市竞争力至关重要。四是引导产业集群向胶济沿线集中。随着都市圈、城市群战略深入推进，济南、青岛的联系将越来越紧密，胶济沿线正在成为全省经济最活跃、人口密度最高的发展轴带。潍坊几乎所有的县（市、区）建成区都在胶济沿线上，越早推动产业在胶济沿线布局，越能够抢占发展先机、降低进入成本。

五　以优质企业为核心抓手

走新型工业化道路，归根结底要靠企业。制造业优质企业是企业中的佼佼者，是推进新型工业化的主力军。潍坊优质企业数量众多，尤其是单项冠军企业数量位居全省前列，是名副其实的“单项冠军之都”，应持续拉长长板，打造比较优势。要更加注重引育战略性新兴产业领域的优质企业。战略性新兴产业的理念与新型工业化的内涵要求相契合，是国家重点支持的方向。建议重点围绕新材料、新能源、高端装备、电子信息等领域，通过放宽优质培育标准、营造包容宽松发展环境等，加快培育战略性新兴产业领域优质企业。要更加注重引育中心城区优质企业。潍坊中心城区在区位、空间、科技、人才、金融等方面具有服务优质企业的显著优势，应着力推动优质企业往中心城区集中，制定扶持政策，出台租金优惠、减税降费、资金补贴等措施。同时重点推动优质企业的研发机构向中央创新区集中，尽快建成创新资源的重要集聚地。

六　以产业基金为重要手段

组建产业基金助力产业发展，是众多城市促进产业转型升级、培育壮大新兴产业、推进新型工业化的重要经验。把更多社会资本、高端项目、关键企业引入潍坊，产业基金举足轻重。一是重点瞄准新产业新赛道。基金要找准产业方向，紧紧围绕潍坊重点产业布局投资，尤其是重点瞄准新产业新赛道，短期选择 1~2 个产业集中突破。二是注重引育龙头企业和细分产业领域关键企业，以更好地把握产业发展规律，提高产业培育成功率。三是强化基金运营团队与专业招商队伍的协作。四是构建国有资本退出机制。依法依规通过上市、股权转让、企业回购清算、份额退出等市场化方式安全退出，用投资所获资金继续扩充产业基金，实现良性循环。

（《潍坊通讯》2023 年第 3 期）

提升制造业竞争力的潍坊探索

——《世界风筝之都也是“冠军企业之都”》解读

杜慧心

《世界风筝之都也是“冠军企业之都”》一文写到，提起山东潍坊的国际风筝节和寿光蔬菜，可谓大名鼎鼎，但若论及这座城市的工业实力，其实外界很多人并不清楚。真没想到，世界风筝之都竟还是一座“冠军”企业云集的制造业重镇。对潍坊来说，“世界风筝之都”是响亮的城市名片，强大的制造业才是其在激烈的区域竞争中脱颖而出、城市竞争力不断提升的底气所在。

一 潍坊的核心竞争力在制造业

潍坊以制造业立市、以制造业兴市。明清时期潍坊（时称潍县）以“二百支红炉、三千铜铁匠、九千绣花女、十万织布机”闻名全国，有“南苏州、北潍县”的美誉。潍坊曾集中国“动力城、电子城、纺织城、农机城”等美誉于一身，工业上的很多第一都诞生在潍坊。如今，潍坊GDP 成功迈上 7000 亿元新起点，在全国大中城市排名中上升至第 35 位，制造业是带动潍坊腾飞的关键。2021 年潍坊制造业规模以上工业营业收入突破万亿元，总量约占全省的 1/10、全国的 1/100，规模以上工业企业数量一年增加 501 家，达到 3621 家，国家级单项冠军企业 17 家，省级单项冠军企业 83 家、隐形冠军企业 64 家，数量均居全省第 1 位。

这一系列数据体现的是潍坊强大的制造业实力，制造业是潍坊现有地位的关键支撑，是城市的核心竞争力所在，仅从潍坊工业主要指标排名基本上都高于 GDP 排名就可管窥一二，比如 2020 年潍坊 GDP 在普通地级市中排第 15 位，但工业营业收入排第 8 位、利润总额排第 12 位、规模以上工业企业数量排第 11 位。

二　打造先进制造业集群

潍坊单项冠军企业多，一半单项冠军企业都分布在动力装备行业，这与潍坊产业集群优势突出、集群化水平高有着天然的关联。产业集群是制造业生存与发展最有效的组织形态，是制造业做大做强、迈向中高端的必由之路。集群度高可以有效降低企业成本，潍坊单项冠军企业在本地的平均配套率为 44.91%，较高的本地配套率能够有效降低企业的来料和物流等成本，从而帮助企业形成竞争优势。

单项冠军企业一般是各自产业链上的“链主”企业，产业链有优势，单项冠军企业自然多。2021 年潍坊聚焦 5 个千亿级、10 个 500 亿级产业链实行“链长制”，探索链式集群发展。企业围绕产业链发展，是产业发展的自然规律，“链长制”的实行，是将自然规律辅以有形之手，是顺势而为、是助推大道。无数先进城市成功经验表明，“链长制”是做大做强产业的有效手段。2021 年潍坊动力装备产业集群入选全国先进制造业集群，“雁阵形”产业集群数量居全省第 2 位。

三　走龙头企业带动创新的路子

对于单项冠军企业、隐形冠军企业来说，创新是灵魂，是这些企业处于领先地位的支柱。单项冠军企业平均研发强度为 5%、研发机构拥有率为 97%，分别是全国规模以上工业企业平均水平的 5 倍和 7 倍。国际隐形冠军企业对研发的投入是一般工业企业的两倍多，平均每个员工的专利数量相当于一般公司的 5 倍。潍坊的单项冠军企业、隐形冠军企业，在创新尤其是研发创新上投入较大，盛瑞传动研发 8AT，10 年用了 10 多亿元，一举打破国外技术垄断。

潍坊制造业创新特征的形成与代代相承的创新基因有关，更为重要的原因是抓住了主要矛盾，走出了一条龙头企业带动、外部借力的正确路径。潍坊作为地级市，高校院所少、创新资源缺乏，难以像副省级城市、省会城市那样依靠高校院所开展创新，只能依靠企业特别是龙头企业带动创新。潍坊近年来之所以创新能力持续增强，也都是因为一批龙头企业发挥了关键作用。比如龙头企业突破关键核心技术、龙头企业与大院大所开展合作、龙头企业建设高能级创新平台、龙头企业带动中小企业和科研院所协同创新等。

四　大企业和中小企业两手都抓、两手都硬

潍坊之所以能被誉为山东“单项冠军第一城”“一座盛产隐形冠军的城市”，不仅是因为其有顶天立地的大企业，也是因为其有铺天盖地的中小企业。2021 年，潍坊税收过亿元企业 89 家，营业收入过百亿元企业 21 家，潍柴动力入选世界 500 强，4 家企业入选中国 500 强，10 家企业入选中国制造业企业 500 强，国家“小巨人”企业 27 家，“专精特新”中小企业 304 家，省级瞪羚企业 107 家。以小巨人、单项冠军、领航企业为代表的优质企业成为潍坊制造业高质量发展的领头雁、排头兵。

“专精特新”中小企业、“小巨人”企业、隐形冠军企业、单项冠军企业等，是当前促进经济持续增长的中坚力量，隐形冠军企业、单项冠军企业中有的是由“小巨人”企业中的佼佼者成长起来的。潍坊高度重视优质企业发展，不仅打造梯度培育机制，还通过服务企业专员、“链长制”等重点引育优质企业。2021 年 11 月工信部发布为“专精特新”中小企业办实事清单，要求为每家“专精特新”中小企业配备一名服务专员。在此之前，潍坊就已经创新性实施了服务企业专员制度，服务范围不仅包括“专精特新”企业，还包括大企业及其余的中小企业，2021 年 1.5 万名服务企业专员对 2.3 万家企业（项目）进行了一对一上门服务，新登记市场主体 30.6 万户，增长 60.1%，增速居全省第 1 位，源源不断的制造业后备力量开始涌现。

（《潍坊日报》2022 年 2 月 24 日）

关于“双碳”背景下潍坊制造业绿色低碳转型的思考与建议

课题组

一 “双碳”背景及发展现状

（一）国际背景

工业革命以后，人类活动产生的二氧化碳气体越发增多，地表和低层大气的温度升高，从而导致各种不良后果，甚至气候灾难。气候变化成为人类面对的最严峻的生态危机，为了避免二氧化碳排放过高以致威胁人类生存，人类必须采取各项措施降低温室气体排放量。

2015 年，《联合国气候变化框架公约》近 200 个缔约方在巴黎气候变化大会上达成《巴黎协定》，2016 年，全球 178 个缔约方共同签署《巴黎协定》，该协定成为继 1992 年《联合国气候变化框架公约》、1997 年《京都协定书》之后，人类历史上应对气候变化的第三个里程碑式的国际法律文本，形成了新的全球气候治理格局，为世界应对气候变化行动做出了安排。该协定指出，各方要加强对气候变化威胁的应对，把全球平均气温较工业化前水平升高控制在 2 摄氏度以内，并为把升温控制在 1.5 摄氏度之内而努力。《巴黎协定》要求所有缔约方在 2020 年前提交 21 世纪中叶长期温室气体低排放发展战略，以推动全球尽早实现深度减排。

“双碳”即碳达峰、碳中和，碳达峰指在某个时间节点，二氧化碳的排放量到达峰值，之后不再增长，逐步回落；碳中和是指二氧化碳的净零排放，具体是指二氧化碳的排放量与二氧化碳的去除量相互抵消。企业、团队或者个人测算在一定时间内直接或者间接产生的温室气体排放总量，通过节能减排等方式来消除自身产生的二氧化碳。实现碳中和，不仅要求二氧化碳的排放水平下降，还要求采取植树造林、负碳排放技术以及碳补偿等措施消除二氧化碳的排放量。

世界上发达国家和地区大都实现了碳达峰，并且在实现碳达峰后，尽早确立了碳中和的时间。芬兰实现碳中和的时间为2035年，奥地利、冰岛实现碳中和的时间为2040年，瑞典为2045年，美国、欧盟、加拿大、西班牙、爱尔兰等国家和地区承诺实现碳中和的时间为2050年。我国提出的“双碳”目标高度契合《巴黎协定》的要求，体现了我国参与全球气候治理的态度和决心，对实现二氧化碳净零排放和改善全球气候具有举足轻重的意义。

（二）国内背景

改革开放以来，我国的经济建设取得了举世瞩目的成就，但也面临着能源过快消耗、生态环境严重破坏等严峻的资源环境问题和挑战。2018年，我国的GDP占全球的16%，但是却消耗了全球将近50%的钢铁和水泥以及接近1/4的能源，温室气体排放量占世界总额的26%，占比较高。

党的十九大报告提出，到2035年基本实现社会主义现代化，2050年把我国建设成富强、民主、文明、和谐、美丽的社会主义现代化强国，届时人均GDP将达到中等发达国家水平，在这种趋势下，粗放型的传统发展模式必将难以为继，迫切需要步入依靠知识、技术、治理来提高效率和支撑增长的发展阶段，因此，实现绿色低碳发展转型、构建绿色低碳循环发展的经济体系是实现百年目标的必由之路，符合自身的发展利益。

我国社会的主要矛盾已经转化为人民日益增长的美好生活需要和不平衡不充分的发展之间的矛盾，绿色环保的生态环境是美好生活需要的重要组成部分，基于以人为本的理念和可持续发展的内在要求，中国在2020年承诺了碳达峰、碳中和的实现时间，即力争于2030年前实现碳达峰，力争于2060年前实现碳中和。2021年3月，习近平总书记在中央财经委员会第九次会议上强调，实现碳达峰、碳中和是一场广泛而深刻的经济社会系统性变革，要把碳达峰、碳中和纳入生态文明建设总体布局。未来，我国将坚定不移地走绿色低碳、生态优先的高质量发展道路，形成更加绿色、高效和可持续的发展模式，加快建设美丽中国。

（三）发展现状

1. 我国“双碳”阶段划分

根据我国所做出的承诺，碳中和目标的达成时间要晚于碳达峰30年，全国各省份在实现碳达峰这个较为短期的目标方面皆采取了具体措施，并对碳达峰的达成时间做出宣布，与碳中和相比，碳达峰目标的达成更为容易一些。根据全球能源互联网发展合作组织的报告，我国全面实现“双碳”具体可以分为尽早达峰、快速减排、全面中和三个阶段。

尽早达峰阶段（2030年前）：以化石能源总量控制为核心，实现2028年左右全社会碳达峰，峰值控制在109亿吨左右，能源活动峰值控制在102亿吨左右。2030年碳强度相比2005年下降70%，提前完成超额兑现自主减排承诺。

快速减排阶段（2030～2050年）：以全面建成能源互联网为关键，2050年前电力系统实现近零排放，我国碳中和将取得决定性成效。2050年全社会碳排放降至13.8亿吨，相比碳排放峰值下降约90%，人均碳排放降至约1.0吨。

全面中和阶段（2050～2060年）：以深度脱碳和碳捕集、增加林业碳汇为重点，能源和电力生产进入负碳阶段，2055年左右实现全社会碳中和。2060年通过保证适度规模负排放，控制和减少我国累计碳排放量。

目前，我国还处于尽早达峰阶段和碳排放总量的增长阶段，碳排放量仍处于世界前列，对我国而言，实现碳达峰、碳中和的目标任重而道远。

2. 我国“双碳”进程

在碳中和目标提出一年间，国务院各部门先后制定并出台了一系列以碳中和为导向的重点政策，在“双碳”目标下推动不同领域的碳减排工作有序开展。生态环境部于2020年12月25日审议通过《碳排放权交易管理办法（试行）》，2021年7月26日，生态环境部召开新闻发布会，表示碳达峰、碳中和首次纳入中央环保督察。2021年1月19日，国家发改委新闻发布会宣布，开展六方面工作（大力调整能源结构、加快推动产业结构转型、着力提升能源利用效率、加速低碳技术研发推广、健全低碳发展体制机制、努力增加生态碳汇）推动实现碳达峰、碳中和中长期目标。各省份在“十四五”规划中，确立了做好“双碳”工作，以及制定实施碳排放、碳达峰行动方案的整体目标。例如，天津提出要大力推广绿色出行，到2025年绿色出行比例达到75%以上；吉林提出到2025年全省非化石能源消费比重提高到12.5%，煤炭消费比重下降到62%；山东提出要加强低碳发展技术路径研究，开展低碳城市、低碳社区试点和近零碳排放区示范，支持青岛西海岸新区开展气候投融资试点等。

3.“双碳”先锋城市进展动态

中国人民大学重阳金融研究院执行院长王文发布的《“碳中和”中国城市进展报告2021》选取碳达峰、碳中和效果显著的A组60个城市分析了实际碳减排值对基准值的差距——“碳达成率”，并结合其他综合数据计算出城市的碳减排实际数值——“绿色60”综合得分，用“绿色60”综合得分排名来体现各个城市碳达峰、碳中和的进展情况。部分城市“绿色60”综合评价情况如表1所示。

表1 部分城市“绿色60”综合评价情况

城市	“绿色60”碳达成情况	
	“绿色60”综合得分（分）	“绿色60”综合排序（名）
北京	83.02	1
深圳	77.39	2
杭州	73.71	3
上海	73.25	4
广州	73.20	5
成都	71.33	6
苏州	68.62	7
青岛	67.77	8
武汉	67.33	9
天津	67.02	10

通过表1可以看出，北京、深圳、杭州、上海和广州位居榜单前5名，是“双碳”任务中成绩斐然的先锋城市，北京以83.02分的综合得分遥遥

领先于其他城市，居于榜单第 1 名。下面对这五个城市的“双碳”进展状况做简要介绍。

北京。目前已经建立起多元、多向、清洁、高效、覆盖城乡的现代能源体系，煤炭消费量由 2015 年的 1165 万吨锐减至 2020 年的 135 万吨，煤炭占全市能源消费总量的比重由 13.1%下降至 1.5%，能源基础条件良好，已进入低碳转型的新阶段，并向碳中和的征途迈进。

深圳。深圳碳市场启动以来，碳市场流动率连续 8 年位居全国第 1，成交量第 3，成交额第 4，绝对减排量超 640 万吨，管控的制造业企业平均碳强度下降 39%，工业增加值增长 67.1%。位于龙岗区的深圳国际低碳城通过不断培育绿色低碳技术，推动“双碳”工作平稳进行。当下，龙岗区政府正积极编制《深圳国际低碳城综合发展规划》等规划文件，致力于将深圳国际低碳城打造成国家级碳达峰、碳中和先行示范区。

杭州。为积极推动精准减碳工作稳步前进、加速重点领域低碳转型，杭州市 2021 年上线“双碳地图”，实现全市县镇碳排放“全景看、一网控”，通过对碳排放的精准分析汇总，构建起横向涵盖能源、工业、居民、建筑、交通、生态六大维度，纵向贯通市、区、镇街三级的网格，范围覆盖 13 区县、199 个镇街的城市全景碳分析模型。“双碳地图”可以准确测算各公司企业的碳排放情况，并做出“减碳诊断”，助力绿色低碳发展。

上海。“十三五”期间，上海的能源消费进入了低速增长的阶段，全市煤炭消费总量占一次能源的比重由 37%下降至 31%左右。数据显示，从 2011 年到 2019 年，上海生活能源加速增长，为促进居民消费减碳，鼓励市民参与“双碳”工作，上海正筹备“碳普惠”项目，即把市民的各种低碳行为减少的二氧化碳核算出来，将其转变为个人账户的“碳积分”，再通过对接商业消费平台，让低碳生活的市民获得激励。

广州。“十三五”期间广东碳排放强度下降 22.35%，超额完成国家下达任务。目前，广东正积极推进碳达峰的研究工作，并提出“减煤控油增气、增非化石能源、输清洁电”和“分区域、分步骤、分行业、分领域”的碳达峰核心策略。基于碳排放权交易市场的基础，广州正研究建设粤港澳大湾区碳排放权交易市场。

二　潍坊市制造业碳排放情况

（一）制造业碳排放测算

1. 潍坊市制造业总体碳排放的测算

根据联合国 IPCC（政府间气候变化专门委员会）提供的二氧化碳排放测算方法：对二氧化碳排放进行自上而下的测算，假设能源一旦被某一部门消费或者转移，或者以气体的形式排放到大气中，则可以按照以下公式来：计算二氧化碳排放量。

$$CO_2 = \sum_i c_i T_i ef_i$$

CO_2 表示二氧化碳排放量；C_i 表示能源消费量，C_i = 产量 + 进口 - 出口 - 国际燃料舱 - 库存变化；T_i 为转换因子（根据净发热值转换成能源单位 TJ 的转换因子）；ef_i 为能源 i 的二氧化碳排放系数。

根据参考方法，计算二氧化碳排放量需要能源的消费量、发热值以及碳排放系数。能源的消费量数据来自 2016～2020 年《潍坊统计年鉴》，发热值和碳排放系数来自 IPCC 清单和《中国能源统计年鉴》，细分化石能源发热值和碳排放系数如表 2 所示。

表 2　细分化石能源发热值和碳排放系数

能源名称	发热值	碳排放系数
原煤	209.8	94600
洗精煤	263.44	94600
其他洗煤	1873.35	94600
焦炭	284.35	107000
焦炉煤气	3893.1	44400
高炉煤气	289	260000
转炉煤气	879	44400
其他煤气	1873.35	44400
其他焦化产品	376.35	107000
原油	418.16	73300
汽油	430.7	69650

续表

能源名称	发热值	碳排放系数
煤油	430.7	71900
柴油	426.52	74100
燃料油	418.56	77100
石脑油	453.4	73300
润滑油	337	73300
石蜡	337	73300
溶剂油	337	73300
石油沥青	337	73300
石油焦	337	97500
液化石油气	4265.2	63100
炼厂干气	5017.9	57600
其他石油制品	337	73300
天然气	4599.8	56100
液化天然气	23662	56100

注：发热值为平均低位发热值，固体和液体的单位为 $TJ/10^7$ kg，气体单位为 $TJ/108m^3$；碳排放系数单位为 kg /TJ。

资料来源：根据 IPCC 清单提供数据和《中国能源统计年鉴》整理而成。

根据上述公式以及表 2 中 25 种能源的发热值和碳排放系数，并通过查询 2016～2020《潍坊统计年鉴》获取到能源消耗量的数据，计算得到 2015～2019 年潍坊市制造业二氧化碳排放情况如图 1 所示。① 通过图 1 可以看出，2015～2019 年潍坊市二氧化碳的排放量始终保持逐渐增加的态势，由 2015 年的 0.89 亿吨增加到了 2019 年的 1.29 亿吨，且二氧化碳排放的增速并没有出现明显下降的趋势，预计未来一段时间内，潍坊的二氧化碳排放量将持续增加，潍坊市实现“碳达峰”目标的道路任重而道远。

2. 潍坊市制造业各行业碳排放情况

根据潍坊市统计局发布的数据，可以了解到 2018～2020 年潍坊市制造业各个行业的能源消耗状况。通过数据可知，制造业的能源消耗量在全部

① 根据数据可得性，本文中所有城市的碳排放量按照原煤、焦炭、原油和天然气四种能源算得。

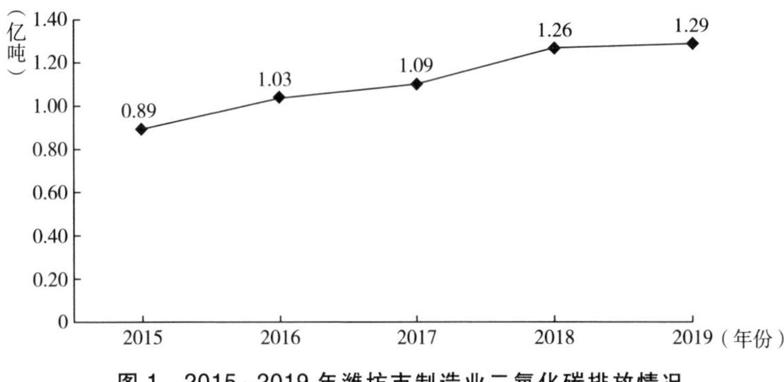

图 1　2015~2019 年潍坊市制造业二氧化碳排放情况

工业行业能源消耗量中所占比例超过了 80%，因此，潍坊市最主要的二氧化碳排放来自制造业。在制造业的各个门类中，化学原料和化学制品制造业，黑色金属冶炼和压延加工业，石油加工、炼焦和核燃料加工业的能源消耗最多，烟草制造业，铁路、船舶、航空航天和其他运输设备制造业，金属制品、机械和设备修理业的能源消耗最少。2018~2019 年制造业代表性行业能源消耗情况如表 3 所示。

表 3　2018~2019 年制造业代表性行业能源消耗情况

单位：万吨标准煤

行业	2018 年能源消耗量	2019 年能源消耗量
化学原料和化学制品制造业	684.93	689.83
黑色金属冶炼和压延加工业	475.60	500.04
石油加工、炼焦和核燃料加工业	332.54	361.67
烟草制造业	0.21	0.18
铁路、船舶、航空航天和其他运输设备制造业	0.10	0.22
金属制品、机械和设备修理业	0	0.04

在测算制造业各个行业二氧化碳排放量时，潍坊市统计局给出的各行业能源消耗数据中，所有的能源都折合成了标准煤，故根据数据的可获得性和计算的可行性，本处运用的计算公式为：

行业二氧化碳排放量＝标准煤的碳排放系数×该行业消耗的标准煤量①

① 由于数据的限制性，根据此方法算得的行业碳排放数据比实际值偏低，测算只是为了将行业碳排放量进行比较。

经计算，2018~2019年潍坊市制造业代表性行业二氧化碳排放情况如表4所示。

表4　2018~2019年潍坊市制造业代表性行业二氧化碳排放情况

单位：万吨

行业名称	2018年二氧化碳排放量	2019年二氧化碳排放量
化学原料和化学制品制造业	1682.67	1694.71
黑色金属冶炼和压延加工业	1168.41	1228.45
石油加工、炼焦和核燃料加工业	816.95	888.512
造纸和纸制品业	424.47	477.14
烟草制品业	0.52	0.44
铁路、船舶、航空航天和其他运输设备制造业	0.25	0.54

根据表4可以得知，化学原料和化学制品制造业，黑色金属冶炼和压延加工业，石油加工、炼焦和核燃料加工业是所有制造业行业中二氧化碳排放量最高的三大行业，且化工原料和化学制品制造业的碳排放量远远超过了其他部门。而烟草制品业和铁路、船舶、航空航天和其他运输设备制造业的碳排放量在所有制造业行业中最低，因此，潍坊市二氧化碳的排放大多来自对煤炭等传统能源依赖性较强的资源加工业，碳减排的重点工作应着重放到这些行业上来。

（二）制造业的碳减排潜力

1. 数据的选取与碳减排潜力指标体系的构建

二氧化碳减排潜力的大小决定了某地区能否早日实现碳达峰、碳中和的目标，一个地区的二氧化碳减排潜力越大，该地区就越能科学地承担减排任务，为我国早日实现“双碳”目标贡献力量。为了更合理地评估潍坊市的碳减排潜力，本文采取构建二级指标体系的方法来进行推算和分析。

本文对二氧化碳排放潜力的度量结合了排放驱动因素、减排能力、减排成本和排放水平4个层面，这4个层面作为指标体系的一级指标，在一级指标下，又建立了7个二级指标。碳减排潜力的指标体系如表5所示。

表 5　碳减排潜力的指标体系

一级指标	二级指标	测度说明
排放驱动因素	经济结构减排潜力	第二产业增加值占 GDP 的比重
	能源结构减排潜力	原煤消费占能源消费总量的比重
减排能力	经济实力	人均 GDP
	政府调控能力	政府财政支出占 GDP 的比重
减排成本	碳排放的经济效益	一吨二氧化碳排放的 GDP 产出
排放水平	人均碳排放水平	人均二氧化碳排放量
	对全国二氧化碳排放的贡献	二氧化碳排放量占全国排放量的比重

在本文中，各项二级指标的数据均来源于《潍坊统计年鉴》，根据数据的可获得性和分析可行性，统计数据年份区间为 2015～2019 年，各项二级指标数据如表 6 所示。

表 6　各项二级指标数据

年份	第二产业增加值占 GDP 的比重（%）	原煤消费占能源消费总量比重（%）	人均 GDP（元）	政府财政支出占的 GDP 比重（%）	一吨二氧化碳排放的 GDP 产出（亿元）	人均二氧化碳排放量（吨）	二氧化碳排放量占全国排放量的比重（%）
2015	44.07	37.85	52223.34	13.12	5809.55	9.59	0.88
2016	42.86	34.65	56387.44	12.55	5361.84	11.01	0.86
2017	42.30	38.17	58374.45	12.80	5466.61	11.64	1.17
2018	41.16	40.87	60113.76	13.35	4886.33	13.44	1.26
2019	40.27	39.48	61959.48	13.67	4409.29	13.76	1.25

2. **熵值法计算二级指标的权重**

"熵"最早作为热力学的概念被提出，后来被引入信息理论中来表明系统的混淆程度。熵值越小，提供的有用信息量就越多，指标也就越重要；熵值越大，表明指标提供的有用信息就越少，指标也就越不重要。

假设选取 n 个年份作为样本，设计 m 个评价指标，X_{ij} 表示第 i 年的第 j 个评价指标值（$i=1, 2\cdots n$，$j=1, 2\cdots m$）。熵值法的运用步骤如下：

（1）对原始数据进行无量纲化处理

数据无量纲化处理的方法多种多样，一般包括标准化处理法、极值处理法、线性比例法、归一化处理法等。为了满足研究的方便性、数据间的可比性等要求，本文采用极值处理法来处理数据。极值法的特点是将全部指标数据转化为0~1的区间内，最小为0，最大为1，另外，为使数据处理有意义，可将无量纲化后的指标全部平移一个最小单位值，以此满足运算要求，极值法的处理公式如下：

正向指标可按如下公式进行处理：$X_{ij}{}^{*}=\frac{X_{ij}-m_j}{M_j-m_j}$，其中，$M_j$ 为 X_{ij} 的最大值，m_j 为 X_{ij} 的最小值。

逆向指标可按如下公式进行处理：$X_{ij}{}^{*}=\frac{M_j-X_{ij}}{M_j-m_j}$。第 j 个指标下，第 i 年的特征比重为 $P_{ij}=\frac{X'_{ij}}{\sum_{i=1}^{n}X_{ij}}$。

2019年各项二级指标数据无量纲化处理结果如表7所示。重复以上步骤，即可得到其他年份数据指标无量纲化的结果。

表7　2019年各项二级指标数据无量纲化处理结果

一级指标	二级指标	无量纲化处理结果
排放驱动因素（A）	经济结构减排潜力（A_1）	0.0001
	能源结构减排潜力（A_2）	0.7766
减排能力（B）	经济实力（B_1）	1.0001
	政府调控能力（B_2）	1.0001
减排成本（C）	碳排放的经济效益（C_1）	0.0001
排放水平（D）	人均碳排放水平（D_1）	1.0001
	对全国二氧化碳排放的贡献（D_2）	0.0001

为了使运算数据有意义，必须消除零和负值，因此需要对无量纲化后的数据进行整体平移，即 $X'_{ij}=X^{*}_{ij}+\alpha$。为了不破坏原始数据的内在规律，最大限度地保留原始数据，α 的值必须尽可能小，即 α 为最接近 X_{ij} 的最小值，本文取 $\alpha=0.0001$

（2）熵值计算

第 j 项指标的熵值 $e_j=-\frac{1}{\ln n}\sum_{i=1}^{n}p_{ij}\ln(P_{ij})$，$0\leqslant e_j\leqslant 1$

（3）差异性系数计算

差异性系数 $g_j = 1 - e_j$

（4）确定二级指标的权重

二级指标权重 $w_j = \frac{g_j}{\sum_{i=1}^{m} g_j}$。为了方便计算，此处对各个一级指标进行等权重处理，即4个一级指标的占比权重各为25%。

潍坊市第 i 年的碳排放潜力计算公式为 $S_i = \sum_{j=1}^{m} P_{ij} \times w_j$，潍坊市碳减排潜力指标体系二级指标权重如表8所示。

表8 潍坊市碳减排潜力指标体系二级指标权重

单位：%

指标名称	指标权重
经济结构减排潜力	12.28
能源结构减排潜力	13.66
经济实力	14.33
政府调控能力	12.59
碳排放的经济效益	19.05
人均碳排放水平	14.56
对全国二氧化碳排放的贡献	13.52

根据无量纲化处理的数据和二级指标权重结果，计算得到潍坊市2015~2019年二氧化碳减排潜力具体数据（见图2）。

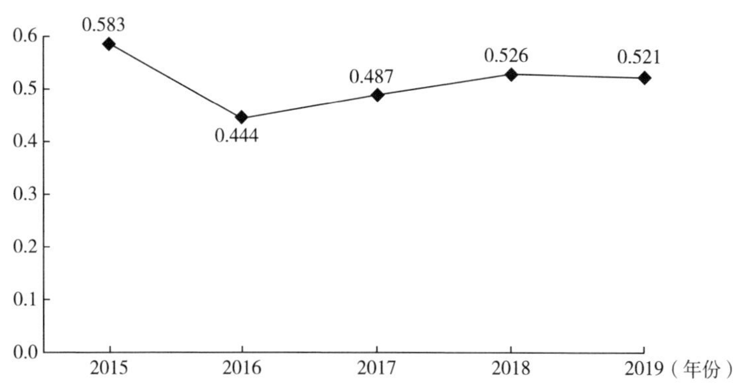

图2 2015~2019年潍坊市二氧化碳减排潜力

通过图 2 可以看出，2015~2016 年，潍坊市的二氧化碳减排潜力出现了浮动较大的下降态势，2016 年过后又逐渐上升，2018~2019 年，出现了小幅度的下降。二氧化碳减排潜力取值范围为（0，1），根据取值范围划定 3 个区间。（0，0.3）属于二氧化碳潜力较低的水平；（0.3，0.7）为二氧化碳减排潜力的中等水平；（0.7，1）为二氧化碳减排潜力较高的水平。根据本次测算数据，潍坊市的二氧化碳减排潜力处于中等水平，近几年始终在 0.5 上下波动，且根据近几年的变动趋势，依旧存在上升的可能。在未来，潍坊的碳排放存在很大的下降空间，在全省乃至全国实现“双碳”目标的道路上，潍坊市将为碳减排贡献很大力量。

（三）碳排放总量与全省经济排名不相符

2019 年，潍坊市二氧化碳的排放量约为 1.29 亿吨，占山东省的 13.6%，占全国的 1.27%，而潍坊该年的地区生产总值为 5688.50 亿元，占山东省的 8%，占国内生产总值的 0.57%，二氧化碳排放量在全省所占比重超出地区生产总值在全省中所占比重 5.6 个百分点，超出全国 0.7 个百分点，不难看出，潍坊市二氧化碳的排放强度超出了其经济发展的水平，碳排放总量与经济体量存在着不匹配的问题。

对 2019 年山东省 GDP 排名前 10 城市的碳排放情况进行对比分析。此处由于《菏泽统计年鉴》未记载工业中具体能源消耗情况，故没有将菏泽列入表中，只分析了其余 9 个城市，2019 年山东省先进城市制造业碳排放情况如表 9 所示。

表 9　2019 年山东省 GDP 先进城市制造业碳排放情况

城市	二氧化碳排放量（亿吨）	地区生产总值（亿元）	万元 GDP 二氧化碳排放（吨）
济宁	1.49	4370.17	3.41
淄博	1.32	3642.40	3.62
潍坊	1.29	5688.50	2.27
济南	0.83	9443.40	0.88
烟台	0.59	7653.45	0.77
德州	0.57	3022.27	1.89

续表

城市	二氧化碳排放量（亿吨）	地区生产总值（亿元）	万元 GDP 二氧化碳排放（吨）
青岛	0.45	11741.31	0.38
临沂	0.43	4600.25	0.93
威海	0.17	2963.73	0.57

从二氧化碳排放总量来看，济宁、淄博和潍坊均突破了 1 亿吨的大关，是山东省碳排放量最高的三大城市，潍坊的二氧化碳排放总量居于九市中的第三位，与第四名济南的碳排放量相比，差距较大；潍坊地区生产总值居于九市中的第四位，经济排名与碳排放排名存在轻微不匹配的问题。

从万元 GDP 二氧化碳排放情况来看，2019 年山东省万元 GDP 二氧化碳排放最多的城市依旧是淄博、济宁和潍坊，分别为 3.62 吨、3.41 吨、2.27 吨。该年份山东省全省的万元 GDP 二氧化碳排放量为 1.34 吨，潍坊万元 GDP 二氧化碳排放强度高于全省的平均水平，并与全省平均水平存在着较大的差距。

与经济体量类似的城市相比，以烟台市和临沂市为例，烟台、潍坊和临沂的 GDP 分别位居山东省第 3、4、5 名。烟台和临沂的二氧化碳排放情况却比潍坊乐观。2019 年，烟台市 GDP 为 7653.45 亿元，比潍坊市 GDP 高将近 2000 亿元，但其仅释放二氧化碳 0.59 亿吨，比潍坊低了 1/2，烟台市的万元 GDP 二氧化碳排放量更是比潍坊低了 2/3 左右。而临沂的 GDP 虽然比潍坊低了 1000 多亿元，但是其万元 GDP 二氧化碳排放为 0.93，仅相当于潍坊的 2/5。

综上所述，潍坊市二氧化碳排放情况与经济发展不匹配的问题较为突出，潍坊作为传统制造业强市，经济的发展很大程度上依赖高耗能、高排放的产业，导致其万元 GDP 二氧化碳排放强度高，因此，持续推进碳减排，促进经济增长与二氧化碳排放逐渐脱钩，是潍坊"十四五"时期的重点工作。

三　潍坊市制造业绿色低碳转型建议

"十三五"期间，潍坊市规模以上工业营业收入由 2015 年的全省第 4

位提高到 2020 年的全省第 2 位，占全省的比重由 2015 年的 9%提高到 2020 年的 10.5%。潍坊市制造业竞争力在增强，而这也增大了制造业低碳转型的难度。潍坊是“制造立市”，如何在减排进程中保持制造业先进性是潍坊在“双碳”行动中保持城市竞争力的关键。

当前，潍坊市要推动制造业绿色低碳转型存在三大攻坚障碍。第一，潍坊是制造大市，虽然制造业 GDP 比重在下降，但是潍坊市的单位 GDP 碳排放量却依然高企。这一事实反映出来的本质问题是碳减排成本的高昂，即碳减排的牺牲是对制造业中高碳产业的强力压缩，然而在转型成本居高的情况下制造业低碳转型难、低碳转型贵成为两大难点，这直接导致碳强度下降的速率趋缓。第二，碳减排潜力在 2015 年左右第一次被挖掘和发挥，目前虽然有上升态势，但仍较为乏力。潍坊市第二产业占比已经从 2015 年的 55%下降到 2020 年的 39%，而在潍坊市作为制造大市的情形下，进一步通过压缩制造业占比来降低整体碳排放的压力是增加的。比如，在碳排放总量上少于潍坊市一半的烟台，其第二产业在 2020 年的占比为 40.8%，高于潍坊市。因此，制造业内部结构优化成为主要绿色低碳减排方向。第三，制造业低碳型结构优化的主要方向应是广布式减排，而这需要极大的制度激励和产业配套。潍坊市相对较低的制造业占比和高碳排放的矛盾，使得其难以借助强硬压缩制造业结构来形成减排优势，而需以广大中小微企业普遍参与的企业全民减排模式形成减排驱动力。然而，中小微企业面临减排资金缺口大、减排成本上升快、减排廉价服务难获取的困境，如果无法形成一定的低碳产业链条和政策托底性保障，那么强力减排过程中中小微企业的生存困境将难以摆脱。

课题组就潍坊市的实际情况，并结合本课题具体研究，提出以下几方面建议。

（一）促进传统高碳行业转型升级

第一，化工行业和石油行业。改良传统工艺，采用新技术。对石化企业而言，先进的节能减排技术是减碳降能的关键抓手。石化企业要把自主创新置于核心地位，对生产工艺实行节能技术改造，对传统工艺进行不断的改良和优化，淘汰落后的生产装置和生产设备，摒弃高耗能、高污染的生产技术，代之以先进的生产工艺技术。一是二氧化碳捕获、利用与封存技术，捕集石油化工生产过程中排放的二氧化碳，依托上游油气田进行封存，促进炼化行业实现净零碳排放；二是高选择性、低能耗的加工技术，比如通过原油直接制取烯氢技术，节省了炼油中间步骤，既实现了“油转化工”，也降低了过程能耗；三是生物燃料生产技术，发展以非粮作物为原料的醇类燃料生产技术，可以解决原料加工、定向转化和生产成本的问题，通过减少石油的使用来降低碳排放；四是塑料绿色循环利用技术，可以提高一次性塑料机械回收和单体回收的比例，再通过热解技术增加回用料塑料，减少原生料的消耗，从而减少化工原料的需求，降低碳排放量。

实现余能再利用。在企业生产过程中，能源的传递和转化总是伴随着蒸汽和热水等能源的损耗，相关生产部门可以对含有一定热能的企业高温冷却水等进行余热的回收利用，用作办公取暖或者余热的低温发电。此外，对于在生产过程中所产生的有机废气、废液、废渣等工业“三废”，可以通过焚烧锅炉进行焚烧处置，产生蒸汽，再将蒸汽用于生产过程中去，以此实现能源的节约。

提高节能技术管理水平。一是构建完善的能源管理体系。从生产源头到产品产出，不断梳理化工生产流程，现象管理要做到精细化，严格要求各部门操作人员按照规定进行操作，并成立专门小组对能源消耗进行统计管理，定期进行能源利用情况的分析。二是建立严格的生产管理制度。对企业各部门的技术人员进行定期的节能教育培训，提高他们节能降耗的主动性和积极性，从而进一步提高能源利用率。

第二，黑色金属冶炼和压延加工业（钢铁行业）。调整能源及流程结构，推进能源和流程结构的低碳转型。鼓励企业不断优化原燃料结构，开展高比例球团矿冶炼、喷吹富氢煤气冶炼、提高转炉废钢比等技术的广泛研发和应用，推广应用铁钢界面衔接、钢轧界面衔接等先进工艺技术，加大力度研发直接还原铁、氢冶金等工艺，推动能源结构和流程结构的低碳转型。

重点研发突破性低碳技术，引领新型低碳发展。加大科技资金的投入力度，通过自主研发或者引进国内国际的先进低碳技术，突破源头减排和节能提效的瓶颈，实现“以氢代煤”关键冶炼技术的突破，在温室气体的排放控制与处置利用技术（包括生物与工程固碳技术，煤炭、石油和天然气的清洁、高效开发和利用技术，二氧化碳的捕获、封存及利用技术等）

方面不断进行优化升级。此外，在条件完备的企业开展低碳冶金工业化研究试验，并将成熟的低碳先进技术广泛推广应用于整个行业。

（二）培育低碳优势新兴产业

第一，挖掘现有低碳能耗产业优势。根据本项目测算，铁路、船舶、航空航天和其他运输设备制造业，金属制品、机械和设备修理业的碳排放和能耗最低，而这些行业也属于新兴优势产业，应予以积极培育，推动现有低碳产业的兴起。积极牵头搭建运输设备制造业的前沿制造方向认知平台，实现运输设备制造业的品牌式发展、规模式前进、效率式提升。

第二，培育绿色包装、绿色建筑、环保设备制造、节能照明制造等系列绿色制造类产业。绿色制造转型需要绿色制造转型服务配套，而这些产业均是市场转型过程中急需的。立足潍坊制造大市，瞄准国内低碳制造的广阔市场空间，按照“优势扩展+新兴起建”的双轨思路，不断培育形成低碳新兴产业的潍坊新优势、新特色、新格局。

第三，形成各类企业协同发展的良好局面。以制造业内部低碳生产为切入点，形成低碳生产环节的细致分解。培育更多细分行业的隐形冠军，促进头部企业创新驱动、规模放大，造就更多的低碳创新跨国公司，形成大中小微企业联动发展的优良产业生态。

（三）强化新能源对绿色产业链的撬动作用

第一，加快建设一批风电、光伏项目。风电、光伏是潍坊现阶段能源替代的主要领域。从政策导向看，国家能源局2019年起连续三年发布政策鼓励引导风电、光伏发电项目建设；从技术应用看，风电、光伏能源替代技术相对成熟，能够大范围铺开；从潍坊实际来看，风电、光伏产业基础好、潜力大。下一步，应尽快落实国家、省关于风电、光伏发电开发建设的有关要求，建设投用一批大项目、好项目，争取将北部滩涂风光储一体化、山东海化集团源网荷储等大项目纳入国家试点、国家规划，实现风电、光伏发电大规模、高比例、高质量跃升发展。

第二，依托龙头企业探索，将氢能纳入区域能源体系。氢能是潍坊未来能源替代的重要方向。对潍坊而言，发展氢能是能源转型的重大机遇，也是推动制造业转型发展的重要举措。建议落实好潍坊氢能产业中长期发展规划，依托潍柴等龙头企业，着力在燃料电池优势领域深耕发力，进一步拓展氢能在工业、建筑、交通、物流等领域的应用，逐步增加氢能在潍坊能源结构中的占比。特别是立足“鲁氢经济带”潍坊区位优势，尽快补齐在制储运氢、零部件生产配套等方面的短板，着力构建区域特色明显、上下游协同的氢能产业体系。

第三，以充电桩设施建设为契机，着力打造新能源汽车推广使用示范区。2021 年 8 月，全国最大新能源汽车充电港在潍坊市潍城区投入试运行，这将成为绿色低碳城市的一张重要名片。通过对这张名片的有力推广，吸引一批新能源汽车制造企业的进驻，并应出台相应的新能源汽车招商引资优惠政策，将其作为“腾笼换鸟”的关键产业。进一步地，通过集充、换、光、储、修、网、商等功能于一体的5S 新能源综合服务港运行完善，大量地形成配套产业的建立完善。

（四）打造低碳、零碳经济产业园

第一，培育低碳、零碳产业园区。借鉴无锡、东莞等与潍坊类似的制造强市的经验，例如，位于无锡市高新区的零碳科技产业园将围绕减碳、零碳和负碳核心技术，鼓励先进绿色技术试点应用，形成行业应用示范地和绿色技术策源地。潍坊也应结合产业实际，把打造低碳、零碳产业园区作为推进工业绿色低碳发展的重要抓手。建议选址时充分考虑产业基础，可在高新区、开发区建设低碳、零碳产业园，加快培育一批具备低碳、零碳产业基础的重点企业。要严控进园标准，进园即享受政策福利，激励潜在进入企业完善自身低碳建设。

第二，筹划潍坊市低碳经济产业园。以潍坊市千亿产业集群为建设基础，梳理低碳经济发展的产业链条，确定低碳经济转型的引领产业发展思路。以“磁悬浮产业园”为依托，跟进打造集新能源汽车于一体的绿色低碳产业园。出台实施潍坊市低碳经济产业园配套资金支持计划，对于有条件、有基础的低碳转型计划予以技术研发、设备引入上的物质支持，对于低碳合作项目予以政策支持，为企业低碳经济转型提供成本福利、前进动力。要紧抓排放大户企业的低碳绿色转型实施计划，政府管理部门应实现深度参与、广泛协作，对给潍坊市碳减排做出重大贡献的企业予以大力扶持和奖励。

第三，形成关键技术体系引领式、核心产业支撑式的聚团减排模式。可以借鉴学习苏州低碳示范产业园区的建设经验，通过引进节能环保领域的先进服务业和高端制造业，形成节能环保咨询服务和产品研发两个特色产业，推动节能环保产业聚集；加大科技资金投入和科技创新平台建设力度，不断聚集高等院校、高科技产业与高科技人才，大力培育以纳米产业为主的新型产业群，不断提高科技成果转化能力；在产业发展中，重点围绕日光照明、LED 照明、太阳能屋顶光伏发电等产业，打造我国首家日光照明特色产业园和低碳技术示范园。在潍坊市也应形成特色低碳节能产业、先进技术二合一的发展模式。潍坊市节能环保产业园具有比较好的基础，但目前建设效果不佳，其原因在于缺乏关键的科技创新技术和低碳核心竞争产业。

（五）激发两业深度融合的产业协同减碳效应

第一，在部分工业园区附近要有针对性地形成一批低碳型生产性服务业聚集区。生产性服务业是为制造业的生产提供服务的，其供给结构和质量对制造业生产效率起到重要作用。围绕国际创意港、启迪民富双创孵化器项目等生产性服务业的重点项目，通过政策影响引领其对制造业绿色低碳的作用。生产性服务业主要包括交通运输、仓储和邮政业，金融业，科学研究和技术服务业，租赁和商业服务业，信息传输、计算机服务和软件业 5 个行业。应根据工业园区的具体需要，有针对性地形成相应生产性服务业的集聚，通过市场竞争效应来降低制造业减碳所需服务的成本。

第二，依托节能环保产业园，打通节能环保融合通道。潍坊市节能环保产业园有 110 家企业入选国家发改委全国万家节能低碳行动企业名单，在省内居第 2 位。然而，整体的减碳质量和效率仍然不高，与制造业形成的协同服务局面依然不强。下一步，应依托节能环保产业园，进一步打通节能环保企业与关键制造业高碳产业之间的产业链、供应链、价值链，尝试形成节能环保产业园、工业企业园区的融合通道。

第三，要尝试形成一大批低碳咨询服务型企业，为中小微企业提供服务。潍坊市是机械制造大市，诸如潍柴动力类的超大规模型企业具备低碳技术的转换使用条件，而大量的中小微制造企业却面临因减碳成本高而大幅推高生产成本的巨大压力。低碳咨询服务型企业可以提供节能技改、能效诊断、能源审计、能耗在线监测等多种低碳服务，可以根据客户的减碳目标及自身生产体量制定“量体裁衣”式的产业技术服务方案，既做到成本可承受，又做到低碳目标可实现、可操作。当这种规模得以形成，咨询成本便自然得到降低。

（六）完善减碳激励性制度建设

第一，要形成先进低碳技术、先进减排制度、先进低碳合作的“三个先进”协同发展。潍坊市过千亿元的产业有5个，这是先进制造业的发展基础，不能形成大范围牺牲性减排，应渐趋形成先进技术、先进制度、先进合作的基本转型思路。先进技术是基础，先进制度是保证，先进合作是路径。先进低碳技术的实施主体是企业，先进减排制度的实施主体是政府，先进低碳合作的实施主体是政府搭台、企业唱戏。建议五大千亿元产业，各选择一个企业龙头来实施新一轮低碳技改计划，对于低碳减排效果可观的政府要予以补贴，或者可以考虑以减排社会收益再分配的办法补偿企业。应抓紧形成潍坊市碳减排的硬性约束制度，包括最大排放值设定、超出处罚标准、减排激励举措等。遴选出一批有代表性的低碳制造企业，政府应去洽谈低碳合作项目，使潍坊生产端的减排和消费端减排实现有机融合，形成区域间协同减排的重要机制。

第二，建立能源节约、减少排放的追责机制。对于关键的大型碳排放企业或单位，需要做到一企一人，即每一个企业都要有一位主管领导和员工对该企业的碳减排任务实行动态监管。建立降低碳排放的问责制，把二氧化碳排放量降低的结果作为对问责人员进行评测的关键因素，并逐渐提高其重要程度。努力完善碳减排目标值系统以及二氧化碳排放的监管和测量系统，对各个区县的能源节约、降能减排活动进行及时监控。推行关键企业行业减排监管，对一些重点的高二氧化碳排放行业进行全时段的监控，防止其逃避监管，控制行业能源耗费和二氧化碳的排放。

第三，不断创新低碳制度建设。政府应根据各类行业、各个企业的碳排放情况，建立分类的管理制度。主要做法为：一是根据企业的能耗和二氧化碳排放水平，对企业进行登记划分，采取不同的监管手段，在经济发展的过程中根据不同的等级承担不同的责任。二是建立降能降排及时采集制度，具体为建立企业能耗、碳排放等指标的报告制度，报告的时间可以为按月、按季度或者按年。报告的内容主要包括能源节约、减少碳排放工作的进展情况和在生产过程中二氧化碳的排放量变动情况等，最重要的是，报告中要体现重要的分类制度指标执行情况。三是从严制定行业能源使用和二氧化碳排放标准。可以参考日本等发达国家的“领跑者”标准，寻找出行业内在节约能源和降低二氧化碳排放工作中成绩优异的企业，将行业的优秀企业作为行业的标准，要求行业内的企业限期达标，并不断更新行业标准，使领路者始终领先于行业内的大部分企业。

第四，形成对标动态比较机制。从经济总量上来看，根据 2020 年 GDP 百强城市榜，盐城、石家庄、潍坊和南昌市依次位居 37、38、39、40 名，GDP 总量分别为 5953 亿元、5935 亿元、5872 亿元、5746 亿元，经济体量相差甚少，经济发展情况类似。从制造业发展情况来看，根据 2020 年中国先进制造业排行榜，威海、泉州、大连和潍坊发展势头相当，分别位居全国第 47、48、49、50 名。为更快速、更高质量地实现“双碳”目标，潍坊应形成和这些城市的动态追踪比较，借鉴碳减排的经验，弥补自身在碳减排过程中的短板。比如威海市把构建安全低碳清洁高效的能源体系作为目标定位，着重强调新能源发电，稳步推进光伏发电、风电项目建设，并通过搭建智慧平台，充分利用大数据、人工智能、互联网等先进技术构造全市能源综合监管平台，对企业用能变化随时进行监测和预测，提升能源利用效率。

第五，建立政府采购、招商引资中的低碳赋分制度。已上马的项目应通过低碳生产约束来形成减排，而未上马的项目必须要形成低碳赋分的原则。潍坊市在 2021 年持续加快计划总投资 2000 亿元的项目建设，包括潍烟高铁、济青高速公路中线、明董高速、老年大学、中颐龙湖·康养小镇、谷德锦城市综合体等 20 多个重点项目。这些建设项目的投入品招标应纳入低碳考核，本市企业可凭借低碳的证明材料来享有更具竞争力的竞标过程，当然政府应进行动态监管，在合同中体现不履约的惩罚机制。招商引资中更需强化对低碳企业的倾斜，这里可以借鉴山西低碳创新行动计划中优先保证低碳项目用地的做法，即通过城乡建设用地增减挂钩和工矿废弃地复垦利用等途径新增的建设用地指标向低碳项目倾斜，对符合标准的低碳研发项目和产业项目所需用地，根据政策优先给予扶持。

第六，研究制定减碳激励政策。充分运用财政、税收、金融等手段，围绕节能降耗扶持、绿色低碳技术应用、绿色品牌建设、企业实施循环经济和资源综合利用项目等领域，制定相关扶持、奖励政策，形成鼓励绿色低碳发展的政策导向。具体可以参考2021年5月广州出台的《广州市黄埔区广州开发区广州高新区促进绿色低碳发展办法》，对纳入监管的实施节能降耗的重点用能单位，最高补贴1000万元；对纳入国家绿色制造示范名单的绿色工厂、绿色园区、绿色供应链管理企业给予100万元补贴。

课题负责人：王冰林

课题组成员：山东财经大学张明志、王新培、周祥玉

潍坊市改革发展研究中心杜慧心、李朋娟

（2021年12月）

潍坊市加快发展数字经济的分析与建议

课题组

党的十八大以来，党中央高度重视发展数字经济，要求积极推动互联网、大数据、人工智能和实体经济深度融合，促进数字产业化和产业数字化。潍坊市紧紧把握数字经济发展趋势，推动数字经济发展，取得了发展先机和优势。然而，潍坊市数字经济发展也存在困难和瓶颈，需要系统性分析和解决。

一　数字经济发展形势分析

数字经济是信息社会发展的必然要求和趋势，是国家和城市竞争力的重要体现，潍坊市也必然需要立足自身优势，持续推进数字经济发展。

（一）数字经济日益融入经济社会发展各领域全过程

2016 年以来，我国数字经济顶层战略规划体系持续完善（见图 1）。数字经济发展规划、顶层设计文件的陆续出台，为数字经济发展创造了良好政策环境，明晰了数字经济发展的结构和领域，为全面衡量和系统推进数字经济发展提供了根本遵循和指导。

根据已有的政策要求，总体来说，数字经济包括产业数字化和数字产业化两个方面。数字产业化即数字经济核心产业，是数字技术的产业化应用；产业数字化是指传统产业应用数字技术带来的产出增加和效率提升，是数字技术与实体经济的融合。城市经济数字化转型，需要涵盖数字政府、数字社会、数字经济、数字生态等数字化应用场景。

目前数字经济已经成为稳增长的重要引擎。据中国信息通信研究院统

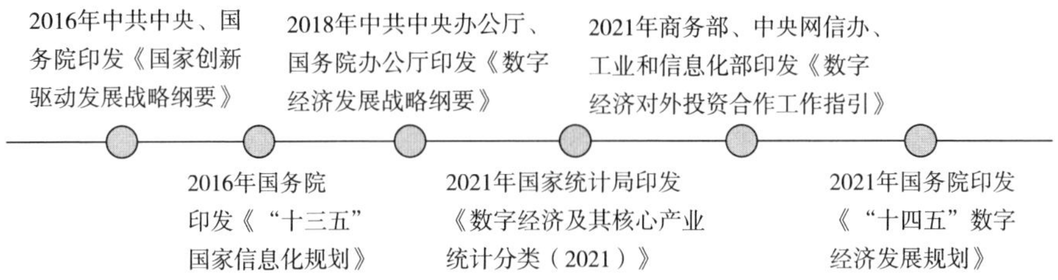

2016年中共中央、国务院印发《国家创新驱动发展战略纲要》

2016年国务院印发《"十三五"国家信息化规划》

2018年中共中央办公厅、国务院办公厅印发《数字经济发展战略纲要》

2021年国家统计局印发《数字经济及其核心产业统计分类（2021）》

2021年商务部、中央网信办、工业和信息化部印发《数字经济对外投资合作工作指引》

2021年国务院印发《"十四五"数字经济发展规划》

图1　2016~2021年中央层面数字经济政策演进

计，2021年，我国数字经济规模达到45.5万亿元，较"十三五"初期扩张了1倍多，同比名义增长16.2%，名义增速高于GDP名义增速3.4个百分点，占GDP比重达到39.8%，较"十三五"初期提升了9.6个百分点，数字经济成为拉动经济发展的主导力量。

同时，数字经济作为城市数字化转型的重要领域，通过结合生活、经济、治理领域应用场景，构建了充满活力的数字生活服务生态和数字生活新范式，基本实现了"新服务"领域全覆盖，数字生活成为新风尚。目前通过智慧社区、数字交通、数字医疗、数字养老、数字教育等一系列数字基建和数字场景的打造，更好地满足群众的诉求，让群众受益。经济数字化激发新供给、生活数字化满足新需求、治理数字化优化新环境的新格局正在形成。

（二）数字经济健康发展成为新一轮城市竞争的新优势

1. 典型城市数字经济发展情况分析

目前，各个城市纷纷加大数字经济布局力度。2021年我国各省份共出台216个数字经济相关政策，包括32个顶层设计政策、6个数据价值化政策、35个数字产业化政策、54个产业数字化政策、89个数字化治理政策，涵盖数字经济、制造业与互联网融合、智慧城市、数字政府等领域，持续推动数字经济战略政策落地实施。例如，东莞市作为制造业大市，将制造业转型升级作为数字经济发展重点，支持龙头企业实施制造业数字化转型试点示范，全力打造数字经济高质量发展试验区，建设制造业数字化转型示范城市。苏州依托其制造业的根基和优势，聚焦重点先进制造业集群和重点产业链，大力实施智能化改造和数字化转型（以下简称"智改数转"），推出政策解读、场景开放、供需对接、人才培训、金融支持等全方位服务，加强氛围营造与资源对接，完善优化“智改数转”生态体系①，积极打响“苏州制造”品牌。

2. **潍坊市发展数字经济的必要性**

潍坊市有必要依托自身在技术、经济、人才等方面的综合优势，全方位布局数字技术、数字产业、数据要素，打造具有特色影响力的数字经济高地。一是数字经济健康发展有利于推动构建新发展格局。推动各类资源要素快捷流动、各类市场主体加速融合，帮助市场主体重构组织模式，实现跨界发展，打破时空限制，延伸产业链条，畅通国内外经济循环，激发中小企业数字经济发展潜力，不断创造龙头企业和优势产业新优势。二是数字经济健康发展有利于建设现代化经济体系。数字经济具有高创新性、强渗透性、广覆盖性，是城市发展新的经济增长点和改造提升传统产业的支点，现已成为构建现代化经济体系的重要引擎。目前，就数字经济核心产业增加值占 GDP 比重而言，潍坊市比重为 4%，低于全省 6%和全国 8%的比例，说明潍坊市有着不断提升并推动现有优势产业数字化发展的潜力。三是支撑政府治理现代化。发展数字经济也有利于支撑数字政府和智慧城市的建设，提高数字政府和智慧城市发展的一体化水平，以进一步整合资源，提升政府管理服务职能，更好地推动经济社会发展。

二　潍坊市推进数字经济发展的现状分析

潍坊市出台《关于推进数字经济发展的实施意见》《关于印发潍坊市“十四五”海洋经济发展规划的通知》《关于加快高新技术企业发展的实施意见》《关于加快推进数字农业农村发展的实施意见》等专项文件，围绕国家重点支持的高新技术领域，促进数字技术与海洋经济、农业农村发展等的深度融合，把做强做优做大数字经济作为新旧动能转换的关键增量，在发展数字经济上实现新突破。

---

① 古晶、何善炜、蒋晗等：《争做“智改数转”先行军——苏州推动“智改数转”的做法与启示》，《群众》2022 年第 13 期。

（一）推动新基建，典型应用场景进一步拓展

1. 新型基础设施支撑不断增强

潍坊市立足当地经济社会发展的新特点，把新基建作为数字经济时代畅通“双循环”的关键。截至 2022 年 8 月，潍坊市已建设充电基础设施 6500 个，5G 基站 1.05 万个,[①] 5G 基站数量排在全省第 3 位（见图 2），实现了中心城区和各县（市）城区、重要功能区、重要场所的 5G 信号连续覆盖，乡镇和部分乡村的 5G 信号覆盖广度进一步提升。[②] 潍坊市云计算中心已经形成了“一地四中心”政务云平台，为市县两级部门提供统一的政务云服务。[③]

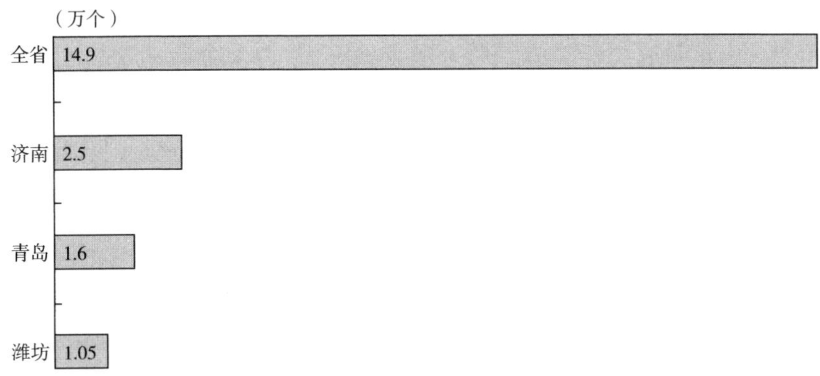

图 2　潍坊市 5G 基站数量

2. 数字经济应用场景建设加快

潍坊市现已建成一批技术创新优、应用效果好、复制推广性强的数字经济标志性场景。由潍坊移动主导组建的数字赋能联盟，目前已发展联盟成员 442 家，挖掘了 10 余个典型应用案例,[④] 例如联合银行上线的“潍 e

---

① 《潍坊市 5G 基站建设开通“双过万”，提前完成全年目标任务》，http://weifang.dzwww.com/wfxwn/202208/t20220803_10620119.htm，2022 年 8 月 3 日。

② 《时间定了！潍坊 5G 信号全覆盖!》，https://www.thepaper.cn/newsDetail_forward_7714746，2020 年 6 月。

③ 薛静：《数字强市建设系列报道一：数字赋能，激活城市发展新动能》，《潍坊日报》2021 年 11 月 30 日，第 3 版。

④ 《紧跟数字经济发展大潮，全力推动公司数智化转型》，https://mp.weixin.qq.com/s/ucPJ8ijtzUVGCytKO_VLzQ，2022 年 1 月 14 日。

贷”自助办贷系统、“潍企通”服务企业平台等。[①] 潍坊对企业进行精准帮扶，推动全市企业服务工作向信息化、智慧化转变。通过深化技术驱动，加快工业互联网产业园区发展，大力培育智能工厂、数字化车间，打造工业智能化应用场景，数字赋能成效初显，场景应用广度进一步拓展。

（二）鼓励新经济，数字产业规模进一步壮大

1. 数字技术与实体经济加速融合

潍坊市聚焦新旧动能转换，动力装备、高端化工、食品加工等传统优势产业持续发展壮大。省级“雁阵型”产业集群达到11个，数量居全省第2位；国家级制造业单项冠军达到17家；省级制造业单项冠军达到83家，数量居全省首位。初步形成了“全国农业看山东、山东农业看潍坊”“全国制造业看山东、山东制造业看潍坊”两大城市标签。[②] 潍柴企业入选世界500强，晨鸣、歌尔等4家企业入选中国500强，鲁丽等4家企业入选中国民营企业500强 。潍坊在山东16市数字创新活跃度指数榜单中，排在第3位（见图3）。[③]

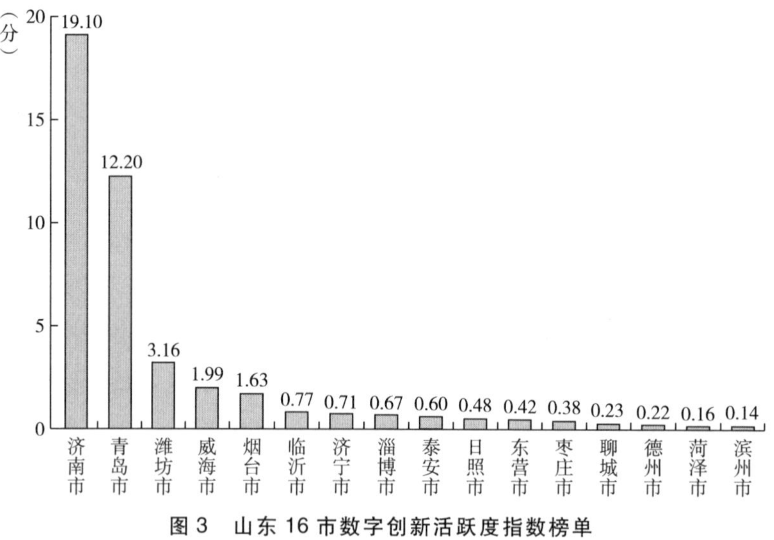

图3　山东16市数字创新活跃度指数榜单

① 宋文娟：《“潍企通”平台正式上线》，《潍坊日报》2021年3月16日，第2版。

② 石琳、尹明波：《山东潍坊：“一二三四五”引领高质量发展》，《中国经济导报》2022年3月10日。

③ 王鹤颖、赵小菊、代玲玲等：《山东16市谁最“炫”？排行榜来了》，《大众日报》2022年8月11日。

2. 数字赋能新兴产业高质量发展

潍坊市着力培育壮大新一代信息技术、高端装备、新能源新材料、医养健康、现代金融五大新兴产业，新能源汽车、新材料等新兴产业倍增发展，磁技术、氢能等高端产业茁壮成长，数字企业活跃度排在全省第3位（见图4），“四新”经济增加值突破2000亿元，占GDP比重比上年提高9.05个百分点。高新技术企业增至1396家，高新技术产业产值占比达到54.6%。争创省级“专精特新”中小企业388家，国家“专精特新”小巨人企业27家，[①] 重点小巨人企业11家，较大程度上激发了中小企业发展活力，培育了经济发展新动能。[②]

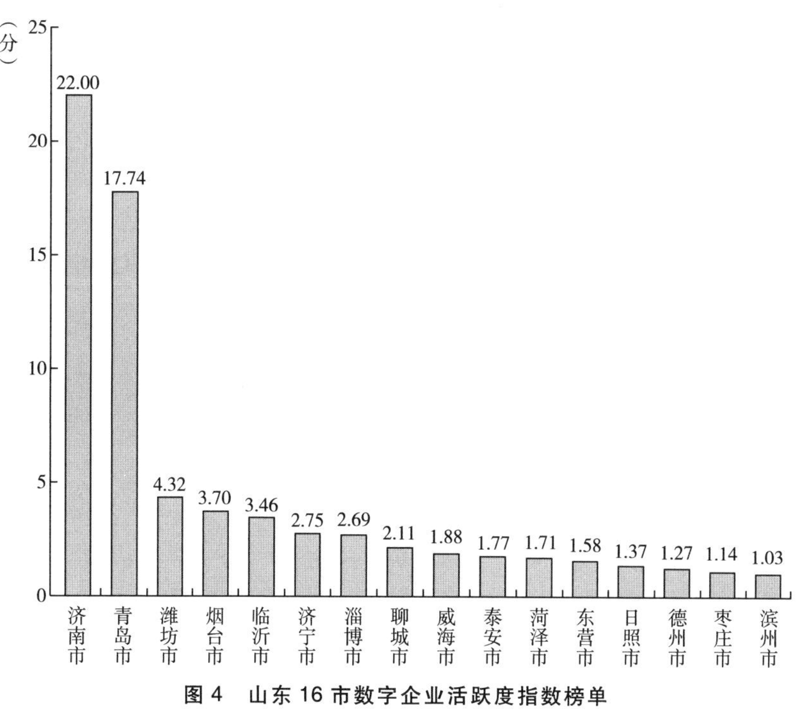

图4　山东16市数字企业活跃度指数榜单

（三）激发新业态，现代产业体系进一步完善

1. 基础型数字产业加速发展

潍坊市以物联网产业为突破口，迅速带动电子信息制造业、软件和信

① 张鹏：《山东潍坊新增16家专精特新“小巨人”企业》，《大众日报》2021年9月1日。

② 刘运：《潍坊市政府工作报告摘登》，《潍坊日报》2022年4月15日。

息服务业等新业态崛起。培育歌尔股份等一大批物联网企业，形成了从关键控制芯片设计、研发到传感器和终端设备制造再到物联网系统集成的产业链体系。连续 3 年举办全国智能物联网大会，成立数字赋能联盟，新业态新模式加速孕育。2021 年全市数字经济核心产业主营业务收入超过 1200 亿元，增速达到 87.9%，数字经济核心产业增加值增速达到 157.88%，在全省数字经济发展水平考核中，潍坊市综合得分居全省第 1 位。

2. **融合型数字经济发展渐成规模**

在农业方面，推行"互联网+农机作业"，助力建设智慧（无人）农场试点示范基地，形成了粮食、蔬菜、畜禽、花卉、苗木、果品、种子、农机八大优势产业集群，2020 年农业总产值首过千亿元，达到 1038 亿元①，这在全国地级市极为罕见，说明潍坊农业现代化已发展到较高程度。

在服务业方面，将数字化、智能化、网络化融入医疗、教育、餐饮等重点行业的研发、设计、采购等各环节，配合打造一批拓展产业边界、面向不同应用场景的新模式与新业态。"一刻钟便民生活圈""特色街区""首店经济"等数字化转型衍生品亦成为消费扩容提质的重要路径。2021 年，全市社会消费品零售总额实现 2781.5 亿元，同比增长 16.4%，增幅远超全省以及济南、青岛两市（见图 5），消费对经济增长的拉动作用进一步巩固。

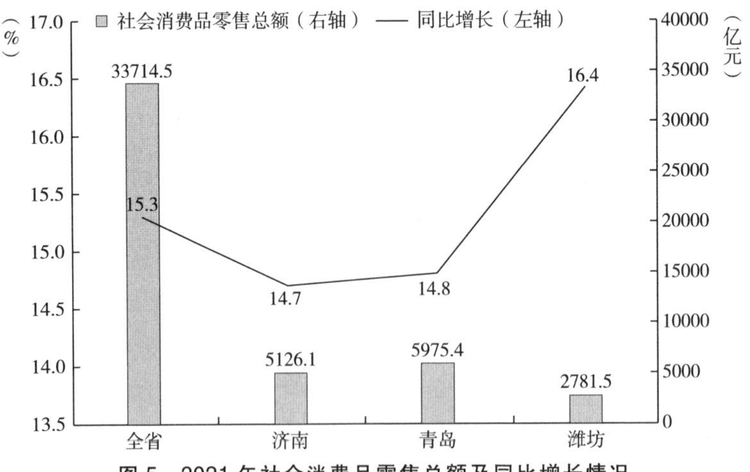

图 5　2021 年社会消费品零售总额及同比增长情况

① 杨守勇、张志龙：《山东潍坊：深耕农业产业化 跑出发展"加速度"》，http://www.news.cn/2021-10/22/c_1127986430.htm，2021 年 10 月 23 日。

（四）塑造新生态，服务营商环境进一步优化

1. 产业发展与人才强市同频共振

潍坊出台《关于实施“人才兴潍”行动加快构筑人才聚集高地的若干措施》《关于加强和改进新时代潍坊人才工作的实施意见》等政策，打出精准引才、系统育才、科学用才、用心留才“组合拳”。全市人才资源总量达215.3万人，拥有合作院士181人、国家级重点人才62人、泰山系列人才195人、鸢都系列人才409人，建成全省首个市级“人才之家”，设立2亿元华潍人才股权投资基金，发放鸢都惠才卡867张[①]，为数字经济发展提供了原动力。

2. 营商环境优化推动经济高质量发展

潍坊市人社局制定《关于进一步优化营商环境的具体措施》，围绕完善就业创业服务、强化人才支撑、减轻企业负担、优化政务服务、提升劳动力市场监管法治化水平等8个方面提出50条具体措施，构建全方位、立体式营商环境政策保障体系。以企业“免申请、零申报”方式，支持企业发展。在全省率先建成智能监察系统，真正做到企业发展“无需不扰”。坚持矛盾化解、服务优先的理念，推行“互联网+调解”，规模以上企业实现劳动争议调解委员会全覆盖，调解成功率达60%以上，成为企业和谐发展“稳定器”。[②]

三　潍坊市推进数字经济发展的瓶颈

在取得显著成就的同时，潍坊市数字政府推进数字经济发展的作用有待加强，数字经济体系、数字治理模式和数字生态都有待优化。

（一）数字政府建设的先导和支撑作用有待加强

一是数字政府建设的水平有待提高。据清华大学发布的《2020年数字

① 刘剑非、王黎勇、郝连兵等：《潍坊市：优化营商环境走深走实》，《山东省人力资源和社会保障》2020年第9期。

② 付生：《市人社部门确保优化营商环境走深走实》，《潍坊日报》2020年8月24日，第1版。

政府发展指数报告》，潍坊数字政府建设处于优质型梯度，但与杭州、深圳、苏州等引领型城市相比，潍坊市数字政府建设仍需加强，数字政府建设水平有待提高。二是数字政府建设的激励和规范市场的作用仍需进一步发挥。面对当前复杂的国际环境，数字政府建设仍需提升政务便捷化程度、服务标准化和法治化水平，更好地激励和规范市场。三是数字政府建设在经济运行监测、招商、产业发展等方面支撑应用不够。从产业选择、数字经济发展培育，到相关项目落地、数字经济创新和人才匹配，再到规模和技术双提升，最后到产生税收和效益的全流程方面，相关数字化综合服务平台建设和支撑应用还不够。四是推动增量发展不足。数字政府建设在有效激励市场和社会机构参与、得到民众普遍认可和应用、基于相关数据资源产生的效益、形成增量发展的可持续性建设方面，虽有突破，但仍需提升。

（二）数字经济新型体系有待创新

一是智慧型农业发展仍需加快推动。科学技术、智慧农业成为推动农业产业化发展的中坚力量，需要进一步探索将数字化应用于寿光蔬菜、青州花卉、诸城畜产等特色农业发展全过程的新路径，促进各县（市、区）结合实际打造一批新亮点，在科学育种、设施农业、交易中心、产业中心等方面形成多点发力、特色各异、全域均衡发展的格局。二是服务型经济需要创新。以第三产业为主导的服务型经济，潍坊相比苏州等城市还有差距。潍坊是中国制造业和农业名城，在既有优势基础上，如何推动海洋经济、物流业、会展业等产业快速发展，实现服务型经济高质量发展是重要课题。三是流量型经济需要提倡。流量型经济当中的“流”主要是指人流、物流、信息流和资金流，发展流量型经济就是要扮演枢纽的角色，让这些要素汇聚起来，在流动中创造价值。潍坊处于济南—青岛、济南—烟台之间，部分产业和企业处于龙头位置，人流、物流、信息流和资金流易于集聚，应该思考如何实现错位发展，在流量经济发展中取得先机。

（三）数字社会治理模式有待完善

一是城市整体数字化水平仍需提升。潍坊城市的数字化水平已经走在了全国前列，但相对于全国和全省领先地市而言仍有不足。物联网平台建设力度不够，城市部件、事件、物与人都需要借助数字化技术与平台加强连接。社会治理综合平台的统筹能力需要加强，各种社会治理系统平台要真正实现网络融合、系统融合、数据融合和业务融合。二是公共服务需增强数字化优势。潍坊市交通、教育、医疗等公共服务有着较好的基础，但网络技术支撑平台以及数据处理中心建设需要加强，先进信息技术在提升公共服务普惠化水平和精准供给方面仍需改进。

（四）数字生态创新有待强化

一是数字贸易发展环境需要完善。虽然潍坊在发展数字贸易方面投入巨大，在某些领域取得了一定的成绩，但仍处于起步阶段，综合竞争力较弱，具体表现为企业数量多但缺乏龙头企业，业务覆盖面相对较窄；企业与企业之间未形成链条，未能充分发挥数字贸易所具备的链条经济作用；数字贸易方面的人才缺乏，支持数字贸易发展的资金投入力度仍需加大，配套扶持政策有待完善。二是数据创新应用有待加强。潍坊市虽然在数据汇聚和应用方面做了大量工作，但在数据创新应用方面仍存在以下不足：未能较好地鼓励和引导社会力量通过数据挖掘来实现新功能，对于科技扶持、产业发展资金或产业扶持、对接创投资本以及政府优先购买服务等方式的创新应用的激励不足，在吸引项目落地应用方面力度不够。

四　加快推进潍坊市数字经济发展的建议

（一）加强顶层规划，统筹总体布局

一是顶层设计与地方实践相结合。根据潍坊市发展的实际，进一步更新完善数字潍坊顶层设计，鼓励引导地方因地制宜地探索经济数字化转型路径，形成具有地方特色的数字经济发展模式。二是制度建设和政策完善相结合。综合考虑人力、物力、财力、技术成本等问题，因地制宜地制定数字化转型的战略规划，出台相应的指导性政策文件。加快数字化转型建设的法治化进程，制定数字经济与数据交易的相关政策，并将其逐步提升到法律层面。三是根据自身定位特色发展。国内数字经济发展较好的城市都探索出了符合自身比较优势的发展路径。例如，杭州以商业模式创新打

造互联网消费先发优势，引导产业转型升级和政府治理创新；苏州打造全国数字化引领转型升级标杆城市；佛山聚焦“数字经济+佛山制造”打造全国数字经济发展标杆城市；东莞把数字经济作为“科技创新+先进制造”最佳结合点，打造制造业数字化转型示范城市。农业、制造业、虚拟现实相关产业是潍坊发展数字经济的最大优势、潜力、需求所在。潍坊应依据市域和县域的优势，走产业数字化带动数字产业化的路子。

（二）推进“一体三网”数字政府建设

基于国务院《关于数字政府建设的指导意见》的要求，借鉴各地的整体性规划，潍坊市可以推进“一体三网”数字政府建设构想，在全景设计和战略规划上实现全面提升和突破，确保数字政府建设始终“走在前列”，以期实现“领跑”。“一体三网”数字政府是一个智慧有机的整体，包含能够集中和利用各种数据与信息的“大脑”，协调一体的数字机关网、政务服务网和城市（含城乡）运行网三个部分，以实现科学决策、政府协同运行、经济社会有效治理和有序发展。

推进“一体三网”数字政府建设。一是把握好数字政府建设的理论和实践框架，制定“全景”+“战略”规划，以“领跑”数字政府建设。二是统筹“三大网”平台建设，彻底解决小网林立问题，有效实现办公协同、“一次办成”和“一网统管”。三是建设市县两级“大脑”，形成有序统领数据资源、算力和算法支撑、标准规范和事项管理指挥的集成中心，以及“三网”集成接入和赋能平台，全面实现智慧一体化整体协同。四是系统梳理事件、事项、职责及其对应关系，支撑事件触发、事项办理到职责实现全过程，以及数据无障碍流动和应用。五是推进职责体系优化与数字赋能，优化体制机制，强化组织支撑。六是加强全市数字政府统筹，为数字企业发展建设大舞台，激励企业参与，直接推动和激励数字产业发展，让数字政府的持续建设和运营成为政府和企业获取收益的新增长点，形成数字经济新的增长极。

（三）完善融合发展的数字经济体系

1. 推动数字制造业发展

一是推进企业数字化转型升级。鼓励支持企业在生产、管理、营销、安全监管、产业协同等环节推进数字化转型，提升企业的生产效率，升级营销模式，提升产业协同水平。二是数据赋能全产业链协同转型。依托工业互联网平台改造提升传统产业和发展先进制造业，针对企业数字化转型过程中信息不对称、产业数据开放程度低、数字化转型成本高等问题，发挥平台优势，利用大数据搭建数字企业与传统企业精准对接的平台，构建平台数据开放共享的有效机制，为促进传统企业技术创新提供基础支撑。三是加快产业园区数字化转型。推进园区数字化改造，培育众包设计、智慧物流、新零售等新增长点。

2. 推动发展智慧型农业

潍坊作为我国北方最大的蔬菜生产和集散地，农产品资源丰富，是闻名全国的“菜篮子”，拥有一套成熟的农产品产业链条体系。一是数字化转型强化蔬菜贸易中心地位。基于大数据、区块链、人工智能带来的数字化信息，构建“政府—企业—农村网商”新型农村电子商务模式，加快推动新一代农村电商经营模式创新发展与落地，推进数字农业园区建设，打通农村电商经营“最后一公里”，加快蔬菜贸易中心数字化，增强中心地位。二是数字化建设推广农业科技中心。搭建科技成果创新、展示和推广平台，充分发挥数字技术的渗透作用和溢出效应，推动农业机器人、智能农业监测设备、智能温室、数字化精确育种等数字技术与农业深度融合，从农产品加工到监测实现全产业链数字化转型，不断提高农业生产效率，实现产业规模化收益。建设形成农业科技发展和推广的“技术中心”，与“贸易中心”“生产中心”并肩形成“技术输出”。

3. 壮大数字技术产业

围绕优势的虚拟现实产业，促进产业链协同发展，培育和引进关联龙头企业。针对数字技术发展的关键技术，推进政府、企业、研究机构联合攻关，创新合作共赢模式。通过政府使用和产业推广，为数字技术企业创建舞台，提供各种应用场景，走出一条数字技术产业化应用的合作推广之路。软件产业发展目前不是优势，但可以通过建设智慧城市综合体的方式，吸引知名软件企业和培育地方软件产业。

（四）建构功能良好的数字型社会

一是提高潍坊城市数字化水平。加快推进物联网平台建设，推进城市数字化。构建基于5G技术的应用场景和产业生态，在智能交通、智慧物流等重点领域开展试点示范，为经济社会发展提供数字化基础支撑。扩大数字消费场景，进一步支持消费领域的电子商务平台企业发展，支持消费领域平台企业挖掘市场潜力，增加优质产品和服务供给，为消费者实现数字化生活方式提供媒介，创造普及消费新场景，培育消费新行为和新需求。二是拓展数字服务应用场景。聚焦智慧社区、智慧交通、智能医疗、智慧教育等重点领域，提供智慧便捷的公共服务。推进交通、医院、学校等公共服务机构数字化转型，扩大优质公共服务资源辐射范围。推动购物消费、居家生活、旅游休闲、交通出行等各类场景数字化，形成数字生活新模式。

（五）探索循环共生的数字创新生态

一是加大数字经济人才培育和培养力度。着力探索潍坊人才留用机制，鼓励潍坊市高校增设数字经济相关专业，加强“政产学研资用”一体化发展，注重多层次人才共同发展，进一步引进外地人才，探索情感引才和社会组织引才等多元化方式，通过远程指导、兼职、“候鸟式”聘用、成果转化等多种方式，吸引区域外人才服务潍坊数字经济发展。二是利用好企业的技术资源。通过企业参与数字化转型，释放其专业优势和转型活力，做到高效率的经济数字化转型，增强政府服务质量和经济发展质量，以此提高数字化效率。鼓励企业构建技术实验基地或开展重大技术项目，鼓励企业通过技术手段争取市场优势，促进产业良性发展，形成创新能动效应，提升数字创新能力。三是鼓励发展数字关键技术。构建科技创新平台，加强数字技术交流和提升。围绕潍坊市虚拟现实、大数据、信息安全等产业，整合科技创新资源，以企业和高校、科研院所合作为主，建设一批国家级、省级技术创新中心，企业技术中心，产业创新中心等，鼓励企业建设重点实验室、专家科研工作站、技术研究服务站等，推进数字技术创新发展。

课题负责人：王冰林

课题组成员：山东师范大学李齐、李松玉、祁勇

潍坊市改革发展研究中心刘永杰、戴真真、孙潇涵

（2022年9月）

潍坊提升科技创新能力研究

课题组

党的十八大以来，科技创新已然处于国家发展全局的核心位置。习近平总书记在党的二十大报告中再次强调，必须坚持科技是第一生产力、人才是第一资源、创新是第一动力，不断完善科技创新体系。

一　科技创新发展形势

创新是一个民族、一个国家乃至人类社会发展的重要推动力。科技创新不仅是我国建设科技强国和实现科技自立自强的关键引擎，也是推动经济高质量发展和现代化建设的重要保障。因此，科技创新受到了政府和企业越来越多的关注。面对近些年动荡的国际形势，我国关键核心技术领域遭遇“卡脖子”的问题，暴露出我国科技发展的短板，更加凸显出科技创新在我国新时代经济发展期的重要性。

从科技创新发展态势来看，科技创新的复杂性、系统性、风险性不断增强，科研活动向“复杂巨系统”方向演进，呈现集成化发展、大科学装置化建设、数字化赋能和全球化协作等特征，跨领域、跨组织和跨学科交叉融合作用日益凸显，科技创新领域将主要依赖于一系列复杂技术系统的突破，单一主体已难以应对科技创新挑战。因此，政府、企业和高校、科研院所应携手合作，加大科技创新力度，抢占科技竞争制高点，加速提升科技创新体系能力，实现科技自立自强，提高产品竞争力，助力经济发展腾飞。

任何城市的崛起，都需要启动内力、借助外力，科技创新更是如此。因此，潍坊为实现“十四五”期间定下的目标，应紧紧抓住重大战略机遇，大力发展科技创新，提升潍坊的科技及产品竞争力。

二　潍坊科技创新现状、问题

科技创新是高质量发展的核心驱动力。富有创新基因的潍坊，以创新激发城市活力，深入贯彻落实省第十二次党代会精神，以山东省《“十大创新”2022年行动计划》为引领，扎实推进“科创中国”试点建设，建设更高水平创新型城市。

（一）潍坊科技创新的现状

1. 拥有技术开发机构的企业数量快速增长

企业是市场主体，也是科技创新主体。目前，潍坊80%以上的大中型骨干企业都建立了自己的研发机构。全市省级以上创新平台达到706家，市级以上科技创新平台达到1790家，其中国家级38家。建设一批创新平台，国家燃料电池技术创新中心、潍坊现代农业山东省实验室、SDL科学实验平台、光刻胶省重点实验室等一批重大创新平台挂牌建设，并获批设立全国首个磁悬浮动力技术基础与应用标准化工作组。

2. 从事科技活动人员规模呈增长趋势

科技创新的核心是人才。人才是最宝贵的科技创新资源，潍坊高度重视人才引育，在省内率先推进党委书记抓人才工作，实施“人才兴潍”24条，定期评选“人才潍坊伯乐”，充分激发企业家用才引才育才的内生动力。目前，全市人才总量达到215.3万人，建设院士工作站74家，合作院士、国家级重点人才分别达到180人、62人。引进合作的5名高端人才当选“两院”院士。目前全市科技领域拥有国家级重点人才23人、泰山产业领军人才83人、泰山学者10人、省“一事一议”引进的顶尖人才3人。其中，2021年1人成为山东省顶尖人才“一事一议”人选，占全省的1/4。

3. 企业研发项目数量质量稳步提升

目前，潍坊有85家省级单项冠军企业、64家省级隐形冠军企业、16家国家级单项冠军企业、27家国家级“专精特新”小巨人企业，有潍柴、歌尔等超级龙头企业。2021年，潍坊有17项成果获省级科技奖励，3个项目获省一等奖。其中，天瑞重工项目获得全省唯一的技术发明一等奖，实现省技术发明一等奖零的突破，潍柴动力、歌尔股份两家企业成功入选“2022中国创新力企业50强”名单。2021年，登记技术合同3690项，技术合同成交额159.5亿元，比2020年增长17.3%；国内专利授权28858件，比2020年增长23.9%。企业创新主体作用得到充分发挥。

4. 产学研合作稳步发展

推动高校、科研院所、企业三大创新主体深度合作，搭建产学研协同创新平台，促进科技创新链、教育人才链、产业市场链有机融合，形成产学研协同创新合力。

5. 企业科技活动经费总收支较快增长

2021年，规模以上高新技术产业产值占规模以上工业产值的比重达到54.5%，高于全省平均水平7.7个百分点。入围第一批省重大科技创新工程项目9个，争取资金1.3亿元，省重大科技创新工程项目获批资金居全省第2位；入围省中央引导地方科技发展资金项目9个，争取资金565万元；入围省自然科学基金项目85个，争取资金1562万元。

6. 成为国家创新型城市

国家创新型城市的创建是潍坊深入实施创新驱动发展战略取得的成效，潍坊成功跨入国家创新型城市行列。一是2018年4月，潍坊市获科技部、国家发改委批复建设国家创新型城市；二是成功创建国家燃料电池技术创新中心；三是成功创建潍坊现代农业山东省实验室（目前，省实验室共建设了9家，潍坊市是除新旧动能转换的济青烟“三核”之外的第一个获批建设省实验室的城市）；四是山东省重大科技创新工程项目入围数量居全省第2位；五是省以上重点人才工程入选数量居全省第2位。

（二）潍坊科技创新存在的问题

1. 研发梯队参差不齐，研发积极性不强

虽然潍坊市拥有省级企业技术中心的企业数量以较快的速度增长，但是拥有国家级企业技术中心的企业数量仍然较少。目前，潍坊市国家级企业技术中心数量只有14家，国家级企业技术中心只占总中心数量的4.2%，占比较低，而且增长缓慢，企业技术开发实力参差不齐。受自身研发实力等因素制约，企业自主创新的研发积极性也受到影响，开展科技创新活动的企业数量偏少。

2. **高科技、高技术含量的创新项目比重较低**

近年来，潍坊市企业自主研发的项目数量稳步增加，全市省级以上创新平台达到706家，其中，国家级38家。但是高科技、高技术含量的创新项目数量仍然不多，占比较低，项目研发质量还有待进一步提高。另外，从引领科技创新发展的功能来看，潍坊市龙头企业并未充分起到示范引领、辐射带动的作用。潍坊虽然有大型工业企业86家，但这些大企业没能有效带动为其提供专业化协作服务的中小企业在地理上集中分布，建立在专业分工基础上的企业集聚效应和协同效应不显著。

3. **高层次人才数量占比较低、增长相对缓慢**

从规模上看，潍坊企业从事科技活动及拥有的高层次专家人数的规模不断扩大。目前，建设院士工作站74家，合作院士、国家级重点人才分别达到180人、62人，全市科技领域拥有国家级重点人才23人、泰山产业领军人才83人、泰山学者10人、省“一事一议”引进的顶尖人才3人，全市人才总数为215.3万人。但是从比例来看，高层次专家人才数量占比依旧较低。从2021年的人才引进数据来看，引进高校毕业生6.79万人，其中硕士博士仅有5107人，占比仅为7.5%。

三　潍坊科技创新能力横向比较

为进一步了解潍坊市科技创新能力情况，我们将潍坊市科技创新能力与其他地级市进行横向比较，主要是基于山东省创新发展研究院《山东省区域科技创新能力评价报告2021》，将潍坊市与省内城市进行比较。

（一）潍坊科技创新总体实力比较

2020年，潍坊科技创新指数在16市中排第9位，属于第二梯队，显著落后于其GDP位次，比淄博、威海、东营、滨州等城市都低（见表1）。

科技部中国科学技术信息研究所《国家创新型城市创新能力评价报告2022》显示，到2022年底，科技部共支持103个城市（区）建设国家创新型城市，潍坊创新能力指数在所有城市中排第41位，在一般地级市中排第17位，排名略低于其GDP位次，低于省内的烟台、威海（见表2）。

表1　2020年山东16市科技创新指数

梯队	城市	科技创新指数
第一梯队	济南、青岛、淄博、威海	100%以上
第二梯队	烟台、东营、滨州、聊城、潍坊、泰安	80%～100%
第三梯队	日照、枣庄、济宁、德州	60%～80%
第四梯队	临沂、菏泽	60%以下

表2　国家创新型城市中部分城市创新能力排名情况

城市	在一般地级市中位次	在所有城市中位次
苏州	1	7
无锡	2	12
常州	3	15
东莞	4	19
嘉兴	5	22
镇江	6	24
烟台	7	26
芜湖	8	27
株洲	9	28
扬州	10	30
南通	11	31
威海	12	33
温州	13	36
徐州	14	37
绍兴	15	38
湖州	16	40
潍坊	17	41

（二）创新资源比较

创新资源比较主要通过全社会R&D经费投入占GDP比重、地方财政科技支出占公共财政支出的比重、每万人拥有的大专及以上受教育程度人口数、每万名就业人员中研发人员数等指标进行综合评价。2020年潍坊创新资源指数在全省排第9位，落后于济南、青岛、滨州、淄博、烟台、日照、东营、威海。

我们选取了长三角、珠三角地区的几个一般地级市，从全社会R&D经费支出指标及R&D经费投入占GDP比重指标进行了比较分析。从比较结果看，2020年全社会R&D经费投入，潍坊与南通、常州、东莞、佛山这些制造业城市不在一个数量级上，存在显著差距，仅与绍兴的差距略小。2020年R&D经费投入占GDP比重，潍坊为2.2%，比例低于南通、常州、绍兴、东莞、佛山这些城市，特别是落后于东莞1.4个百分点、常州1.1个百分点，2020年我国R&D经费投入占GDP比重为2.4%，潍坊不仅低于全国水平，与长三角、珠三角先进城市相比也存在很大差距（见表3）。

表3 2020年潍坊与省外部分城市R&D经费投入及占GDP比重比较

单位：亿元，%

城市	R&D经费投入	GDP	R&D经费投入占GDP比重
潍坊	127.6	5872.2	2.2
南通	256.4	10036.3	2.6
常州	256.1	7805.3	3.3
绍兴	168.0	6000.7	2.8
东莞	342.1	9650.1	3.6
佛山	288.6	10816.4	2.7

资料来源：2021年各城市统计年鉴。

（三）创新产出比较

创新产出比较主要通过每万元科学研究经费的国外主要检索工具收录科技论文数量、每亿元GDP发明专利申请数、每万人发明专利拥有量等指标进行评价。从评价结果看，2020年潍坊创新产出指数排第10位，低于济南、淄博、枣庄、青岛、威海、日照、聊城、滨州、东营。

我们从每万人有效发明专利拥有量、PCT国际专利申请量、发明专利授权量三个指标，对潍坊及长三角、珠三角先进城市进行了比较，每万人有效发明专利拥有量，潍坊严重落后南通、常州、绍兴、东莞、佛山等城市（见表4），PCT国际专利申请量，潍坊高于绍兴（见表5），发明专利授权量，潍坊显著落后南通、常州、绍兴、东莞、佛山等城市（见表6）。

表4　2020年潍坊与省外部分城市每万人有效发明专利拥有量比较

单位：件

城市	每万人发明专利拥有量
潍坊	13.52
南通	41.9
常州	44.8
绍兴	31.8
东莞	46.14
佛山	36.39

资料来源：2021年各城市统计年鉴及政府工作报告。

表5　2020年潍坊与省外部分城市PCT国际专利申请量比较

单位：件

城市	PCT国际专利申请量
潍坊	380
绍兴	199
东莞	4408
佛山	924

资料来源：2021年各城市统计年鉴及政府工作报告。

表6　2020年潍坊与省外部分城市发明专利授权量比较

单位：件

城市	发明专利授权量
潍坊	3522
南通	6506
常州	4793
绍兴	4137
东莞	11690
佛山	8306

资料来源：2021年各城市统计年鉴及政府工作报告。

（四）创新水平比较

创新水平主要通过规模以上工业企业 R&D 经费支出占营业收入的比重、规模以上工业企业 R&D 人员占规模以上工业企业从业人员比重、有研发机构的规模以上工业企业占规模以上工业企业比重、每万家企业法人单位中高新技术企业数等指标进行比较。2020 年企业创新指数，潍坊居全省第 11 位，落后于威海、济南、聊城、德州、青岛、淄博、济宁、泰安、烟台、滨州。从具体指标看，规模以上工业企业 R&D 经费支出占营业收入的比重潍坊在全省排第 12 位，规模以上工业企业 R&D 人员占规模以上工业企业从业人员比重在全省排第 12 位，有研发机构的规模以上工业企业占规模以上工业企业比重在全省排第 11 位，这三个指标值偏低是潍坊企业创新水平低的主要原因。

（五）创新环境比较

创新环境主要通过每万名就业人员累计孵化企业数、实际使用外资金额占 GDP 比重、科学研究和技术服务业平均工资比较系数、每万人互联网宽带接入用户数等指标进行比较。2020 年创新环境指数，潍坊居全省第 8 位，落后烟台、青岛、济南、淄博、威海、东营、济宁。在具体指标中，科学研究和技术服务业平均工资比较系数排全省第 16 位，每万人互联网宽带接入用户数排全省第 10 位，这两个指标值低是潍坊企业创新环境落后的主要原因。

从以上统计数据可以看出，潍坊作为国家创新型城市，在高新技术领域已发展成为山东省重要的一极，但在企业创新资源、创新产出、创新水平等方面与领先城市仍存在一定差距。

四　潍坊提升科技创新能力的对策建议

针对潍坊科技创新所面临的问题，我们建议潍坊科技创新的政策着力点应集中在以下几个方面。

（一）开展重点对标学习

无锡与潍坊一样都是制造大市，近年来无锡通过加快锡沪科技创新共同体建设，借力上海科创资源，实施太湖湾科技创新带、太湖实验室、太湖之光科技攻关计划等一系列举措，科技创新取得显著成效。2021 年，无锡科技进步贡献率达 67.6%，连续 9 年蝉联江苏第 1。无锡在国家创新型城市中排 12 位，一般地级市中排第 2 位，仅次于苏州，潍坊可重点学习无锡经验。

（二）发挥龙头企业带动科技创新的作用

以龙头企业带动产业链上中下游、大中小企业、高校院所融通创新是潍坊科技创新未来的出路。一是支持现有龙头企业建设高能级创新平台。优先支持将潍柴“燃料电池国家技术创新中心”创建成国家级技术创新中心。通过专项资金扶持、市财政贴息支持等方式，支持龙头企业加快建设一批重点实验室、工程技术研究中心、产业技术创新战略联盟等平台。同时，积极争取科技部和国家发改委支持，在现有创新平台的基础上打造国家工程研究中心、国家工程实验室等国家级重大平台，带动城市创新水平整体跃升。二是把隐形冠军企业、单项冠军企业、瞪羚企业、“专精特新”等行业领军企业逐步培育壮大为龙头企业。这些企业长期深耕某一领域，技术底蕴深厚，发展壮大后往往容易形成产业集群，歌尔就是这样。因此要加大对上述企业的扶持力度，分批次引导其成为龙头企业。三是鼓励建设高水平新型研发机构和创新联合体。支持领军企业牵头组建创新联合体，促进产学研用深度融合、产业链上下游联合攻关，并取得重大突破、实现成果行业共享。

（三）积极争取大科学计划和大科学工程

大科学计划和大科学工程对城市的影响不可估量，发挥着“科技航母”的关键作用。潍坊要实现技术赶超和跨越发展，不能没有大科学计划和大科学工程。如积极筹备申报国家科技创新重大项目，争取上位资金支持，争取省科学技术奖励项目等，不断提升技术攻关能力。又如 SDL 科学实验室是目前潍坊仅有的相当于大科学装置的科研平台，已经入选省大科学装置重点支持项目，建成后将对潍坊海洋动力领域的基础研究、关键性科学研究和成果转化产生重大影响，有望使潍坊成为世界水动力科学高地。潍坊应大力支持、加快大科学计划和大科学工程建设，积极借鉴先进地区经验，如浙江之江实验室建设经验，在基础研究与应用研究领域融通发展、科技成果转化、体制机制改革等方面加强创新，释放大科学装置在集聚资源、做强产业等方面的巨大作用，争取将SDL科学实验室建成国家大科学装置。

（四）加大“招院引所”力度

院所高校是潍坊的短板，也是制约其创新联合体建设的短板，应当着重弥补。佛山近年来大力补短板，引进南方医科大、香港理工等78家高等院校、科研院所组建各类平台100家；宁波从2018年起，实施“科技争投”3年攻坚，3年内统筹150亿元资金，引进21家大院大所，包括中科院系列院所、985高校研究院、央企研发机构等，产出创新成果264项，带动社会经济效益超16.7亿元。从弥补科技创新短板、破除产业高质量发展瓶颈制约的角度，建议潍坊进一步提高对“招院引所”特别是招引高水平院所的重视程度，适当提高“招院引所”在“双招双引”考核中的分值比重，使更多高端科研院所落户潍坊，参与创新联合体建设，提升科技攻关和成果转化能力，驱动潍坊产业高质量发展。

（五）建立科技创新中介服务平台，加强面向企业的服务体系建设

科技创新中介服务平台既是政府管理和服务职能的延伸，也是架起企业之间、企业与科研院所之间密切联系的一座桥梁，能够“面向市场选择开发、面向行业提供服务、面向社会整合资源”。一是及时发布开放实验室、共享设备、科技成果转化、新产品介绍、企业难题招标及人才供需等信息，对部分中小企业急迫使用、但成本投入较高的仪器、设备、实验室建立有偿使用制度，避免重复购买建设而引起资源浪费。二是做好政策梳理及指导、项目管理、信息服务等工作并完善技术创新信息网。三是承接重大共性关键技术研发平台建设，在重点行业加快提供基础条件和公共服务，探索通过购买公共服务等方式，引导建立促进科技创新服务平台有效运行的良好机制。

（六）加强创新体系要素间的互动，推进产学研合作创新

高等院校和科研院所有很多具有产业化前景的科研成果，潍坊政府和

企业应当通过适当的资金引入来转化高等院校和科研院所的科研成果，并加强与高等院校和科研院所的合作，进一步提升企业的科技创新能力。强化知识产权导向功能，明确产学研政各方责权利，运用市场机制，确立以出题、出资参与创新全过程的企业为主体，用户紧密型产学研合作创新体系。构建以企业为主导的战略联盟，围绕重点发展的产业和关键技术领域，积极引导行业骨干企业之间、企业与科研机构之间签订战略合作协议，引导产学研各方围绕产业科技创新需求和重点产业链，建立联合开发、优势互补、成果共享、风险共担的产业技术创新和产业发展战略联盟。通过产学研联合，以大企业为依托，发挥龙头骨干作用，汇聚多方创新资源，推动协调创新，以高效的资源配置激活创新活力，切实改变科研与产业、研发与应用相脱节的状况，实现创新要素与生产要素在产业层面的有机衔接。

（七）建立健全多元化金融体系，解决企业资金瓶颈

一是通过创新财政资金的支持方式，大力发展天使投资、创业风险投资、产业并购基金、银行信贷、信用担保、科技保险、小额贷款、企业上市、信托发行、债券发行、融资融券、融资租赁等金融产品。二是通过“政府引导、市场运作”，积极探索科技资源与金融资源有机结合、科技企业与金融机构互利共赢的新机制新模式，搭建科技金融综合服务平台，集成科技金融资源，利用多种金融工具和金融手段，为高新区企业发展、技术创新投入和高新技术产业化融资保驾护航。

（八）营造全社会创新文化氛围

进一步改变思想观念，全方位推进科技创新能力建设。潍坊需采取更加有效的措施激活人才第一资源，激发全民创新创业热情，全力营造“永不满足、勇于竞争、敢于冒险、激励创新、宽容失败”的创新创业文化氛围。充分认识全面提升科技创新能力对于转变经济增长方式、推动经济社会快速可持续发展的极端重要性和紧迫性；克服那种认为依靠自身科技力量搞科技创新、没有必要搞创新、“拿来主义”的错误思想；牢固树立抓科技创新就是抓经济工作的思想观念，抓科技创新能力建设不单是科技部门的任务，也不单是靠科技进步和创新就能实现，而是涉及城市经济、政

治、科技、文化方方面面的改变与配合。从经济社会的全方位推进创新，把自主创新从产业发展战略层面提升到城市发展的主导战略层面，把全社会动员起来，把政府各部门动员起来，把科技、经济、社会发展等相关政策全部动员起来，协同集聚到科技创新能力建设中来。

课题负责人：丛炳登

课题组成员：齐鲁工业大学牛晨晨、贯永飞、宋艳敬

潍坊市改革发展研究中心刘磊、孙桐、孙中贵

（2022 年 12 月）

城市能级

关于用好政府基金发展新赛道的建议

李　波　杜慧心　董俐君　孙　桐

发展新赛道是党的二十大的明确要求，也是一个城市换道超车的内在要求，更是建设实力强、品质优、生活美、更好潍坊的关键要义、长远之策，用好政府基金至关重要。近年来许多城市在区域竞争中崛起，走的都是这样的路子。

一　先进城市用好政府基金发展新赛道的经验

一是有换道领跑、发展新赛道的意识。常州 2009 年开辟光伏产业，2015 年开辟动力电池产业，2017 年开辟新能源整车产业，累计开辟的新赛道囊括"发储送用"新能源各环节。合肥 2008 年开辟新型显示产业，2012 年开辟集成电路产业，2020 年开辟新能源汽车产业，相继发展"芯屏汽合、急终生智"多个新赛道。二是引进、培育新赛道产业链上的关键企业。常州发展动力电池产业，最关键的一步是 2016 年引进宁德时代，随后在 2018 年引进蜂巢能源、2019 年引进中航锂电，三巨头持续加力，建设、带动和集聚动力电池产业链上下游关键环节项目 30 个，产业链完整度达到 94%。昆山布局新能源汽车产业过程中，2018 年开始培育本地独角兽企业——清陶能源，迅速在固态动力锂电池领域形成优势，随后又持续培育协鑫光电等多家关键核心技术企业，逐渐在新能源汽车产业 6 个核心领域形成集聚效应。三是充分发挥政府基金的作用。合肥发展新型显示产业之初，为了招引京东方，专门组建芯屏产业投资基金，为京东方解决巨额融资难题；后期，芯屏产业投资基金在招引力晶科技、兆易创新这两个芯片龙头企业时，同样发挥了决定性作用。2020 年合肥抓住新能源汽车产业风口，在蔚来汽车陷于资金困难的关键时机，果断成立建恒新能源汽车投资基金投资蔚来汽车，以此从根本上摆脱蔚来汽车的资金困境，成功推动“蔚来中国”总部落户合肥。四是锻造“产招投”专业队伍。“产招投”专业队伍是产业研究、招商、基金投资三位一体、协同作战的队伍。合肥最初打造这样的队伍，主要是为了抓产招一体、组建专业化国资平台、借助外力三方面。产招一体上，合肥让招商人员重点在学习研究产业上下功夫，通过多种手段让这批人迅速获得专业的产业分析判断能力。组建专业化国资平台上，合肥通过建投、产投、兴泰三个专业国资平台，以政府基金的方式进行产业投融资。借助外力上，合肥聘请企业家作为招商、产业顾问，邀请相关产业全球顶级专家评价基金投资项目的可行性，以此辅助决策。

二　潍坊市用好政府基金发展新赛道的建议

（一）确定亟须优先使用政府基金的新赛道

潍坊正在加快开辟发展 19 个新赛道，这些新赛道都需要政府基金推动发展，从基金角度看，需要突出重点、抓住关键。建议综合研判新赛道的产业发展、招商和基金使用情况，确定 2~3 个优先使用基金的新赛道。

（二）对优先使用政府基金的新赛道，建立产业研究、招商、基金投资一体化工作机制

一是优先使用政府基金的每个赛道，无论由哪个部门单位牵头开展工作，都需要建立产业研究、招商、基金投资三方紧密配合的工作机制。二是进一步明确产招投一体化工作牵头部门。前期出台的加快开辟发展新领域新赛道意见，明确工信局、发改委等 9 个部门是相关新赛道布局的牵头单位。我们建议，在投促局和新赛道布局工作牵头单位中，选择一个作为该赛道产招投一体化工作的牵头部门，建立一体化工作机制，落实一体化工作要求。三是打造产招投一体化工作的专业队伍。通过挂职、聘任制等形式，吸纳精通新赛道、精通招商和资本运作、熟悉市场规律的优秀人员，加入相关赛道的一体化工作牵头部门。整体提升投促局和新赛道 9 个

相关单位抓产招投的能力，有针对性地配备懂产业、懂招商、懂基金的班子成员。

（三）明确产招投一体化工作机制的工作重点，即找准关键企业及关键项目、发展关键节点

一是产招投一体化要以产业研究为基础，全面梳理新赛道全产业链情况，全面梳理关键核心技术和缺位环节，全面梳理产业链上的各类企业情况，包括头部企业、单项冠军企业、独角兽企业、瞪羚企业、“专精特新”小巨人企业等，通过全面产业研究，明确新赛道上的关键企业及关键项目，进行精准引进或培育。二是对要引进的关键企业及关键项目，时刻关注其发展动态，把握好引进的关键时间节点。合肥引进京东方6代线项目，是抓住2008年该项目缺乏资金时间节点。引进兆易创新DRAM芯片项目，是抓住2016年该项目选新代工厂时间节点。常州引进中航锂电总部，是抓住2018年该企业大额亏损时间节点。

（四）发挥基金投资在引育关键企业及关键项目中的关键作用

政府基金在引育关键企业、项目上往往具有决定性力量。一是一旦确定了要引进的关键企业及关键项目，无论是用已有基金投资，还是新成立基金投资，都要确保基金投资能力、方式与要引育的关键企业、项目相匹配。对于重大企业、项目，要一企一策制定基金参与方案、投资方案。二是确保基金在关键时间节点介入。产招投一体化工作找准关键企业及项目的关键介入时机后，牵头部门必须能够迅速联合国资平台进行调查论证，市级决策机制能够迅速做出决策。三是明确新赛道基金专门的受托管理机构，专职管理已有或新成立的新赛道基金。四是建立基金容错制度机制，合理容忍正常投资风险，促进大胆作为、积极履职、更好地抓住发展机遇。

（五）针对大企业、大项目，更多运用对赌机制

使用政府基金引进大企业、大项目时，会面临较大的投资风险，应根据引进企业、项目的财务状况、营业指标、上市情况等，设定对赌目标，降低投资风险。合肥招引蔚来汽车时签署对赌协议，要求落户合肥的“蔚

来中国”第 1 年营收 148 亿元、上市 3 款车型；第 4 年营收 1200 亿元、上市 6~8 款车型；5 年内总营收达到 4200 亿元、总税收 78 亿元；5 年内在科创板上市；否则需退回部分投资基金并支付利息。双方共摊风险、共赢市场，保障政府资金安全。

（2023 年 7 月 10 日）

关于强化潍坊职业教育优势助力提升城市竞争力的分析和建议

刘　磊　李少军　贺绍磊　刘永杰　杜慧心　孙　桐

一　职业教育进入大发展大提速新阶段

进入新发展阶段，我国经济从高速增长阶段转向高质量发展阶段，更强调发展的质量和效益，对高素质劳动者的需求比任何历史时期都更为迫切，职业教育迎来前所未有的时代机遇。

（一）国家发展职业教育的力度前所未有

一是全国职业教育大会首次以党中央、国务院名义召开。2021 年 4 月，经党中央批准，全国职业教育大会召开，这是新中国成立以来党中央、国务院召开的第一次全国职业教育大会。

二是《职业教育法》26 年来首次大修。2022 年 5 月 1 日施行的新《职业教育法》，首次以法律形式明确职业教育与普通教育具有同等地位，着力提升职业教育认可度，更好地推动职业教育高质量发展。

三是一系列重大政策文件密集出台。近几年，国家围绕推动职业教育发展出台重磅文件。2018 年教育部等六部门出台《职业学校校企合作促进办法》，2019 年国务院出台《国家职业教育改革实施方案》，2020 年教育部等九部门出台《职业教育提质培优行动计划（2020—2023 年）》，2021 年中办、国办出台《关于推动现代职业教育高质量发展的意见》。这些文件既相互衔接又逐级递进，为新发展阶段职业教育改革发展明确了政策框架。

（二）各地迅速形成职业教育发展热潮

近年来，各地紧跟中央政策导向，特别是2021年以来纷纷召开职业教育大会，出台新政策措施，职业教育在各地经济社会发展全局中的地位越来越突出。

一是山东、江苏等12个省市与教育部共建职业教育创新发展高地。这些地区、城市先行先试、引领发展，比如，江苏整体推进苏锡常都市圈职业教育改革创新，福建支持厦门职业教育高质量发展助力两岸融合，浙江推进职业教育与民营经济融合发展助力“活力温台”建设。

二是佛山、泉州、东莞等一些制造业强市都在职业教育赛道上奋起直追，解决职业教育基础优势不明显的问题。这些城市紧紧围绕产业转型升级加快发展职业教育，大有后来居上之势。比如，佛山实施职业技能升级行动，到2026年每年打造2~3个高水平专业群，每年建设10个市级高技能人才培训基地；泉州积极探索院校、政府、企业3种主导型实训基地建设模式；东莞聚焦产教融合，到2025年培育10个职教集团、建设50个高水平校企合作实训基地、培育100家以上产教融合型企业。

三是省内各市都在抢占先机。山东职业教育长期位列全国第1方阵，各市都有优势，近年来都在积极探索，形成你追我赶的局面。比如，济南、青岛2021年入选全国首批21个产教融合试点城市，烟台提出让职业教育跃居全国前列，滨州建设产教融合型、实业创新型“双型”城市，临沂推行职业教育“一县一策”，淄博发布推动现代职业教育高质量发展6方面22项措施。

（三）职业院校进入高质量发展新阶段

一是职业本科教育打破职教学历“天花板”。习近平总书记在对全国职业教育大会的重要指示中强调“稳步发展职业本科教育”。开展职业本科教育是构建现代职业教育体系的重大举措，主要包括职业本科院校、职业本科专业两种形式。首先，高职院校升本步伐加快。2019年开始试点至2022年5月全国职业本科院校达到32所，山东3所，济南、日照、威海各1所。山东基本各个城市都在转设或拟设本科层次职业院校，包括省内的滨州职业学院、淄博职业学院、山东商业职业技术学院、日照职业技术学院等。其次，“升本”难度大的院校都在积极申办职业本科专业。2021年教育部印发《本科层次职业教育专业设置管理办法（试行）》，尽管具体实施办法还未出台，但很多院校都在依托自身优势专业积极筹备，以抢占先机。最后，本科院校向应用型转型。我国正在大力推动本科院校向应用型转变，2021年，山东省公布两批36所应用型本科高校，潍坊医学院、潍坊学院、潍坊科技学院3所高校入选，潍坊与青岛入选高校数量并列全省第2位，位于济南之后。技术师范大学数全国12所，山东还没有，潍坊正在全力争取，极有可能率先突破。

二是高职“双高计划”、中职“双优计划”引领职业院校高质量发展。“双高计划”即中国特色高水平高职学校和专业建设计划，类似高等教育“双一流”计划。入选学校将在资金、项目、专业设置、岗位设置、引人用人等方面迎来政策利好，成为全国高职院校发展的标杆和引领。“双高计划”每五年一个建设周期，2019年“双高计划”第一轮建设启动，2023年新一周期“双高计划”开放遴选，所有职业学校都将处于同一起跑线上。

“双优计划”即优质中职学校和专业建设计划。2022年教育部提出实施“双优计划”，率先扶持一批优质学校和专业建设，示范带动中职教育质量提升。尽管还没出台具体实施意见，山东、湖南、重庆、武汉等地已率先在本省（市）范围内开展评选。

三是产教融合、校企合作向深层次探索。产教融合、校企合作已经成为职业院校高质量发展最关键、最主要的着力点，也是世界职教强国的共同经验，如德国的双元制、英国的现代学徒制等。目前我国产教融合、校企合作方式正在从实训实习、共建基地等简单形式逐渐向共建现代产业学院、订单培养、现代学徒制、联合攻关等多元、深层次形式扩展。2021年教育部征集、发布全国产教融合校企合作典型案例，目的是通过深化产教融合、校企合作，促进教育链、人才链与产业链、创新链有机衔接，提高职业院校办学水平，山东47个案例入选，其中包括潍坊8个职业院校案例，数量居全省前列。

二　职业教育成为潍坊响亮的城市名片

（一）职业教育规模大

一是职业院校数量多。2020年，潍坊有职业院校45所，数量在GDP

前15位地级市中排第2位，位于唐山之后（见图1）；省内排第3位，位于青岛、济南之后（见图2）。其中，潍坊高职院校11所，数量在GDP前15位地级市排第2位；中职院校34所，数量在GDP前15位地级市中排第3位。

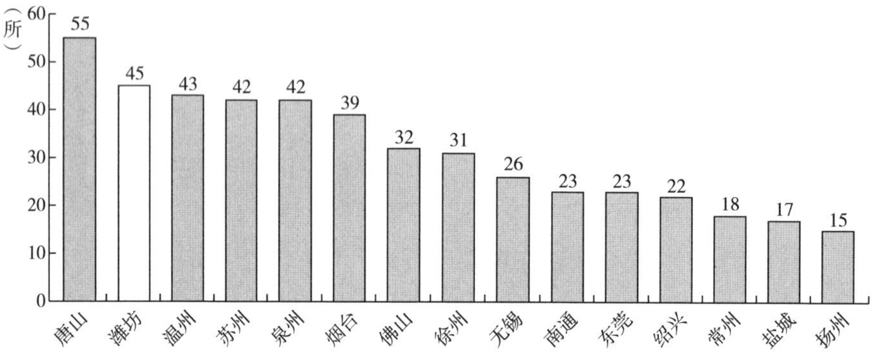

图1 2020年GDP前15位地级市职业院校数量

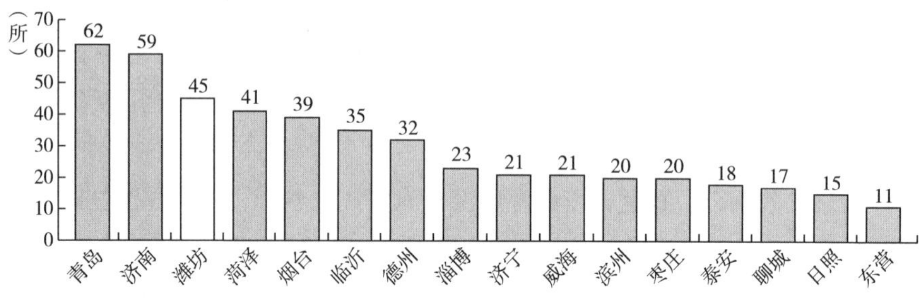

图2 2020年山东各市职业院校数量

二是学生数量多。2020年，潍坊职业院校在校生数量21.5万人，在GDP前15位地级市中排第1位（见图3）；省内排第2位，位于济南之后。潍坊职业院校毕业生数量6.5万人，在GDP前15位地级市中排第1位（见图4）；省内排第2位，位于济南之后。

三是教师数量多。2020年，潍坊高职、中职院校专任教师数量是11455人，在GDP前15位地级市中排第1位（见图5）；省内排第2位，位于济南之后（见图6）。

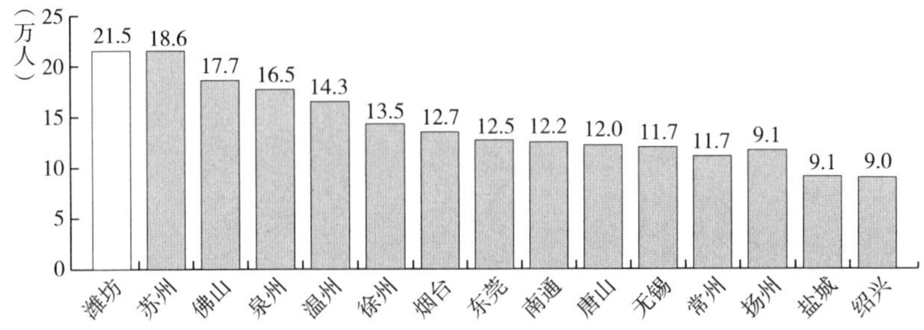

图 3　2020 年 GDP 前 15 位地级市职业院校在校生数量

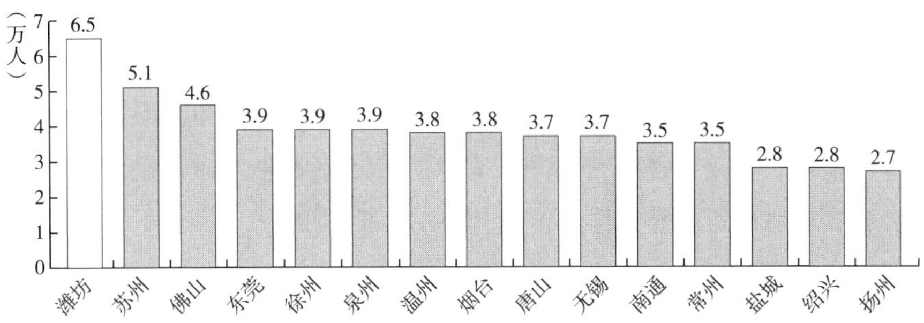

图 4　2020 年 GDP 前 15 位地级市职业院校毕业生数量

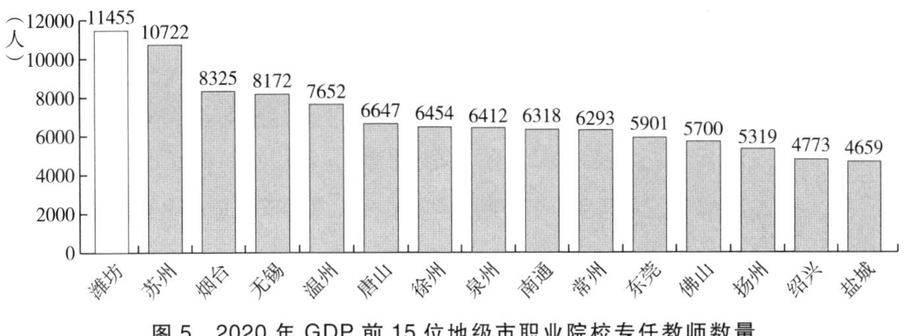

图 5　2020 年 GDP 前 15 位地级市职业院校专任教师数量

（二）职业教育质量实现新突破

一是综合竞争力强。中国科教评价网、武汉大学等联合发布的“金平果排行榜”（又称“中评榜”），连续 11 年推出中国高职院校竞争力排名。2022 年全国高职院校 100 强，潍坊 2 所，济南 2 所，青岛、烟台、淄博等 6 个城市各 1 所。2012 年以来潍坊高职、中职院校累计获全国职业院校技能大赛一等奖 269 个，连续 10 年居山东代表团第 1 位。

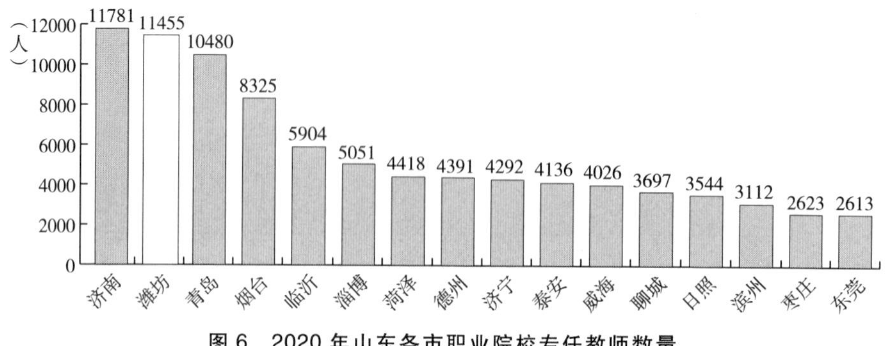

图 6　2020 年山东各市职业院校专任教师数量

二是高层次高水平学校多。“双高计划”高职院校，2019 年全国 197 所院校入围，潍坊 4 所，数量排全省第 1 位，济南 3 所，青岛 2 所，烟台、日照、淄博、滨州、威海、东营各 1 所。2022 年首批 70 所省级高水平中职院校，潍坊 9 所，数量排全省第 1 位（见图 8）。

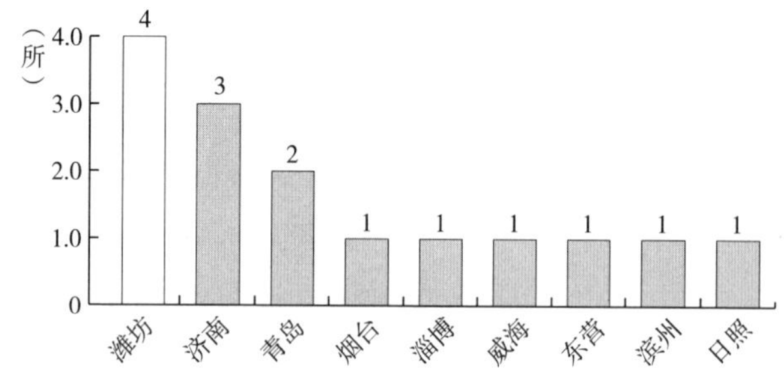

图 7　2019 年山东各市“双高计划”高职院校数量

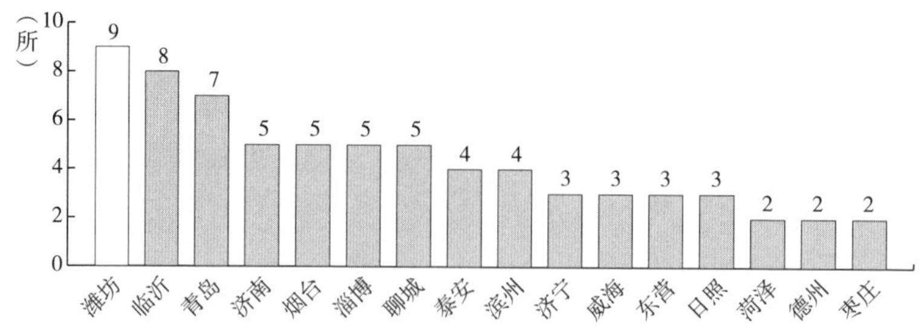

图 8　2022 年山东各市首批 70 所高水平中职院校数量

（三）潍坊职教改革创新成为全国风向标，影响力持续提高

潍坊职业教育以改革创新为鲜明特色享誉全国，早在 2012 年，潍坊就

成功创建第一个在地市级开展的部省共建国家职业教育创新发展试验区；2020年省政府与教育部共建职业教育创新发展高地后，潍坊与省教育厅共建省职业教育创新发展示范区，打造高地中的高地，为全国职业教育改革发展创经验、趟路子。比如办学体制改革，潍坊率先在全国探索混合制办学改革，成立全国职业教育混合制办学研究联盟，成功探索出高职院校“混改”的“山海模式”“山化模式”“豪迈模式”，混合所有制办学经验全国推广；教育部2021年两次在潍坊召开职业院校混合制办学研讨会，在山东乃至全国形成了“混改”看潍坊的共识。比如职教体系建设，潍坊在全省率先实施中职与本科“3+4”、高职与本科“3+2”纵向衔接贯通培养，率先在全省开展普通高中与中职学校学分互认、学籍互转、综合高中试点工作，推进职业教育与普通教育横向贯通。潍坊的一系列改革为全国职教改革树立了标杆，吸引了全国上下的广泛关注。职业教育活动周全国启动仪式继2020年在潍坊举办后，2022年再次落户潍坊。2022年4月28日潍坊创新性举办首届产教融合校企合作对话会。《人民日报》《中国教育报》等主流媒体多次就潍坊职教改革进行重点报道，《光明日报》更是报道过《潍坊职教现象探秘》，全面介绍潍坊职业教育创新发展经验。

三　现阶段亟须解决的几个问题

近些年职业教育发展迅速，也面临很多问题，有的是全国面上的、长期存在的，有的是潍坊特有的、发展中新出现的。潍坊立足于打造全国职教高地、继续为全国创经验，这些问题都需要解决，当前特别要关注以下几点。

（一）扩大职业教育规模问题

扩大职业教育规模，既是当务之急，又是长远大计。当前看，进入新发展阶段，无论全国还是潍坊，均面临技能人才缺口问题，特别是先进制造业领域技能人才缺口很大。据人社部测算，2020年中国制造业十大重点领域人才缺口超过1900万人，2025年将扩大至3000万人，缺口率高达48%。中国就业指导中心数据显示，潍坊是2021年全国最缺焊工、冲压工等技能人才的典型城市。2022年潍坊“十大产业”人才需求目录显示，技能人才需求量占人才总需求量的38%。长远看，潍坊未来对技能人才的需求量将越来越大。世界经济论坛《2020年未来就业报告》显示，劳动力技能短缺已成为挖掘经济增长潜力的最大障碍。德国60%的初中毕业生进入职校，高中毕业后又有20%进入应用技术大学；瑞士近70%的学生9年义务教育后选择职业教育，每万人中职在校生人数超过270人；美国60%的中小学补充职业培训课程。这些发达经济体即使长期保持这样的职业教育规模，现在仍需大力发展职业教育，相对而言，我们无论是为了满足未来产业发展需求，还是适龄人口教育需求，甚至是城市竞争力需求，职业教育的规模都远远不够。

（二）毕业生本地就业率问题

更多地把职教毕业生留住，对潍坊发展至关重要，现在看职教毕业生留潍比例不算高，服务本地发展不够充分。一是本地就业率总体偏低。2021年高职院校毕业生本地就业率，全国60%左右、东莞77%、扬州80%、济南81%、潍坊55%，潍坊高职院校毕业生本地就业率低于全国平均水平，低于部分城市22~26个百分点。二是部分院校就业率过低。2021年潍坊12所高职院校，7所本地就业率低于50%，像山东化工职业学院21%，潍坊工商职业学院13%。三是个别院校就业率降幅较大。近年来，全市高职院校毕业生本地就业率整体呈上升趋势，个别院校有所降低，应引起重视，像潍坊工商职业学院本地就业率由2019年的31%降至2021年的13%，山东交通职业学院由2019年的83%降至2021年的69%。潍坊职教毕业生本地就业率偏低，有多方面原因，其中市外生源多是重要因素，比如青岛是潍坊高职院校市外生源占比最大的城市，占比12%左右，这部分学生毕业后多数选择回青岛工作。潍坊必须有的放矢地找到解决问题的办法。

（三）专业、产业匹配度问题

近年来，驻潍院校围绕产业发展进行了多轮专业调整，传统优势产业专业设置已经比较完善，新兴产业专业设置也有了一些成效，像天瑞重工与潍坊学院共建天瑞磁悬浮产业学院就是很好的做法。但是仍然存在突出问题。一是新兴产业相关专业设置不及时。比如，氢能是潍坊重点布局的新能源产业，但职业院校没有针对氢能进行专业调整，也没有与相关企业合作办学，仅4所职业院校的汽车工程系有新能源汽车相关专业。而淄博职业学院2019年成立了氢能燃料电池研究所，开设氢能源汽车相关课程，佛山与联合国开发计划署合作成立粤港澳大湾区氢能经济职业学院。二是重点产业相关专业设置不足。如物联网产业是潍坊和无锡都大力发展的产业，无锡10所高职院校均设置了物联网相关专业或研究中心，5所设立了物联网二级学院，基本覆盖了物联网全产业链。潍坊12所高职院校仅6所设置了物联网相关专业，没有独立的二级学院。三是低就业率专业撤并整合不及时。部分传统专业已经过时，产业需求不强烈，但仍然在招生，导致大量学生找不到专业对口工作。

（四）“双师型”教师队伍建设问题

“双师型”教师为同时具备理论教学能力和实践教学能力的教师，现阶段强调“双师型”教师建设本质上是强调实践教学能力。2021年潍坊“双师型”教师占比约70%，全省约70%，全国35%左右。名义上潍坊“双师型”教师占比很高，但实际上名实不副，大量教师实践能力远远达不到真正的“双师型”标准，严重影响学生培养质量。主要原因在于：一是认定标准较低。“双师型”教师认定，国家没有统一标准，潍坊市都是采用“双证书”认定办法，即只要有教师资格证和职业资格证（如导游证、会计证等），就可以被认定为“双师”，但许多职业资格证持有者实践教学能力远远达不到要求，一定程度上“双证书”认定办法存在重大缺陷。二是实践型教师招聘先天不足。近年来全市各职校专业教师招聘，普遍都强调具有研究生以上学历，基本没有要求企业一线工作经历，教师入职后一般考取职业资格证，极少有企业实践经历，导致教师队伍结构严重不合理。三是企业实践流于形式。我国《职业学校教师企业实践规定》要求，教师每5年要累计不少于6个月到企业实践的经验，但实际上，教师到企业实践积极性不高，往往报个到或靠人情找企业开个证明了事，实践活动“走过场”，达不到应有要求。

（五）进一步深化校企合作问题

现阶段，职业教育大多数的问题都与校企合作紧密相关，全国层面校企合作普遍不够理想，突出表现为“校热企冷”，合作层次低、表面化。潍坊明显好于全国，但校企合作深度不够的问题仍然十分突出。一是企业办学积极性仍有待激发，教育部等六部门《现代职业教育体系建设规划》提出，到2020年大中型企业参与职业教育办学的比例达到80%以上，潍坊市目前1/3的规模以上企业与院校建立长期合作关系，更多的企业没有实质性动作。二是校企间开展的合作，多半由职业院校主动联系，或建立在职业院校与企业负责人之间私人关系的基础上，企业往往积极性不高，根本原因在于企业获得感不强。三是校企深度合作不够，多数局限于订单培养、共建基地、顶岗实习等层面，企业普遍不愿意与职业院校合作开展那些投入较高、时间较长的创新项目，更愿意引进立竿见影的成熟技术。四是职业院校科研成果与企业生产结合不紧密，教师以科研考评为导向，更愿意把精力投入到理论研究、论文发表上，对应用研究、成果转化重视不够，能够解决企业生产实际问题的成果不多。五是国家、省、市为推动校企合作，出台了一系列支持政策，像产教融合型企业“金融+财政+土地+信用”激励政策，有企业反映落不了地，没有享受到应有的补助和减免。

（六）社会认可度问题

根据《教育家》杂志调查问卷，制约职业教育发展的众多因素中，排首位的是社会认可度问题，这种现象全国、潍坊都存在。84%的中职学生、67%的高职学生希望进入高校学习，说明他们对自己的学历并不满意。62%的家长群体认为职业教育发展的最大困难是社会认可度，说明他们对职业院校以及将来的学历、就业竞争力缺乏自信。71%的教师群体认为职业教育发展的最大困难是生源素质，说明教师对职业院校学生不十分认可。25%左右的企业群体对职业教育培养质量持不认可态度。近5成的社会群体对职业院校学生的印象停留在一般及以下。

四　几点建议

（一）从提升城市竞争力的战略高度谋划职业教育发展

在高质量发展、建设人民满意的现代化品质城市大背景下审视职业教育发展，把职业教育作为促进共同富裕、推进乡村振兴、锻造制造业核心竞争力的重要支撑，以推动职业教育更好服务经济社会发展。潍坊应特别设计和发挥好市级综合统筹机制的作用，像市职业教育创新发展工作领导小组、市校企对话工作专班等，确保市级层面有一批人长期关注、研究职业教育，以加强顶层设计，超前谋划发展。应密切关注各类试点示范，既要关注教育部门的试点示范，更要关注其他相关部门的试点示范，像国家发改委将启动第二批国家产教融合试点城市建设，潍坊应确保入选。

（二）尽快率先构建起完整的职业教育体系

潍坊市应抢抓职业本科教育大发展机遇，尽快推动一批优质高职院校升本、重点专业升本，在全省乃至全国率先形成全面包含中职、高职、职教本科、职教研究生的完整的职业教育体系。通过率先构建完整职业教育体系，进一步把职业教育打造成潍坊教育品牌、产业发展的独特优势，并在一定程度上弥补潍坊普通本科学校少的缺陷，助力重塑城市形象和提升城市竞争力。

（三）进一步扩大职业教育规模

潍坊市现阶段应最大限度地增加院校数量，最大限度地增加在校学生数量，提高适龄劳动人口高职就读比例。一是引进一批高层次办学主体。近几年普通本科高校向应用型转变加速，越来越多的本科院校开始与企业合办职业教育。潍坊应抢抓机遇，推动龙头企业加快引进一批本科院校等高层次办学主体，既扩大职业教育规模，又提升办学层次。二是支持企业多种形式办学。推广潍坊职业教育混合所有制办学经验，支持企业特别是大企业以多种形式举办或参与举办职业教育，围绕全市 15 条重点产业链和“十强”产业打造一批现代产业学院。三是支持现有院校扩大招生规模，重点是扩大全市主导优势产业和战略性新兴产业相关专业的招生规模。

（四）提升专业、产业匹配度

专业与产业不能完全匹配是永恒问题，这是由于一方面产业发展突飞猛进、日新月异，另一方面专业设置具有周期性、相对固定性。但专业和产业匹配速度越快、匹配水平越高，对两者发展越有利。一是定期开展专业与产业匹配度评估。江苏建立专业与产业对接机制，每 2~3 年为一个周期，发布《职业教育专业结构与产业结构吻合情况预警报告》。建议潍坊市相关职能部门邀请第三方机构，定期对专业和产业匹配程度进行评估，根据评估情况及时调整专业设置。二是制定专业调整奖励办法。淄博对驻淄高校品牌专业建设给予奖励，每个“新增四强新兴专业”给予400万元、“优化提升特色专业”给予300万元、“调整转型应用服务型专业”给予200万元。建议潍坊出台奖励办法，支持职业院校根据产业需求及时调整专业设置。三是常态化梳理紧缺技能人才目录，为职业院校专业调整提供参考依据。目前部分地区已开始研究紧缺职业（人才）目录的制定和发布，并开展一定规模的企业用工情况监测，比如深圳、东莞、佛山、苏州、温州等。市委组织部前期开展全市“十大产业”人才需求摸排就是很好的做法，建议发改、工信、人社等部门常态化开展这种摸排，并及时反馈给职业院校。

（五）打造名副其实的“双师型”教师队伍

建设高素质“双师型”教师队伍，是加快推进职业教育现代化的基础性工作，潍坊越快突破越能抢占先机。一是在招聘上强化“双师型”选人导向。鼓励职业院校从企业招聘人才，对高水平技能人才采取考察方式招聘。探索采用“编制周转池”“备案制教师”“流动性岗位”等方式，积极引进企业中有丰富实践经验和教学能力的技术人员。二是在使用中强化技术技能评价。在教师考核评价、职称评聘、职务晋升中，突出能够体现技能水平和专业教学能力的双师素质指标，比如科技成果转化率、转化收益等，引导教师到企业一线参加专业技能实践，参与企业生产实践，提高专业技术水平。三是鼓励企业吸纳职业院校教师开展实践。研究制定税收优惠、经费投入、表彰奖励等支持政策，鼓励企业设置访问工程师、教师实训流动站、技能大师工作室等，为“双师型”教师提供优质高效的实践平台。

（六）让企业成为重要办学主体

没有企业的深度参与就不可能办好职业教育，产教融合的核心是让企业成为重要办学主体。长期以来，产教融合之所以较多地停留在表面难以深入下去，主要是因为企业更多地作为人才需求方参与进来，对人才培养端话语权有限。让企业更多地参与到人才培养端，真正成为重要办学主体，应关注以下几点。一是持续深化混合所有制办学改革。这是发挥企业重要办学主体作用的重要途径，潍坊已经走在全国前列，应进一步系统总结，把有关经验上升为行之有效的制度，推动改革向纵深推进。二是应尽可能让企业参与职业院校办学全过程。无论是否实行混合所有制办学改革，无论是否接收到企业办学投资，公办院校都应在课程设置、人才培养等办学全过程，邀请企业参与决策，这是企业的需要，更是学校的需要。三是加快培育一批产教融合型企业。国家、省都开展了产教融合型企业认定工作，潍坊应尽快研究专项政策，支持现有产教融合型企业提档升级，推动更多优质企业通过认定。同时，应尽快组织开展市级产教融合型企业认定工作，构建产教融合型企业梯度培育体系。四是加强政策督导落实。国家、省市围绕推动产教融合出台了很多好政策，但落实效果不够理想，像产教融合型企业“金融+财政+土地+信用”政策，部分企业反映还没有享受到。应进一步加大政策宣传力度，让企业充分享受政策红利，服务企业专员可以在这方面发挥更大作用。

（七）千方百计留住职教毕业生

更多地把职教毕业生留在潍坊，是城市吸引力强的一种体现，又是促进城市吸引力进一步提升的重要途径。这是一项系统工程，需统筹兼顾、多管齐下。一是增强认同感留人。在职业院校全面开展市情教育，加深对潍坊的了解，加深学生对潍坊的感情，特别是大张旗鼓地宣传潍坊市房价、生活成本、交通、生态、产业、职业前景等优势，让更多的学生在选择就业首选地时考虑潍坊。二是支持职业院校留人。常州对毕业生留常率达到35%、45%的高职院校，分别给予40万元、50万元奖励；烟台对毕业生留烟率较高的驻烟高校，每年给予最高100万元奖励。建议潍坊市研究实施奖励办法，充分调动职业院校引导毕业生留潍的积极性。三是支持企业留人。厦门对企业招收应届职业院校毕业生，办理就业登记、缴纳社保并留毕业生连续工作3个月以上的，给予企业社会保险补贴，补贴期限最长12个月。淄博实行企业“订人”、政府“埋单”，对于订单毕业生全职进入企业工作，签订3年以上劳动合同且缴纳劳动保险的，按每人1万元标准给予企业一次性培养补助。企业是用人主体，也应是留住毕业生的主体，建议潍坊研究出台专门支持企业的政策。四是对技能人才进行补贴。围绕购房补贴、生活补助、子女教育、新产业补贴等加大补贴力度，这也是多数城市的共性做法。郑州将首次购房补贴发放范围扩展到所有技工院校预备技师（技师）及专科生；烟台对35周岁以下专科生每年发放生活补助3600元，共发3年。

（八）营造崇尚技能人才的社会氛围

德国、瑞士职业教育成功首先是理念的成功，注重营造尊重职业教育的氛围。潍坊正在打造全国职教高地先行区，应率先对高素质劳动力即核心竞争力达成共识，率先清理歧视技术技能人才的政策，率先提高技术技能人才的社会地位和待遇，率先把尊重职业教育做成城市的品牌，逐步让越来越多的学生主动选择职业教育、家长认同职业教育、企业主动创办职业教育。

一是扎实开展《职业教育法》学习宣传。尽快掀起《职业教育法》宣传热潮，报刊、电视台、广播等各类主流媒体应开辟专栏深入报道，职业院校可以组织多种形式的知识竞赛、辩论赛，并面向中学生家长等重点群体精准宣传。

二是设立“潍坊工匠日”或“潍坊技师日”。国内一些城市设立了工匠日，像杭州9·26工匠日、苏州4·28工匠日、咸阳4·27工匠日。潍坊是制造业和职业教育大市、强市，设立“潍坊工匠日”或“潍坊技师日”十分必要。

三是全市每年评选若干名“潍坊校园技能才俊”“潍坊技能教育领军人才”。面向职业院校学生评选“潍坊校园技能才俊”，面向职业院校教师评选“潍坊技能教育领军人才”。各职业院校也可进行评选，并以此作为市级评选的基础。

（九）开好全市职业教育大会

2021年全国职业教育大会后，很多城市召开高规格职业教育大会，山东省也正在筹备。近期《职业教育法》修订、首届大国工匠创新交流大会举办，潍坊应抢抓关键时间节点召开全市职业教育大会，突出高规格、大规模、高含金量，凝聚共识、营造氛围，使之成为潍坊职业教育史上具有里程碑意义的事件。

（2022年5月4日）

关于潍坊加快推进城市更新的对策建议

李少军　王文远

潍坊建设人民满意的现代化品质城市、实现“一二三”目标、提升城市能级和竞争力，城市更新是主战场之一和关键领域。潍坊市作为首批国家城市更新试点，如何先人一步形成试点经验、如何通过试点全面提升城市能级，成为摆在我们面前的重大课题。近期，我们就抢抓机遇系统推进城市更新，加快提升城市功能品质，进行了分析思考并提出了建议。

一　潍坊城市更新基础分析

根据住建部2019~2021年发布的城市体检指标体系、《中国人居环境奖评价指标体系》和《2020年中国城市建设统计年鉴》，就潍坊城市更新关键点的分析如下。

（一）开发强度

一是区域开发强度全省第9。该指标为市辖区建成区面积占市辖区总面积的百分比。2020年潍坊区域开发强度为8.9%，排全省第9位，高于全省6.1%的平均水平，低于青岛的14.6%、临沂的11.3%、淄博的9.8%、烟台和济南的9.5%。二是城区人口密度为目标值的1/7。2020年潍坊城区人口密度是1402人/平方公里，低于中国人居环境奖评价指标体系的目标值（≥1万人/平方公里）。

（二）生态宜居

一是空气质量优良天数比例接近目标值。空气质量优良天数比例潍坊

2020 年 73%、2021 年 79%，2021 年较往年大幅提升，接近《环境空气质量标准》、中国人居环境奖评价指标体系的目标值（≥80%）。二是建成区绿化覆盖率和绿地率均超过中国人居环境奖目标值。2020 年潍坊两项数据分别为 42.6%、40.2%，分别高于中国人居环境奖评价目标值 2.6 个、5.2 个百分点。三是建成区路网密度、道路面积率超过目标值。中共中央、国务院《关于进一步加强城市规划建设管理工作的若干意见》要求，2020 年城市建成区平均路网密度提高到 8 公里/平方公里、道路面积率达到 15%。2020 年潍坊这两项指标分别超出 0.26 公里/平方公里、5.3 个百分点。

（三）安全韧性

一是海绵城市建设成效显著。国务院、山东省分别要求 2020 年建成区 20%、25%以上的面积达到海绵城市建设目标。2019 年潍坊就达到 38.5%，高于国务院和山东省确定的目标值。二是人均避难场所面积达到目标值。潍坊市建有地震等应急避难场所 250 余处，面积 1170 余万平方米，其中市区 125 处，面积 281 万平方米，建成区人均避难场所面积超过中国人居环境奖标准值。三是城市污水处理处于较高水平。相比于中国人居环境奖评价指标体系城市污水处理率、地级及以上城市污泥无害化处理处置率的要求（分别为≥95%、≥90%），2020 年潍坊污水处理率 98.5%、城市污水处理厂污泥无害化处置率 90%，均达到目标值。

（四）基础设施

一是建成区排水管道密度全省第 11。2020 年潍坊建成区排水管道密度达到 10.13 公里/平方公里，低于全省 11.3 公里/平方公里的平均水平，低于济南、青岛，也低于临沂、聊城、滨州等市。二是地下综合管廊长度全省第 9。2020 年潍坊城区地下综合管廊长度达到 24.4 公里，为济南和烟台的 1/5，青岛的 1/13。三是安装路灯道路长度全省第 7。2020 年潍坊安装路灯道路长度达到 2309 公里，低于淄博的 2844 公里、威海的 3158 公里、泰安的 3710 公里，为济南和烟台的 1/2、青岛的 1/3。四是建成区供水管道密度全省第 4。2020 年潍坊建成区供水管道密度达到 12.8 公里/平方公里，高于全省 9.9 公里/平方公里的平均水平，低于泰安的 22.9 公里/平方公里、威海的 16.01 公里/平方公里、日照的 14.9 公里/平方公里。

（五）民生事业

一是教育均等化高于全省平均水平。15 岁及以上人口平均受教育年限，2020 年潍坊 9.94 年，在省内排第 7 位。每一专任教师平均负担在校学生数（义务教育），数量越少越均衡，2020 年潍坊 13 人，在省内排第 5 位。二是人均体育场地面积高于全国、全省平均水平。2019 年人均体育场地面积全国 1.86 平方米、全省 2.01 平方米，潍坊中心城区 2.3 平方米，潍坊分别高于全国、全省 0.44 平方米、0.29 平方米。三是万人拥有床位数高于目标值。中国人居环境奖评价指标体系目标值是≥40 张/万人，2020 年潍坊为 70 张/万人，省内仅次于济南、淄博。四是老旧小区改造成效显著。2014 年潍坊在全省率先启动老旧小区改造，“十三五”时期完成改造项目 536 个，惠及 18.2 万户，2021 年入选老旧小区改造省级试点城市，省级试点项目数量居全省首位。改造过程中，潍坊有序推进环境综合整治，居民得到妥善安置，住宅小区物业管理覆盖率达 98%以上。

二　把“四个更新”作为统筹推进城市更新的方向

通过以上分析，我们认为，潍坊推进城市更新，既有普遍性也有特殊性，就是既有提升城市软硬件水平、城市品质的普遍性，更有做大做强中心城区的特殊性，这需要走城市更新与新建并重的新路子，建议潍坊市以“四个更新”统筹推进城市更新。

（一）空间更新

空间更新就是健全城镇体系，完善城市空间结构，促进国土空间均衡开发。现在看，潍坊做大做强中心城区是内在要求、大势所趋，更是提升城市竞争力的时代课题，已经非常迫切。应把积极融入重大区域发展战略作为长期战略，充分发挥潍坊产业高地优势，注重与济南、青岛错位发展，推动形成济青城市群隆起带。坚持以产业聚人，推动高端服务业、先进制造业向中心城区集中。同时按照“更新老城、拓展新区”的发展思路，高起点做好城市规划设计，推进大规模增量建设转为存量提质改造和增量结构调整并重。

（二）形态更新

形态更新就是城市“硬件”全面提档升级。城市更新，最直观的感受是城市物理形态更新，潍坊当务之急是补齐部分城市基础设施短板，提升中心城区基础设施覆盖率。应根据市区人口密度及空间流动特征，合理布局公共基础设施，着力解决部分基础设施覆盖率不高的问题。以“三旧一村”为主要发力点，更新过程中坚持“留改拆”并举，兼顾历史风貌、文脉保留保护和居民生活条件改善，着力打造一批特色小区街区、新兴产业空间和消费聚集区。

（三）功能更新

功能更新就是让城市更绿色、更人文、更有内涵和品位。提升城市功能和品位，需首先关注生态建设，近年来南通、佛山、东莞、成都等在城市功能区建设中都高度重视生态，把生态作为集聚高端资源的核心要素，建议潍坊以治气、净水、增绿为重点，以量化指标全国领先为标准，以一流生态提升城市功能品位。同时围绕生产生活生态“三生”共融发展，合理布局各类产业空间、配套设施和公共空间，构建“产业导入+公共设施建设+高品质社区建设”城市开发新模式，推进人、城、境、业深度融合。

（四）服务更新

服务更新就是变管理为服务，让城市服务的理念和手段与时俱进。城市治理已进入数字化时代，以数字化提高城市治理水平是新趋向。潍坊应当像抓交通基础设施一样抓信息基础设施建设，适度超前布局 5G 等信息基础设施，争取在某些重点领域和关键环节走在同类城市前列，用数字化手段推动城市管理手段、管理模式、管理理念创新；特别是加大“城市大脑”推进力度，完善整体感知、全局分析和智能处置等全方位功能，实现城市治理从数字化向智能化升级。

三　几点建议

（一）进一步健全完善配套政策体系

这是推进城市更新的基础和前提，也是更好地发挥政府作用的重要着力点。目前潍坊市“1+N”政策体系初步构建，但与广州、重庆、成都、济南等城市相比，“N”数量偏少，亟须丰富完善。“1”之外，广州发布15个配套政策指引文件；重庆出台1个更新专项规划、1个更新技术导则以及涉及规划土地、项目审批、产业培育、财政税收的配套政策；成都推出“政策法规包”“技术标准包”“示范项目包”，仅“政策法规包”就涉及城市更新有关政策、法规、条例6项。建议潍坊研究出台财政支持、项目认定、历史风貌保护、土地利用、规划等领域的配套政策，进一步健全完善具有潍坊特色的“1+N”城市更新政策体系。

（二）引导设立企业性质的城市更新机构

目前的城市更新专责机构，一类是行政属性的城市更新局，一类是社会属性的城市更新中心或协会，一类是城市更新工作领导小组。2018年机构改革以来，潍坊政府机构数量总体保持稳定，专门设置城市更新机构难度较大。建议学习上海、武汉经验，潍坊依托市属国有企业组建城市更新机构，定位为全市统一的城市更新功能性平台，组建起规划、资金、招商和项目实施团队，具体推进旧区改造、旧住房改造、城中村改造，以及其他城市更新项目的实施。市相关部门出台相应赋权赋能政策，使该平台起到衔接政府与市场的桥梁作用，负责解决实际操作过程中遇到的“硬骨头”，统筹推进城市更新配套政策研究、利益协调和多方参与等工作，提高城市更新进度与效率。

（三）研究设立城市更新基金

城市更新项目体量较大，更新开发周期较长，对资金要求高，以基金形式作为投资渠道参与城市更新，有利于吸引社会资本参与，是具有长远战略布局的融资模式。近年来一些城市陆续成立地方国企牵头的城市更新基金，比如2021年6月上海成立总规模约800亿元的城市更新基金，是上海市政府牵头，由处理城市更新的专业机构——上海地产集团联合招商蛇口、中交集团、万科集团、中国太保等国资背景的房企和保险企业共同发起，定向用于投资旧区改造和城市更新的项目。建议潍坊有关部门吸收借鉴上海市经验，研究提出设立城市更新基金的具体路径和办法，可由市属国有企业牵头成立城市更新基金，吸引政府、企业、社会各方面资金，深度参与城市更新投融资。

（四）研究制定城市体检指标体系

住建部明确指出，城市体检是实施城市更新行动的基本路径。2019～2021年住建部每年发布城市体检指标体系，并选择试点城市开展城市体检。各试点城市在住建部发布的指标体系基础上，结合各地实际，增加体检内容，建立既体现国家要求又反映城市特点的评价指标体系。建议潍坊市吸收借鉴此经验，尽快启动此项工作，谋划建立有潍坊城市特色、符合潍坊发展实际的城市体检指标体系。

（五）实施城市更新项目带动行动

从目前城市更新进展态势较好的城市看，都把项目作为基本抓手，精心策划包装项目、全力争跑落实项目，抓住了项目就抢占了发展制高点。建议潍坊市聚焦城市更新重点领域，筛选一批城市更新项目，建立城市更新重点项目库。对纳入项目库的项目，重点围绕规划建设、要素支撑、服务保障等方面，强化政策扶持。比如可免征城市基础设施配套费等各类行政事业收费，电力、通信、市政公用事业等企业适当降低经营性收费；着力提供从落地注册、施工建设、要素保障、安全环保等全流程服务，及时解决项目建设中遇到的困难问题。

（六）开展城市更新学习行动

北京、上海、广州、深圳、沈阳、西安、南京、长沙、成都、重庆10个城市，是住建部筛选确定的标杆城市。比如北京探索“清单式”“菜单式”模式，重庆以“场景营城”推进城市更新，长沙以国土空间规划“一张图”实行差异化更新、全生命周期管理，广州推行微改造更新模式等。建议潍坊市政府组织有关部门、机构和企业到这些先进地区学习观摩，切实把各地因地制宜、精准施策经验理解到位、把压力传递到位、责任落实到位，同时在全市遴选一批示范项目就近学习观摩，切实增强各级推进城市更新的责任感和本领能力。

（《潍坊通讯》2022年第3期）

潍坊市外贸新业态新模式发展调查

周志鹏　孙潇涵

外贸新业态新模式是我国外贸发展的有生力量，对推动贸易高质量发展、培育国际经济合作和竞争新优势、服务构建新发展格局都具有重要意义。加快潍坊外贸新业态新模式发展，是落实中共潍坊市委“一一二三四五”发展思路的具体实践，有助于建设人民满意的现代化品质城市。

一　发展现状

目前，国家层面主要有6种外贸新业态新模式，即跨境电商、市场采购、外贸综合服务企业、保税维修、离岸贸易、海外仓。其中，跨境电商是当前发展速度最快、潜力最大、带动作用最强的一种外贸新业态。另外，有的地方层面也将易货贸易、期货保税交割、中转集拼、国际贸易分拨中心等纳入新业态新模式的范畴。本质上，外贸新业态新模式是一种模式创新，其主要目的是降低外贸成本，提高外贸便利化程度。从全市调研情况来看，潍坊外贸新业态新模式主要有以下四个方面的特征。

（一）全市各级各部门高度重视

一是重视推进机制。2021年8月全市成立了由市委书记、市长为双组长的跨境电商推进小组，顶格推进、全面统筹全市跨境电商发展。其他市级领导也高度重视新业态新模式发展，如市政协主席带队专门就跨境电商高质量发展进行了专题协商，并赴长沙、杭州等地学习发展经验。新批准设立潍坊市电子商务发展中心。二是重视宣传培训。市商务局联合浙江大学等高等院校和eBay、亚马逊等第三方平台以及潍坊海关、市国税局等业务主管部门，累计开展各层级业务培训40余次，培训人员近4000人，推动全市跨境电商发展。三是重视平台搭建。2021年8月底，成立全市跨境电商俱乐部，致力于为企业家及创客搭建一个专业化的沟通交流平台。综保区充分利用政策洼地优势，建设了全国首个“四关合一”综合性海关监管中心，进一步为外贸发展提供良好的生态环境。

（二）政策支持体系基本形成

近几年，潍坊紧跟国家动向、紧盯市场发展，围绕外贸新业态新模式发展，出台了一系列符合潍坊实际、提升外贸竞争力的政策措施，主要包括《潍坊市稳外贸若干政策措施》《全市跨境电商高质量发展行动方案》《潍坊市支持跨境电商发展政策措施》《关于更好服务外向型企业发展的若干政策》等。这些政策从平台建设、企业引育、财政金融、通关退税等不同层面提出了推动跨境电商、海外仓、外贸综合服务、保税维修等新业态新模式发展的思路，基本建立起了与外贸新业态新模式相适应的政策支持体系。

（三）一批成长型公司发展势头良好

在跨境电商领域，据不完全统计，潍坊在海关注册备案跨境电商企业有600余家，约50家跨境电商专业卖家，途易、云里里、瑞贝尔、菲利佩等代表性企业成长较快。如，以汽车配件为主的途易，在中国宁波、深圳和美国等均有办事处，产品市场覆盖150多个国家和地区，并在洛杉矶建立2个合计1万平方米的海外仓，借助第三方在欧美等地布局20多个海外仓。另外，全市大多数跨境电商企业需要依赖国外电商平台、社交媒体等第三方站点开展业务，但也有少数企业开始自建运营跨境电商平台、独立站点，如坊子区瑞贝尔跨境电商平台已打通全产业链，为全市企业开展跨境电商提供“一站式”服务，保税区也已上线夜市、纪元乐购等平台。在保税维修领域，有歌尔和海牧生物两家企业开展业务试点。在海外仓领域，潍坊已建设25家海外仓，主要分布在美国、东南亚、欧洲等国家和地区，高新区赛马力公司在菲律宾成立公共海外仓，成为亚洲最具规模的海外仓之一。

（四）发展成效凸显

根据商务部门统计数据，2021年1~7月全市跨境电商进出口额达到

51.15亿元，是上年全年的36.5倍，提前超额完成全年50亿元的目标，对外贸增长的贡献率达到17.2%。增速很快的原因：一是外贸企业主动从一般贸易转向了跨境电商，贸易模式改变了。二是多点开花。如，发展势头最强的跨境电商，各县（市、区）开发区均建设了各具特色的跨境电商产业园区。其中，坊子跨境电商产业园已落户来自深圳、杭州等地的跨境电商企业4家，注册孵化企业10家；安丘农创港跨境电商产业园区已上线运营自建跨境电商交易平台，招引威海韵达国际和韩国MT公司、合德国际物流等头部跨境电商买家及物流供应链公司，跨境电商各业态齐备；高新区跨境电商产业园区引进途易商贸、赛乐进出口、圣安食品等跨境电商骨干企业入驻。

二 主要问题

（一）贸易新业态存在空缺项

在6种新业态新模式中，潍坊市当前有条件开展的仅有4种，缺少市场采购和离岸贸易。目前，全国有31个城市开展市场采购贸易试点工作，省内有青岛、烟台、临沂3个城市，GDP排在前15个地级市中也有8个城市已开展此类业务。另外，据不完全统计，在上海、苏州、厦门等开放城市已开展试点离岸贸易。

（二）起步晚，基础相对薄弱

以跨境电商综试区为例，潍坊是全国2020年第五批设立的跨境电商综试区，相比青岛（2016年获批，全国第二批），东莞、威海（2018年获批，全国第三批），佛山、南通、绍兴、泉州、济南、烟台（2019年获批，全国第四批）等城市，潍坊对跨境电商发展认识晚、起步晚，错失了跨境电商发展初期的流量红利，面临的市场竞争更大。

（三）机场和港口发展还有不足

机场口岸尚未开放、港口条件先天不足，成为全市贸易新业态新模式发展的最主要制约因素之一。航空运输方面，机场没有开通国际货运航线，大大增加了企业的国际物流成本，也限制了贸易新业态发展。像歌尔、共达等生产的电子产品，其出口主要依赖于航空运输，但由于潍坊机场不具备跨境运输的条件，多数选择济南、青岛或南方城市机场作为出口机场。潍坊没有开通国际货运航线对当前和未来外贸发展都是不利的，在贸易新业态发展中都会落后半拍甚至一拍。同样，在港口运输方面，由于自然条件不足，大型船舶不能进出港，导致走潍坊港口的货物只能面向日韩地区，不能直接到达欧美、东盟地区，市场覆盖面窄。

（四）缺乏相关监管场所和资质

以跨境电商为例，潍坊已先后做通了保税跨境电商业务、跨境电商B2B直接出口业务、跨境电商B2B出口海外仓业务，但跨境电商业务需在海关、国际邮件互换局监管场地完成，全市尚未建成跨境电商综合监管场所，暂时没有开展跨境电商业务的资质。而省内的济南、青岛、烟台、威海都已有国际邮件互换局，在推进速度上潍坊相对比较落后。市场采购贸易，同样需要国家商务主管部门等认定的市场集聚区，潍坊暂时不能开展这类贸易试点。

（五）人才相对短缺，认识还不全面

一是专业人才和团队缺失，从事外贸新业态新模式的人才数量较少，高质量的专业人才更是短缺，这是制约发展的一个长期性、关键性的问题。二是认识不全面，业务研究不透彻，通过走访调研发现，有相当一部分企业以及负责同志对外贸新业态新模式的认识，更多地局限在跨境电商方面，对其他新业态新模式的认识、了解不够充分，甚至对跨境电商的了解也仅停留在表面，意识不到后疫情时代和数字经济的发展对传统企业转型的重要性。

（六）对国际平台规则不熟悉

与全国大多数企业遇到的问题一样，走访的部分企业反映，企业自身对一些国际上的第三方平台的运营规则不是很了解，还是习惯于用内贸的思路和方法来发展外贸，这一点在跨境电商领域表现得尤为明显。例如，刷单、好评返现等方法，卖家在国内电商平台常用，但在国外第三方站点

会被认定为违规行为，会受到撤店、扣押物资等处罚。

三　对策建议

推动潍坊外贸新业态新模式发展，要高度重视问题、认清发展差距，准确识变、科学应变、主动求变，从政策支撑、人才引进、要素供给等方面弥补发展短板。

（一）加大政策支持力度

要尽早研究出台推动全市外贸新业态新模式发展的措施办法。目前潍坊出台的相关政策主要集中在跨境电商方面，对6种新业态新模式缺乏系统性的支持。要本着抓紧、抓早的原则，在现有跨境电商政策举措的基础上，系统性构建各类政策支撑体系，特别是要尽快弥补潍坊贸易新业态的缺项内容，强化领导小组以及推进机制，积极申建或完善国际邮件互助局等资质和场所。

（二）大力推进机场和港口建设

一是加快机场迁建和航空货运设施建设，要尽早谋划推进国际航空货运口岸开放，潍坊可借鉴嘉兴货运机场建设经验，突出货运功能，争取与青岛胶东机场共同构建“胶东经济圈”国际客货运双核枢纽。二是潍坊港建设的重点是要不断加快深水航道建设，及早竣工集疏运体系，加快潍坊港整合工作，开辟更多国际货运航线，提高通达性。

（三）加强国际化、市场化、专业化人才队伍建设

一是强化外贸专业知识普及和政策宣传，重点是宣传国家、省、市等外贸新业态新模式发展的支持意见，推广有关模式创新案例，开展境内外平台使用规则培训等。二是利用好青岛、济南等城市优质资源，强化外贸人才管理、团队培育管理，尤其是要强化技能型、复合型、创新型人才的培养，做好人才储备工作。三是实施更加有力的人才招引政策，细化招引政策、健全柔性引才机制，有针对性地解决招才引才留才用才等方面的具体问题。

（四）提升开放平台能级

一是加强不同平台的融合发展。目前潍坊已基本建立起了与推动高水平开放相适应的开放平台体系，要充分利用这一优势，加快保税区、国家农综区以及自贸区联动创新区等的融合发展，形成制度和政策合力，为新业态新模式发展奠定基础。二是高标准打造外贸企业聚集区。鼓励支持各县（市、区）和市属开发区按照“生态圈”的理念培育建设外贸产业集群，提高产业的国际竞争力。

（《山东经济战略研究》2021 年第 11 期）

新形势下潍坊重大发展战略研究

课题组

党的二十大报告擘画了新时代新征程的宏伟蓝图，提出了一系列新思想、新战略、新观点，为当前及今后一个时期经济社会发展提供了根本遵循。潍坊城市发展、产业转型升级已经到了关键期、拐点期，应该以党的二十大精神为指导谋划新一轮发展，打造竞争新优势。重点考虑以下几个方面。

一　提升新型城镇化质量

党的二十大报告提出“深入实施新型城镇化战略，推进以人为核心的新型城镇化”。潍坊城镇化水平低，主要表现在两个方面。一是城镇化率低。2020 年潍坊常住人口城镇化率为 64.4%，排全省第 7 位，在全国地级市 GDP20 强中排第 16 位，而浙江省常住人口城镇化率为 72%、江苏为 73%、广东为 74%。从发展阶段看，潍坊处于城镇化中期的后半段，长三角、珠三角地区处于后期的前半段，潍坊城镇化大致落后长三角、珠三角地区 8~10 年。二是中心城区小。就面积、人口、GDP 等指标而言，无论是中心城区占全市比重还是区均水平，潍坊都位于全省后 3 位，长期没有市区入选全国百强区。2020 年建成区常住人口数量，潍坊 186 万人、烟台 201 万人、淄博 240 万人、临沂 247 万人，临沂、烟台、淄博有可能领先潍坊成为 300 万~500 万人口的 Ⅰ 型大城市，应高度重视。

（一）大力发展中心城区，建设 Ⅰ 型大城市

2014 年《国务院关于调整城市规模划分标准的通知》按城区常住人口

数量把城市规模划分为7档，其中城区常住人口1000万以上的城市为超大城市，城区常住人口500万~1000万的城市为特大城市，城区常住人口300万~500万的城市为Ⅰ型大城市，城区常住人口100万~300万的城市为Ⅱ型大城市。2021年潍坊中心城区常住人口251万人，距离Ⅰ型大城市还有49万缺口，而临沂365万人、淄博338万人、烟台319万人，均已进入Ⅰ型大城市行列。潍坊应保持战略定力和耐心，把做大做强中心城区作为一项长期战略，瞄准建设人口规模300万以上的Ⅰ型大城市，把人口和产业尽可能向中心城区集中。一是推动先进制造业向中心城区集中。制造业形态正在被信息化重塑，制造业变得更环保、更能够与城市功能和生态相协调，先进制造业回归大城市、回归中心城区的趋势越来越明显。建议潍坊在中心城区打造一批先进制造业集聚区，特别是加快突破高铁片区、潍柴万亿级产业园、深圳（潍坊）科技工业园等，打造标志性的高端产业集聚区。二是打造生产性服务业特别是总部经济聚集区。优先选择中心城区集中发展生产性服务业，特别是发挥功能完善、配套齐全的优势，在高新或奎文、潍城布局一批生产性服务业集聚区。目前潍坊拥有各类总部经济载体近40个，中心城区10余个，但这些载体实际上更多承载的是一些成长型企业，高端化不够，总部特征并不明显，亟须一个集聚度更高、吸引力更强的载体。总部企业只有集聚才会产生辐射外溢效应，建议依托潍坊总部基地，用好加快总部经济高质量发展的实施意见或实施细则，在企业用地扶持奖励、配套基础设施、完善社会公共服务等方面研究政策措施，打造高端化、标志性、带动能力强的总部经济集聚区。三是超前谋划研究行政区划调整。中办、国办《关于推进以县城为重要载体的城镇化建设的意见》提出，严格控制撤县建市设区，但严格控制不等于严禁。潍坊自1994年设立奎文区后，4区8县市的行政区划建制一直没有变化，中心城区发展空间接近饱和。建议潍坊深入研究论证，积极向上争取，谋划推动昌邑、昌乐设区，并实施渐进式扩区，将邻近具有重要功能载体的镇、街道纳入市辖区（如新机场所在的寿光市稻田镇），推动行政区内部完善调整，进一步优化城市空间布局，适度扩大中心城区规模和发展空间。

（二）聚力建设现代化县城，加快推进就近城镇化

就潍坊而言，推进县城城镇化优势突出、基础扎实，随着县城补短板

强弱项的深入推进，县城成为就近城镇化的重要节点。一是科学规划引领。结合落实中办、国办《关于推进以县城为重要载体的城镇化建设的意见》精神，一方面，在前期编制《潍坊市新型城镇化与城乡融合发展规划（2021—2035年）》的基础上，进一步充实中办、国办《意见》的相关内容。另一方面，尽快组织编制县级市城区和非县级政府驻地特大镇建设方案。二是积极争取政策支持。据了解，省发改委目前正在起草贯彻中办、国办《意见》的落实文件，建议发改部门加强向上汇报衔接，在省文件中争取潍坊市利好政策。比如，把培育发展预制菜产业作为创新提升“三个模式”的重要牵引，积极争取省里的政策支持。三是突出产业特色争取国家级试点。中办、国办《意见》提出，选择一批条件好的县城作为示范地区重点发展，推动试点先行。建议发改部门积极争取国家级试点，比如寿光、青州产业竞争力强，应培育发展特色经济和支柱产业，将其打造成为先进制造、商贸流通、文化旅游等专业功能县城；诸城、高密紧邻青岛，应主动承接青岛产业特别是一般性制造业转移，在借力青岛中加快发展；临朐、昌乐、昌邑、安丘产业特色各异，应着力突出某一优势功能，实现特色发展。试点的争取，应积极向中央部委、省里对接汇报，以此争取量身打造配套政策、充分改革授权，不断总结提升经验，再向全国全省复制推广。

（三）支持发展重点镇，为就地城镇化搭建重要载体

长远看，农村人口向城镇转移是大趋势，但是农村人口都进城不现实，仍有相当一部分群众在镇就业、就学的意愿强烈。羊口、侯镇、景芝、弥河、五井等镇各方面基础较好，具备就地城镇化的潜力，应支持其建设特大镇，加快就地城镇化进程。一方面，坚持抓项目带动产业发展。有项目才有产业，项目是镇域经济发展的关键载体，也是吸引人口就地城镇化的关键支撑，此次调研的临朐五井镇、青州弥河镇充分说明，一个或几个大项目好项目，就能影响一方、带动一片。建议把项目作为基本抓手，依托国家和省、市各类博览会、投资贸易洽谈会等载体，搭建投资对接平台，发挥好企业招商主体作用，聚焦重点产业链，大力招引带动能力强的项目特别是工业项目。另一方面，在镇级层面统一配置资源。重点是通过吸引工商资本下乡、发展农业产业园区、培育股份合作社、经营家庭

农场等发展乡村产业，统筹推进基础设施和新型农村社区建设，合理配置乡村文化资源，这种做法能克服单个村资源体量小、力量有限等难题，实现资源在更大范围的有效整合利用。

二　提升制造业竞争力

党的二十大报告提出“要加快建设制造强国，推动制造业高端化、智能化、绿色化发展”。强大制造业是潍坊现有地位的关键支撑，从全国看，绝大多数城市都在强调制造业，不少一线、省会、副省级城市相继提出制造业重回发展“中心”，GDP 排名前列的地级市更是始终强调围绕制造业打造城市核心竞争力，这其中固然有中美贸易争端的原因，但根本原因是中国处在向工业化后期全面转化的阶段。从潍坊三次产业看，农业尽管具有一定优势，但发展增值性较弱，在工业化和信息化时代大背景下成长性不足，不宜作为核心竞争力，农业发达地区也均未把农业作为核心竞争力；服务业尽管增长较快，但和周边的济南、青岛相比，不具备竞争优势；潍坊制造业本身具有一定竞争优势，工业主要指标排名基本上高于 GDP 排名。比如潍坊 2020 年 GDP 在普通地级市中排第 15，但工业营业收入排第 8、利润总额排第 12、规模以上工业企业数量排第 11；GDP 在省内排第 4，但工业营业收入排第 2、利润总额排第 3、规模以上工业企业数量排第 2。

（一）应重视保持制造业优势

2006~2020 年，潍坊制造业占比由 46.3%降至 29.5%，2021 年略升至 30.2%。地级市 GDP 15 强中，只有苏州、烟台、潍坊制造业占比下降较快。苏州进入后工业化阶段，制造业占比下降快符合其发展规律。发达国家和城市人均 GDP 一般在 1.9 万美元左右、制造业走向高端后比重下降，潍坊现阶段人均 GDP 1 万美元左右，还未到制造业比重持续下降的发展阶段。中国社会科学院提出，到 2030 年中国制造业比重保持在 30%左右为宜。无论是从当前发展阶段看，还是从潍坊制造业在全省全国的地位看，潍坊制造业比重今后 15 年都应保持在 30%以上。

（二）以科技创新为做大做强制造业的关键支撑

产业持续升级、新产业不断涌现的过程，就是科技持续创新的过程，科技创新是支撑产业发展的根本驱动力。以数字化、绿色化为主要创新方向，以新技术、新产业、新业态、新模式的全面创新推动制造业数字化、绿色化发展，走龙头企业带动创新的路子。潍坊作为地级市，高水平高校院所少、创新资源缺乏，难以像副省级城市、省会城市那样依靠高校院所开展创新，应更多地依靠企业特别是龙头企业带动创新。这些年潍坊取得的重大科技成果多数由龙头企业牵头完成，2021 年山东省科学技术奖潍坊有 17 项入选，其中龙头企业牵头完成的有 12 项，且荣获 3 个一等奖。建议潍坊以更大力度支持龙头企业突破关键核心技术、龙头企业与大院大所开展合作、龙头企业建设高能级创新平台、龙头企业带动中小企业和科研院所协同创新。突出外部借力。潍坊应积极融入山东半岛城市群、京津冀协同发展、长三角一体化科技创新生态，最大限度用好济南、青岛及北京、上海等城市的优势资源。

（三）以培育优质企业为做大做强制造业的核心抓手

提升制造业核心竞争力，关键靠各级各类优质企业。潍坊市应引导企业积极参加各级各类优质企业评选。主要是搭建平台、畅通申报渠道，政策引导、激发申报动力，做好服务、让企业应评尽评，引导企业把握正确发展方向，以获取更多政策资源。注重引育战略性新兴产业领域的优质企业。战略性新兴产业与制造强国战略十大重点产业，是国家重点支持的方向，潍坊这些领域的优质企业相对较少，亟须重点引育。建议潍坊市重点围绕新材料、新能源、高端装备、电子信息等战略性新兴产业，通过放宽培育标准、营造包容宽松发展环境等，加快培育一批优质企业。着力培育中心城区优质企业。潍坊中心城区优质企业数量、比重远低于烟台、淄博等城市，这直接影响中心城区首位度、发展活力及引领带动能力，亟须针对性突破。建议潍坊发挥中心城区大型产业园区吸纳功能，通过租金优惠、减税降费、资金补贴等措施，吸纳一批优质企业往中心城区集中；重点推动优质企业的创新研发机构向中心城区中央创新区集中，尽快建成创新资源的重要集聚地。加快推进优质企业上市。建议潍坊优先将各类优质企业列入上市企业“白名单”内；为列入“白名单”的优质企业优先提供资源要素保障，优先推介投资对接，遇到问题时开辟“绿色通道”。

（四）以产业基金运作为培育新兴产业、扩增量促增长的重要手段

产业基金对于新兴产业培育举足轻重，合肥“芯屏汽合”四大新兴产业培育的核心经验就是基金运作，合肥都是在其经济波动期、企业资金链遇到困难的关键时间节点引进力晶科技、京东方、蔚来汽车和培育科大讯飞等产业龙头企业的，政府以基金投资、股权投资等方式果断出击，实现了招引和培育的成功。

关于基金运作，建议潍坊重点关注以下几点。一是注重吸收龙头企业、关键企业参与，以更好地把握产业发展规律，提高项目招引成功率。二是围绕不同行业特点探索建立单独的基金管理办法，更好地发挥产业基金的政策引导和投资杠杆作用。三是如果基金选定的企业项目得到市级认可，就应该下决心加强基金的投资能力，全力支持把认定的企业项目引进来。四是强化基金运营团队与专业招商队伍的协作。

三　以拓展创新“三个模式”为引领打造农业强市

党的二十大报告提出“要加快建设农业强国，扎实推动乡村产业、人才、文化、生态、组织振兴”。潍坊农业农村工作地位特殊、使命特殊，应该以拓展创新“三个模式”为引领加快建设农业强市，在建设农业强国大局中做出潍坊新贡献。

（一）扛牢粮食安全和重要农产品供给责任

“保障粮食和重要农产品稳定安全供给”，是习近平总书记念兹在兹、反复强调的“国之大者”。潍坊是产粮大市、重要农产品供给大市，把粮食安全这一党中央交办的大事要事办好办妥，是深化拓展“三个模式”的最基本出发点。潍坊坚持政治责任引领、科学技术支撑、适度规模经营、社会化服务一起抓，用全国1.7‰的土地贡献了全国6.4‰的粮食、16.8‰的蔬菜、10.7‰的肉蛋奶、21.4‰的农产品出口额。下一步，潍坊将牢固

树立大食物观，把耕地、种子作为粮食提产能的两个重要抓手，扛牢粮食安全和重要农产品供给责任。一是粮食生产坚持面积和产能一起抓。围绕稳面积、提单产、增产能，实施新一轮粮食产能提升行动。二是耕地保护坚持数量和质量一起抓。守牢耕地红线，坚决遏制“非农化”、有效防止“非粮化”，率先把永久基本农田全部建成高标准农田。三是现代种业坚持平台和企业一起抓。加快构建以产业为主导、企业为主体、基地为依托、产学研相融合、育繁推一体化的现代种业体系，着力攻克一批“卡脖子”技术。四是食物供给坚持品质和多元一起抓。大力发展设施农业，推动蔬菜、畜牧等优势产业提质增效，加快构建多元化、品质化的食物供给体系。

（二）强化现代农业优势

“三个模式”的核心是农业产业化，潍坊“三农”优势在产业，放大农业优势对于深化拓展“三个模式”、推进农业农村现代化、建设农业强市、实现共同富裕至关重要。潍坊要紧紧把握现代农业发展趋势，以融合化、科技化、规模化、品牌化为方向持续强化现代农业优势，农业总产值超过 1200 亿元，农产品出口额连续 4 年突破百亿元。下一步，潍坊要坚持做好四个方面的工作。一是坚持产业形态转向一二三产业深度融合发展。大力发展预制菜等新产业新业态，用数字手段推动农业“接二连三”，推动产业链、价值链、供应链“三链重构”。二是坚持发展动力主要转向农业科技。重点抓好北京大学现代农业研究院、中国农科院寿光蔬菜研发中心、全国畜禽屠宰质量标准创新中心等国家级创新平台，推动科技创新资源要素加速聚集。三是坚持产业组织形式向规模经营拓展。大力培育家庭农场、农民合作社等新型农业经营主体，加快探索“三权分置”的有效实现形式，引导农村承包地经营权长期、稳定地流向各类新型农业经营主体。四是坚持品牌强农战略。打造系统的农产品品牌、农业企业品牌、农产品区域公用品牌、乡村旅游品牌、乡村文化品牌等品牌集群。

（三）大力推进农业农村现代化

大力推进农业农村现代化、建设宜居宜业和美乡村，让“农村基本具备现代生活条件”是深化拓展“三个模式”的主攻方向之一。一是把乡村建设作为突破口。改善乡村水、电、路、气、网等基础设施，办好教育、医疗、养老等民生实事，让群众在短时间内就能见到实实在在的成效，乡村治理的许多难题将迎刃而解。潍坊乡村产业优势突出，乡村建设的经济基础好，可以通过乡村建设这一抓手，最终实现乡村产业、乡村建设、乡村治理的有机统一和良性互动。二是平稳有序推动农民相对集中居住。按照因地制宜、分类施策的原则，在充分尊重农民意愿的基础上，引导农民能进城进城、能进镇进镇、能进社区进社区，集中建设公共设施、提供公共服务，这样既能算好经济账，节约生产生活成本、管理成本和社会运行成本，又能为社会治理方式和手段现代化创造良好条件。三是注重挖掘乡村生态和文化功能。推动“农业+”文化、教育、旅游、康养等产业发展，催生创意农业、教育农园、消费体验、农业科普、康养农业等新产业新业态，促进农业从粮食功能向多功能转变，促进农民从卖农产品向“卖体验”转变。四是把典型引领带动作为推进路径。潍坊围绕乡村建设、乡村文明、乡村治理打造了一批典型案例，将继续发挥好典型案例的示范带动作用，把经验模式向更大范围推广辐射，形成农村现代化系统性优势。

（四）千方百计增加农民收入

增加农民收入是深化拓展“三个模式”的中心任务。五年来，潍坊农村居民人均可支配收入由18719元增长到25639元，年均增长8%，城乡居民收入比缩小到1.9∶1，农民增收取得显著成效。下一步，增加农民收入关键是要拉长板、强弱项，精准施策。一是以促就业稳就业为重点增加工资性收入。持续强化特色优势产业，大力发展农产品加工、休闲观光、电子商务等县域富民产业，提升农民职业技能水平，通过高质量就业获得高工资收入。二是以创新农业经营体系为重点增加经营性收入。培育壮大家庭农场、农业合作社、龙头企业等新型农业经营主体，推动农业产业链向“微笑曲线”两端延伸，提升农产品附加值。三是以盘活农村土地资源为重点增加财产性收入。突出抓好“三块地”改革，承包地改革重在探索“三权分置”的有效形式，集体经营性建设用地改革重在入市增值收益分配机制建设，宅基地改革重在建立健全宅基地有偿使用和退出机制。四是以落实好支农惠农政策为重点增加转移性收入。重点关注两类群体：一类是小农户，健全农业支持保护制度，稳定和加强农民种粮补贴，按时足额把惠农资金发放到农民手中。另一类是低收入农户，建立常态化帮扶机制，守住不发生规模性返贫底线。

四 抢抓数字经济时代机遇

（一）从战略高度把握数字经济发展

一是造势。建议潍坊尽快召开全市数字经济大会，全面动员、全面部署数字经济工作。这些年来，很多城市召开多轮数字经济大会，像苏州最近两年“新年第一会”都聚焦数字经济，而潍坊一直没有召开数字经济大会，这与数字经济发展形势不符，与兄弟城市争先发展的氛围不符。二是系统化推进。建立领导机制、考核机制、通报机制、学习机制、咨询机制等，横向覆盖市直部门、重点企业、产业联盟、行业协会等，纵向覆盖各县（市、区）、镇街，形成系统化、网络化工作体系，全市“一盘棋”推动数字经济发展。三是加强顶层设计，尽快研究出台数字经济发展规划。2021 年 12 月，国务院发布《“十四五”数字经济发展规划》，这是数字经济领域首部国家级专项规划，苏浙粤许多城市都跟进出台了市级规划。

（二）走产业数字化带动数字产业化的路子，把实体经济优势转化为数字经济优势

产业数字化是“优存量”的重要助推器，数字产业化是“扩增量”的主要着力点。潍坊工业营收过万亿元、农业产值过千亿元，具有海量数据资源和丰富应用场景，产业数字化需求巨大、空间巨大、潜力巨大，这是潍坊发展数字经济的最大优势所在，也是发展实体经济、实现产业转型升级的迫切需要。建议潍坊走产业数字化带动数字产业化的路子，以应用场景为牵引培育集聚一批数字龙头企业，围绕龙头企业打造产业生态、形成集群效应，把实体经济优势转化为数字经济优势。同时，以数字赋能推动实体经济由大变强，促进数字经济与实体经济深度融合、相互赋能。

（三）以产业链为抓手整体推进制造业数字化转型

数字赋能是推动制造业由大变强的关键。潍坊在推进数字赋能过程中，应充分考虑不同行业特点和差异化需求，以产业链为抓手整体推进制

造业数字化转型。一是分产业链制定数字化转型路线图。成立链长制工作专班把整体推进制造业数字化转型作为重要方向，围绕15条先进制造业产业链，“一链一策”分别制定数字化转型路线图，明确主要目标、重点任务、推进路径等。“一链一库”建立典型应用场景、优秀应用产品库，推动典型场景在行业普及应用。二是发挥大企业引领带动作用。加快培育一批生态主导型的产业链“链主”企业，支持“链主”企业利用工业互联网、5G、大数据、人工智能等新一代信息技术对研发设计、生产制造、产品销售、市场服务等进行全链条改造，带动上下游中小企业“链式”数字化转型。三是加快工业互联网落地应用。工业互联网是制造业产业链数字化转型的关键支撑。建议潍坊面向优势产业链、重点领域，加快建设一批国家和省级综合型、特色型和专业型工业互联网平台，特别是支持“链主”企业牵头建平台、建节点，鼓励上下游中小企业用平台、用节点，推动形成大企业引领推广、中小企业广泛应用的融通发展模式。对“链主”企业主导建设的工业互联网平台，政府可以根据服务企业情况予以事后奖补。四是把各类优质中小企业作为政策扶持重点。调研发现，潍坊市大企业资源比较充足，数字化转型制约因素不突出；小微企业优先要解决生存问题，数字化转型不迫切；500余家优质中小企业既有转型诉求，又不同程度受到资金、人才、技术制约，更希望得到政府扶持和引导，应当将其作为现阶段政策扶持重点。

（四）打造农业全产业链数字化优势

数字农业是农业现代化的高级阶段，从传统农业到工业化农业再到数字农业，是农业发展的大趋势。潍坊是全省3个智慧农业试验区之一，与同类城市相比，生产加工环节数字化水平已形成先发优势，仓储物流、市场营销环节优势不明显，应锻长板、补短板，加快农业全产业链数字化转型。生产加工环节，打造数字大田、数字牧场、数字化设施农业、数字渔业、数字加工车间。发挥好潍坊数字农业联盟作用，引导联盟企业推出一批实用、好用、管用的数字软件产品。开展好“区块链+蔬菜”试点，并逐步推广至畜禽、瓜果等领域，打造全国农产品质量安全高地。仓储物流环节，加快建设国家骨干冷链物流基地，鼓励大型生鲜电商和连锁商超统筹建设城乡一体化的冷链物流网络，推动农产品高质快速通达。市场营销环节，加强与龙头电商平台合作，加快发展直播电商、淘宝村镇、生鲜电商、产地仓、直采基地等电商新模式新业态，打通“产业互联网+消费互联网”完整链路。平台支撑方面，整合全市涉农数据平台，建设全市统一的“三农”大数据平台。

（五）以特色产业集群培育为抓手，推动数字经济核心产业倍增式发展

数字经济核心产业是数字经济发展的先导力量，其质量和规模是数字经济核心竞争力的集中体现。按照“紧盯前沿、打造生态、沿链聚合、集群发展”的产业组织理念，突出平台思维、生态思维，推动数字经济核心产业倍增式、跨越式发展。一是领跑发展数字产品制造业。潍坊关键要发挥好歌尔、共达电声、浪潮华光等龙头企业的引领带动作用，支持龙头企业用市场手段和资本力量整合上下游企业、科研院所等各类资源，打造良好产业生态，构建涵盖数字产品制造、服务、应用的完整产业链，打造具有核心竞争力的数字产品制造业集群。二是集聚壮大特色软件产业。潍坊应以产业升级需求为导向，面向工业设计、工业互联网等重点领域招引一批龙头企业、龙头项目，围绕龙头企业、龙头项目开展产业链招商、基金招商、朋友圈招商，迅速壮大潍坊市特色软件产业。制定潍坊市数字技术应用场景需求清单，可以通过“中国（潍坊）智能物联网大会”公开发布，以应用场景为牵引集聚一批数字龙头企业。三是超前布局元宇宙、人工智能、区块链等前沿新兴产业。建议潍坊重点关注元宇宙，元宇宙将开启下一代互联网，引领互联网由电脑时代、智能手机时代迈向智能穿戴时代，加快发展元宇宙已经成为普遍共识。上海把元宇宙明确为四大“新赛道”之一，从2022年谋篇布局，到2023年推出特色产业园区、发布行动方案，成为全国元宇宙率先起跑的城市。歌尔在虚拟现实、智能穿戴领域形成一定技术优势，具备抢跑元宇宙赛道的基础条件，对地级市而言这是难得的机遇，潍坊应支持歌尔抢抓元宇宙风口，打造万亿级虚拟现实产业链，加快把先发优势变成领先优势。

（六）持续提升数字化治理服务水平

数字赋能是高水平推进市域治理现代化的关键。一是以“无证明城

市”为牵引加快数字政府建设。“无证明城市”建设是推进市域治理现代化的牵引性举措，应把蕴含其中的理念、导向、方法运用到数字政府建设全过程。建议潍坊聚焦政务服务、数字机关两大领域，依托一体化政务服务平台，加快推进“一网通办”，全面推进证照证明电子化和数据共享，加快建设全市统一的“居民码”“企业码”。推动办文、办会、办事等机关业务数字化转型，加快实施机关内部“一件事”集成改革，推动机关运行流程再造。二是以“物联潍坊”建设为抓手深耕智慧城市。面向疫情防控、城管、交通、环保等领域，潍坊应打造一批一体化综合指挥重点应用场景，全面提升“城市大脑”实战能力。深化拓展“人工智能+物联网”应用，鼓励各级政府先行先试打造亮点，以较低成本在全市快速复制推广。研究组建潍坊市大数据运营平台公司，承担智慧城市项目建设运营，探索公共数据授权运营、有偿使用等新模式，逐步实现以数养数，形成持续运营、多元融资、多方受益的商业模式。

五　关于沿海资源开发利用

（一）理性认识潍坊的沿海资源

一方面，沿海资源是潍坊的重要资源。潍坊是全国55个沿海城市之一，北部沿海地区拥有港口、海滩、大面积工业用地及广阔海陆空间，这是潍坊重要的战略资源，是潍坊相对临沂、淄博等内陆城市的非对称优势，应高度重视，发挥好沿海资源对潍坊城市和产业发展的支撑作用。另一方面，潍坊的沿海资源有特殊性，沿海特征在55个沿海城市中不算突出，现阶段利用沿海资源、制定长远规划应充分考虑这一点。一是中心城区距离海岸线远，因此潍坊只是沿海城市但不是海滨城市。潍坊海岸线距离中心城区60公里，央子街道距离中心城区超过40公里，沿海特征相对不突出，海洋对城市发展的影响也相对不突出，很难围绕沿海资源打造城市特色。那些真正因海而兴的城市，基本上是中心城区临海的海滨城市，像大连、烟台、威海、青岛、舟山、厦门等都是著名海滨旅游城市。二是潍坊港建港条件较差，但在腹地、航线方面有独特优势。莱州湾在渤海三大海湾中水深最浅，平均水深不足10米，潍坊港位于渤海湾顶，建港条件不及周边的东营港、龙口港，整个渤海湾港口群除锦州港外建港条件都好于潍坊。但与龙口港、东营港、滨州港相比，潍坊港有三个独特优势：①潍坊港是距离省会经济圈最近的出海口。②海河联运优势（小清河）。③鲁辽大通道优势，潍坊至营口航线是渤海湾南北两岸海上运距最长、陆上运距最短的通道。三是沿海地区人口承载力弱。潍坊沿海地区多滩涂，水半咸半淡，属于生态脆弱区，人口承载力、吸引力太弱，不具备城市大发展的条件。2010 年滨海区获批国家级开发区后，滨海区级规划曾预测其 2020 年常住人口达到 78.3 万人，实际只有 13.7 万人，人口集聚难度可想而知。

（二）关于滨海区的定位

一是建议潍坊近期将滨海区定位为中心城区的卫星城，发挥港口、海滩旅游、产业承载等特殊功能，可以考虑赋予其大生态功能；远期随着经济发展和人口集聚，逐步完善现代服务业和公共基础设施建设，打造城市副中心，辐射寿光、昌邑、寒亭等周边区域。二是在布局上，依托现有城镇相对集中地布局基础设施和产业，进而带动人口集聚，特别是把央子街道作为滨海城市中心。沿海各组团中，央子街道距离潍坊中心城区较近，与潍坊港和海滨度假区距离适宜，大学城等项目已初见规模，可以作为滨海城市中心建设的核心区、起步区。大家洼街道开发重点要放在优化存量上，与化工园区做好产城融合。三是在开发模式上，以大学城和旅游度假区为点，以白浪河沿岸和渤海北路为轴，开展城市建设和景观打造。开发重点应放在白浪河以东、虞河以西、大莱龙铁路以北区域，白浪河西岸工业用地开发边界应控制在北海路以西，东岸应控制在大莱龙铁路以南。化工产业应控制在现有的园区内，用地不宜进一步扩张。四是在与中心城区的关系上，加强滨海区与高新区的产业联动，以北海路为轴打造高端制造业发展廊道，在滨海区域和高新区间打造制造业隆起带。结合高新区产业导入优势和滨海区域土地存量优势，可探索高新区一区多园或以托管、代管等方式加快滨海区域高端制造业园区发展。

（三）关于港口发展

一是潍坊港最大的困难是建港条件差，航道疏浚距离长、维护成本高，近期建设规模不宜过大，适合走以城市和产业发展带动港口发展的道路。目前，中港区已建成3.5万吨级航道，航道总长度约48千米；5万吨级航道工程正在施工。二是统筹规划港区与城市发展。潍坊市应与潍坊港集团共同谋划港区发展，做好港区及周边产业承载区的各类规划。潍坊港的近期发展应以满足潍坊重点企业物流需求为导向，与重点企业共建专用码头，平衡物流成本与时效。可探索潍坊港东、中、西港区和内河港区与滨海区域、寿光市、昌邑市的联席会议制度，将各地的产业发展与潍坊港的经营发展相结合。三是解决临港用地问题。将盐场退出、湿地恢复与港区土地利用进行同步规划，同步推动。中港区的发展应当充分考虑滨海区域落地的高端装备制造业产品的出口需求。羊口港区的建设与发展应与小清河复航进行同步研究同步推动。四是优化港口管理体制。政府平台公司可参股渤海湾港集团或潍坊港集团，确保潍坊港的发展方向与市委、市政府战略意图一致。在2019年山东港口一体化改革以后，潍坊港成为渤海湾港集团的全资子公司，渤海湾港集团是山东港口集团的全资子公司。山东港口集团有6个股东，青岛城投占股46.6%、烟台轨交占股17.4%、日照交通能源占股15.3%、山东高速占股14.1%、山东能源占股4.0%、威海产投占股2.6%。五是在潍坊开放大战略下谋划港口航线。近期重点发展渤海湾、韩国、日本、俄罗斯远东的货运快线，研究开行到辽东半岛和韩国仁川的客货滚装船的可行性。部分具有战略意义但短期盈利能力较差的航线，政府可考虑给予财政补贴，航线成熟后逐步退坡。

（四）关于滨海产业

一是以高端装备制造业为主轴。坚持产业集群发展思路，发挥好潍柴在动力装备制造业的行业领军作用，吸引产业链上下游厂商向滨海区域集聚。可以集中建设用地指标在滨海区南部推动大型装备制造业产业园区发展［可参考山东重工（济南莱芜）绿色智造产业城］。二是以新材料产业为主攻方向推动化工产业转型发展。盘活化工园区低效建设用地，吸引与盐化工关系较为密切的新材料企业落地滨海。可以建立工作机制，统筹滨海、寿光、昌邑沿海地区的化工产业发展。三是以现代海洋产业发展促进一二三产业全面提质增效。逐步清退近岸养殖，大力支持企业投资海洋牧场，争创国家级海洋牧场。加快布局和推进海上风电厂建设，逐步提升可再生能源在区域内的供电比重。发挥好潍坊港的作用，围绕港口，促进上下游产业链的发展。四是以文化旅游产业发展塑造滨海城市形象。潍坊至唐山海岸线多泥滩，基本上没有天然沙滩资源。相比而言，潍坊海滩资源好于东营、滨州、沧州等城市，有条件打造山东西部海滨沙滩旅游目的地。继续高质量建设全国一流的帆船运动和动力伞运动基地，积极承办国际国内运动赛事，提升潍坊全国知名度。深入挖掘潍坊盐业生产历史，与国内一流的考古文博机构探索古盐田遗址，总结提炼海盐文化，建设海盐博物馆和科教基地，挖掘盐化工产业工业旅游潜力。五是以教育产业发展带动区域内服务业发展。滨海大学城已成为山东省内职业教育资源最为聚集的区域，教师和学生的入驻可带动周边商业服务业的良性发展。大学城地块面积约为13平方公里，足以承载滨海区域中央商务区CBD建设（可参考青岛CBD 1.5平方公里）。考虑到滨海区域的人口基础，中心城区（起步区）不宜规划过大，可在大学城地块布局中央商务区、居民住宅小区、公共服务设施（医院、中小学、市民中心等）、交通节点（城市轨道交通、公交换乘场站）等，实现产城融合发展。在公共设施建设上可以参考青岛蓝谷和山东大学的关系，地方政府与大学共建体育馆、图书馆、博物馆等公共设施，并向周边市民开放，提升公共资源的利用效率，也方便市民与大学及大学间的信息交流，实现知识溢出效果。以教育产业为先导，逐步在该区域导入文化、体育、会展等产业。搭建校地共建的双创平台，全面支持创新创业，吸引创业企业入驻，培育电商等新产业增长点。

（五）关于滨海生态

潍坊沿海有447平方公里的滩涂，其中大部分用于晒盐采盐，经济效益不高，生态功能不强。以昌邑沿海为例，服务于采盐晒盐的国土面积近200平方公里（相当于潍坊主城区建成区面积），但年产值仅为165亿元，利润仅有8.4亿元（2021年，包括盐及盐化工），土地利用效率不高，沿海城市景观较差。一是全面实施央子岸线与河道整治，加快实施“退盐还湿”，打造滨海湿地公园。逐步修复大家洼、寿光、昌邑岸线。考核盐业用地经济绩效，加快低效用地退出与生态修复。二是持续加大水污染治理投入，加强对白浪河、潍河、虞河、弥河、丹河等主要河流的水质监控，全面消除境内劣V类水质，争取进一步改善潍河水质，为打造亲水的城区环境创造条件。三是开展滨海区域大气污染治理行动，加大企业污染治理力度，持续开展机动车排放整治和扬尘治理，争取将滨海区域空气污染水平降至全市平均水平。四是同步推动植树造林与发展林下经济，区级生态恢复成果与市级财政补偿挂钩，应积极探索各类生态产品的价值实现途径，吸引社会资本参与生态恢复与环境建设。可参考盘锦“退养还滩”的举措恢复红海滩湿地，吸引大量专程前往的游客，带动地方旅游业发展。

（六）关于交通联系

一是沿海区域内部交通联系。谋划建设沿海横向通道，连通羊口港到下营港各港区及沿线的交通节点。目前，北部沿海地区有两条横向通道，即S320省道、荣乌高速。两条通道距离海岸较远，沿海镇街之间交通需要向南绕行S320省道，不利于沿海区域统筹开发和镇街协作。推动滨海城区主要道路客货分离。划定大货车限行区，规划大货车专用通道，避免过境大货车影响滨海城市景观。二是沿海地区与中心城区交通联系。加快推进渤海路、潍安路、月河路北延，谋划北海路快速改造。研究大学城、度假区等重要节点到潍坊北站、潍坊站、新机场的快速交通廊道，通行时间争取压缩到30分钟以内。三是沿海地区与市外交通联系。改造提升大家洼火车站和寒亭火车站，推动开通大莱龙铁路客运班列，充分发挥区域内既有铁路的作用。推动建设大莱龙铁路与津潍高铁的联络线，争取使大莱龙铁路滨海段成为环渤海高铁通道的组成部分。

课题负责人：王冰林

课题组成员：山东大学段昊、乔元波、邵晓燕

潍坊市改革发展研究中心刘永杰、戴真真、孙潇涵

（2023年4月）

新发展格局下潍坊提升消费能级研究

课题组

一 新发展格局下消费新特征

当前，在我国推动形成以国内大循环为主体、国内国际双循环相互促进的新发展格局中，消费的作用进一步凸显。这不仅仅是因为在新形势下，市场和资源两头在外的国际大循环动能明显减弱，需要以国内大循环为主体，使生产、分配、流通、消费更多依托国内市场；更重要的是，这是推进我国经济高质量发展的必由之路。

从国际上看，美国、日本、德国等国在人均 GDP 突破 1 万美元以后都在逐步构建以内循环为主的发展模式，通过消费升级引领供给创新，促进国民经济良性循环。目前我国人均 GDP 已经突破 1 万美元，我国已进入中等收入水平国家行列，城乡居民消费需求已基本实现“从无到有”的转变，正在从以往的大规模、同质化、普及型的消费，向多样化、差异化、高品质的消费转型，正在进入“从量到质”“从有到好”“求新求特”的新阶段，多元化、多层次的全新消费格局正在加快形成。

从国内看，消费已连续多年成为拉动经济增长的强劲马车，国内需求对经济增长的贡献率有 7 年超过 100%，最终消费支出对经济增长的贡献率稳定在 60%左右。

（一）一批消费新增长点正在加快形成

随着技术创新加快、消费结构升级、人口结构变化、体制机制变革以及消费理念转变，未来一段时间信息消费、服务消费、多元化年龄群体消费、健康产品消费、环保及奢侈品消费等领域，都将成为我国消费的新增长点。同时，传统的住、行、用等消费领域，伴随新技术催生的产品创新和新商业模式的出现，也仍然蕴含着巨大的增长潜力。

（二）消费市场国际化步伐显著加快

随着全球化的持续深化和我国对外开放新格局的形成，我国消费市场正在加速融入全球市场，全球高品质、高附加值的消费品和新型服务将加快进入我国消费市场。这不仅有利于优化我国消费市场的供给，提高我国城乡居民的消费水平和质量，也将给我国消费品生产和流通等领域的加速变革和转型升级带来新的契机。

（三）“互联网+”正在加速推动新一轮消费变革

电子商务、网购、O2O的快速发展和普及，在形成新的流通渠道、平台和商业模式的同时，也在加速改变我国城乡居民的消费观念、消费内容乃至消费方式。网络购物、移动支付、线上线下融合等新业态新模式快速兴起，居民消费呈现网络化、智能化、社会化等特征。

（四）消费群体和消费市场进一步细分

消费群体大致可分为以下七类：低线（二线以下）城市年轻人、拥有养老需求的“银发族”、养宠物的群体、独立且具备经济基础的女性、消费热情高但预算有限的“90后”、希望管理个人形象的中年男性、独居的单身族。

其中，在中国众多的消费群体受贸易争端和经济增长放缓等因素影响、消费力减弱的情况下，消费仍然保持高增长的群体是居住在生活成本较低的二线及以下城市的“年轻购物达人”。这一群体具有较高的教育水平，也具有较大的收入增长潜力，是未来中国经济增长极为重要的市场基础。特别是“95后”群体，这一群体成长于经济和互联网高速发展的时代，多为独生子女，人均GDP高于“80后”“90后”，享受高成长红利和更为充足的资源，到2025年这一群体有望占到总人口的27%。他们是“数字化土著”，平均每天玩手机的时间长达4.7小时。他们喜欢以中国传统设计为特色的国货、直播电商、融合了电商与团购的拼多多以及闲鱼平台的二手交易等。

（五）消费下沉是中国未来消费增长的主要动力

我国一二线城市在物质消费方面相对饱和，即使北上广深这4个一线城市和杭州、南京、青岛等15个“新一线”城市的总面积，在我国的比重也不到3%；这也就意味着，未来中国经济发展的重要支柱会是超过全国面积97%的下沉市场。随着三四线城市人口规模不断壮大，其日益增长的可支配收入和愈加强劲的购买力正合力推动当地消费发展，成为中国消费市场增长的新动力。三四线城市的中产阶层将成为未来消费占比增长最快的群体，预计未来将达到40%。

潍坊本地数据也反映出消费的增长势能。2021年前三季度，潍坊社会消费品零售总额达1975.3亿元，同比增长19.5%，高于全国3.1个百分点，高于全省0.9个百分点，增速居全省第2位。从调查问卷结果能更具体地看出潍坊居民的消费趋势与影响因素，调查问卷数据收集于2021年7~9月，不排除近两年疫情对居民消费的短期影响作用。

（1）有效问卷共318份，受访者男女比例接近1∶1，涵盖各个年龄段、潍坊各个县（市、区），农村与城市人口比例也接近1∶1，问卷样本覆盖面广，有较强的参考价值。需要说明的是，问卷样本结果仅代表潍坊本地居民在消费水平、消费结构与预期目标等方面的意愿，不代表潍坊以外的地区居民对潍坊的认识，全国其他地区的消费发展新格局还需要参考前文的内容，毕竟，在互联网、交通高速发展和人口、资源加速流动的时代，没有任何一个城市或地区能独立于大环境之外，我们要做的，就是在顺应大环境、大趋势、大格局的背景下，提炼出适合潍坊本地消费发展的新路径。

（2）受访者中约有70%的参与工作者认为一年内工资无上涨，而90%的受访者认为物价水平上涨，这说明制约潍坊消费的根本原因是总体经济发展水平与居民可支配收入不匹配，这个答案具有普遍性，并不是潍坊独有的，因为从家庭月收入来看，19.87%的家庭月平均收入在10000~15000元，另有14.20%的家庭月平均收入在8000~10000元，处于从小康向中产阶层过渡的阶段。过半数的家庭（59.62%）月平均收入超出5000元。

（3）问卷结果还显示，潍坊居民消费的主要项目分别为大众餐饮、服饰、教育培训、日常消费品、休闲娱乐和医疗保健，这符合潍坊居民的收入水平，也是目前三线城市的典型消费结构；这也说明，潍坊居民的服务性消费比重在提高，服务性消费是指常住住户对服务的全部最终消费支出，主要包括大众餐饮、文化娱乐、交通通信、休闲旅游、教育培训、医疗保健服务等。

（4）在消费结构和预计消费结构的统计中，有近40%的受访者表明了娱乐体验消费的重要性；在“本地消费需求提升方面”的统计中，“娱乐休闲消费”选择人数位列第二，仅次于大众餐饮，而娱乐消费即享受型消费，这便确定了本篇报告的主要思考方向，即把握潍坊“一个特色，五个方向”的独特新格局，挖掘“潍坊风筝”的商业价值，抓住以享受型消费为内核的体验消费、娱乐消费、旅游消费、会展消费、夜间消费五个消费提升方向。

（5）通过分析潍坊消费者的消费习惯、储蓄目的、对贷款消费的认知，得知潍坊居民消费习惯较为保守，不到50%的受访者表示接受贷款消费，政府应加强引导和宣传。另外，48.7%的网购比例，说明随着网络时代的到来与现代物流的快速发展，无论是城市还是农村居民，都越来越习惯和依赖于快捷、方便的消费方式，为专业性、便利性、体验性服务买单的意愿表现得更为强烈。

（6）在选择消费场所时，受访者表示“特色”“地点”“服务”“交通”四个因素并重。对于“去外地城市消费原因”的选择，“品牌丰富，款式新颖”位列第二；而本地消费中，居民对餐饮和休闲娱乐的期待最高，这说明政府应投资打造特色文创、特色会展演出等特色活动，利用先进科技提升服务水平，如开发云游潍坊地图小程序等，便利游客。在发展夜间经济时，也要加强对夜间消费环境、夜间交通状况的改善。

（7）综合“消费制约因素”“用户建议汇总”的统计结果，潍坊居民认为提升消费水平的关键因素除了提升居民收入以外，稳定物价和发展旅游业并列第二，本地特色项目的开发和增加消费品种并列第三，选择降低房价和完善交通的比例最低，这说明潍坊在稳定房价和完善交通等基础设施方面已卓有成效，居民对于打造本地特色的旅游服务项目颇有期待，消费的重点也逐渐从生存型消费转移到享受型消费，注重精神文化需求是未来提升消费能级的新的增长点。

二　潍坊提升消费能级的潜力

在分析潍坊的消费能级之前，我们选择了几个省内外的城市做对比，其中，省外城市为江苏省苏州市、南通市和广东省佛山市，这几个城市在地缘与区位上和潍坊有相似点，苏州与南通作为沿海城市，与上海距离相近，可承接上海的产业转移与溢出效应，佛山与广州更是广佛同城化，在投资与消费上可资源共享，产业联动和功能互补性强。通过这几个城市的发展优劣势对比，可从中提炼出一些共性规律，供潍坊参考与借鉴。

省内城市选择的是济宁与临沂，之所以选择这两个城市，是因为其与潍坊同处鲁中地区，文化与旅游资源丰富且各具特色，可以通过与这两个城市的对比分析，找到潍坊的独特优势与基础条件，为潍坊的消费动能升级提供具体的方向与建议。

（一）省内外城市消费状况评述与比较

1. 江苏省苏州市

苏州的目标是培育国际消费中心城市。

苏州在促进消费上可谓不遗余力，从“姑苏八点半”到“苏州锦鲤”，再到“双十二苏州购物节”，从年初到年尾，从线下到线上，从黑夜到白天，形成一个完美的消费闭环。苏州不仅仅要拉动消费，还要树立一个城市品牌。

（1）以城市之名给消费背书。2020 年“双十二苏州购物节”，无论线上还是线下，每场活动后面都有政府的推力，政府在做的，就是集中精力把控办节理念、活动主线、营销节奏等顶层设计内容，而将具体的运作交给市场。

也正是因为有了政府的牵头，苏州传统商业与在线经济的进一步融合，成就了苏州购物品牌的标志性活动。苏州全国首创线下购物“无理由退货”服务。“无理由退货”的服务品类也从普通消费品，进一步延伸到旅游产品、预付费服务、轨道交通配套等方方面面，“苏州智慧 3·15 无理由退货平台”软件获得国家版权局的有效保护。

（2）以产业链条为消费升级。目前中国的巨大生产能力，还没法直接对接上中国不断提升的消费能力。生产能力与消费能力之间，还存在很大的鸿沟，而苏州在做的，就是在这道鸿沟上建起桥梁。

很多时候，消费市场的升级，并不见得是消费者需求带来的，有可能只是供应链升级的结果。苏州作为中国第一大工业城市，是全中国供应链最全的城市之一，拥有 35 个工业大类，涉及 167 个工业中类、489 个工业小类。这样的供应链如果能在消费端做整合，效果将是惊人的。比如汽车产业，从最上游的钢材原材料，到中间的零部件，再到下游的整车，再到延伸的汽车金融服务，苏州都有。

（3）以数字货币为消费赋能。数字人民币的使用是“苏州双十二购物节”的一大亮点。数字货币的一大好处，就是精准刺激消费，地方可以根据本地产业和居民消费习惯来选择领域。当然，发放数字货币的意义，远远不止刺激消费，更多地让消费者在更多场景体验数字人民币支付的便捷性、高效性和安全性，它其实是公共政策制定方面的一次前沿探索。

使用数字金融工具，有利于制定出更灵活、有巧妙助推作用的公共政策，达到事半功倍的效果。

（4）探索文化产业业态创新，充分利用现代信息技术改造提升传统的文化产品和服务，实现生产方式、传播方式和商业模式、服务模式的现代化、信息化改造，通过鼓励新兴文化创意企业发展，催生新兴业态，优化产业结构，实现转型升级。积极引导金融机构参与文化消费试点，用好“苏州市文化产业投资引导基金”“苏州市文化产业中小企业信贷风险补偿专项资金”和“苏州市文化产业企业贷款担保基金”等产品，切实解决文化企业融资难、融资贵问题。

加快建设“文化苏州云”平台，整合全市资源，优化各类功能，缓解文化服务“信息孤岛”问题，将其打造成为全省文化数字化服务的示范项目和扩大文化消费的基础工程，完善“文化消费大数据”平台，构建数据中心、服务中心双中心运行模式，联网更多文化消费网点，形成全市统一的文化消费网络体系。

（5）坚持品牌意识，打造一批“标志性项目”。充分利用“中国苏州国际旅游节”“中国昆剧艺术节”“中国苏州评弹艺术节”“苏州阅读节”“中国刺绣艺术节”等文化节庆活动，引导城乡居民文化消费；以打造“高品质生活美学”为基调，办好中国苏州文化创意设计产业交易博览会；

促进文旅融合发展，开展苏州文化旅游十大创新产品评选和苏州十大文化夜游产品评选；持续开展具有苏州特色的“文化消费季”“文化消费月”等主题活动。

2. **江苏省南通市**

南通具有独特的区位优势，既沿江又沿海，当前南通的人均消费支出与人均可支配收入之比（消费率）为61.9%，消费市场基本能够满足本地居民的需求，已经由快速的增量扩张阶段步入缓慢的提质升级阶段。在城市快速发展以及产业结构升级尚未带动常住人口和居民收入明显增加的前提下，政府在鼓励和刺激居民消费的同时，将注意力放在减少本地消费外流和吸引外来消费上。

实物消费方面，中端以下产品的高替代特性决定了这部分消费以本地及网购为主，很少有外流也很少能引流。部分中端以及绝大部分高端产品凭借品牌和品质更倾向于落户上海、苏州等消费能力强的一线城市，这就造成了南通中高端消费的外流。因此南通要将主要精力放在中高端品牌产品供给上，减少消费外流；对于“人无我有”的品牌和产品，则尽最大努力争取其落地本地，吸引外来消费。

服务消费方面，家庭住房、教育培训、健康养老、日常出行等服务由于与居民生活紧密联系而仍以本地市场为主，而旅游服务具有较高的专属性，是最具虹吸特质和带动效应的服务产业。因此一手抓中高端品牌商品的供给，一手抓江海特色旅游产业的升级，才是南通在长三角一体化背景下扩大消费市场、提高城市竞争力的有效途径。南通虽然地理位置比较好，但受限于长江出海口冲积带，水质较差，不适合开发大型港口和海滨旅游。

南通整体实力较弱，引不来人、也留不住人，为人口净流出城市。同时，据第七次全国人口普查数据，南通65周岁以上的老年人口占户籍总人口的22.67%，若按60岁以上的人口占总人口来计算，这一比重高达30%，居全国第1。随着人口老龄化快速发展，养老服务业已经逐渐成为消费热点，催生了智能养老、智慧健康养老等诸多新产业。不利的影响是，南通市社保方面的财政支出将增加。

南通面临产能过剩的挑战，如果消费市场不能相应扩大，由此形成的无效投资和银行呆坏账必然会增加，最终将直接影响经济的持续、平稳、较快发展。

南通消费表现出增速趋缓的态势，有疲软的迹象。原因主要是居民对未来支出增加的预期不断上升使得当期消费减少。一方面，社会保障不健全、城乡居民收入不均衡加大了居民尤其是农村居民对养老、看病、子女上学等问题的担忧，导致社会储蓄倾向增强，即期消费相应减少。老龄化程度较高的地区居民存款会偏高，南通作为长寿之乡，老年人口基数大，老年人的银行储蓄就把平均水平提上去了。截至2020年底，南通住户存款达8019亿元，人均存款达到10.4万元，人均存款跻身全国第10位，居江苏第1位，南通也是江苏唯一一个人均存款位列全国10强的城市。另一方面，近十年来南通房价上涨幅度明显大于居民收入上涨幅度，居民无论是为刚性需要购房，还是为改善居住条件购房，都不得不压缩消费，进行长期储蓄。

现代服务业发展相对滞后是南通第三产业对经济增长贡献率偏低的主要原因。

随着沪通高铁、南通新机场、北沿江高铁等项目逐步落地，总部型企业和高端科研院所接连入驻，南通的区域虹吸效应将逐步显现，城市的发展也步入快车道。南通准确进行消费市场定位，从而助推城市整体实力提升，已经迫在眉睫。

3. 广东省佛山市

佛山是一个比较特殊的城市，从对商业发展的影响来说，它的特殊性主要表现在两点：其一，人均汽车拥有量全国第一，2020年佛山每10户家庭汽车拥有量是8辆；其二，广佛同城化建设加快了佛山和广州的融合，如此高的汽车拥有量使得消费外出购物非常方便，前往广州消费的现象就更为普遍了。

佛山的交通有一个突出特征，即城际交通比市内交通更便捷。所以城市中高端消费外溢现象比较突出，这直接导致佛山本地的中高端零售市场相对其经济发展一直比较落后。而广佛同城化使得佛山中低端消费甚至部分日常生活消费也开始外溢。

由于以工业经济为主导，全市商业服务业过度依赖于旁边的广州，导致佛山本地的商业和服务业比较欠缺，发展缓慢。城中商超百货、旅游休闲、文化娱乐、品牌连锁等商业消费场所偏少。城市中缺少了生机和商业气息，消费配套差，没有地铁和娱乐景点。

2020年，佛山三次产业占比是1.52∶56.35∶42.13，第三产业严重落后，第二产业占比接近六成；而在第二产业中，工业占比更是超过96%，缺少布局先进高技术的第二产业和有竞争力、附加值高的第三产业，如电子信息、新材料、新能源、生物医药、交通装备、金融业、文化旅游、物流互联网等。制造业附加值低、水平低，第三产业受广州虹吸效应影响，人才吸纳质量不高。佛山人均GDP是全国平均水平的2倍，但第三产业占比却落后于全国水平10多个百分点。这样的产业结构，在全国所有的“万亿俱乐部”城市中极为罕见，所以，佛山是一个制造重镇，但不是消费首选地。

4. 山东省临沂市

临沂充分利用交通地理优势和产业基础，布局发展现代物流、商贸服务、电子商务、品牌会展等产业，重点发展生命健康、航空航天、机器人、新能源等配套服务业，打造国内物流重要节点城市、国家内外贸融合发展示范区。

（1）消费率持续走低。消费是社会再生产循环的起点和终点，是经济增长的最重要的驱动力。2017～2020年，临沂市消费率始终在47%～48%波动，居全省末位。这说明，随着城乡居民收入的增加，城乡居民并未相应地提升消费支出比例，消费对于经济的带动作用很弱。

（2）新兴服务业发展迟缓，临沂市的服务业在三大产业中居于重要地位，但是临沂服务业内部，现代物流等新兴行业对服务业增加值增长的贡献率低于传统服务业。重复建设、同质化竞争严重，业态更新缓慢；电子商务起步较晚，规模小层次低。临沂现代物流和会展业这些新兴现代服务业发展水平较低，品牌较少，物流业标准化信息化程度不高，多元发展格局没有形成，铁路、航空物流发展相对滞后。

（3）城镇化滞后于人口的增长，临沂的城镇化率从2010年的48%提高到2020年的55.06%，高于山东省和全国城镇化率的平均水平，临沂成为Ⅱ型大城市，临沂建成区人口由2010年的160万人增加到2016年的212万人，人口增长快于城镇化增长，导致城市承载能力削弱，公共服务水平不均等的现象尤为突出。

（4）人均收入水平低，城乡发展不平衡，导致消费水平提升缓慢。

2020 年，临沂人均 GDP 达到 45047 元，列全省第 13 位，仅高于菏泽、聊城和枣庄，是青岛人均 GDP 的 34.5%、济南的 39.6%、潍坊的 71.7%、济宁的 83.8%。城乡居民收入水平偏低，导致居民消费更关注价格而不是质量，对传统产业的产品消费较多，影响了消费层次的提升，农村居民“吃、穿、住”等生存型消费支出仍占较大比重。

5. 山东省济宁市

济宁被誉为“运河之都，孔孟之乡”。济宁是儒家文化的发源地，春秋时期的五大圣人皆诞生于此，孔府、孔庙、孔林为世界文化遗产。济宁也是运河文化的兴盛之地，元、明、清时期管理运河的最高机构——运河督署衙门就设在济宁。

2019 年济宁社会消费品零售总额增长 2.2%，固定资产投资增长 3.6%，进出口总额增长 8.3%，消费增长动力最弱、输出越来越乏力。

2020 年，受疫情影响，济宁市进出口总额较上年提升 10 个百分点，高于全省 10.8 个百分点，固定资产投资增长 3.2%，较上年同期提升 6.8 个百分点。和投资、出口增速相比，济宁市社会消费品零售总额同比下降 1.2%，这说明济宁市县（市、区）社会消费品零售总额增速均落后于全省平均水平，而同一时期临沂和潍坊的社会消费品零售额分别增长 0.2% 和 0.1%，济宁的消费的确很低迷，内需严重不足，经济增长主要还是靠投资和出口拉动。而且，各县（市、区）经济发展不平衡，发展最快的是曲阜市，最慢的是邹城市。

济宁市主要产业发展与消费品市场关联度不高，没有形成融合联动发展关系。一是济宁市大量地方性特色产品进不了超市等主体商业渠道。二是各县（市、区）同类商品市场割裂状态难以打破。三是缺乏响亮的消费品牌、极具地方特色的消费品产业链和由此产生的地标性商品交易市场；消费品资源匮乏减弱了济宁市消费品市场对外辐射吸引能力。总体而言，济宁市消费能力呈外流态势。

随着新商业概念、模式不断创新，实体经济面对眼花缭乱的创新环境，守旧无出路，创新无套路，处于两难境地。不少实体商业经营者在线上线下融合转型中，没有感受到实实在在的利润回报，实体商业生态不优。

在各类与消费有关的指标中，社会消费品零售总额是表现国内消费需求最直接的指标。社会消费品零售总额是指企业（单位）通过交易售给个人、社会集团非生产、非经营用的实物商品金额，以及提供餐饮服务所取得的收入金额，包括实物商品网上零售额，但不包括非实物商品网上零售额。2020 年潍坊与省内外城市总体发展状况对比分析如表 1 所示，我们可从中得出以下结论。

佛山常住人口与潍坊大致相当，但其社会消费品零售总额比潍坊多出 899.29 亿元；在房价方面，佛山虽然比潍坊每平方米高出近 1 万元，但人均可支配收入却高于潍坊 22000 多元，较高的房价并未形成对佛山的挤出效应，加之佛山是工业重镇，但由于广佛同城化，便利的交通条件使得广州对佛山有较强的消费溢出效应，佛山城镇化率高达 95%，整体消费表现强劲。

江苏南通的常住人口比潍坊少 166 万人，但其社会消费品零售总额比潍坊多 980.6 亿元，这也说明其具有强劲的消费动能；但由于南通的人口老龄化程度高，所以其社会消费品零售总额中有很大一部分来自老年人的养老和康养需求。从长远来看，其可持续性消费较弱，而且老龄化过高的地区往往储蓄倾向也更高，政府用于养老的财政支出负担较重，消费对经济增长的拉动作用会逐渐减弱。

苏州的社会消费品零售总额是这几个城市中最强的，当然，人均可支配收入和常住人口也是几个城市中最高的，这得益于苏州比较成熟与完善的工业和服务业基础，及其与上海的地缘优势，2020 年其 GDP 已突破 2 万亿元，比同时期的青岛还多 7700 多亿元。

总体来看，苏州、南通与佛山这三个城市均表现出较高的消费倾向，这首先要归因于其较高的人均可支配收入，虽然房价普遍高于山东省内城市，但相对于其较高的人均收入水平来说，房价对消费的挤出效应较小；其次，这些城市都是较为发达的工业城市，有良好的工业基础和详细的产业分类，为需求侧的升级打下了坚实的基础；再次，这三个城市较高的城镇化率也满足了刺激消费需求的必要条件，加之其位于富庶的江南地区，居民的消费观念、消费习惯等方面与北方地区存在差异，政府在刺激消费需求上也下了很大功夫，他们的成功经验值得我们借鉴和学习。

潍坊与省内的临沂与济宁相比，常住人口数相差不大，潍坊的社会消

表 1　2020 年潍坊与省内外城市总体发展状况对比分析

城市	GDP 总量（亿元）	人均可支配收入（元）	平均房价（元/米^2）	社会消费品零售总额（亿元）	城镇化率（%）	常住人口（万人）	经济发展优劣势分析
苏州	20170.50	62582	23149	7701.98	77.00	1274.83	优势：离上海近，全国经济总量第 1 的地级市，长江三角洲城市群重要的中心城市之一；有完备的制造业体系，且制造业体系门类全、规模大、深度参与全球分工；经济实力强，2 万亿俱乐部成员
							劣势：外向型经济，技术含量不高，受国际贸易大环境的深刻影响，发展模式具有不可持续性；内部经济整合性较差；难摆脱“大上海”阴影；缺乏机场等基础设施
南通	10036.30	42608	16825	3370.40	68.10	772.66	优势：地理位置得天独厚，靠江靠海靠上海，是上海都市圈中唯一的江北城市；土地面积广阔，经济承载能力较强；典型的传统重工业城市，有六大支柱产业；第三产业占比提升快
							劣势：长江出海口冲积带，水质较差，不适合开发大型港口和发展海滨旅游；人口老龄化程度较高；高质量发展动能不足，创新驱动和科教强市战略不强；外资外贸总量少、层级低、体量小；对外交通不够畅通
佛山	10816.40	56245	17530	3289.09	95.00	949.89	优势：高技术制造业、先进制造业快速增长；民营经济发达，有龙头和骨干企业；各区域产业分工明显；广佛同城化，资源共享
							劣势：工业城市，服务业较弱，尤其是金融和互联网产业基础较弱；城市的整体规划和基建升级进行较晚；缺乏与之高技术产业匹配的城建水平、轨道交通、金融产业、高等教育、体育赛事、国际会议、媒体宣传、文化产品等作支撑；土地资源稀缺

续表

城市	GDP 总量（亿元）	人均可支配收入（元）	平均房价（元/米^2）	社会消费品零售总额（亿元）	城镇化率（%）	常住人口（万人）	经济发展优劣势分析
潍坊	5872.20	33919	7674	2389.80	65.00	938.67	优势：居住环境舒适，旅游资源丰富；低房价；即将融入“青岛都市圈”协同一体化发展；是全国综合交通枢纽、区域性高铁枢纽；有雄厚的工业基础，隐形龙头企业数量占全省的1/5；北部滨海地区空间广阔、优势突出
							劣势：中心城区实力弱于周边县级市；产业竞争力不强，传统制造业占比高；自主创新能力不强；人才流失严重；思想观念保守，安于现状
临沂	4805.25	28887	12190	2528.20	55.06	1101.84	优势：人口多；红色旅游重点城市；商贸、物流体系发达；跨境电商试点城市，北方的小商品中心；淡水、土地、矿产资源丰富；产业基础雄厚、工业门类齐全
							劣势：品牌影响力不强，红色旅游资源分散、营销模式单一，旅游配套设施建设滞后；缺乏电商人才；农业基础相对薄弱；支柱产业占比偏低；人才流失严重
济宁	4494.30	29261	9806	2127.30	59.69	835.79	优势：儒家文化的发源地；全国全省重要的粮棉油基地、特色农产品基地和名优畜牧品种繁育基地；政德教育资源丰富；交通发达；政府扶持力度大
							劣势：旅游建筑与设施类资源较多，高品位时尚资源较少；主体性旅游资源空间容量有限，部分旅游资源破坏较为严重；思想保守、固步自封；各区县优势相对独立、无法互补

资源来源：各地2020年统计报告。

费品零售总额略低于临沂，又略高于济宁，说明临沂的电商与物流等基础网络的建设是卓有成效的，但临沂的城镇化率只有55.06%，农村居民占比较大，这在很大程度上限制了临沂消费率的提升；2019年济宁的城镇化率虽然为59.69%，但作为儒家文化的发源地，当地居民消费观念倾向于保守，且相对缺失较为发达的工业体系，消费率在短期内很难有较大提升；2020年潍坊的城镇化率在65%左右，GDP总量和人均可支配收入都较之前两个城市高出不少，而这两个城市的平均房价又比潍坊高2000~4600元，这在很大程度上挤占了人们更多的消费支出，也说明潍坊人花在无形的服务上的支出，即为体验、娱乐、文化、旅游买单的消费者比前两个城市更多。

（二）潍坊打造区域型消费中心城市的机遇与问题

通常，区域型消费中心城市的培育与打造，需要一些基础条件和比较优势。首先，需要有影响力和知名度，有较大规模的常住人口，更有源源不断的流动人口以及工商、贸易、投资和金融活动带来的人气。伴随大量消费需求，繁荣的经济社会生活中的供需对接活动激发城市消费活力，将对国内大循环产生显著的促进作用。其次，要有完备的制造业体系为扩大消费需求、建立区域型消费中心城市提供动力。同时，注重以文旅、商贸、会展、节庆等活动不断吸引外来流动人口，在大流通、国内国际双循环中，形成更多客流、更高人气和更强劲的购买力，进入一种高质量经济循环的状态，支撑区域型消费中心城市的培育建设。

打造更好的消费场景需要更多成规模的基础设施建设，这将带来重资产类型的投资需求。旺盛的消费需求与供给侧的供给能力相匹配，使有效产出（物品与服务）能够渗透、融合在各类消费场景中，提升的不仅是城市活力和城市品牌美誉度，更有益于增强支持经济高质量发展的聚合效应。

具体来说，潍坊的优势与机遇主要体现在以下几个方面。

1. 消费倾向趋于稳定，消费增长空间较大

2017~2020年山东各市城镇居民人均可支配收入及消费性支出数据如表2所示潍坊城镇居民人均的消费支出占人均可支配收入的比重大概在62%，与全国平均水平（65%）尚有一定差距，这也意味着潍坊提升消费

表 2　2017~2020 年山东各市城镇居民人均可支配收入及消费性支出数据

单位：亿元，%

序号	城市	2017 年			2018 年			2019 年			2020 年		
		人均可支配收入	人均消费支出	人均消费支出占人均可支配收入比重	人均可支配收入	人均消费支出	人均消费支出占人均可支配收入比重	人均可支配收入	人均消费支出	人均消费支出占人均可支配收入比重	人均可支配收入	人均消费支出	人均消费支出占人均可支配收入比重
1	青岛	47176	30569	64.80	50817	32890	64.72	54484	35266	64.73	55905	35936	64.28
2	济南	46642	30729	65.88	50146	32977	65.76	51913	33439	64.41	53329	34391	64.49
3	东营	44763	26871	60.03	47912	28900	60.32	51128	30730	60.10	52684	31286	59.38
4	威海	42703	27898	65.33	45896	29975	65.31	49044	31767	64.77	50424	31252	61.98
5	烟台	41837	27894	66.67	44875	29495	65.73	47977	31259	65.15	49434	31843	64.42
6	淄博	39410	25260	64.10	42277	26973	63.80	45237	28939	63.97	46415	29470	63.49
7	潍坊	36286	22582	62.23	39042	24417	62.54	41664	26103	62.65	43085	26466	61.43
8	临沂	33266	15742	47.32	35727	17090	47.83	37912	18495	48.78	39466	18888	47.86
9	泰安	32739	19376	59.18	35196	20862	59.27	37695	22500	59.69	38901	22995	59.11
10	滨州	32919	22183	67.39	35049	23097	65.90	37378	24384	65.24	38582	24635	63.85
11	济宁	32420	19287	59.49	34796	20825	59.85	37139	22218	59.82	38368	22429	58.46
12	日照	30790	19176	62.28	33280	20573	61.82	35732	21993	61.55	36752	21950	59.72
13	枣庄	29924	17247	57.64	32001	18549	57.96	34030	19791	58.16	35098	20371	58.04
14	聊城	25231	14651	58.07	27276	15828	58.03	29215	17204	58.89	30036	17695	58.91
15	德州	24640	15131	61.41	26562	16272	61.26	28536	17523	61.41	29594	17861	60.35
16	菏泽	24116	15262	63.29	26176	16787	64.13	28327	18179	64.18	29365	18787	63.98

的空间较大。

山东省人均可支配收入排名靠前的城市中，除了省会济南外，排在潍坊前面的基本是沿海城市：青岛、威海、烟台、淄博，这跟这几个城市的开放程度、人口的净流入、旅游资源的丰富等因素密不可分。潍坊作为一个山东省的中部城市，其人均消费支出占人均可支配收入比重能稳定在62%左右，说明其具备建设区域型消费中心城市的先决前提。

与同处于山东中部且文化与旅游资源也相对丰富的城市临沂和济宁相比，潍坊人均消费支出占人均可支配收入比重更高，待挖掘的消费潜力更大。

2. 先进制造业为消费升级提供供给侧保障

从长期来看，消费的扩大不仅在于消费需求能力的提升，更在于消费供给能力的提高。随着消费结构升级加快，如果市场没有足够的能力提供符合居民需求的高品质的产品和服务，就会出现消费溢出，消费升级就会遭遇瓶颈。

先进制造业是潍坊经济贡献最大的产业部门，也是潍坊国民经济重要的支柱产业，潍柴发动机、盛瑞变速器、歌尔微型电声器件、晨鸣浆纸、海化纯碱、豪迈轮胎、雷沃农机、福田汽车等，从高端装备到精密仪器，从重大工程到基础材料，享有中国“动力城、电子城、纺织城”美誉的潍坊，其制造业令世界瞩目。

截至2021年上半年，潍坊市制造业总量约占全省的1/10、全国的1/100。全国41个工业行业大类中，潍坊拥有37个，包含国民经济行业分类中所有的制造业行业，重型发动机、微型麦克风等30种产品产销量居全球前列。

随着潍坊制造业在全国甚至全球产业链中地位的提升，其在价值链中占据的份额也越来越大，带来了居民财富增长后的消费升级。制造业升级和消费升级，就是实现长期经济增长和可持续发展的内生动力。

制造业（供给侧）升级和消费（需求侧）升级供需匹配，相辅相成。消费升级为制造业升级带来了市场空间，而制造业升级为消费升级带来物质保障。一方面激活经济有钱挣，另一方面赚的钱有地方花。

3. 借力青岛发展蓝色经济圈

作为山东最宜居的城市之一，潍坊最大的地理优势就在于其和省内的众多城市都有交集，《山东半岛城市群发展规划（2016—2030 年）》提出要建设“青岛都市圈”，重点发展蓝色经济，协同潍坊等城市一体化发展，建设陆海联通、具有较强国际竞争力的都市圈，这为潍坊借势借力、加快发展提供了新机遇。

加强交流与合作，形成优势互补、合作共赢的良好局面对潍坊、青岛两市发展都非常重要，也符合半岛城市群发展的要求。高密、诸城、昌邑三市与青岛地区接壤，青岛“1 小时经济圈”范围内，是青岛理想的经济腹地。

潍坊和青岛地缘相近、文化相通、人缘相亲，特别是 2007 年提出青潍一体化设想以来，两地居民通勤、交往以及跨市居住、就业、消费等日趋活跃，“青潍生活圈”已见端倪，公共服务合作可以迈出实质性步伐。

4. 成熟完备的城市商业圈

在潍坊中心城区商业圈中，已开业营业的有 10 个，在建的有 7 个，规划中的有 4 个。

在商业布局上，潍坊商圈的档次，伴随着吾悦广场、谷德大艺城、奥特莱斯 MALL 等几个高规格大体量精品商业的涌现，而日益提升。这几个项目的体量、空间和其所承载的内容足以奠定其商圈项目代表的地位。

潍坊最主要的商业圈集中于白浪河两岸，包括中百大厦总部、泰华城总部、潍坊百货大楼总部、和平广场、中百 & 佳乐家电器总部、十笏园文化街区、奎文门美食街、潍坊小商品城、温州购物商城、地下名店街、盛和步行街、众客隆服饰广场、VI 购物广场、新天地购物城、广丰家居，还有阳光 100 城市广场片区、泛海大酒店、丽景大酒店、红杺酒店总部、鸢飞大酒店、潍坊国际金融酒店、潍坊大酒店等星级酒店等，白浪河商圈，一直握着潍坊主城区消费商圈最好的一手“牌”。

在商业体量方面，潍坊目前市场上体量最大的商业中，25 万平方米的泰华城、10 万平方米的谷德广场、10 万平方米的万达广场，无疑在空间及内容中，占据着潍坊商业举足轻重的作用。

随着城市格局的不断扩张，潍坊的商业格局也随之而变。商业已呈现多极化商圈发展态势，形成从单点效应到多点开花的局面，区域化商圈的影响力和对消费者的辐射效应正逐渐拉升。从商业发展趋势而言，商业形成向东扩张的势头，这与城市发展方向相关，同时坊子区商业的单体体量的规模优势和特色优势凸显。

潍坊商业逐渐东移、南拓、北延，而在这背后也揭示了城市商业地产的发展变化。

5. 人口规模增长适度，为提升消费动能提供人力资源支撑

2010 年开展的第六次人口普查数据显示，潍坊市常住人口总数为 908.62 万人，到 2020 年，第七次人口普查数据显示，潍坊市常住人口为 938.67 万人，十年共增加 300464 人，增长 3.31%，年平均增长率为 0.33%。总人口超过山东省会城市济南市，仅排在临沂和青岛之后，居山东省第 3 位。

其中，潍坊总人口构成中，0～14 岁占比 17.37%；15～59 岁占比 60.87%，高出全省 0.55 个百分点，位列全省第 7，劳动力人口资源依然充沛；60 岁及以上占比 21.77%，位列全省第 6。潍坊人口老龄化程度虽然进一步加深，但同时，人口年龄结构比较合理，庞大的中间阶层将成为潍坊消费的主要群体。

2021 年潍坊市城区（潍城区、寒亭区、坊子区、奎文区、高新区、滨海区、峡山区、经济区）人口为 2511721 人，比 2010 年增加 467693 人，8 个县市减少 167229 人。潍坊市城区人口集聚能力不断加强，中心城市核心地位不断巩固。

另外，潍坊的年轻人基数庞大，对消费拉动作用明显。由于潍坊基础教育、职业教育水平高，是国家职业教育创新发展试验区，拥有各类高等院校 19 所、中职和高职院校 56 所，每年可培养各类高素质技术技能人才 7.5 万余人，院校全日制在校生总数约 20 万人，居全省第 2，仅次于济南。

6. 较低的房价为消费潜力的释放预留空间

房价收入比，是指住房价格与城市居民家庭年收入之比。以潍坊为例：2020 年一套市区普通两居室新房 80 平方米，按单价 7500 元计算，平均 60 万元左右；若以工作五年的中产家庭为单位买房，假设夫妇月工资为 5000 元，则家庭月收入达到 10000 元，年收入为 12 万元。这样房价收入比则为 5。一般认为，合理的房价收入比的取值范围为 4～6，若计算出的房价收入比高于这一范围，则认为其房价偏高，房地产可能存在泡沫，高出越多，则存在泡沫的可能性越大，泡沫也就越大。

当房价收入比较高时，人们为买房节衣缩食，就会产生明显的消费挤出效应。我国城镇的房价收入比为12.07，特别是对一线城市来说，房价收入比高达30以上。总体来看，房价每上涨1倍，人均消费就显著下降4.65个百分点。高房价对于健康医疗、交通通信等可选消费的挤出效应尤其明显，房价上涨1倍，这两项消费会下降20个百分点左右。

作为一个人口大市、经济强市，潍坊的房价却在山东各市中处于较低的水平，房价收入比仅为4.71，较低的房价使得社会整体消费能力较强，提升了居民抵御突发风险的能力，很多行业因居民消费潜力旺盛而获得长足发展。事实上，近年来大家在分析下沉市场的消费潜力时，都把低房价视作重要指标，房价低，才有积蓄，有钱有闲，自然会衍生出更多消费需求，尤其是各种生活服务类消费。

7. 便捷的交通激发消费潜力

潍坊地扼山东内陆腹地通往半岛地区的咽喉，胶济铁路横贯市境东西，是半岛城市群地理中心；地处黄河三角洲高效生态经济区、山东半岛蓝色经济区两大国家战略经济区的重要交会处。国家铁路网中长期规划中有6条高铁在此交会，京沪高铁二通道将打造“到北京1.5小时、到上海2.5小时”的快速通道。

潍坊的交通集铁路公路水陆航空于一体，交通方便，“十三五”期间，潍坊交通飞速发展，海陆空齐发力，一张立体大交通网越织越密，全市累计完成交通基础设施建设投资549.9亿元，被国务院确定为“全国性综合交通枢纽”，被国家发改委和交通运输部确定为陆港型国家物流枢纽承载城市，成为“十三五”时期国家公交都市第一批创建城市。

潍坊港是为潍坊、淄博等山东半岛北部经济腹地提供近距离低成本高效率的货物进出海大通道。同时，它作为国家鲁辽陆海甩挂运输大通道的南起点，彻底打通华东—东北地区的黄金水道和滚装多式联运物流大通道，最大可减少陆路运距800公里，对带动鲁辽两省及腹地区域经济社会持续发展具有重大意义。

8. 产业结构不断优化，服务消费成为新动能重要来源

2019年潍坊市第一产业增加值为517.42亿元，第二产业增加值为2291.04亿元，第三产业增加值为2880.04亿元。到了2020年，潍坊市第一产业增加值为535.6亿元，第二产业增加值为2308.1亿元，第三产业增加值为3028.4亿元。

三次产业增加值比重由 2019 年的 9.1：40.27：50.63 调整为 2020 年的 9.12：39.31：51.57，服务业占全省生产总值的比重超过 50%，比上年提高 0.94 个百分点，超过第二产业 12.26 个百分点。

依照国际公认定义，潍坊已进入服务经济时期。在经济下行压力不断加大的背景下，服务业对经济增长的拉动作用凸显。第三产业占比的不断提高，能够从供给侧更好地满足居民消费升级对品质消费、品牌消费和服务消费的需求。而且，供给侧结构性改革降低了各种制度成本，增强了微观主体活力，创造了消费需求跃升的新动力。

9. 会展经济提升国内国际影响力

在国际上，一个城市召开国际会议和国际性展览会的规模和数量，已经成为衡量这个城市能不能跻身国际知名城市的一个重要标志。大型国际会议、展览活动的举办对主办城市而言，不仅能迅速提升城市功能、增加收入，更有助于利用大众传媒的宣传，增强东道主与博览相关领域的国际交流合作，促进城市经济、科技、文化的发展，改善城市形象、提高城市知名度。

潍坊市的会展业起步于 1984 年举办的潍坊国际风筝节，已经过 37 年的发展。如今，全市已经形成了以潍坊国际风筝会、鲁台经贸洽谈会、寿光国际蔬菜科技博览会“三会”并举的会展格局，并由此带动了青州花博会、昌邑绿博会、昌乐国际宝石博览会、中国画节·文展会、中日韩产业博览会等一批各具特色的展会及富华会展中心、金宝会展中心、鲁台会展中心等一批专业展馆的繁荣发展，每年都会吸引来自世界各地的众多游客，其创立的“风筝牵线、文体搭台、经贸唱戏”的模式被全国各地广为推广。会展活动可放大制造业的产业辐射力，节约潍坊市发展制造业的成本。

潍坊市大力发展会展业的同时，县域会展业也蓬勃发展，昌邑绿博会、诸城大舜文化节、青州花卉节、寒亭萝卜节等一系列各具特色的会展也办得风生水起。新冠肺炎疫情前，潍坊市每年举办的大小会展有 70 多个。潍坊也被中国会展经济研究会评为“中国十佳品牌会展城市”。潍坊通过会展活动，提升了城市的知名度，完善了基础设施，并且锻炼了城市大型活动的接待能力，为城市的进一步开放和发展奠定了基础。

10. 待挖掘开发的文旅资源非常丰富

2015 年以来，习近平总书记在多个场合反复多次提出“文化自信”，他说：“中华优秀传统文化是中华民族的精神命脉。要努力从中华民族世世代代形成和积累的优秀传统文化中汲取营养和智慧，延续文化基因，萃取思想精华，展现精神魅力。”

在当代，文化已成为世界范围内经济社会发展的价值维度。纵观国际国内，发展后劲充足或依靠文化创新实现经济突围的城市越来越多，善于利用文化打造商业生态圈的企业才能做大做强。文化产业与其他产业不断融合，导致各产业之间界限越来越模糊，经济活动越依赖文化创意资源的增值，就会越接近文化产业的核心范围。

文化和旅游部、国家发展改革委、财政部公布第二批国家文化和旅游消费试点城市名单，山东省潍坊市、济宁市、日照市三市上榜。

潍坊作为一个沿海城市，其蓝色经济圈相对较弱，推动潍坊与青岛文化旅游对接合作。把潍坊打造成为青岛周边文化旅游重要目的地。潍坊文化源远流长，有古九州之一的青州、诸城的恐龙化石、寒亭杨家埠的木版年画以及世界风筝之都等独具特色的旅游资源。青岛海洋文化优势突出。应当充分发挥各自优势，加强潍坊文化旅游资源与青岛海洋旅游资源整合，突出项目合作、景区开发、管理输出，创新“大旅游”营销模式，联合打造精品旅游路线，推动两地旅游合作从互送客源向品质互惠、产业融合转型。

潍坊由于前期“风筝之都”的打造，在国内乃至国际颇有知名度，可考虑借这个势能继续从深度与广度上进一步拓展，单一产品的商业价值和开发空间已越来越弱，必须寻找一个突破口进一步打造新的商业生态。加上各区县已有的成熟完善的农业体系和分类，发达便利的交通网络，可考虑用一条主线把现有资源盘活，并开发利用新的产品与服务，把巨大的消费潜力释放出来。

消费，从来都不是一个单独考量的指标，它取决于人均可支配收入，而收入的来源，不外乎两大类：工资性所得与资本性所得。资本性所得不在本课题的研究范围内，也不仅仅是潍坊这一区域的特定问题。那么，工资性所得又取决于就业机会的多少，无论全职还是兼职工作，就业机会的多少又跟该地区的经济发展程度息息相关。一个地方经济越发达，产业分类体系越齐全，越能催生更多的就业机会。所以，探讨对消费的刺激与拉动作用，也与该地投资机会的增长密切相关。

许多产业，如珠宝玉器、玩具、服装、工艺美术品、化妆品、家具与电子产品的制造正逐渐与文化产品的价值创造过程融合为一体。文化产业关联度非常强，与之相关的产业有：广告、文具、照相器材、乐器、玩具、印刷设备、无线电设备、音响设备、旅行社服务、室内娱乐、游乐园、网吧、文化中介、文化产品拍卖、建筑、设计、艺术和文物、电影、电视、广播、音乐、表演艺术、出版、工艺品、网络游戏、动漫、FLASH、短信、手机视频等。

所以，潍坊不妨以挖掘本地传统文化、齐鲁文化、中国文化为抓手，引领新一轮的文化消费。文化消费受文化产品与服务内容、“体验度”和媒介信息等因素的影响。文化消费是检验文化产业发展的“试金石”，是促进文化产业发展的“助推器”。当前我国居民文化消费的巨大潜能还未有效开发与利用。潍坊当前能做的，就是整合国内文化资源、打造文化品牌，并将它推销出去，拉动当地的消费和投资。

11. 潍坊在打造区域型中心消费城市中面临的问题

城市吸引力不够强。潍坊在生态、人居、创新创业等环境的建设方面还存在很大可提升的空间。近年来潍坊市人口流出量、流入量总数上相差不大，但青年人流出量远远高于流入量。虽然潍坊基础教育、职业教育走在全国前列，但是考走的学生远大于引进的，培养的大部分是技工人才，本科及以上学历、高端科研院所和研究机构人才太少，高层次人才（团队）十分短缺。

借力青岛需适度。如果只是承接青岛的产业转移，无异于对青岛形成严重依赖，暂且不说青岛制造业的体量是否能与广州、上海等一线城市相比，由于青潍生活圈便利的交通条件，有可能形成潍坊对青岛消费的反哺和转移。从长远来说，将会面临像苏州、佛山那样，变成青岛的一个制造业基地，创新动力弱，增长缺乏后劲，且还要考虑环境保护等可持续发展的问题。

文旅资源市场化程度不高。就潍坊本地的文化资源来看，“风筝”“年画”等文化符号并未充分转化为经济效益，面临着缺少创新、传承困难的问题；就潍坊市旅游资源来看，与周边县市区相比，市中心的旅游资源相对匮乏，资源整合较为松散。

潍坊最大的问题在于市区弱，潍坊的 GDP 主要是靠下面县级市支撑，潍坊有四个百强县，分别是寿光、青州、诸城、高密，四个县级市的 GDP 占了潍坊市 GDP 的半壁江山。四个县级市又各具特色，寿光的农业、青州的旅游业、高密和诸城的工业都各具特色。这种情况导致了潍坊市区缺少对人才、资金及资源的吸引力，城区规模发展潜力有限，很难形成规模效应。

会展部门与旅游部门未形成有效联动，整合营销不足。潍坊旅游业未能参与到会展活动的举办过程中去，对会展业的支撑作用不强，使得会展业对旅游业的拉动效益不明显；同时会展业在开展活动时，未能借助旅游业的优势和力量，最终导致精力分散和服务效率低，大大影响了会展活动的质量，使得会展效果未得以充分发挥，两者之间的不协调严重阻碍了潍坊市会展旅游的发展。

潍坊以主城区和寿光、昌乐、安丘、昌邑和滨海新区形成的半小时都市圈已有较好的基础，同时潍坊以半小时都市圈为中心，以青州、临朐为西翼，高密、诸城为东翼的一体两翼发展体系也比较有特色，可以充分借助潍坊城市腹地大、发展潜力大的城市优势发展特色产业。

与省内城市相比，旅游资源应突出特色。济宁曲阜市主推“孔孟之乡，中国古代文化发源地”，是世界级的历史文化旅游目的地，中国文化旅游的典型代表和山东旅游的主题形象，主导性资源级别高，知名度大，影响广泛，优势突出。但由于创新意识不够、创新精神不足、创新能力不强，导致曲阜一味地固守自己的传统思维，令旅游市场混乱，违规诱导游客、违法经营现象时有发生，极大地影响当地的旅游消费和投资环境。

临沂市旅游资源丰富，沂蒙精神是沂蒙革命老区人民在长期的革命和建设实践中形成的先进群体精神，是临沂地区乃至全国人民宝贵的精神财富。但临沂市劣势也比较明显：品牌影响力不强、红色旅游资源分散、红色旅游模式单一、旅游配套设施建设滞后。

总体来说，省内潍坊、济宁、临沂这三个城市虽然具有相对较好的旅游资源优势，但由于受到科学技术发展水平、经济发展基础等条件的制约，旅游资源发展总体水平一般。潍坊与临沂的旅游资源优势尤为显著，两地 A 级景区数量皆超过 60 家，具有较好的旅游发展潜力。

而潍坊如果长期只输出“世界风筝之都”的文化品牌，不足以支撑潍坊作为区域型消费中心城市的定位，容易阻碍潍坊整体城市形象的塑造。虽然还有蔬菜、水果等农产品名声在外，但整体品牌支撑单一，文化内容表现单薄，整合营销不足，人们对潍坊丰厚的文化底蕴无从了解，甚至仅限于停留在潍柴动力、寿光蔬菜、莫言故乡等较为单一的认知层面，其实潍坊还是一个历史民俗城市、文化城市、动力城市、轻工业城市、高科技农业城市、商业餐饮娱乐发达的城市，所有这些资源，都可以由一条文化的主线加以包装和整合，重点打造潍坊的城市形象。

结合党中央提出的“文化自信”战略，讲好潍坊甚至山东故事，是绕开城市间白热化竞争、打造城市名片的最佳道路，选择流传度高、家喻户晓、与潍坊地区有关的民间和神话故事，加以包装与多产品、多形式、多渠道开发与推广，是当前的主要议题。

三　提升潍坊消费能级的方向与建议

在党的十九届六中全会上，正式提出“中国特色社会主义进入了新时代，并被赋予了发展新的内涵，我们绝不能走粗放发展的老路，必须坚持以人民为中心的发展思想，坚持绿水青山就是金山银山，全面贯彻新发展理念，加快构建新发展格局，着力推动高质量发展，这是新时代发展的硬道理”。新时代的消费呈现新的风向与格局，在消费群体层面，呈现个性化、年轻化消费格局；在旅游消费层面，呈现“智慧旅游”“文旅融合”新格局；在夜间经济发展层面，呈现特色夜景和商业街打造并重的新格局；在营销与娱乐层面，呈现“红人发力、跨界破圈”的新风向；在会展经济层面，呈现“赛事”与“会展”新风向。

故潍坊应全面贯彻创新、协调、绿色、开放、共享的新发展理念，顺应新的消费格局和发展风向，立足本市基本经济状况，深入挖掘本地特色与优势，打造形成“一个特色，五个方向，科技赋能，多方宣传”的独特消费格局，实现本地消费提质升级。其中“一个特色”指深入挖掘本地特色文化符号“风筝”的商业价值；“五个方向”指体验消费、娱乐消费、旅游消费、会展消费、夜间消费五个消费提升方向；“科技赋能”指在每个方向的消费提质升级过程中，始终有互联网、大数据以及增强现实

（AR）技术等科技赋能；“多方宣传”指利用各种社交平台和短视频软件进行广泛、高质量宣传（见图1）。

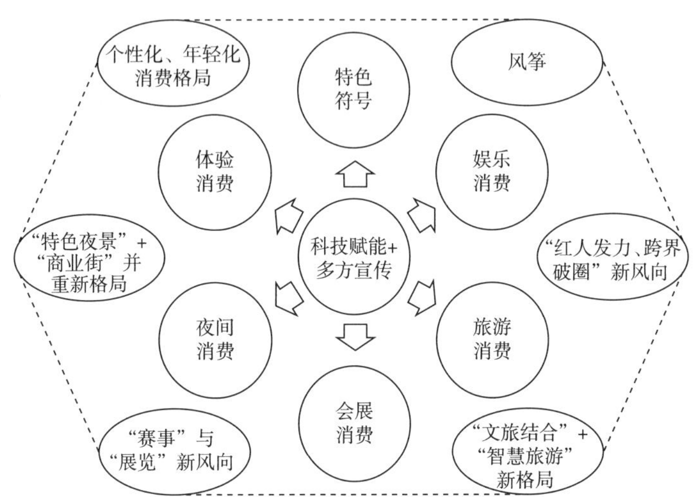

图1　“一个特色，五个方向，科技赋能，多方宣传”的消费格局的直观思路

（一）借助特色：深入挖掘“风筝”符号的商业价值

1. 赋予风筝“思念”情怀并通过广告加大宣传力度

潍坊风筝由于“非遗”保护传承和城市转型升级的需要，决定了潍坊风筝实行产业化的必要性，与此同时，进行艺术题材创新、营销创新、生产模式创新、与文化产业相结合的衍生品开发是潍坊风筝产业化的可行性因素。市场环境的改变使传承、发展的方式随之改变，采取有效的产业化路径是潍坊风筝获得可持续发展的必由之路。

风筝产品不仅是有形的物品，还应是能够供给市场，被人们使用和消费，并能满足人们某种需求的东西。产品既包括有形的物品，也包含无形的服务、组织、观念或它们的组合。如果说一般的商品因为品牌使其有了升值，那么文创产品和普通产品的价值就是由其无法量化的文化创意的价值属性决定的。

同一个文化内容中由于包含许多文化元素，所以表达的方式和载体也多种多样。文创产品的设计基础一定是文化，只有将文化内容表达得出彩，才具有其他产品所不可替代的价值。

由于风筝本身并不是生活必需品，再加上传统的季节性销售特征，假若单一将风筝本身作为产品开发，那么其市场潜力和商业价值有限。对于这一认知，潍坊前期已经做了大量的工作，包括建设大型风筝博物馆、举办国际风筝节、制作和销售风筝拉动地方经济，那么如何进一步发掘“风筝”的市场价值和潜力呢？

如果换种思路，将产品作为一种价值或情感符号，这种符号代表了人类某些美好的情感诉求，而这种情感，是人人都需要或向往的，甚至寄托了某种浓烈或美好的情怀，让人心生期待，再结合潍坊、山东、中国特有的文化传统，那么，其商业价值可以得到极大的提升，可带动一系列衍生产品与服务发展，相关产业也将焕发出新的生命力。

风筝的产品特征是由一根线把放风筝的人和风筝主体连接起来，都说无论风筝放飞得有多远，线始终在风筝人的手中，意喻“无论你在哪里，我的心始终陪伴着你！”这根线，就是连接两头的纽带。它可以是有形的线，也可以是无形的线，例如“游子身上衣，慈母手中线”“千里姻缘一线牵”“月老的红线”……在中国民间故事和传统文化中，它代表的都是人与人之间情感的连接，因此，我们对其产品可赋予特殊的情感意义：思念。

一旦对风筝进行文化赋能，我们就可以运用美好的故事和宣传语来诠释为什么风筝是思念的代名词（包含思念家乡、对亲人的牵挂和对爱人的相思等所有与思念有关的情感），风筝就变得鲜活了，它不再是一个单一的产品符号，而是一个寄托了人类美好感情的价值符号，可开发的深度和广度都延展了很多。

进而，风筝在一个大的文化背景下，以“思念”这个情怀为依托，可以衍生出一系列文创产品和服务，甚至在未来，当人人都知道风筝所代表的象征意义后，我们可以逐步淡化它的地域属性、季节属性，着重强调它的情感属性。

2. “风筝” +各具特色的文创产品

针对当下年轻人喜欢的潮品，可以把有设计感的风筝图案融入产品或服务中，比如将各具特色的风筝图案印制在滑板、帆布包、笔记本、书签、钢笔、折扇、花瓶、U 盘、手机壳等具有实用性价值的物品上。也可制作具有风筝文化元素的吊坠、挂件、手镯等装饰品，亦可设计带有风筝图案的冰箱贴、手机座、桌面种草小摆件等各种用品，在T恤衫、鸭舌帽等服装上印有彩色风筝的图案，各类化妆品、护肤品也可以考虑在内。

高端礼品方面，可以与一些珠宝品牌共同打造联名款，如一些风筝造型的首饰，如黄金或钻石项链、手链、戒指、耳环等，通过明星代言、公众人物或政要佩戴、网红推荐等渠道，既可作为社交场合的高端礼品，也可自己佩戴，营造睹物思人、借物寄情的意境。

3. 塑造“软萌化”的风筝卡通形象

将样式新颖、各具特色的潍坊风筝软萌化、卡通化，将它们设计成类似于微信表情包的可爱形象，甚至设计为一个个鲜活生动的卡通人物，带有风筝符号的文创产品如果具有了“眼睛”“鼻子”“嘴巴”，再把这些卡通符号印在服饰上、滑板等文创产品上，必然可以收获一大批年轻消费者的喜爱。

同时，风筝的卡通人物形象也可以作为本地的吉祥物（可借鉴奥运五环的五个福娃经验），或者设计为城市的LOGO符号，成为独具特色的潍坊城市名片，也可以成为旅游景点的独特吸引力。

4. 传统文化+现代科技提升产品附加值

政府可以引导企业设计AR文创产品，首先要开发独特的App或微信小程序引导游客下载，之后可以模仿农产品溯源机制，将每一个产品都赋予独特的印记，比如每一个风筝上都印有一个独特的二维码，打开相应App扫码后可以看到风筝的制作流程。

或者根据不同的民间传说、神话故事，制作一系列风筝，比如嫦娥奔月主题的故事，制作不同人物形象（嫦娥、后羿、西王母、玉兔）的风筝，每个风筝上附一个二维码，游客扫码就可看到这个传说、故事的小情景剧；也可利用AR体验技术，游客带上配套的AR体验镜，可以有身临其境之感，仿佛亲身目睹传说、故事的发生。

其他的文创产品，如印有各种图案的T恤衫、各种装饰品，也可以运用类似的方式，给用户独特的介绍和体验。

5.“风筝”文创产品+盲盒经济

利用“盲盒经济”的热度，将“风筝”文创产品放入盲盒中吸引年轻消费者。可以将水晶挂坠、风筝卡通玩具等产品以主题或者风格形式，推出一套或者一系列产品，装入不同盲盒中，推出“盲盒大礼包”，增加销售量。

（二）娱乐消费："民俗故事"+"跨界破圈"+"红人发力"

1. 本地神话传说+影视作品

依托当地的神话传说，请专业团队制作神话传说精美短视频或微电影，打造城市名片形象。"文化+科技"是展示"中国节日"氛围的创作原则。科技不是炫技，它有血肉和灵魂，应将其与节目内容紧密结合，让科技为内容服务。

事实证明：和情感特别是爱情有关的，不管是什么东西都是抢手的。

国潮是时代的大势所趋。河南卫视的短视频和《白蛇传》《哪吒》等以传统文化为题材的影视作品的破冰不断印证，年轻人并非不喜欢传统文化，他们只是需要高级审美和新鲜技能，需要不断刷新认知，去找寻传统文化与自身生活和生命的契合点。

神话故事题材是中国传统文化中重要的一部分，也是宣传中国梦与中华文明的素材来源，潍坊乃至山东省历来都是中华文明的发源地，如何坚定贯彻党中央提出的文化自信战略，充分挖掘潍坊甚至山东的丰富文化积淀，迎合当下年轻人喜欢的古风潮、国潮，并结合现代商业模式，让新一代年轻人更了解中华瑰宝，更坚定四个自信，是当下潍坊市提升消费动能的重要课题。

仅潍坊本地就有非常丰富的民间传说，比如潍坊风筝的起源等。各辖区还有各种民间传说故事，如公冶长的传说（诸城市、安丘市）、大舜的传说（诸城市）、嫦娥奔月（寒亭区）、柳毅的传说（寒亭区）、伯夷和叔齐与首阳山的传说（昌乐县）、玉皇大帝在峡山的传说（峡山生态发展区）、白浪河源头的传说（昌乐县）、饮马池的传说（昌邑市）、没尾巴老李在高密的传说（高密市）、姜太公与营丘故城的传说（昌乐县）、牛沐寺与牛沐钟的传说（安丘市）、二郎神担山的传说（青州市）、李清照买书（青州市）、李左车的传说（安丘市）、姜太公垂钓九龙涧（坊子区）、汉武帝躬耕巨淀的传说（寿光市）。

如果再把视野拓展到山东省周边甚至全国，可供挖掘的题材就更丰富了：八仙过海、孟姜女哭长城、盘古开天辟地、庄子的传说等，把这些故事改编成剧本，依托专业团队完成内容丰富扩充、专业拍摄和后期制作等工作，在这些微电影或短视频中植入潍坊软广告，或由潍坊市官方平台发布，再由个人转发、分享、点赞、评论，可形成巨大的口碑效应，起到吸引全国甚至全世界游客的宣传效果。

所以，在依托文化为基础，打造潍坊城市形象，促进更长远的潍坊投资以及消费的策略中，潍坊不妨大胆一些，步子可以迈得更大一些，毕竟，无论学术界怎么讨论与争执，市场的认可度才是最重要的。

2. 重点打造线下主题公园，请“网红”演绎民俗故事中经典人物

线上宣传紧锣密鼓展开的同时，潍坊可重点打造线下主题公园，如在寒亭区修建或开发以嫦娥奔月故事为主题的公园或景点，并寻找到适合的网红、舞蹈演员、杂技演员，政府对他们的团队进行投资，加强专业打造，让“网红”或者舞蹈演员扮演潍坊本地民俗传说故事中的经典人物形象。比如可以请舞蹈演员扮演嫦娥仙子、李清照，或者打造“风筝仙女”等独具特色的形象，以歌舞、杂技或相关表演的形式，加大宣传，吸引更多外地游客来潍坊旅游，以文化、故事为主线，将潍坊的特色产品及相关产业带动起来；围绕主题或 IP 展开的场景消费已经成为当代消费者族群的体验习惯。

（三）体验消费：把握年轻化群体，提升个性化体验

新时代消费的人群风向为“新中产、年轻且敢花的 Z 世代”，他们注重体验感受和个性化，且对“盲盒经济”“剧本杀”“密室逃脱”等一系列消费形式具有很高的热度。

1. 剪纸、年画+多种体验形式

将潍坊杨家埠年画、潍坊剪纸等非物质文化遗产通过文创产品、戏剧展演、画展或数字化动漫等故事通过叙事的形式呈现出来，在推动其传承的同时也促进产品营销和各项消费。

2. 民俗文化故事+“剧本杀”或“密室逃脱”

在企业层面，目前最受年轻人青睐的室内娱乐莫过于“剧本杀”和“密室逃脱”，密室逃脱已经经过多年的经验积累，基本运行模式已经固定。恐怖密室也好，机关密室也罢，其实都是让玩家在感官上有身临其境的感受。而剧本杀则更倾向于文字带来的魅力，并且随着越来越多的剧本形式的出现，可供玩家的选择也越来越多。每个玩家在剧本杀之中都是带

着一个个全新的身份，去体验一场全新的人生。基本上剧本杀店家在开本之前都会告诉玩家一定要代入自己的人设。因为剧本杀的本质就是“体验”。

由于两者都可以给年轻群体带来社交沉浸式体验，如果将潍坊或中国的传统民俗文化故事丰富扩充、改编，便可以将故事改编成一个个“剧本”，也可以创作与风筝、年画等民间文化符号有关的小说（可以是以风筝为线索的小说，可参考与风筝有关的传说、故事、文人墨客的诗句等加以改编），然后设计出不同剧本（根据参与人数的不同选取角色数量），这个需要专业团队来创作和设计，并以软广告的方式植入潍坊的元素（产品或地方特色）。

这些剧本不仅仅限于线下应用，前面部分讲到那些短视频、微电影、情景剧的故事情节同样可以作为剧本杀的创作素材或原型，应打通线上观看与线下体验，甚至创作的渠道，实现资源共享。

3. 以连续性故事为导向的连环销售模式

可以把潍坊各种历史文化传说的情节以连环画的形式手绘，在每个不同的产品（风筝、文创产品等）上印制一幅精美的画，游客为了看完整的手绘连环画，需要买一套或一系列产品、旅游纪念品，这样可以形成多个产品捆绑销售。此外，也可以利用各种现代科技、AR 体验技术等，将每一个历史文化传说的故事拆分为多个情景剧片段，生成不同的二维码印制在不同的文创产品上，为了看完一个完整的身临其境的情景剧，游客需要购买一系列风筝或者其他文创产品。

总之，为了增加复购率，整个产品体系的设计非常重要，这个产品体系的设计，能够帮助企业很好地运用营销策略，甚至是在无形中做了产品的推销。所有的营销设计都要围绕文化这条价值主线展开。

在文化的背景下，故事的设计和延展可以不时推陈出新，用不同的故事背景、不同的人物设计，传达不同的价值观或情感。所有的价值观都应传递代表中国文化的正能量，如《哪吒》《白蛇传》《西游记》《封神榜》《八仙过海》等神话故事，我们在故事里看到的不是封建迷信，不是玄幻色彩，不是宗教宣传，而是中国人对人生的美好追求和精神寄托，像“我命由我不由天”“人生就是修行、打怪、升级”“天生我材必有用”这些情感或精神，是中国人独有的内在特质，是中国文化的一部分，是可以用来宣传并挖掘其商业价值的。

（四）旅游消费：资源整合+文旅融合+智慧旅游

1. 开发并出售旅游套票

虽然我们的研究报告侧重于围绕潍坊主城区展开分析，但是由于潍坊显著的“强县弱市”的特点，各县区都有自己雄厚的基础优势和特色产业，这个时代，消费者的消费不会被限制在某一个边界清晰的地理空间，与其把潍坊市区单独剥离出来讨论如何提升消费能级，不如有效地利用潍坊各区县的优势，取长补短，整合营销，实现协同发展以带动消费，才是更长远的发展之道。

充分利用潍坊位于山东半岛城市群地理中心的优势，联系半岛城市群的其他城市，发挥潍坊的山东半岛交通枢纽优势，打造大型城市带。由于潍坊有发达的交通网络，2019 年全市公路通车里程达 28869.2 公里，公路密度是 178.8 公里/百平方公里，二级及以上公路里程达 4563.6 公里，所以在整合全市旅游资源方面具有天然的优势。为了协同开发和整合各县市区旅游资源，中心城区政府可以对各县（市、区）的旅游景点改造投入资金支持。

利用线上和线下等多渠道、多方式宣传潍坊已有的旅游城市优势，如寿光菜博会、青州花博会等特色菜、花博会；青州古城、坊茨小镇、十笏园文化街区、杨家埠民间艺术大观园、东北乡等以民俗文化为特色的旅游产品；整合开发诸城恐龙、临朐山旺化石、昌乐远古火山口群等地质奇观资源，打造地质旅游精品线路。以滨海省级旅游度假区为龙头，带动北部海洋生态旅游开发，打造全省“仙境海岸”文化旅游目的地。加快乡村旅游发展，打造青州井塘古村、临朐北黄谷村、奎文南屯社区、昌乐响水崖子村、昌邑齐西村等传统古村落，带动发展一批业态好、功能齐全、设施完备的乡村旅游示范点。

政府可以把这些旅游资源打包，宣传引导制作各县（市、区）旅游景点的套票，实现线上线下同时投放，特别是在节假日前，利用门户网站、公众号、小红书、抖音等流量大的线上渠道发放优惠旅游套票，政府也可发放公务赠票给部分人群（如青州古城、滨海省级旅游度假区等），同时导游可以分地区提供全线路解说服务，中心城区可以与各县（市、区）按照一定比例分配旅游收入。

在基础设施方面，开设各旅游景点间的直达旅游巴士，方便游客省时省力到达下一个游玩景点。同时，如何把这些区（县、市）的旅游资源用一个大的文化背景串联起来，也是下一步需要考虑的问题。

总之，卖产品不如卖故事，卖故事不如卖情怀。讲故事是促进消费者认知最好的手段，在润物细无声中灌输了品牌意识。还可进一步让消费者认识到，如果消费了这个产品或服务，就能实现某种期望或目标，如更年轻、更有魅力、更健康、更受人欢迎、更有钱等。所以，成功的营销，都是把产品、服务和故事与人类的美好情怀捆绑在一起销售，让人们一提及这种情感或情怀，就想到这种产品、服务，就想要借物传情、借物咏怀。

2. 推动与青岛市文化旅游对接合作

就目前来看，潍坊对接、借力青岛，已经是大势所趋、内在要求。

对于与青岛市文化旅游的对接合作，一方面要把潍坊打造成为青岛周边文化旅游重要目的地。潍坊文化源远流长，有古九州之一的青州、诸城的恐龙化石、寒亭杨家埠的木版年画以及世界风筝之都等独具特色的旅游资源。青岛海洋文化优势突出。应当充分发挥各自优势，加强潍坊文化旅游资源与青岛海洋旅游资源整合，突出项目合作、景区开发、管理输出等观念，创新“大旅游”营销模式，联合打造精品旅游路线，推动两地旅游合作从互送客源向品质互惠、产业融合转型。另一方面加强文化交流合作。推进潍坊与青岛文化产业融合发展，共建重大文化项目，培育形成一批文化产业集聚区；加强文化交流与人才培训，探索完善文化发展管理体制和运营机制，畅通两地文化人才和资本流通渠道；吸引青岛资本投资兴办文化体育设施，积极搭建文化交流平台，共同创办体育运动基地，联合举办体育赛事等。

3. 制作现代科技+旅游攻略图谱

中心城区可与县（市、区）合作，如为游客发放制作精美详细的县（市、区）旅游索引手册、制作各县（市、区）的旅游攻略图谱，甚至可以开发“云游”各县（市、区）旅游资源小程序，小程序上应有不同县（市、区）旅游景点的地图、介绍、3D 场景图、周边宾馆和饭店推荐等，因为仅针对潍坊，所以要设计的比普通旅游软件更全面方便。

同时，对于旅游攻略图谱和手册的设计也可以利用 AR 技术。政府可以投资、引导、设计潍坊旅游攻略的 AR 体验地图或宣传手册，游客只需要下载相应的 App 扫描地图上 GAEA 插画或二维码，就能将整个潍坊尽收眼底，点击相应的旅游景点就可以置身其中，可以身临其境地体验白浪河生态湿地、金宝乐园、齐鲁文化古玩城、大虞文化村等，增加潍坊旅游的便利性、吸引度。App 中甚至可以设置地点解密等小游戏，让游客可以从更多维度体验到旅游产品、旅游景观传递出的精神文化内涵与价值观念，丰富游客对旅游产品、旅游景观中各地域文化的理解。

（五）夜间消费："特色夜景"+"商业街"并重发展

1. 美化夜景，加强引导

美化夜间消费场景。对夜间经济聚集区进行绿化、亮化、美化。完善商业街区、旅游景区夜间灯光造景、景观小品、装饰照明、标识引导等配套设施建设。加大商业街区、旅游景区周边道路保洁力度，打造整洁卫生的城市环境。

对夜间文旅项目进行专业化包装，增强对外吸引力。统筹"夜潍坊"地标、商圈和生活圈的商业、旅游、文化演出、体育健身、娱乐休闲、节会展览、大型赛事以及交通设施、运营保障等信息，编制《潍坊夜生活图谱》，线上线下联动推介，便利夜间消费。鼓励商家运用自媒体等形式，增强与消费者互动。

2. 加快商业街改造提升，带动夜间参观展览

以酒吧、演艺娱乐为特色，进一步优化阳光壹佰酒吧街、夜未坊酒吧街、泰华中兴商业街、万达金街的街区业态。在茂街、"239 · 蓉花里"、十里春风等商业街引进国际化的特色酒吧、咖啡馆、餐厅，培育高端西式餐饮聚集区。以蓉花路、文化路、四平路为示范，打造五六条汇集南北特色的餐饮街区，带动夜间餐饮消费。加快推进商业街改造提升，组织认定市级商业街，争创省级示范步行街和省级示范特色商业街。创新谷德广场、万达广场、银座商城、世纪泰华等购物中心及其周边的业态模式和消费场景，积极引进知名商业品牌，大力发展"首店经济"，使商旅文体融合发展，引领消费新时尚。

夜间在适合街区开展各类丰富的表演活动、观光活动，要围绕"世界风筝都""中国画都"、非遗品牌等特色资源，挖掘鸢都文化内涵，策划打

造一批凸显潍坊特色的标志性文化项目，建设一批文旅融合发展新标杆；开发培育“夜游潍坊”品牌。比如，以十笏园文化街区、杨家埠创意梦想小镇等文化景观为主题空间，增加夜间休闲度假功能，形成中心城区“半小时夜游圈”。

3. 优化交通线路，加强夜市监管

夜间公共交通的缺位是制约夜间经济发展的主要因素之一，“怎么去”“如何回”的问题影响着游客夜间消费的决策与积极性。潍坊公交运行时间较短和部分公交路线不合理等问题，已经影响到了消费者的夜间出行。建议：一是延长部分公交线路运行时间，优化公交路线；二是根据客流需求，特别是在周末、节假日及重大节会活动期间，适当加密重点区域公共交通夜间运行班次；三是增设夜间分时停车位，优化夜间停车收费标准，推动企事业单位、商务楼宇的自用停车场在夜间向社会公众开放；四是引导出租车企业和网约车平台加强重点区域的夜间车辆调配。

鼓励夜间延时经营。支持品牌连锁企业加大 24 小时便利店建设布局。鼓励商场、超市、购物中心、餐馆、健身场馆、书店等延长夜间营业时间。适当放宽夜间消费集聚区夜间特定时段相关摆卖管制，允许企业利用门前广场举办促销、文化娱乐、展览展示活动，允许有条件的餐饮街、酒吧街设置“外摆位”，在夜间经济集聚区开展夜市试点。在法律法规允许范围内降低夜间经济街区运营主体准入门槛，简化审批程序。在安全许可范围内，简化营销活动审批手续，提供安全服务支持。畅通夜间消费投诉渠道，加强夜间市场秩序监管。完善食品安全、治安、消防、城市路灯照明等配套管理措施和服务功能，提升夜间经济的保障服务水平。

（六）会展消费：顺应“赛事”与“展览”新风尚

1. 发展带有潍坊文化特色的水幕电影

水幕电影多在晚上放映，可以在潍坊城区的各个主题公园里开设水幕电影，水幕电影上投放的内容丰富多样，可以是精心制作的潍坊旅游景区宣传片，也可以是潍坊独特的文创产品的介绍，也可以是根据“大舜的传说”“嫦娥奔月”等传说故事改编成的情景剧、微电影。对于演绎的方式，可以请“网红”、真人演员扮演影视角色，也可以制作成卡通动漫电影。

水幕电影可以辅以灯光秀、喷泉秀等进行展示，提升观众体验效果。

2. 各类情景剧与演艺项目

举办演艺秀、皮影戏、舞台剧等非遗展演，将潍坊本地的历史文化传说搬上舞台。同时，策划举办艺术节、音乐节、电竞大赛、街舞大赛等丰富多彩的现代文化活动。民俗文化表演中可以加入一些和观众的互动情景，民俗文化表演结束之后，可以适当推销展示潍坊文化符号的文创产品。举办这些表演项目不仅可以收取门票费用和参赛费用，还能促进文创产品的销售。

3. 举办各种艺术节与创意设计大赛

引导年画、剪纸、核雕、泥塑等工艺美术产业注册成立市场主体，推动工艺美术品牌化发展。重点推动华艺雕塑、潍坊鸢都嵌银厂、红叶地毯等工艺美术企业发展，带动文创产品的消费。

开展潍坊工艺美术设计大赛，大赛前要做好宣传工作，实施恰当的奖励机制（给予冠亚季军奖金、奖品等），也要设计新颖的比赛形式（可包括线上创作和线下现场创作、各种闯关游戏、现场与观众的互动、穿插的抽奖小游戏等）。

对于比赛和展览过程中潍坊年画、剪纸的创作也可以按照创作的材料和方式分为不同的组别，在保证传统的创作方式的同时，引入水彩、油画、沙画等其他绘画形式以及 PS 设计等线上绘制方式、各种 DIY 手工制作，以传承为基础，不断推陈出新、紧跟时代发展，可以吸引更多的参观者和参加者。

这部分内容仍然坚持以文化故事为背景，整合潍坊原有优势产业、传统工艺和现代的技术手段，用年轻人能接受并且感兴趣的方式展示或营销潍坊的特色产业，文化传承不只包括传统的习俗、民间传说、神话故事等无形资产，也包括传统的老工艺、物质和非物质文化遗产，我们要做的，就是用现代的更轻松的、更有趣的、更高科技的、更易于让年轻人接受的方式把它的精髓展示出来，把它的内涵精神传承下去，同时把潍坊的特色和产品也都宣传出去。

4. 发展体育活动与赛事

抓好市民健身中心（综合体）等重点项目建设，举办帆船锦标赛、马术文化节等体育赛事，突出高端品牌赛事引领，持续提升中心城区体育赛事的数量和质量。利用公园、广场和全民健身路径组织丰富多彩的群众健身活动。大力发展健身房、瑜伽室、游泳馆、乒羽俱乐部等商业健身服务业，引导市民走出家门强身健体，促进体育消费。

（七）数字经济：科技赋能+多方宣传

“互联网+”给不同领域带来了极大的影响与冲击。自媒体平台的出现，给人们带来更多的参与性与互动性，增加了用户的体验感。为了提高潍坊当地旅游和产品的宣传效果，要充分把握不同年龄群体的特征，广泛利用各种社交平台和短视频软件，邀请专业的拍摄团队、剪辑制作团队，拍摄高质量的图片、视频。

“90后”和“00后”的群体对互联网深度依赖，政府可以邀请专业团队拍摄潍坊景区的宣传视频，配上热门的文案、合适的背景音乐和特效，利用DOU+推送，扩大覆盖面。也可以拍摄文创产品的介绍短视频，甚至可以拍摄连续的情景剧，模仿《上新了故宫》《国家宝藏》等电视综艺节目，邀请“网红”参与到视频录制中，将潍坊旅游景点、文创产品以有趣、生动活泼的方式呈现在视频中，利用抖音、快手、哔哩哔哩等视频软件广泛传播。因为QQ的使用也偏年轻化，所以可以将这些视频推送到QQ看点、微视等平台，吸引年轻群体的注意。

“80后”“70后”甚至“60后”“50后”等群体对短视频的依赖程度不深，他们更加依赖微信、微博等社交平台，建议整合潍坊本地优势企业，如开发智能可穿戴设备的歌尔公司、潍百集团等知名品牌，做强做大做精潍坊本地的零售、旅游公众号，公众号中可以设置多个栏目，比如当地旅游攻略、美食攻略、文创产品介绍等，推文的撰写、图片和视频的插入也可请相关专业人员来完成。

结　语

1. 消费，从来都不是一个单独考量的指标，它取决于人均可支配收入，如何提升本地居民收入，历来都是各级地方政策考虑的重中之重。劳动性收入，即工资，取决于就业机会的多少，无论全职还是兼职工作，就业机会的多少又跟该地区的经济发展程度息息相关。一个地方经济越发达，产业分类体系越齐全，越能催生更多的就业机会，也越能拉动更多的当地消费。作为三线城市，潍坊应充分利用好交通发达、农产品丰富、各区县的优势产业等优势，与现代服务业相结合，催生新的产业和新的消费模式。

2. 无论是全国还是地方，“70 后”“80 后”“90 后”都是本地消费的主要人群，他们收入水平虽然无法与一二线城市中青年相比，但是由于潍坊房价不高，生活压力小，可待挖掘的消费潜力巨大。中青年人的消费注重娱乐化、个性化、群体化、共情要求高、愿意为知识付费、为情绪买单，归属感与认同感强，靠单一的商品已很难满足其需求，需要打造一系列完整的产品与服务，并配合情绪与情怀的营造（如近两年火爆的国潮经济），才能打动他们的心，增加其消费倾向。

3. 由于物流和电商平台的发展，物质产品类消费的地区边界已逐渐模糊消失，在研究本地消费动能时，与其去与成本越来越高、利润却越来越微薄的强大的电商平台竞争，不如专注于开发颇具本地特色的优势资源，并整合已有的优势产业。其中，文化、创意类产业的关联度高，结合党中央提出的“文化自信”战略，讲好潍坊甚至山东故事，不仅可盘活会展、旅游等传统产业，更可拉动一大批新兴产业发展；以挖掘本地甚至山东和中国传统文化、民间故事为主线，专注打造潍坊本地特色，避开与周边城市的白热化竞争和资源的重复建设，打造潍坊品牌，不仅能拉动本地居民消费，更可吸引外地的消费与投资，增长潜力巨大。

4. 在尊重传统文化的背景下，故事的设计和延展可以不时推陈出新，用不同的故事背景、不同的人物设计，传达不同的价值观或情感，而所有的价值观传递的都应是代表中华优秀文化的正能量，如《哪吒》《白蛇传》《西游记》《封神榜》《八仙过海》等神话故事，我们在故事里看到的不是封建迷信，不是玄幻色彩，不是宗教宣传，更不是渲染高科技，而是中国人内在的对人生的美好追求和精神寄托，像“我命由我不由天”“人生就是修行、打怪、升级”“天生我材必有用”这些情感或精神，是中国人独有的内在特质，是中国文化的一部分，是可以用来宣传并挖掘其商业价值的。“用现代方法讲好传统故事”，选择流传度高、家喻户晓、传递正能量的民间、神话故事，加以包装与多产品、多形式、多渠道开发与推广，是当前的主要议题。

5. 总之，消费的提升并不能一蹴而就，立竿见影，需要宣传的投入与铺垫，传统的产业正在衰败甚至消亡，市场不再以产业为导向，而以消费者需求为导向。一个良好的商业生态系统横跨好几个产业，它能打破传统的行业界限，使不同行业企业走到一起，优势互补，增加各自的市场机会，一旦抓住消费者的眼球，即可创造崭新的商业生态系统。潍坊一定要充分利用和整合本地现有文化资源，多方面尝试开发风筝的商业价值，深入挖掘讲好民俗文化故事，利用“会展经济”提升消费体验，整合各县（市、区）旅游资源，利用数字技术赋能文化产业打造文化消费场景，请专业团队制作精美视频与文案，加大对潍坊旅游资源的宣传力度，为疫情后的消费升级打好基础。

课题负责人：丛炳登

课题组成员：山东大学尹莉、杨风禄、曲创

潍坊市改革发展研究中心刘磊、孙中贵

（2021年11月）

潍坊重大基础设施发展战略研究

课题组

目前，潍坊高质量发展的短板之一是参与“双循环”的层次和质量不够高。提升对内、对外开放程度是潍坊在“十四五”期间应当着力补齐的短板。位于山东半岛中心位置是潍坊的优势，潍坊应充分利用和发挥这一优势，进一步优化交通基础设施，可以有效降低企业物流成本，从而增强对各类企业的吸引力。主要思路总结如下。

一　交通基础设施不足影响潍坊产业发展和城市竞争力提升

潍坊是山东省重要的工业城市，地理区位优势十分明显。潍坊交通基础设施在过去的发展中取得了显著成绩，但仍有许多不足，制约了潍坊进一步发挥交通枢纽的作用。主要问题体现在以下几点。

一是内部各个重要的交通节点之间连接度不够，不利于潍坊产业和企业间紧密联系。例如，从胶济铁路的重要节点潍坊站到济青高铁和京沪二线的交会点潍坊北站，驾车时间超过 40 分钟，公共交通通行需 1 小时 20 分钟；从潍坊港到德龙烟铁路大家洼站驾车时间需 40 分钟，到海天站需 1 小时 20 分钟，且没有疏港高速公路，货车需穿过潍坊滨海新区，不利于潍坊滨海新区的城市面貌塑造和城市品质提升。潍坊市区与所辖县（市、区）间的公路交通状况参见表 1。

二是与周边区域交通不够畅通，不利于潍坊与周边城市加强产业协作。长途汽车的班次在一定程度上反映了一个城市与周边城市的交流互动状况。潍坊市长途汽车班次远远少于长三角二线城市的长途汽车班次。例如，常州长途汽车有 4743 班次，台州长途汽车有 3068 班次，相比之下，

表 1 潍坊市区和所辖县（市、区）间的公路交通状况

县（市、区）	目的地	距离（千米）	通行时间（小时）	过路费（元）	县（市、区）	目的地	距离（千米）	通行时间（小时）	过路费（元）
临朐县	潍坊市区	71	1.64	0	诸城市	临朐县	138	1.84	43
昌乐县	潍坊市区	43	0.79	14	诸城市	昌乐县	113	1.63	39
青州市	潍坊市区	77	1.31	25	诸城市	青州市	158	2.22	48
诸城市	潍坊市区	107	1.55	41	诸城市	寿光市	145	1.86	63
寿光市	潍坊市区	46	1.00	6	诸城市	安丘市	62	1.30	0
安丘市	潍坊市区	31	0.78	0	诸城市	高密市	58	1.20	0
高密市	潍坊市区	78	1.20	29	诸城市	昌邑市	106	2.05	0
昌邑市	潍坊市区	30	0.78	0	寿光市	临朐县	74	1.22	22
临朐县	昌乐县	44	0.91	0	寿光市	昌乐县	26	0.68	0
临朐县	青州市	25	0.81	0	寿光市	青州市	40	1.13	0
临朐县	诸城市	137	1.82	48	寿光市	诸城市	135	1.85	51
临朐县	寿光市	74	1.15	24	寿光市	安丘市	73	1.21	20
临朐县	安丘市	68	1.32	0	寿光市	高密市	131	1.67	53
临朐县	高密市	175	2.13	74	寿光市	昌邑市	61	1.36	0
临朐县	昌邑市	104	1.84	18	安丘市	临朐县	68	1.33	0
昌乐县	临朐县	44	0.98	0	安丘市	昌乐县	49	1.04	0
昌乐县	青州市	35	0.83	0	安丘市	青州市	77	1.66	0
昌乐县	诸城市	113	1.62	39	安丘市	诸城市	62	1.29	0

续表

县（市、区）	目的地	距离（千米）	通行时间（小时）	过路费（元）	县（市、区）	目的地	距离（千米）	通行时间（小时）	过路费（元）
昌乐县	寿光市	26	0.71	0	安丘市	诸城市	66	1.30	0
昌乐县	安丘市	49	1.05	0	安丘市	寿光市	83	1.13	0
昌乐县	高密市	113	1.47	47	安丘市	高密市	64	1.38	0
昌乐县	昌邑市	62	1.20	14	安丘市	昌邑市	54	1.09	0
青州市	临朐县	24	0.79	0	高密市	诸城市	55	1.15	0
青州市	昌乐县	35	0.84	0	高密市	寿光市	131	1.65	0
青州市	诸城市	158	2.24	53	高密市	安丘市	65	1.45	0
青州市	寿光市	40	0.99	0	高密市	昌邑市	77	1.35	0
青州市	安丘市	77	1.65	0	昌邑市	诸城市	106	2.15	0
青州市	高密市	153	1.97	63	昌邑市	寿光市	61	1.35	0
青州市	昌邑市	96	1.69	25	昌邑市	安丘市	54	1.09	0
					昌邑市	高密市	75	1.36	0

潍坊长途汽车仅有 579 班次，远远少于省内临沂的 2572 班次（见图 1）。尽管临沂的铁路交通逊于潍坊，但公路交通有效弥补了此劣势，为商贸批发业的发展提供了有力支撑。

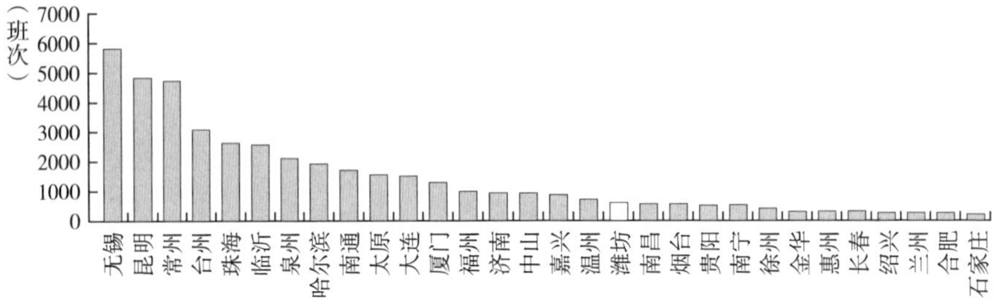

图 1　二线城市长途汽车班次

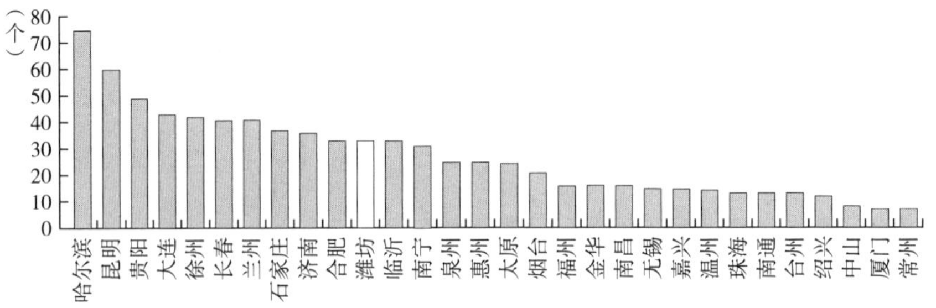

图 2　二线城市火车站数量

三是铁路交通基础设施建设偏慢，在二线城市中稍显落后。以铁路运输的核心节点火车站为例，潍坊市共有火车站 33 个（其中姚哥庄站暂停营运），在二线城市中并不占优势。二线城市中，哈尔滨市火车站数目达到 75 个，昆明市为 60 个，济南市 36 个，临沂市为 33 个（见图 2）。铁路运输对于工业城市（特别是主导产业偏向重工业的城市）的发展十分重要。铁路运输的运费明显低于公路。近年来，各个地方都大力发展铁路运输，许多城市开通欧洲货运专线。各二线城市也高度重视火车站的建设。西部近年来发展较快的贵阳市目前有 10 个在建火车站，紧邻深圳的惠州市有 5 个在建火车站。比起长三角二线城市，潍坊市铁路利用效率偏低，客运服务偏弱。目前，潍坊客运主要依赖于潍坊火车站，潍坊火车站每天有始发和经停列车 162 车次，其次是潍坊北站，每天有 101 车次。诸城、高密、青州、昌乐均有列车停靠，但车次相对较少。相比之下，合肥市的合肥站每日始发和经停列车达163车次，合肥南站为392车次。无锡市的无锡站为415车次。地理位置不佳、位于浙江山区的金华市，靠交通基础设施改变了地理区位劣势。金华站每天始发和经停列车为279车次，金华南113车次，金华所辖县级市义乌市有309车次，永康南站83车次，武义北站57车次，武义站29车次。铁路将金华及其所辖县市紧密地嵌入长三角产业集群中。货运铁路使金华的原材料、零部件以较低成本“走进来”，大宗商品、设备和产品能够以较低成本“走出去”。高速铁路也带来大量商务客流，包括投资者和各类高端技术人才，这对于地方的发展十分重要。长三角各城市通过高速铁路实现了与上海市高端人才的资源共享。

四是潍坊港口未能发挥应有的作用，与潍坊市产业联系不密切。由于水运物流成本远低于其他运输方式，目前国内许多城市均在大力发展港口。例如，成都市依托城市水系，规划了锦江、沱江、三岔湖三个港区，并且与邻近的眉山市协作建港，打通了联通长江的水运系统。临江的南京、苏州、无锡等城市也努力拓展港口，港口运输发展很快。潍坊港濒临渤海，尽管与青岛港自然条件有一定差距，但是相比许多内陆城市的自然条件仍有一定优势，理应发挥更重要的作用。而潍坊港疏港公路、铁路设施均不完善，港口无法与铁路、公路无缝衔接，水陆联运的港口优势未能充分发挥。渤海是中国目前最具水运发展潜力的区域之一。从2017年全国分地区港口利润来看，渤海湾港口利润占全国港口总利润的27%，略低于珠三角的30%，高于长三角的23%。从港口发展来看，渤海湾的锦州港净利润增速居全国港口第1名，营口港、大连港利润增速均居全国前列。在目前的竞争中，潍坊港的区位虽具有一定优势，但疏港基础设施不完善影响了潍坊港口的快速发展。

五是潍坊机场对潍坊高端产业发展的支撑效果不明显。目前，潍坊机场在旅客和货邮吞吐量方面还明显偏弱，即使是与国内支线机场相比也不占优势；并且南苑机场偏向城市东部，与青岛胶东机场形成一定的客源重叠。在服务高端旅客方面，潍坊机场在便利度和舒适度等各方面均与青岛机场有较大差距，在胶东机场逐渐全面投入运营后将受到更大冲击。在服务高端物流方面，潍坊机场也未能与城市高端制造业和服务业紧密相连。

六是潍坊市交通运输企业发展水平不够高。烟台等二线城市交通企业发展水平很高，有渤海轮渡、恒通物流、恒邦物流等多家上市公司。通过渤海轮渡、中铁渤海铁路轮渡等企业，烟台在辽东半岛到山东半岛这一重要航线上占据绝对优势。相比之下，潍坊铁路和公路到半岛其他城市及京津冀、长三角等重要经济区的便利程度更高。尽管辽东半岛到潍坊港的水运距离远于烟台，但由于单位距离的水运运费远低于铁路和公路，潍坊借助便利的铁路网和公路网，仍可在渤海运输中分一杯羹，甚至有潜力成为渤海运输的重要港口。潍坊要充分发挥交通区位优势，需要依托大型交通运输企业充分联结潍坊主要交通节点，发挥多式联运的成本和效率优势。因而，潍坊应当高度重视交通运输企业的培育和发展。

七是潍坊的物流“最后一公里”成本偏高，不利于潍坊中小企业做大做强。尽管潍坊是山东的物流节点，许多物流公司都以潍坊为中转，但从各大物流企业发货价格来看，潍坊并无优势。从菜鸟裹裹的报价来看，中小电商从菏泽市发货到山东省内每单最低 3.2 元，发山东临近省份每单 4.5 元，而潍坊发山东省内每单最低 5 元，发山东临近省份 7.5 元。在以价取胜的电商领域，潍坊中小企业很难与菏泽竞争。近年来，国内在传统电商领域诞生了不少具有国际影响力的企业。例如，服装领域诞生了南京的 SheIn、深圳的 Zaful，这些企业在不足 10 年的时间内已经成长为可以比肩优衣库的全球企业。若物流成本能够切实降低，潍坊的传统产业和中小企业仍有很大的发展空间。潍坊的区位优势最终应当反映到物流成本上，特别是要重视降低“最后一公里”的物流成本，为中小企业减负。

八是高端旅客旅行体验不佳，不利于潍坊招商引资和招才引智。目前，潍坊与长三角、大湾区之间的交通仍然不够便利，旅行时间长，交通接驳体验差。从潍坊行政中心到各商业中心，从潍坊市到各区县行政中心和主要商业节点时间较长。高速公路连接不够紧密，部分县（市、区）之间只能通行国道，部分道路大车多，高峰期拥塞，沿途体验和景观不佳。火车站、机场贵宾室建设水平不高，设施水平与潍坊市二线城市地位不相符，很难让旅客有宾至如归的感觉，不利于高端旅客对潍坊形成良好的第一印象。

作为京沪间的重要节点、山东省“四横五纵”交通廊道的关键节点，潍坊理应发挥交通区位优势，利用交通优势引导产业发展，争取建设成为山东第三城、全国强二线城市。建议潍坊统筹发展机场、港口、铁路、公路，打造综合交通枢纽。

二　加快建设新机场，打造东北亚货运物流枢纽

2018 年我国人均乘机为 0.44 次，远低于国土面积较小的日本（人均 1 次）和韩国（人均 1.70 次），更远低于国土面积与我国相仿的加拿大（人均 2.4 次）和美国（人均 2.72 次）。根据《新时代民航强国建设行动纲要》，至 2035 年，我国人均乘机要超过 1 次，也就意味着未来民航客运量至少翻一番。潍坊一定要抓住这一趋势，加快稻田新机场项目的实施。

民航是高端客流、物流的重要承载力量，是潍坊高质量参与双循环格局的重要手段，因此应加快机场建设。尽管从 2010 年至 2019 年，全国支线机场旅客吞吐量年均复合增长率为 9.2%，但是仍然普遍亏损。机场一定要做大做强才有出路。我国旅客吞吐量 50 万人次的机场，每年约亏损 2500 万元；旅客吞吐量达到 100 万人次的，亏损可以缩小到 500 万元。随着旅客吞吐量的上升机场可以逐渐达到盈亏平衡乃至盈利。因此，稻田机场的发展必须以做大做强为目标。只有做大做强，机场才有进一步的生存能力。

潍坊的区位优势就是稻田机场的竞争优势。稻田机场能够做强做大也是潍坊进一步巩固交通枢纽地位，全面领先临沂的关键所在。稻田机场的定位需要放在东北亚政治经济大局中来看，应当以货运功能为主，客运上与济南和青岛差异化竞争，争取成为东北亚的主要货运枢纽，成为东北亚产业合作的主要支点之一。具体建议如下。

一是明确与胶东国际机场的定位关系。稻田机场和胶东机场应当是分工合作的关系。尽管两个机场在客流方面难免有所重叠，但双方在重点服务旅客群体、航线设置等方面错位发展，可以共同起到带动潍坊经济社会发展的作用。两个机场的关系可以参考北京机场与天津机场、武汉机场与鄂州机场的关系。天津机场一方面发挥北京两个机场的备降机场功能，另一方面重点发展包机业务，以及北京机场业已饱和或相对缺乏重视的区域航线。包机业务目前是航空业快速发展的领域。以春秋航空为例，包机收入占集团总公司总收入的 15%，而且年均增长率在 20%左右。在航线方面，天津机场一方面发展与天津市经济社会发展较为密切的城市的直航航线；另一方面重点拓展旅游市场，开通了直航三亚、景德镇、西双版纳等重点旅游城市的航线。湖北鄂州花湖机场 2017 年开始建设，定位为专业型

货运机场，2020年上升为国家战略，被国家明确定位为货运枢纽机场，成为华中地区货运枢纽的重要节点。从武汉天河机场到鄂州花湖机场，驾车车程约两小时，其位置关系与稻田机场和胶东机场的关系高度相似。根据规划，鄂州机场到2025年旅客吞吐量突破100万人次，货邮吞吐量245万吨；到2030年旅客突破150万人次，货邮吞吐量330万吨；到2045年旅客吞吐量1500万人次，货邮吞吐量达到765.2万吨。货运航空目前仍是增长前景良好的市场。从2000年至2020年，市场年均复合增长率达到8.1%。近年，中国货运量占全球比重稳步上升，由2010年的11%增长到2019年的12.5%。潍坊机场可以参考鄂州机场的定位，将货运作为重点发展方向，辅以客运，争取将货运功能纳入全省乃至国家的物流规划大局，成为服务东北亚区域的重要物流节点。稻田机场在建设层面也可以借鉴湖北省与顺丰共建鄂州机场的经验，与大型物流企业、航空公司进行共建或资源共享。这一模式在国外广为使用。美国路易斯威尔机场、孟菲斯机场、德国莱比锡机场，都与航空物流企业共建共享，将机场建设成为物流网络中的核心节点，全面形成大物流的格局。在客运方面，建议潍坊机场将重点放在高端商务客流、包机旅游客流上。一方面要将提升旅客体验作为核心建设方向，简化机场安检通关程序，完善贵宾室等设施；另一方面要将机场与潍坊及所辖县（市、区）行政中心、商业中心、旅游景点的交通便利化作为建设方向，发挥潍坊机场服务潍坊的交通便利优势。在可能的情况下，潍坊要争取建设国际机场，设立海关，拓展面向日本、韩国、俄罗斯远东地区等区域的客流。

二是规划航空产业园区，发展临空产业。机场及其周边是高端制造业和高端商务服务业的重要承载区域。潍坊应当做好稻田机场周边的文章，在周边区域预留充分的发展空间，做好临空产业的规划、培育与招商。国内的鄂州机场、美国的孟菲斯机场周围的临空产业区规划都可以为潍坊提供借鉴。例如，美国孟菲斯机场周围布局了高端制造、旅游观光、医药制造、航空物流仓储、餐饮等产业。建议潍坊稻田机场周边布局以下产业：①航空服务业。包括航空的餐饮配套、航空后勤、飞机检修等产业。特别是公务机检修产业，目前市场潜力很大，既能服务于潍坊机场又能承接省内其他机场的公务机检修需求。南通兴东国际机场通过与中国商飞合作，成为国产大飞机测试的备降机场，也值得潍坊参考。②航空制造业。航空制造业包括飞机总装、零部件制造、航电设备制造等一系列产业。这一行业门槛高，发展难度较大，需要加大招商引资力度，引入龙头企业，才能逐渐形成相关产业链。天津航空制造业的发展值得潍坊学习与参考。天津聚集了飞机零部件制造（如西飞机翼、四川海特、105 厂）、飞机总装（如中职直升机、空客总装）等全产业链的企业，是中国重要的航空产业基地。但相比西安、成都、沈阳、哈尔滨等中国传统飞机制造基地，天津航空产业发展始于 2006 年引进空客 A320 总装生产线，随后快速形成了产业集聚，聚集了一批国内外配套企业。2007 年，依托天津机场，天津市成立了天津航空产业开发有限公司，其背后大股东分别为中国民航大学和天津市政府，为天津后续航空产业聚集发挥了重要作用。③临空制造业。临空制造业通常涉及高货值小体积的电子、光学产品、医药产品等产业。2021 年来富士康与郑州新郑机场形成良性互动，郑州机场成为全球电子产品的主要物流节点。重庆机场周围也布局了大规模电子产业园，制造业与机场也形成了互相支撑的良性互动。稻田新机场也应当规划高规格保税制造园区，重点引进与发展的企业应当能够促进潍坊参与东北亚产业协作。本土的歌尔声学、共达电声等企业可以直接受益于临空制造业园区的发展。同时这一园区还可以进一步引进日本、韩国、中国台湾等的高端电子制造业企业。相对于郑州、重庆等内陆城市，潍坊距离日本、韩国更近，离中国京津冀和长三角两大消费市场距离也更近，物流竞争优势明显。④临空精品与休闲农业。寿光作为潍坊最重要的精品农产品生产基地，大量农产品长期出口日本、韩国。通过空运的优势可以使农产品在更短时间内在日韩上市。机场对于精品和高附加值的出口农业具有重要的支持作用。依托周边乡镇农业用地，潍坊可以发展高端农产品种植区，或建设国家农业综合改革示范区的延伸园区。同时，机场也可以与寿光菜博会形成良性互动，向中转过境旅客宣传推广休闲农业旅游项目。可以考虑在机场建设菜博会分馆，参考新加坡樟宜机场的模式，使机场本身承担一定的休闲观光功能。

三是保证机场独立性，使机场发展方向与城市发展方向相一致。2003 年开始，民航总局将机场管理权下放到地方政府，但近几年各省政府有收紧机场管理权的趋势。山东机场管理集团已整合了济南、烟台、威海、临沂、日照、东营 6 个机场。目前，潍坊机场仍在潍坊国资委的全资控制之下。建议潍坊市要保持对潍坊新机场的控股，要能够主导潍坊机场的发展方向，将机场建设与城市产业发展紧密结合。除了山东省，广东省也在对分布于地级市的区域机场进行整合，而江苏省则保持了区域机场的相对独立性。哪种模式对于机场发展更好没有定论。但对一个城市来说，机场是对外交流的重要门户，不仅自身要运营盈利，也需要发挥支持城市形象塑造、推动城市对外交流的作用。以无锡苏南机场为例，原本设计方案是无锡和苏州共建苏南机场，但无锡市完全控制机场的股权。尽管苏南机场距离苏州并不远，但是与苏州的联系并不密切。因而，苏州一直在谋划建设自己的机场。泉州晋江国际机场位于泉州经济最强的县级市晋江市，泉州市政府和晋江市政府均为大股东，而泉州所辖县区政府也为机场股东。机场运营总体考虑到了各个县（市、区）的需求，起到了服务地方的良好作用。城市与机场发展互惠互利，有时也需要城市的财政对机场进行补贴。成都机场和昆明机场原都为西南地区对外交流的重要门户。昆明机场距离国外城市更近，地缘优势更加明显。但成都机场长期对国际航线进行补贴，逐渐在与昆明的竞争中占有先机，已成为中国西部对外开放的第一门户。早在 10 年前，成都就开始对开通洲际航线的航空公司进行大量补贴，随着航线和客流的稳定，成都已成为国际客流中转的重要节点，补贴退坡之后许多航线依然能够维持。近几年，成都又增加了对货运枢纽建设的补贴，对进港国际货物、出港国际货物分别给予 0.15 元/公斤、0.2 元/公斤的财政补贴。可以说，成都能够取代昆明成为西南对外开放的最重要的门户，与城市自身的发展和地方政府采取的补贴策略都有重大关系。成都机场尽管股权多元化，但大股东主要由四川省和成都市的国企构成，国企共掌握了 53%的股权，这也保证了机场的发展方向能够贯彻四川省和成都市的发展战略。成都机场的发展经验值得潍坊借鉴和学习。在建设方面，建议潍坊市要努力争取上级资金支持。机场建设投资通常由中央预算内资金、民航发展基金和地方政府投资三部分构成。通常，中小城市的机场建设，中央预算内投资大多在 18%~20%之间，民航发展基金投资在 35%~40%之间，地方政府的投资在 40%左右。刚刚建成的菏泽机场，山东省投资 5%，菏泽市政府投资 43%，菏泽市国资委目前对机场建设投资有限公司和管理有限公司两家公司 100%持股。潍坊可以参考菏泽经验，保持对新机场的控股。

三　内贸为主，外贸为辅，将潍坊港打造成渤海大港

由于水运的成本远低于铁路和公路，各省都在纷纷挖掘水运潜力，各个城市也都将水运发展作为发展重点。仅“十三五”期间，广东省在内河航道上的投资就高达600亿元，江西省达到477亿元，相对偏远的贵州省和四川省也都达到200亿元。尽管山东动作较慢，但“十四五”期间仍然着力推动小清河复航工程和大运河通航工程，不断挖掘内河水运的潜力。

潍坊港目前未能发挥出应有的作用：一是受自然环境约束，码头吨位较小，港口疏浚成本较高；二是交通基础设施连通性不足，疏港公路铁路设施不完善。多重作用导致潍坊港腹地仅限于港口周围临港工业，未能有效服务潍坊经济社会发展大局。港口的发展与潍坊综合交通枢纽的打造息息相关，与潍坊产业发展息息相关。建议潍坊高度重视港口发展，将港口建设纳入综合交通体系建设，将港口发展为渤海区域首屈一指的货运港口。具体对潍坊港的建议如下。

一是重点定位为内贸为主，外贸为辅的港口。潍坊港当前条件限制了停泊大型货轮的能力，且配套产业与青岛港、日照港等国内大型港口差距较大。远洋货轮的吨位通常较大，目前潍坊港承接能力有限。建议潍坊港重点定位内贸，发展环渤海内部以及沿海和沿江区域的内贸航线。近年来依靠内贸，我国沿江港口快速发展，重庆港、南京港等港口的利润增速均居全国前列。在目前以内循环为主的双循环格局下，内贸比重逐渐提升，内贸发展潜力巨大。2012年，我国港口外贸吞吐量约为30亿吨，内贸吞吐量约为75亿吨；到2019年，我国港口外贸吞吐量约为40亿吨，内贸吞吐量约为100亿吨。内贸增速逐渐加快，其中内河港口贸易是增速加快的主要来源，年均增速超过5%。从全国港口群来看，长三角沿海港口和长江沿岸港口货物吞吐量增长很快，环渤海区域呈现差异，山东半岛的青岛港、烟台港货物吞吐量增速均较快，而唐山港、营口港货物吞吐量增速相对较慢。从供应链来看，潍坊企业的上下游客户主要集中在长三角、珠三角和长江沿岸。潍坊港的发展要和潍坊产业发展紧密结合，航线应当重点开拓到长三角区域港口、粤港澳大湾区港口和重庆、武汉等长江沿岸港口。同时也要高度重视外贸，重点发展东北亚区域航线，尝试拓展东盟航

线，以发展到韩国、日本、俄罗斯远东、东盟的小吨位快运为主，通过提升物流效率来提升综合竞争力。日本、韩国、俄罗斯均为我国特别是山东的重要贸易伙伴，尽管近两年与日本、韩国贸易增速有所放缓，但随着RCEP的签署以及山东自贸试验区的起步，区域间合作水平必然会不断提升。随着中国居民收入的增长，贸易结构也在发生变化，中国消费者对日韩高质量产品的需求也不断增加，跨境电商蓬勃发展。2020年，中国跨境电商渗透率已达38.9%，8年期间增长了接近5倍，日韩产品一直受到中国消费者青睐，未来仍有很大增长空间。目前物流成本和时效仍是制约跨境电商发展的重要障碍。潍坊港以区域快运为重点发展方向，可以更好地参与东北亚贸易格局。目前，全国各地对韩国消费品主要通过威海进口。尽管威海到韩国的水运距离相对较短，但威海偏居山东一隅，陆运交通并不便利。潍坊已经是国内电商陆运的节点，若能与潍坊港紧密配合发展区域快运，就可以实现电商物流成本与时效的有效平衡。特别是国内电商在保税区广泛设置中转仓以提升物流时效的背景下，潍坊水陆结合发展的优势更是大于威海。东盟是目前中国最重要的贸易伙伴，也是未来增长潜力最大的区域。1960年至2019年，中日韩三国与东盟的贸易年均复合增长率为13%，而且增长速度较为稳定。中日韩加东盟已是全球最重要的贸易区，贸易总量占全球总量的1/3。潍坊必须更有效地参与中日韩与东盟贸易网络建设。国家提出西部陆海新通道的战略，打通了西部通向东盟的陆上交通，但由于水运物流成本较低，沿海与东盟合作仍存在很大的物流成本优势，并且前些年东部许多企业将劳动密集型产业向东盟转移，使产业合作也具有一定的基础。潍坊港的发展也要高度重视拓展东盟市场，尝试开拓东盟航线。对于与潍坊企业进出口密切相关的航线以及对潍坊港有重要拓展价值的航线可以给予一定补贴，这样可以促进潍坊本地企业利用潍坊港进出口，形成更好的港城联动的态势。

二是逐步扩张港口规模。从苏州港、南京港等内河港口建设经验，以及黄骅港、天津港、曹妃甸港、营口港等渤海港口建设经验来看，自然条件并非潍坊港发展的最大约束，潍坊港面临的最大约束在于当前港口货运量无法支撑港口进一步建设和扩张。与机场类似，港口也只有做大做强才能实现盈利。做大做强也是潍坊港的出路。目前，我国港口的收入主要是装卸费，而装卸费与吞吐量直接相关。港口具有规模经济效应，吞吐量越大，越能摊薄人工、燃料、材料等成本费用。建议潍坊明确港口发展规划，近期重点拓展5万吨级的集装箱泊位，远期定位区域重要港口，推动潍坊港发展成为渤海湾内主要港口之一。潍坊港目前主要由液体化工、通用和多用途三类泊位构成，集装箱处理能力偏弱。要充分发挥潍坊港对潍坊产业的支撑作用，就需要重点发展集装箱码头。中国内陆运输集装化率仅有6%，远低于发达国家75%的水平；港口海铁联运率4%，远低于发达国家30%的水平；内贸集装箱占港口吞吐量比重为29%，远低于发达国家80%的水平。集装箱是未来发展的大趋势，包括传统的散货在内都在尝试以标准化箱的方式运营。早在2002年，交通部就发布了《关于加快发展我国集装箱运输的若干意见》，提出要大力推动集装箱多式联运发展，充分发挥沿海港口在集装箱多式联运中的枢纽作用，重视发展内支线和内河集装箱运输。2016年，国家发改委下发了《营造良好市场环境推动交通物流融合发展的实施方案》，提出推广集装化、标准化运输模式，加大运输设备集装化、标准化推广力度。要推动多式联运发展，集装箱码头必不可少。只有通过集装箱码头建设，潍坊港才能更好地辐射港口腹地，才能更好地服务于潍坊产业发展。要以港口为核心，发展临港产业，并将港口产业链嵌入潍坊产业体系之中。港口相关产业包括理货、配送、运输、货代、场站等核心业务，港务、修船、交船、燃料、水电等配套服务，以及银行保险、劳务代理、教育培训等相关产业。国内比较大的港口均实现了全产业链的发展，在这一点上潍坊港基础还比较薄弱。应当借助省港口集团的资源优势，对相关企业进行招商引资，围绕潍坊港上下游产业尽快塑造港口产业链。潍坊市要重视参股潍坊港。2007年以来，许多省份都整合港口，推动运费改革，避免邻近港口间的恶性竞争。广西、河北、福建、浙江、海南、江苏、辽宁、山东等省已对主要港口进行了整合。潍坊港是山东港口集团的全资子公司，潍坊市发言权有限。建议潍坊争取参股潍坊港，可以考虑滨海新区、寿光市都持有一定股份，更好地协调港口与所在地区的关系。可以参考省港口集团与青岛港的关系，青岛市国资委持有青岛港集团51%的股份，山东港口集团持有49%的股份，青岛市保持了对青岛港发展方向的一定发言权。

三是建设疏港交通体系。全国主要港口，均有疏港高速和疏港铁路接入，并且各港口均在加速综合交通体系建设。以疏港铁路为例，环渤海港口营口港正在规划建设鲅鱼圈和仙人岛两个港区的疏港铁路，天津港正在建设东江港区进港三线铁路，其他重要港口如青岛港、连云港港、南京港等港口都在建设产业园区到港口的专用线。高品质的疏港公路更是港口发展的命脉，即使是距离潍坊港较近的东营港也有疏港高速接入，江苏大丰港、苏州太仓港、宁波象山港、日照岚山港等国内大小港口都专门成立项目公司建设和运营疏港高速。疏港交通体系的建设决定了一个港口能够服务的腹地范围。潍坊港目前疏港铁路公路体系不完善，决定了港口腹地只能覆盖港口周边区域。建议潍坊将疏港交通作为潍坊港发展的首要任务，尽快建设潍坊港到荣乌高速的疏港高速公路，提升陆海联运的物流效率。建设连接潍坊港各港区与德龙烟铁路的疏港铁路，一方面解决大宗散货的物流瓶颈，另一方面也为潍坊大型机械设备产品外运提供重要通道。小清河复航工程是潍坊港发展的重要历史契机。一旦航道开通和济南港投入使用，小清河水道将成为进入山东腹地最便捷的和成本最低的物流通道，小清河的自然条件限制了大型船舶进出，潍坊港自然将承担起由海运转内河的重任。山东省已规划在“十四五”期间推动小清河复航，潍坊港也应当未雨绸缪，做好转口港的基础设施建设工作和配套上下游企业的招商工作，争取成为山东内陆出海的核心物流节点。

四　完善公路铁路网建设，巩固潍坊综合交通枢纽优势

完善的公路和铁路网络是潍坊物流业重要的竞争优势。“十四五”期间潍坊有必要优化公路铁路网络，加快高速铁路枢纽建设，完善货运铁路网络，完善道路交通体系，进一步巩固交通区位优势，打造潍坊综合交通枢纽。

公路和铁路网络建设对于潍坊产业竞争力的塑造具有重要意义。公路运输和铁路运输覆盖的客户群体和服务的主要产业有所区别。据统计，我国物流铁路运输平均距离为700公里，公路运输平均距离为200公里。以潍坊为中心，700公里半径内，铁路可以覆盖山东半岛、京津冀、中原城市群、长三角的上海市和江苏省，覆盖范围的经济总量占全国的半壁江山。以潍坊为中心，200公里半径内，公路可以覆盖山东半岛主要城市。铁路运输成本更低，公路运输更为灵活，二者各有优势。铁路运输成本约

为 0.2 元（吨/公里），公路运输成本约为 0.35 元（吨/公里），即使考虑到装卸费等其他费用，铁路综合成本仍低于公路，特别是在大宗货物长距离运输方面，铁路运输成本优势明显。但在对运输效率要求较高的农产品等领域，公路的优势仍不可替代。尽管航空和铁路运输发展迅速，但近 20 年我国公路货运量占总运量的比重始终稳定在 75%上下（2020 年公路货运占比为 73.8%），公路运输是我国最主要的货运方式。相比之下，铁路与水路占比分别约为 9%和 16%。对于潍坊当前的主导产业来说，公路网和铁路网运输更是重中之重。

对于潍坊目前重点打造的千亿产业集群来说，铁路物流的发展可以有效支撑动力装备、汽车制造、高端化工产业的发展。特别是在山东省承接中国与上合组织国家产业合作的背景下，铁路运输具有不可替代的作用。相对来说，食品加工业、新一代信息技术产业、生物医药重点产业对公路运输和航空运输的要求更高。潍坊铁路公路基础较好，但近年来也面临着新崛起的临沂、菏泽等城市的竞争压力，“十四五”期间仍需加大投资力度。

高铁近些年改变了中国城市的竞争格局。山东高铁起步较晚，目前已初步形成了以京沪高铁山东段和济青高铁为骨干、鲁南高铁和青荣城际为辅的高铁通道。山东目前真正可称为高铁枢纽站的仅有济南西站，济南西站每日始发及过路列车 335 车次，在京沪高铁沿线仅次于南京南站（663 车次）和徐州东站（383 车次）。在京沪二通道建成之后，潍坊北站将成为山东省仅有的四条高铁线路交会的车站（济青高铁、京沪二通道、潍烟高铁、潍莱高铁）和胶东半岛青烟威三市的高铁门户，战略位置十分重要。但也要意识到，京沪二通道建成之后将在临沂北站和鲁南高铁交会，临沂将成为北京至上海、青岛至郑州高铁通道的交会点，潍坊跟临沂的交通枢纽之争将更加白热化。

京沪高铁二通道与现有的京沪高铁在功能定位和对城市发展的影响上都有所区别。京沪高铁的长度为 1318 公里，目前确定的京沪二通道的距离约为 1200 公里，考虑到其中长度 304 公里的连镇高速铁路设计时速为 250 公里，京沪间的旅行时间并不会缩短。考虑到京沪二通道沿线设站较多，并且所经过的城市人口总量和人均 GDP 等经济指标均显著落后于京沪高铁沿线城市，京沪二通道的主要作用是服务于沿线经济发展，且一定程度上可以为京沪高铁分担一部分客流。从京沪高铁的历史经验来看，航空线路仍旧承担很大一部分京沪间的直达客流，而高铁除直达客流外，更重要的是北京、济南、徐州、南京、苏州、上海这几个重要城市的中间客流。京沪二通道开通后，客流量会重点集中在潍坊、临沂、南通几个人口大市。但与京沪沿线城市人口集中不同，京沪二通道沿线县域经济相对发达，人口大市潍坊（213.9 万人）、临沂（188.4 万人）、南通（215.4 万人）的中心城区人口均在 200 万人上下，所辖县区反而有不少人口大县。可以预见，通过京沪二通道的高铁在停靠站点上不会像京沪高铁那么集中，可能雨露均沾，沿途站点都会有一定的停靠车次。在这一背景下，高铁线的交会点将带来跨线列车，换句话说，只有交会点的车站才可能有更多车次停靠，从而成长为高铁枢纽。潍坊北站和临沂北站都有很大的发展潜力。

潍坊北站和临沂北站的竞争是两市综合实力竞争的重要延伸，将影响两市聚集人才和资源的能力。两个交通枢纽的建政固然依赖于两个城市自身的发展，但重要的外部因素是与青岛的融合发展关系。青岛和南通是京沪二通道周边城市中 GDP 超过万亿的城市。青岛和京津、长三角都有密切的产业合作。经由京沪二通道，青岛到北京、上海、南京等城市均不需再绕行济南。可以预见，京沪二通道开通之后，青岛才是全线最主要的客流来源。潍坊北站是青岛北上京津的必经节点，临沂北站是青岛南下沪宁的主要节点（途经诸城的联络线，另一节点为连云港）。客流量是铁路总公司决定车次停靠的主要参考。青岛的过境客流对这两个车站的繁荣与发展具有重要作用。潍坊作为胶东经济圈的重要城市，距离青岛很近，并且将融入青岛都市圈作为城市重要发展战略，在与临沂的竞争中有天然优势。同时，潍坊北站也是烟台、威海两个经济强市西进、北上、南下的主要节点，这一优势也是临沂北站不具备的。因此，潍坊北站不仅仅是潍坊的高铁站，更是胶东青、烟、威、潍四市的门户车站，应当成为胶东一体化的标杆性工程。潍坊市需要高度重视潍坊北站的战略地位，在城市规划、土地储备方面，都要以百年发展的眼光进行谋划。

综合考虑，建议在铁路公路建设方面，潍坊重点做好以下工作。

一是全力支持高铁交通枢纽建设。高速铁路是潍坊聚集高端人才和高端产业的重要支撑。京沪高铁二通道、潍烟高铁建成之后，潍坊将成为半岛地区对外交通的首要门户。①高度重视潍坊北站及周边区域的规划建设，要预留充足的发展空间。潍坊北站与临沂北站规模相仿（潍坊北站 7 台 20 线，临沂北站 8 台 20 线），在近期可以满足列车停靠需要（参考济南西站 8 台 17 线）。但在碳中和的大战略背景下，铁路运输将越来越重要，在中长期可能存在空间不足的问题。可以参考郑州东站（16 台 32 线）的规模，预留未来发展空间。②高度重视高铁建设工作，全力配合京沪高铁二通道和潍烟高铁建设。开展潍坊到曲阜高铁线路前期研究；开展潍坊、寿光、广饶、滨州高铁支线研究，进一步巩固潍坊高铁枢纽的地位。③尽快围绕潍坊北站高标准打造高铁商务区，尽快完善城市各功能区与潍坊北站的快速交通。优先实施联系潍坊北站与中心城区的城市轨道交通。④加大与半岛各主要城市高铁动车的车次密度，特别是推动潍坊与青岛之间高铁公交化，促进两市高端人才、资源共享。

二是完善货运铁路网络建设。货运铁路网络的完善是潍坊进一步巩固制造业优势，推动潍坊加快融入双循环格局的重要工作抓手。尽管潍坊铁路发展历史悠久，在山东铁路网中居于重要地位，但近年来在货运铁路上发展较慢，路网密度已低于济宁、临沂、淄博等省内城市。建议潍坊优先建设铁路专线。①由坊子经寒亭、滨海新区，连接胶济铁路与德龙烟铁路。铁路线可考虑客货共用，可开行动车组作为城际轨道交通使用。②由坊子经安丘至日照五莲，连接胶济铁路与胶新铁路，打通潍坊货运铁路南下通道。③由临朐至沂源接入瓦日铁路，打通青州南下通道，加强青州作为铁路枢纽的优势。④建设潍坊港接入德龙烟铁路的疏港专线，畅通铁水联运通道，加快构建潍坊港综合交通枢纽。⑤提升潍坊始发终到的中欧班列建设水平，提高运行水平和运营效率。

三是开展城市轨道交通建设。潍坊要建设强二线城市，全面提升城市品质，解决城市交通拥堵，轨道交通必不可少。建议潍坊一方面推动撤县（市）设区，提升城区人口数量；另一方面鼓励区县人口向中心城区聚集，尽快满足地铁修建的各项指标要求。争取轨道交通 1 号线和 2 号线尽快通过审批并开工建设，形成联通潍坊东西南北的交通大通道。推动城际轨道交通建设，提升所辖县（市）与潍坊中心城区的交通便利程度。灵活运用既有铁路开行城际动车组，优先满足跨城通勤需求。

四是提升高速公路网络建设水平。高质量和便利的高速公路网是潍坊交通区位优势的重要保障。潍坊高速公路网络建设水平仍需通过以下方式提升。①加快济青中线、明董、潍邹高速建设，围绕高速交点、节点建设产业园区和物流园区。②加快建设潍坊港各港区疏港高速公路，加强公铁水多式联运建设。③增强高速公路服务市域交通的功能，合理增加连接潍坊中心城区和各县（市、区）的高速密度，实现中心城区到各县（市、区）1小时通达。增加高速公路靠近城市主要功能区和产业园区的出入口，实现各园区15分钟上高速。

五是提升城市快速路建设水平。相比较其他二线城市，潍坊城市快速路建设较为落后，上下班高峰期道路交通拥堵较为严重。建议潍坊①推动城市主干道路高架化，主要路口立交化，提升连接城市各主要功能区间的道路交通效率。加快宝通街快速路建设；在城区北部规划建设贯穿城市东西的高架路；研究北海路、西环路等南北向干道高架化；力争在“十四五”末形成“两横两纵”的高架路体系。②借助境内国道省道提质升级，提升潍坊中心城区与所辖县（市、区）、各县（市、区）之间交通效率，在具备条件的道路实施客货分离或建设小客车专用道，提升小客车的行驶体验。③围绕潍坊新机场、潍坊北站、潍坊港规划客运和货运交通廊道，坚持客货分离的规划与建设思路，争取在“十四五”末形成连接各交通节点和各功能区的快速交通网络。

课题负责人：王冰林
课题组成员：山东大学段昊、王晟哲、董岳
潍坊市改革发展研究中心刘永杰、戴真真、孙潇涵
（2021年9月）

潍坊实施城市更新行动研究

课题组

一　城市更新的背景

（一）国际背景

过去十年中，世界城市人口首次超过农村人口，这是全球城市（镇）化进程的重要里程碑。根据相关研究，未来 20 年全球城市人口将增加 14 亿人，农村人口大规模向城市迁移导致城市建成区面积急剧增加，城市边界加速延伸。这种超出现有城市规划和管理能力的高速人口增长正导致“城市病”不断加剧，社会分化、经济衰退、环境污染和城市功能恶化等问题日趋严重。

为实现高质量城镇化和城市可持续发展，世界各国需要对城市建成环境进行不断的重构和优化，即城市更新。城市更新与建成区公共服务改善密切相关，通过集约高效的土地再利用、文化遗产的复兴和自然环境的恢复来提高城市的经济、社会和环境效益。在此背景下，城市更新的研究与实践在世界范围内受到广泛关注。

城市更新概念最早是 1958 年在荷兰首届世界城市更新大会上被提出的。这一时期的城市改造转向以提高城市人口承载力、满足经济振兴过程中人口向城市聚集的需求为重点。主要内容为对城市中心区土地的强化利用和大规模清理贫民窟、重建城市社区，以改善城市生存条件和物质环境。此后，发达国家在半个多世纪的城市更新实践与探索中积累了多方面的经验。在这一发展过程中，城市更新的主要任务已经从最初的“拆旧建新”“消灭贫民窟”等，发展为在综合性规划的前提下对存量城市资产的功能改造和价值再发现。城市更新被赋予了修复城市经济、协调经济与社会发展关系等多方面意义，人文、社会因素明显地被加入城市更新的目标中。

近年来，大多数国家的城市更新已不再单纯着眼于物质属性和经济因素，而是更综合地着眼于就业、教育、社会公平等社会发展的目标；在更新改造中也不再是简单地拆除重建，而是注重对存量建筑的人文、历史、社会等方面价值进行再开发，对更新对象整体环境的改造和完善。在城市发展中重视城市更新，这一趋势与可持续发展理念日益普及密切相关。在国际上，城市之间的竞争已经从经济总量、城市规模等方面，转向人文社会、人居环境、生态环境和可持续性发展能力等方面。

（二）国内背景

20世纪以来，我国城镇化进程不断加快。国家统计局报告显示，2000~2020年我国常住人口城镇化率由36.1%增加至63.9%，预计至2035年城镇化率将达到75%。相对应的是，我国城市开发趋近饱和，老城区公共服务和基础设施配套不足，人居环境质量不高，有待焕发全新活力。目前，我国已进入城镇化进程中后期的高质量发展阶段，需由“大规模增量建设”转向“存量提质改造与增量结构调整并重”，从推动“城市增长”向“城市成长”跨越式转型，从实施“拆改留”向“留改拆”转变，在激发城市活力的同时实现人居环境改善与历史文化延续。在此背景下，城市更新上升到国家战略层面。

“老的更新完，新的又变老”。城市越发展，城市更新越是一个核心、持续的永恒主题。这既是国际共同经验，也是中国特色城镇化发展新阶段的必由之路。在过去五年中，北京、上海、广州、深圳和重庆等先进城市率先在城市更新工作中发力，陆续推行试点项目，在此过程中不断试错，出台一系列针对性指导性文件与法律法规，逐步完善了我国城市更新的政策体系。尽管一些政策已初具成效，但实际操作过程中不免会遇到一些显性或隐性的难点问题，阻碍城市更新项目的实施与推进，全面实施城市更新行动仍相对艰巨。

二　城市更新的概念、项目类型与实施流程

（一）城市更新的相关概念界定

1. 旧区改造

根据《济南市旧区改造类城市更新项目认定标准及相关工作实施流程》，旧区改造项目认定标准一般是：改造范围内住宅占地面积占地块总面积的50%以上、达到棚户区认定标准的房屋建筑面积占住宅建筑面积的70%以上。旧区改造指按照城市规划、城市更新专项规划等要求，对房屋结构较差、使用功能和设施不全、市政公用基础设施薄弱以及危旧住房集中的区域实施改造和建设的活动。现阶段，旧区改造以达到国家、省棚户区改造标准的危旧房屋改造为主。

2. 棚户区改造

棚户区改造指各地政府严格按照《棚户区征收标准》和相关的法律法规，针对城镇中历史遗留的集中成片危旧住房、破房烂院，户距拥挤不堪、公共设施无法配套、消防出行和生产生活存在明显公共安全隐患的旧村旧城，本着满足群众出行、住房安全、生产宽敞、生活便利、公共安全能够应急保障和环境卫生能够保洁等需求的态度，消除公共安全隐患、优化生产生活环境。根据山东省最新修订的《城镇棚户区改造项目认定办法》，城镇棚户区主要包括位于山东省城镇开发边界内的老城区内脏乱差的棚户区、城市危房、全国重点镇棚户区。

3. 三旧改造

“三旧改造”是广东省特有的改造模式，分别是旧城镇、旧厂房、旧村庄改造。旧城镇主要是指各区、镇（街道）城区内国有土地的旧民居、旧商铺、旧厂房等；旧厂房主要指镇（街道）、村和工业园区内的旧厂房以及严重影响城市观瞻的临时建筑；旧村庄主要指城市规划控制区范围内的城中村，大量用地被城市工业区、物流园等产业园区占据的园中村，不再适宜生活居住、需要村民逐步迁出或整体搬迁形成的“空心村”。

4. 城市更新

城市是一种伴随人类社会发展而不断演变的生命体。从理论角度来

看，城市更新是指推广以节约利用空间和能源、复兴衰败城市地域、提高社会混合特性为特点的新型城市发展模式；还指在城镇化发展接近成熟期时，通过维护整建拆除、完善公共资源等合理的“新陈代谢”方式，对城市空间资源重新调整配置，使之更好地满足人的期望需求、更好地适应经济社会发展实际。从实践角度来看，根据《上海市城市更新条例》，城市更新是指在城市建成区内开展持续改善城市空间形态和功能的活动，具体包括以下几方面。①加强基础设施和公共设施建设，提高超大城市服务水平；②优化区域功能布局，塑造城市空间新格局；③提升整体居住品质，改善城市人居环境；④加强历史文化保护，塑造城市特色风貌等。

5. **城市有机更新**

城市有机更新概念由著名建筑学家吴良镛院士提出，他认为从城市到建筑，从整体到局部，整个城市如同生物体一样是有机联系、和谐共处的；他主张城市建设应该按照城市内在的秩序和规律，顺应城市的肌理，采用适当的规模、合理的尺度，依据改造的内容和要求，妥善处理关系，在可持续发展的基础上探求城市的更新发展，不断提高城市规划的质量，使得城市改造区环境与城市整体环境相一致。业界与学界人士普遍认为，过度的拆迁和重建会破坏城市特色，单一的城市改造会使城市失去多样性，因此必须从文化和生活的各个方面进行城市更新改造，重视遗产保护，保留城市的历史特色。城市有机更新是对城市遗产的最大尊重。城市遗产是城市肌理的重要组成部分，是一个城市历史与文化的象征，代表着一个城市独有的价值和面貌。传承、保护历史遗留的城市遗产的重要性日益受到重视，城市更新进一步发展为有机更新。成功的城市更新不是要推倒重建，而是要注重保护城市肌理，在尊重遗产价值的基础上为旧空间注入新的活力。在城市更新中，新与旧的完美结合正在成为表达城市遗产价值理念的方式。

6. **城市“微更新”**

城市“微更新”旨在以一些小改造、小更新重新焕发旧社区的活力。它的出现与流行，本质上是一种城市规划建设理念的革新，是在摒弃大规模城市改造后，采取的以渐进式、小规模的更新实现城市复兴的策略。在城镇化进程进入“下半场”的当下，人们对城市公共空间和多样化生活的需求日益增长，城市也越来越注重内涵品质的提升。相比过去偏重“宏大叙事”的做法，“微更新”成本低、灵活性强、参与面广，为城市发展带来了更多公共空间、拓展了更多可能性。比如，上海塘桥街道码头变身公共会客厅，南京秦淮区南航社区垃圾中转站成为社区书屋。以“小修小补”代替“大拆大建”，“微更新”成为城市治理与发展的一种潮流。

综上所述，尽管城市更新概念在国内已被提出多年，但目前该领域仍缺乏全国层面的统一认识。即便在业内，政策制定者与项目实践者就城市更新的理解也可能存在一定差异。我们认为，城市更新主要是指对城市建成区（规划基本实现地区）城市空间形态和城市功能的持续完善和优化调整，是小规模、渐进式、可持续的更新。

（二）城市更新项目分类

按照更新的客体不同，城市更新项目可划分为老旧小区更新、老旧厂区更新、老旧街区更新、城中村更新，即《2021年新型城镇化和城乡融合发展重点任务》提出的“三旧一村”。前三者“三老三旧”与城市规划的研究相对应，即居住地、工作地和公共空间，而第四种是城镇化发展和城市圈扩张后被包围在城市中心的一个“特殊空间”（见图1）。四种客体构成了城市的发展空间，在不同的城市地区属于不同的侧重点。

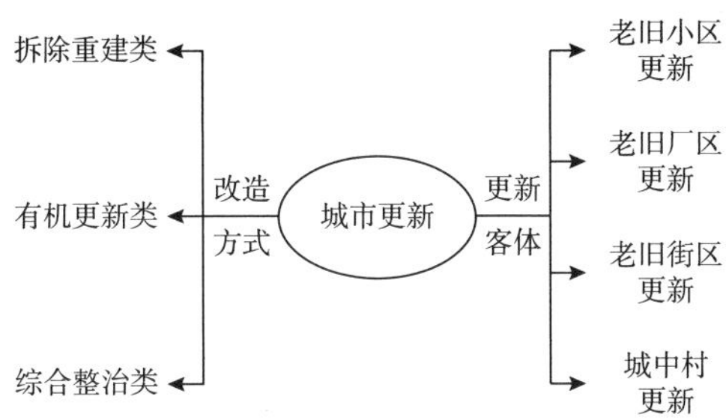

图1　城市更新项目的分类

按照更新的改造方式不同，城市更新项目可划分为拆除重建类、有机更新类、综合整治类。由于发展阶段不同，城市更新模式的重点也不相同。一般早期或特殊时期的城市更新以拆除重建为主，成熟发展中的城市更新以有机更新和综合整治为主。三类城市更新方式在实践中不是完全独立的，通常在某一更新片区或项目中同时存在三种模式，即“保留—改造—拆除”并存，抑或三类中的两种模式并存。但三类更新方式的运作机制、融资模式、政府支持力度有所不同。

表 1　城市更新项目的运作模式差异

类型	拆除重建类	有机更新类	综合整治类
主要特征	拆除原有建筑，重新建设，增量开发	保留为主，少量拆建（基本保留更新区域原建筑物主体结构，改变部分或全部建筑物使用功能）	基本不涉及建筑物拆建，通过整治、改善、保护实现环境美化与基础设施配套升级
土地使用权及用途	更新后大多数发生变化	更新后可变可不变	更新后基本保持不变
投资强度	重投资	中度投资	轻投资
投融资模式	类似房地产开发	政策性贷款、银企专项贷款、专项基金	政府专项资金
典型案例	棚户区与城中村改造、旧工业区拆除	历史住宅片区、旧工业区、文化街区和商业区	老旧小区改造、生态修复

在三类城市更新模式中，综合整治类主要是完善功能配套，侧重于社会效益和环境效益，创造的价值主要归业主分享，投入产出比不高，基本靠政府投资实施；拆除重建类通过一二级联动或协议出让、带方案出让等确保取得更新用地，可以吸引房企积极参与；有机更新类介于二者之间，通过功能用途改变提升价值，对于专业产业运营类企业（包括保险基金投资机构）等具有一定吸引力（见表 1）。

（三）城市更新项目实施流程

在城市更新项目实施过程中，责任参与单位涉及城市更新办公室、住建局、文化和旅游局、自然资源和规划局等部门。项目实施流程复杂，审批严格，需要各级单位协同配合，共同推进。不同类型城市更新项目的运作模式不同，项目实施流程也存在一定差异。参考总结上海、广州、济南等城市的有机更新项目运作模式，城市有机更新项目实施流程如图 2 所示。

三　城市更新的政策分析

（一）国家政策梳理

2020 年是棚改攻坚战进入尾声的一年，也是我国老旧小区改造开始快

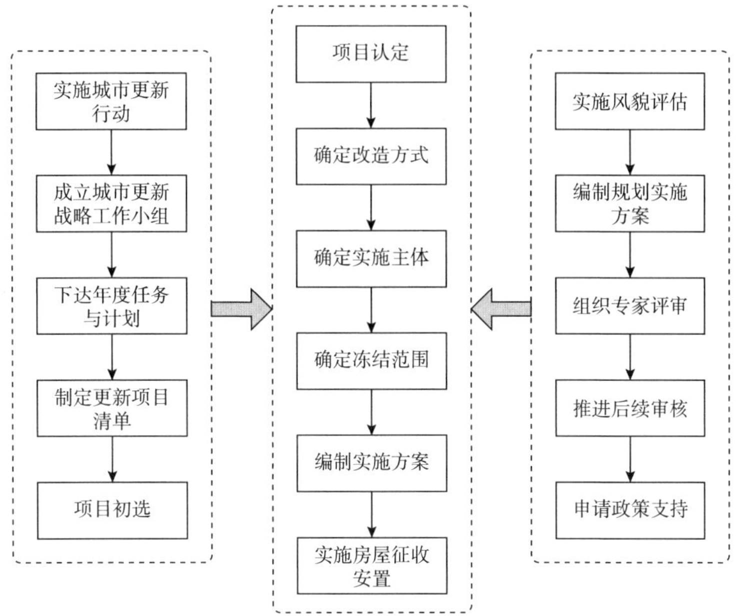

图 2　城市有机更新项目实施流程

速发展的一年。2020 年 7 月，中央发布《关于全面推进城镇老旧小区改造工作的指导意见》，提出到“十四五”期末，力争基本完成 21.9 万个的城镇老旧小区改造任务。

2020 年 10 月，中国共产党第十九届中央委员会第五次全体会议审议通过了《中共中央关于制定国民经济和社会发展第十四个五年规划和二〇三五年远景目标的建议》，明确提出实施城市更新行动。

2020 年 11 月，时任住建部部长王蒙徽发表题为“实施城市更新行动”的署名文章，进一步明确了城市更新的目标、任务和意义等，并且再次强调了力争到“十四五”期末基本完成 21.9 个城镇老旧小区改造任务。

2020 年 12 月，住建部召开全国住建工作会议，部署 2021 年的八大重点任务，提出要全力实施城市更新行动，推动城市高质量发展。同月，中央经济工作会议在北京召开，会议提出坚持扩大内需这个战略基点，要实施城市更新行动，推进城镇老旧小区改造。

2021 年城市更新的重要地位再次升级。3 月 4~5 日“两会”召开，时任总理李克强在会议中作的《政府工作报告》提出，“十四五”时期要实施城市更新行动，完善住房市场体系和住房保障体系，提升城镇化发展质量，未来五年城市更新的力度将进一步加大。自此，老旧小区改造数量进一步增长，新开工改造城镇老旧小区5.3万个，较2020年实际完成量增加约1.3万套。

2021年3月，第十三届全国人民代表大会第四次会议批准通过了国务院提出的《中华人民共和国国民经济和社会发展第十四个五年规划和2035年远景目标纲要》，提出加快推进城市更新，改造提升存量片区功能，2000年底前完成21.9万个城镇老旧小区改造，基本完成大城市老旧厂区改造，改造一批大型老旧街区，因地制宜改造一批城中村。

2021年4月，国家发改委发布了《2021年新型城镇化和城乡融合发展重点任务》，再次强调实施城市更新行动，即在老城区推进以老旧小区、老旧厂区、老旧街区，城中村“三区一村”改造为主要内容的城市更新行动。加快推进老旧小区改造，2021年新开工改造5.3万个，有条件的可同步开展建筑节能改造。在城市群、都市圈和大城市等经济发展优势地区，探索老旧厂区和大型老旧街区改造。因地制宜将一批城中村改造为城市社区或其他空间。

2021年8月，住建部发布《关于在实施城市更新行动中防止大拆大建问题的通知》，指出实施城市更新行动，要顺应城市发展规律，尊重人民群众意愿，坚持“留改拆”并举、以保留利用提升为主，严管大拆大建，加强修缮改造，注重提升功能，增强城市活力，在此基础上，该通知进一步提出了三方面要求。其中，在“坚持划定底线，防止城市更新变形走样”方面，要求严格控制大规模拆除，原则上老城区更新单元（片区）或项目内拆除建筑面积不应大于现状总建筑面积的20%；严格控制大规模增建，原则上更新单元（片区）或项目内拆建比不宜大于2；严格控制大规模搬迁，更新单元（片区）或项目居民就地、就近安置率不宜低于50%；坚持应留尽留，全力保持城市记忆，要求保留利用既有建筑，保持老城格局尺度，延续城市特色风貌。探索可持续更新模式，不沿用过度房地产化的开发建设方式，不片面追求规模扩张带来的短期效益和经济利益。

2021年11月，住建部发布《关于开展第一批城市更新试点工作的通知》，确定了包括北京、潍坊、烟台等21个城市在内的更新试点名单。在两年内，要求试点城市严格落实城市更新底线要求，转变城市开发建设方式，结合各地实际，因地制宜探索城市更新的工作机制、实施模式、支持政策、技术方法和管理制度。

综上所述，城市更新首次写入我国“五年规划”，意味着“十四五”时期及未来一段时间，城市更新的重要性达到前所未有的战略高度。从2020年7月至2021年11月，党中央、国家发改委及住建部等部门围绕城市更新陆续出台了多个重磅政策文件，提出了2021年老旧小区改造任务与整个“十四五”期间的改造目标；明确了我国实施城市更新行动的主调——以“三区一村”改造为主；进一步强调坚持“留改拆”并举、以保留提升为主，严格控制大规模拆除、增建和搬迁，尽可能保留城市历史建筑风貌与文化记忆；最终确定第一批国内城市更新试点名单，以形成可复制、可推广的经验做法。

（二）地方政策梳理

2021年以来，先进地区最新城市更新政策梳理如表2所示。

表2　2021年以来先进地区最新城市更新政策梳理

时间	城市	政策文件	核心内容
2021年8月	北京	《北京市城市更新行动计划（2021—2025年）》	明确主要更新内容包括：老旧小区改造、危旧楼房改造、老旧厂房改造、老旧楼宇更新、首都功能核心区平房（院落）更新等；提出具体的项目实施路径、责任单位和目标任务；提出制定配套的城市更新行动政策清单
2021年9月	上海	《上海市城市更新条例》	将城市更新定义为本市建成区内开展持续改善城市空间形态和功能的活动；坚持“留改拆”并举，以保留提升为主；遵循规划引领、统筹推进，政府推动、市场运作，民生优先的原则
2021年7月	广州	《广州市城市更新条例（征求意见稿）》	将城市更新划分为微改造、全面改造和混合改造三种模式；把历史文化保护放在首位，促进历史文化资源活化利用；鼓励微改造项目为城市发展提供产业空间

续表

时间	城市	政策文件	核心内容
2021 年 3 月	深圳	《深圳经济特区城市更新条例》	将城市更新划分为拆除重建和综合整治两种模式；加强对历史风貌区和历史建筑的保护与活化利用；设立市级与区级城市更新部门，建立统一城市更新信息系统；创设“个别征收+行政诉讼”制度
2021 年 6 月	天津	《天津市老旧房屋小区改造提升和城市更新实施方案的通知》	将城市更新任务划分为老旧房屋改造提升、老旧小区改造提升、其他政府主导的补齐基础设施短板和完善公共服务设施更新项目；坚持保护优先，注重历史传承，保护历史文化和城市风貌，延续城市历史文脉
2021 年 7 月	重庆	《重庆市城市更新管理办法》	将城市更新定义为对建成区城市空间形态和功能进行整治提升的活动，主要包括完善生活功能、补齐公共设施短板；完善产业功能、打造就业创新载体；完善生态功能、保护修复绿地绿廊绿道；完善人文功能、积淀文化元素魅力；完善安全功能、增强防灾减灾能力等

综上所述，尽管北京、上海、广州、深圳和天津等地的城市更新实践已走在前列，但仍处于不同的发展阶段，因此城市更新的政策完善程度不尽相同，不同地区的城市更新模式和路径也具有显著差别。比如，北京和天津围绕城市更新客体进行划分（即老旧社区、老旧厂房、老旧街区等），而广州和深圳则基于改造类型进行划分（即微改造、全面改造、综合整治和拆除重建等）。此外，由于不同城市的“本底”不同，更新需求不同，因此各地在互相借鉴的同时，也提出了结合本地实际的城市更新创新制度与方案。

四　先进地区城市更新的经验与推进难点

（一）先进地区城市更新经验

1. 北京（第一批城市更新试点城市）

北京市城市更新政策经历了“棚改”“旧改”“城市更新”阶段。2021 年，北京市明确实施城市更新行动，密集出台了多个指导性文件，包括《北京市人民政府关于实施城市更新行动的指导意见》《关于首都功能核心区平房（院落）保护性修缮和恢复性修建工作的意见》《关于老旧小区更新改造工作的意见》《关于开展老旧厂房更新改造工作的意见》《北京市人民政府关于实施城市更新行动的指导意见》《北京市城市更新行动计划（2021—2025年）》等。

北京市城市更新行动提出了具体的项目实施路径、责任单位和目标任务，聚焦城市建成区存量空间资源提质增效，提倡“小规模、渐进式、可持续”的更新模式。基本原则方面，强调“规划引领，民生优先；政府推动，市场运作；公众参与，共建共享；试点先行，有序推进”。从更新方式来看，北京市以街区为单元实施，按照街区功能定位，结合市民群众和市场主体意愿，以项目化方式推进，主要包括老旧小区改造、危旧楼房改建、老旧厂房改造、老旧楼宇更新、首都功能核心区平房更新等方式。总体更新方向仍以非拆除重建的更新方式为主。从实施路径来看，比较突出的亮点是可以协议、作价出资等方式委托专业机构作为实施主体，经营性设施以协议或其他有偿使用方式办理用地手续，审批权限上由区一级层面的部门和政府审批实施即可。供地模式上更加多样化。资金层面，城市更新所需经费涉及政府投资的主要由区级财政承担，各区政府应统筹市级相关补助资金支持本区更新项目，鼓励市场主体投入资金参与城市更新。

2. **济南（对标城市）**

为加快落实省委、省政府“强省会”战略，济南市谋划“东强、西兴、南美、北起、中优”的城市发展新格局。2020年12月，济南成立了“中优”战略工作领导小组，办公室设立在市住房城乡建设局，下设综合推进组、规划编制及指导落实组和政策研究及工作实施组，负责主城区范围内城市更新工作的保障和推进。

济南市陆续出台《关于加强历史文化保护深入推进城市有机更新的通知》《关于进一步加强历史文化街区、传统风貌区和历史建筑保护的通知》《关于加强历史风貌保护深入推进城市有机更新的若干措施》《济南市城市更新财政专项资金管理办法》《济南市旧区改造类城市更新项目认定标准及相关工作实施流程》5个城市更新政策文件，明确了“市区联动、以区为主、功能型国企实施”的政府主导模式，即以区政府为主体、济南市城市发展集团等市级投融资平台与区级平台合作实施的模式。在此背景下，济南市城市发展集团成立了城市更新工作事业部及城市更新公司，由各区成立合作三级公司，市区协同推进项目实施。

济南市城市更新模式主要以综合整治（对应整治和改建）和旧区改造（对应拆建）为主。建立城市更新财政专项资金，鼓励市、区功能性国企积极争取国家政策性贷款实施城市更新，利用好商业银行城市更新相关贷款产品。规定在旧区改造的范围内住宅占地面积占地块总面积的50%以上，达到棚户区认定标准的房屋建筑面积占住宅建筑面积的70%以上，并严格按照住建部提出的拆除比、拆建比和就近安置率等指标开展城市更新工作。对于经认定的城市有机更新、历史风貌保护实施项目，明确提出“开发权转移”“规划用地性质调整”“建筑面积奖励”“带实施方案挂牌”“重点项目土地出让金全返”等支持政策。

3. 广州（城市更新典型城市）

2009年以来，从“三旧”改造到城市更新，广州出台了大量城市更新相关政策，逐步建立了涵盖法律规章、政策、标准指引等方面较为系统的城市更新规划编制。截至2020年下半年，广州市形成了“1+1+N”的城市更新政策体系。其中“1+1”指《关于深化城市更新工作推进高质量发展的实施意见》和《广州市深化城市更新工作推进高质量发展的工作方案》，“N”指15个配套政策指引文件，其中，《广州市城市更新实现产城融合职住平衡的操作指引》《广州市城市更新单元设施配建指引》《广州市城市更新单元详细规划报批指引》《广州市城市更新单元详细规划编制指引》《广州市关于深入推进城市更新促进历史文化名城保护利用的工作指引》5个指引已经市政府同意，由广州市规划和自然资源局正式印发实施。

在更新模式方面，广州的城市更新包括微改造、全面改造和混合改造三种，注重推进历史文化保护及活化利用，加大对城市更新微改造的支持力度。在更新原则方面，强化系统观念、全生命周期管理，推进成片连片更新。在总体目标方面，较为特色的内容是围绕“产城融合、职住平衡”，制定多维度职住平衡指标体系，指标体系应涵盖市域、行政区、商圈就业中心30分钟通勤圈。在实施主体方面，城市更新项目可以由权利主体、市场主体或者政府组织实施，符合规定的也可以由权利主体与市场主体合作实施。在资金方面，市、区负责城市更新工作的部门将城市更新工作经费纳入部门预算管理，市、区财政部门按照规定统筹保障有关资金需求。在土地集约利用方面，城市更新项目涉及土地整合、成片连片开发的，应当将改造范围内多个权利主体、市场主体的房地产相关权益转移到单一主体；或者在集体建设用地之间、国有建设用地之间进行土地置换。在规划可承载条件下，对无偿提供政府储备用地、超出规定提供公共服务设施用地或者对历史文化保护做出贡献的城市更新项目，按照有关政策给予容积率奖励；因用地和规划条件限制无法实现盈亏平衡的可进行项目等价值异地平衡。

（二）城市更新行动的推进难点

1. 资金平衡问题

不同类别城市更新项目面临的难点不同，资金难平衡始终是共性问题。特别是整片区域的更新改造项目，此类项目体量大、周期长，资金平衡困难，除了开发资金外，居民、商户的拆迁补偿与安置等资金是最主要的资金支出，并且需要提前筹措到位。上海、广州、济南等地区的城市更新试点项目大多依靠政府财政支持和国有企业出资，资金压力较大。虽然国家开发银行与商业银行可为城市更新项目提供政策优惠贷款，但目前城市更新项目认定在“住宅比、改造比、拆除比、拆建比”等指标方面极为严格，且国家开发银行要求自有资金投入20%以上，利率方面优势也不明显。

面对国家“十四五”规划提出的目标任务（完成21.9万个城镇老旧小区改造），各地政府将面临巨大的城市更新资金压力，仅仅依靠财政补贴、国企出资或银行贷款的方式显然是不可持续的，亟须寻求多元化的融资渠道。

2. 政策配套问题

阻碍城市更新项目实施推进的第二大困难是政策文件配套不完善，缺乏具体的法律法规和指导细则作参考。从整体上看，城市更新政策“缺细则、少标准、严管控、难落地”的现象比较突出。举例来说，尽管上海市政府、规土局和住建委等部门已出台一系列城市更新和历史文化风貌保护条例，但各区的城市更新项目仍会遇到实际操作难以符合现有法律法规或与之冲突的问题、现有政策未涉及且需要补充的问题，这些问题包括但不限于缺乏对具有保留价值的老旧房屋的认定细则及标准，改造修缮后的房屋无法满足现行的住宅设计标准等。就济南而言，城市更新项目“带方案实施挂牌”“出让金全返”等土地支持政策缺乏具体的操作细则，无法直接指导实践，可操作性较弱，涉及相关部门的项目推进压力较大。

3. 多方参与问题

城市更新是一项复杂的系统工程，涉及多方利益关系。引导社会多方力量参与城市更新有利于减少单方的压力、集思广益推进城市更新的进程，也有利于促进城市更新生态系统的形成，可以实现各方互相制约、互相促进、协调合作、互利共赢。然而，就目前国内实施城市更新的试点情况来看，主要的改造主体是政府和国企，公众、企业等参与不足，并未实现多方参与。

在政府层面，大多数地区的城市更新采取市区两级合作模式，由城市更新领导小组统筹工作。在项目实际推进过程中遇到的痛点、难点问题，往往需要向市、区两级不同职能部门层层反馈，或征求领域专家意见，共同商讨解决方案。由于涉及复杂的多方主体利益，临时组建的领导小组难以统筹全局、平衡多方利益主体关系，从而无法推动各政府职能部门相互协同，导致项目实施进展缓慢。

五　潍坊市实施城市更新行动的政策建议

潍坊从全国130多个申报城市中脱颖而出，入选全国第一批城市更新试点名单，这表明了国家层面对于潍坊城市更新潜力和价值的认可。按照住建部要求的试点内容，潍坊需在未来两年内“探索城市更新统筹谋划机制、探索城市更新可持续模式、探索建立城市更新配套制度政策”。以上三方面试点工作直接对应我国城市更新可持续推进的三大难点：分别是多方参与问题、资金平衡问题和政策配套问题，也是潍坊市实施城市更新行动即将面临的重点难点问题。课题组结合国内外先进地区的城市更新实践经验，提出以下针对性政策建议。

（一）迅速统一思想认识

一方面，落实城市更新行动，就是落实国家战略，就是抢抓国家战略机遇。从2015年中央城市工作会议提出树立“精明增长”“紧凑城市”理念，到2019年中央经济工作会议首次提出城市更新，再到党的十九届五中全会提出实施城市更新行动，城市更新已上升为国家战略。从发展阶段看，国内城市大规模城市更新及当年城镇化率，杭州始于2007年，城镇化率69.0%；广州始于2009年，城镇化率63.4%；青岛始于2012年，城镇化率67.1%；泉州始于2012年，城镇化率60.4%；济南始于2015年，城镇化率67.9%；嘉兴始于2015年，城镇化率60.9%。随着城市城镇化率超过60%，潍坊应当把城市更新作为提升城市竞争力的关键抓手。

另一方面，城市更新可以成为建设人民满意的现代高品质城市、实现三大目标的重要引擎和支点。城市更新意味着城市基础设施、公共服务设施和住宅建设等方面有巨大投资需求，将成为拉动经济发展的强大动力。"十四五"时期，潍坊要想实现GDP过万亿、进入全国大中城市前30名、成为二线城市的三大目标，最大的动力来自城市，最大的潜力也来自城市。

（二）谋划组织城市体检

2017年习近平总书记视察北京城市规划建设管理工作时，要求建立城市体检机制。住建部明确提出，城市体检是实施城市更新行动的基本路径。2018年住建部会同北京市率先开展城市体检工作；2019年确定沈阳、南京、厦门等11个城市为试点城市；2020年选择上海、济南、郑州、洛阳、衢州、赣州等36个城市作为城市体检样本城市；2021年选择59个城市开展城市体检工作。潍坊虽未入选城市体检样板城市，但建议及早谋划城市体检工作。

1. 建议研究制定潍坊城市体检指标体系

2019~2021年住建部每年发布的城市体检指标体系，均涵盖城市生态宜居、健康舒适、安全韧性、交通便捷、风貌特色、整洁有序、多元包容、创新活力八大领域，指标数量呈逐年增长态势，2019年36项，2020年50项，2021年65项。各试点城市在住建部发布的指标体系基础上，结合各地实际，增加体检内容，建立既体现国家要求又反映城市特点的体检指标体系。沈阳作为2019年试点城市，着力构建特色"36+N"城市体检指标体系。重庆、成都作为2020年试点城市，分别构建"50个基本指标+19个特色指标+24个补充指标"93项自体检指标体系和"50+13"体检指标体系。建议潍坊市吸收借鉴样板城市经验，谋划建立有潍坊城市特色、符合潍坊发展实际的城市体检指标体系。

2. 建议抓住关键环节推进城市体检

城市体检主要包含数据采集、分析论证、问题诊断、形成体检报告等环节，抓住了这些环节就抓住了关键。数据采集环节，应以公开发布的统计数据为基础，结合现场采集数据和互联网大数据，建立城市体检基础数据库；分析论证环节，应围绕城市体检各项指标，根据采集的各类数据，按照定性与定量、主观与客观相结合的原则分析论证，综合评价城市人居环境质量，查找城市建设和发展方面存在的问题；问题诊断环节，应将底线指标不达标问题列为严重城市问题，根据指标测算结果与目标值的差异，确定问题严重程度。

（三）健全完善制度机制

1. 设立城市更新专职机构

潍坊市印发的《潍坊市城市更新实施办法》提出成立潍坊城市更新工作领导小组，下设办公室在住建局，负责领导小组日常工作。在此基础上，建议潍坊学习上海经验，组建潍坊城市更新中心，即全市统一的城市更新功能性平台，组建起规划、资金、招商和项目实施团队，具体推进旧区改造、旧住房改造、城中村改造，以及其他城市更新项目的实施。市政府相关部门出台相应的赋权赋能文件，使该平台起到联结政府领导小组、城市更新公司及市场的桥梁作用，负责解决实际操作过程中遇到的“硬骨头”，充当潍坊旧改提速的全新“发动机”，统筹推进城市更新配套政策研究、利益协调和多方参与等工作，进而提高潍坊城市更新效率。这一“智囊团”举措在一定程度上可以解决政策配套和多方参与问题，并有助于潍坊城市更新试点过程中“三个探索”任务的深度落实。

2. 构建“1+N”城市更新政策体系

配套政策不明确落地，不但会导致城市更新行动“寸步难行”，还会制约多元主体参与城市更新的积极性。先进地区的城市更新行动为后续城市的政策制定奠定了重要基础。因此，建议有关职能部门围绕《潍坊市城市更新实施办法》这一核心文件，总结与学习先进地区城市更新实践经验，因地制宜出台 N 个对应的配套政策文件指引，包括法律法规和实施细则，构建具有潍坊特色的“1+N”城市更新政策体系。比如，在资金方面，出台《关于支持和鼓励社会资本参与潍坊市城市更新的指导意见》；在项目认定方面，出台《潍坊市城市更新项目认定标准及实施流程》《潍坊市城市更新保留保护建筑甄别细则》；在规划政策方面，出台《潍坊市城市更新容积率奖励及转移实施办法》《潍坊市城市更新规划土地实施细则》；在法律方面，出台《潍坊市城市更新相关法律法规说明》；在历史风貌保护方面，出台《潍坊市深化城市有机更新促进历史风貌保护工作的实施意见》；在建筑节能层面，为提前部署面向“碳中和”的城市建设低碳转型，潍坊市可在实施城市更新行动的同时进行既有建筑的绿色节能改造，出台《潍坊市深化城市有机更新促进既有建筑节能改造的实施意见》《潍坊市老旧建筑节能改造标准与规范》等。上述举措有助于潍坊市城市更新行动“弯道超车”，“站在巨人的肩膀上”制定更加合理、优化的配套政策。

3. 健全动员公众参与机制

城市更新的目标是改善居民生活环境，提高居民生活质量，只有通过广泛深入的公众参与，了解并协商各方需求，促进项目效益共享，才能实现多方共赢。此外，政策导向由“以拆为主”改为“以留为主”，居民势必会产生较大的心理落差，因为居民所得到的补偿会减少。因此，对于旧区改造和涉及历史风貌保护类的更新项目，街道办和居委会工作人员需挨家挨户进行方案宣传与意见征询，所有房屋改造过程尽可能地尊重居民意愿，接待办、信访办和居民代表每周举行一次工作会议，讨论实施过程中的难题和解决方案；同时，引入公众咨询监督委员会制度，充分保障市民群众的选择权、参与权、知情权和监督权；对特定地块进行城市更新项目认定前，组织相关领域专家进行多轮论证，并制定片区更新的策划和实施方案。以上举措旨在最大化地实现公众和专家参与机制，缓解居民心理落差。

（四）明确城市更新的主攻方向和重点领域

1. 更新项目进一步聚焦“三旧一村”

从中央政策任务目标，到地方政策及其前期实践来看，老旧小区改造、历史街区保护已成为城市更新行动的主要发力点。因此，建议潍坊市城市更新行动紧紧围绕“三旧一村”（老旧小区、老旧厂区、老旧街区，城中村）开展实施。结合潍坊实际，除了目前在开展的老旧小区改造项目以外，基于潍坊城市规划，对中心城区3个历史文化街区（十笏园、廿里堡火车站大英烟公司、潍柴老厂区）以及其他具有历史风貌保护价值的老旧社区、厂区开展有机更新项目试点工作。在更新过程中，坚持“留、改、拆”并举，兼顾历史风貌、文脉的保留保护和居民生活条件改善，并尽可能地保留原住民。注重从小规模、可持续的单个试点项目更新，逐渐扩散至一个片区的统一规划与更新。上述举措可以使潍坊市城市更新行动更加聚焦，紧跟中央政策，减小政策配套压力。

2. 老旧小区更新探索实行“自下而上”的居民自主改造

未来很长一段时间，老旧小区改造都将是城市更新行动的核心。涉及老旧社区改造和部分拆建的项目，可由居民自发形成房屋改造意向，通过多数决议的民主机制提出改造决定，并委托专业单位实施原地改建重建，改造成本应由居民全部或部分承担，而政府可利用城市更新专项资金进行适当补贴。若居民不愿出资或出资困难，可让出部分经营权、收益权给开发商。例如，允许开发商对新增面积和设施进行出租、出让或者商业开发，项目运作的溢盈价值部分优先弥补改建成本，再由居民和开发商协议溢余收益分配。该种模式让原本居民与政府、开发商之间因拆迁而产生的利益矛盾转化成互赢互利的动力，避免了强迁等不和谐问题的发生。此外，由居民发起的出资和资金运作，也在一定程度上缓解了政府资金不足的问题。但该种模式可能存在居民执行力不强、资金筹集能力有限等问题，政府部门应起到监督、协调和推动作用，如通过开放公积金贷款等拓宽居民筹资渠道。上述举措可以从根本上解决潍坊市老旧小区改造的资金平衡问题，并真正实现城市更新的公众参与。

3. 重视城市地下空间开发，实现土地集约利用

在城市地表空间有限的情况下，向地下空间发展是未来大城市发展的重要选择，更是城市更新行动的重大创新举措。因此，建议潍坊市在城市更新行动之际，充分开发利用地下空间。具体来说，规划部门研究制定《关于城市更新鼓励地下空间开发利用提高土地集约利用的指导意见》，支持企业将部分配套设施转至地下空间，城市更新项目的地下开发价格可适当优惠；另外，对地下产业业态进行规范引导。根据企业微利、百姓受益、政策允许的原则，可将部分商业、娱乐、办公、停车等配套设施转至地下，如建设地下便利超市、车库、健身房、街道养老照料中心等。这种方式不仅能满足保护历史建筑和房屋限高的要求，也能对发展城市经济、完善配套设施、方便人民生活起到积极作用，缓解用地紧张现象。需要强调的是，地下空间的开发必须经过科学规划和多方认证，提出合理的开发强度控制要求，进一步拓展开发利用内容，提高综合利用水平与效率。上述举措不但能实现城市土地的集约利用，还能为社会资本参与城市更新提供多元渠道，在缓解资金平衡难题的同时，进一步促进城市更新的多方参与。

（五）探索政府、市场、公众多方参与的可持续实施模式

一方面，注重政府引导。城市更新是改善城市面貌的民生工程和民心工作，实施这一重点工程需要政府和国企牵头，发挥国有资产市场化运营的优势。上海市城市更新和旧城改造行动以国资委下设的上海地产集团为主要力量，成立上海城市更新建设发展有限公司开展具体项目；济南市城市更新行动由国资委下设的济南城市发展集团牵头，成立济南市级城市更新事业部及城市更新公司。因此，建议潍坊依托国资委控股的城投集团，成立潍坊市级城市更新公司平台，然后再与各区合作成立三级公司，市区协同推进项目实施，从而形成“市区联动、以区为主、功能性国企实施”的政府主导模式。此举措有助于确定潍坊市实施城市更新行动的牵头单位、责任方与运作模式，通过多级部门协同配合，在一定程度上可以解决多方参与和资金平衡等难题。

另一方面，注重引入社会资本。想要实现可持续的城市更新和旧区改造必先解决资金平衡问题。考虑到政府财政压力，应加快探索城市更新的市场化路径，破除社会资本尤其是广大民营企业参与城市更新的壁垒，制定优惠政策吸引民营企业，从“利益输送”中抽身，创造公平、透明的市场环境，集聚更多有实力的社会资本，形成城市更新的更大合力。在此方面，建议潍坊学习北京，构建政府与居民、社会力量合理共担资金的工作机制，逐步形成居民出一点、企业投一点、产权单位筹一点、补建设施收益一点、政府支持一点等“多个一点”的资金分担方式，建立共同参与改造、治理社区、享受成果的城市更新资金平衡和良性循环的长效机制，包括但不限于社会资本通过提供专业化物业服务方式参与、通过“改造+运

营+物业”方式参与、通过提供专业服务方式参与（养老、托育、家政、便民等专业服务）、鼓励社会资本作为实施主体参与老旧小区和历史街区改造（区政府可通过“投资+设计+施工+运营”一体化招标确定老旧小区改造实施主体）等方式。上述举措可以大大缓解潍坊市政府的资金平衡压力，实现可持续的城市更新。

课题负责人：王冰林

课题组成员：山东财经大学司红运、曲衍波、韩球

潍坊市改革发展研究中心李少军、王文远

（2021 年 12 月）

潍坊新型城镇化推进策略研究

课题组

一　现状与问题

近年来，潍坊城市发展速度很快，由三线城市稳步成长为二线城市。但在城市体系中，潍坊中心城区人口相对较少，第七次人口普查数据显示，潍坊城区人口 251 万人，城区人口排名在二线城市中处于中下游（略强于中山、温州、惠州、珠海、金华、嘉兴 6 个城市），不利于城市集聚效应的发挥。烟台市在蓬莱撤市划区之后，城区人口跨过 300 万门槛，成为 I 型大城市。2022 年 7 月，国家发改委发布《“十四五”新型城镇化实施方案》，明确提出支持超大特大城市及 I 型大城市有序培育现代化都市圈。潍坊和烟台的竞争日趋白热化，“十四五”时期是实现赶超的关键窗口期，应当高度重视城镇化格局的塑造，为潍坊再创辉煌奠定基础。县域发展好、农业农村工作做得好一直是潍坊发展的特色和优势。潍坊在城乡融合发展方面基础牢固，具有在全省乃至全国树立城乡融合发展示范区的潜力。在当前城镇化格局中，潍坊既有优势和成绩，也存在部分问题。归纳如下。

（一）中心城区与县城联系不密切，都市圈发展基础不稳固

潍坊中心城区及其所辖县市城镇的产业自成体系，联系不够密切，未能形成“中心城区—县域—乡镇”多层次的产业分工体系。具体情况如下。

1. **产业关联不密切，龙头企业未能带动产业集聚**

潍坊上市公司供应链本地化率（上市公司的供应商和客户为本地企业的比率）仅为11.2%，其中上游供应商本地化率仅为9.1%，大大低于国内主要工业城市和省内主要城市的平均水平。这一方面意味着潍坊主要企业的供应链都在潍坊区域之外，未能充分发挥龙头企业对潍坊主导产业和中小企业的带动作用；另一方面也意味着龙头企业对潍坊区域依赖性较小，有可能在其他区域招商引资的优惠条件下离开潍坊。潍柴动力有17%的上游供应商在潍坊境内，其余的供应商主要聚集在上海、北京、青岛、常州等地。潍柴动力已经是潍坊供应链本地化程度较高的企业。相比之下，潍坊另一产业巨头歌尔仅有6.5%的供应商位于潍坊境内，而其主要供应商位于苏州（15.2%）、上海（10.9%）、深圳（10.9%）等地，并且歌尔在潍坊境内的供应商主要位于中心城区，与县域的企业关联很小。

2. **各主要行政区间交通关联不密切**

潍坊中心城区快速路体系建设尚不完善，奎文、潍城、寒亭、坊子四区行政中心间的平均距离约为15公里，但通行时间平均为35分钟，通行平均会遇到红绿灯20个，平均通行速度仅为每小时25公里，与其他二线城市比，城区交通便利度偏低。潍坊城区与区县间交通便利度同样较低，相邻区县间高速路建设滞后。潍坊主城四区到周边区县的平均距离为46公里，平均通行时间为62分钟，交通效率一般。而位于县域的青州、临朐、高密、诸城到其他县区的通行时间在1.5小时上下，与国家发改委设想的I型大城市发展一小时通行圈的差距较大。

（二）人口分布仍待优化

缺少人口集聚区不利于潍坊商业服务业的发展。潍坊人口分布展现出如下特点。

1. **城区人口少，但近年来人口聚集能力不断提升**

潍坊人口达到940万，人口数与南京（942万人）相仿，多于济南（934万人）、沈阳（907万人）、长春（907万人）等省会城市，但73.2%的人口集中在县域，城区人口仅占26.8%。从2010~2020年潍坊人口变化来看，中心城区吸引了县域人口转移，高新区（增长133.38%）、经济开发区（增长123.82%）、滨海开发区（增长41.53%）、潍城区（增长

25.60%）、坊子区（增长 15.57%）的人口增长速度均超过全国水平（5.38%）。为了提升城市功能品质，加快商业服务业企业聚集，潍坊需要进一步提升中心城区人口比重。

2. 县域人口持续减少

潍坊 11 个行政单位的人口增长速度低于自然增长率，呈现人口流失的特征。其中县域全部呈现人口流失态势，青州、寿光人口增长率（约 2%）低于全国人口自然增长率，诸城、高密、临朐、昌乐、昌邑、安丘、峡山 7 个县（市、区）呈现人口绝对数减少态势。需要指出的是，人口变化与经济增长并非直接相关。十年间，奎文、临朐、峡山等都取得了经济增长的好成绩（GDP 分别增长 173%、129%、167%），但人口增长不尽如人意（人口分别增长 1.95%、-0.03%、-20.04%）。即使是经济发展较好、人均 GDP 较高的地区，如昌邑（2020 年人均 GDP 8.0 万元）、寿光（2020 年人均 GDP 6.8 万元）、诸城（2020 年人均 GDP 6.1 万元）等人口也普遍流失。在人口流失的压力下，未来潍坊能够获得的新增建设用地指标、上级转移支付等资源将严重受限，县域高质量发展压力较大。

3. 县城人口少，乡镇人口多

2020 年，潍坊镇域（县城以外乡镇驻地）人口进入全国前 1000 名的乡镇数达到 15 个，占山东省的 23.8%，仅次于临沂市（18 个）。但潍坊镇域人口优势没有转化为经济优势。同年，潍坊镇域财政收入进入全国前 1000 名的乡镇数为 6 个，仅占全省的 8.3%，少于淄博（14 个）、济宁（8 个）、青岛（8 个）、威海（7 个）。既是财政大镇又是人口大镇的乡镇潍坊有 3 个，分别是寿光市侯镇、高密市夏庄镇、安丘市景芝镇。中央文件明确提出要发挥特大镇在服务人口方面的作用，潍坊在“十四五”新型城镇化发展战略中需要明确人口大镇和财政大镇的发展方向，处理好中心城区、县城和特大镇的关系。

（三）农业农村工作具有一定优势，但仍面临竞争压力

潍坊农业农村工作一直走在全省乃至全国前列，形成了获得习近平总书记高度肯定的“三个模式”。虽然潍坊农业农村工作亮点很多，但是从全省横向比较来看，仍有部分不足。具体体现在以下几点。

1. **农业总量大，但人均水平仍需提升**

2020年潍坊农业产值占全省农业产值的比例为9.6%，位列全省第3，略低于烟台（10.8%）和济宁（9.8%）。粮食总产量占全省粮食总产量的7.6%，位列全省第5，排在菏泽、德州、聊城、济宁之后。尽管农业总量大，但潍坊农业从业人员也较多。从人均产值来看，潍坊仅列全省第10名，人均产值不足第1名青岛市的1/3。农业由“规模大”向“大而强”发展是潍坊提升“三个模式”含金量所需要做的重要工作。农村生产力的普遍提升是推动潍坊新型城镇化与城乡融合的物质基础。

2. **亮点突出，但内部发展不平衡**

“寿光模式”“诸城模式”已成为潍坊农业的亮丽名片，两市农业产值分别占全市的20.7%和14.0%，从人均生产率来看，除寿光、诸城外，高密也表现亮眼。相比之下，临朐和寒亭农业产值总额和人均产值表现都欠佳，两地人均产值仅为寿光的一半。“三个模式”的生命力在于其可复制、可推广。潍坊应着力解决各区县间农业生产力发展不平衡的问题，以展示出“寿光模式”“诸城模式”在区域内的良好推广效果，为进一步拓展“三个模式”提供实践支持。

3. **在影响农业发展的战略性产业和高附加值产业方面，潍坊仍需努力**

截至2021年，潍坊获得农产品地理标志39个，数量列全省第4位，少于青岛（52个）、临沂（41个）、威海（40个）。尽管青岛和威海的农业基本盘弱于潍坊，但是在高端农产品经营方面走在了潍坊前面，值得潍坊警醒。冷链物流是高端农产品的保障，在冷链物流企业方面，潍坊有113家企业，数量少于青岛（290家）、济南（167家）、临沂（119家）。在号称农业芯片的种业产业中，潍坊规模和实力较强的企业（实缴注册资本500万元以上的企业）有162家，数量少于青岛（239家）、济南（167家），列全省第3位。在农村电商、生鲜电商、农业信息化企业方面，潍坊均弱于济南和青岛。尽管寿光在市场建设等农业流通领域早人一步发展，已经占据先机，但是基于互联网的流通企业和渠道掌握在济南、青岛两市的企业手中。对于未来产业的布局不足，可能会影响潍坊农业生产能力的进一步提升。

二　有关建议

“十四五”时期是潍坊实现跨越式发展的重要机遇期。新型城镇化与城乡融合是实现跨越式发展的重要动力。潍坊市需将城乡发展与产业发展统筹考虑，以城乡格局优化促进区域间产业协作，以产业发展吸引人口集聚和促进空间分布合理化。潍坊应争取迈入Ⅰ型大城市行列，稳步向强二线城市迈进，形成中心城区资源聚集能力强、县城发展专业化、特大镇发展特色化、农村发展生态化的多层级城乡发展格局。潍坊可在中心城区打造新一代信息技术、医药、高端装备制造和高端服务业产业集群，在县城打造装备制造、食品加工、现代化工等专业化集群，支持特大镇发展现代农业及带动就业能力强、财政贡献大的特色产业，促进区域内资源共享，发挥龙头企业的带动作用，形成本地企业间较为紧密的供应链网络。应进一步探索在城乡融合格局下拓展“三个模式”的途径，进一步研究和推广以寿光为代表的农业产业集群形成与发展的经验，总结提炼“以城带乡，以工补农”的潍坊实践，探索新型城镇化与城乡融合的“潍坊经验”。具体建议如下。

（一）加快中心城区高质量发展，强化潍坊发展“一个中心”

在我国二线城市中，潍坊面积大，人口分散，政治地位不高，城市亮点不突出，不利于人才、资本等资源聚集。由于城市景观、公共服务、基础设施等优势不明显，潍坊中心城区对所辖县域的人口聚集能力不强，在二线城市中人口增长速度偏低。

在潍坊现有的财力下，全面推动城市更新与新城建设难以兼顾。建议潍坊集中力量办大事，选择基础较好、区位优势明显、城市更新历史负担较小的区域重点打造精品城区（建议高新区），在城市规划、景观设计、配套建设、公共服务等多个方面对标国内城市建设的最高水平，打造“省内领先，国内一流”的高品质城区，形成城市对外交流的新名片新亮点，吸引省内乃至全国的优质资源聚集。可参考郑州举全市之力建设郑东新区、青岛将各种金融资源向崂山倾斜并打造财务管理金融综合改革试验区的历史经验。具体建议如下。

第一，聚集山东省内最高水平的医疗和基础教育资源。可借鉴上海虹桥国际医学中心的建设经验，发挥潍坊山东半岛交通中心的区位优势，在潍坊北站周边区域建设辐射全省的高水平的医学中心。第二，打造商业消费中心，将潍坊的高端消费者留在本地。吸引本土限额以上“批零住餐”企业在区域内聚集。引进建设覆盖不同消费层次的综合体（参考青岛海信广场、万象城、乐客城等面向不同层次的消费者的综合体），着力建设一座能够服务于高端消费人群的综合体。培育具有品牌影响力的商业街区（对标成都春熙路、重庆解放碑等街区）。第三，以未来城市标准推动基础设施建设。坚持以人民为中心的理念，在城市规划与建设中吸收新思想，采纳新技术，加快基础设施智慧化、信息化改造，在城市管理中探索引入数字孪生等新技术（住建部和辽宁省政府正在沈阳、大连、沈抚示范区开展试点工作，上海已建成杨浦大桥等多个项目），探索引入自动驾驶等未来交通方式的典型应用场景（可参考交通运输部办公厅 2021 年 174 号文）。

潍坊在打造精品城区的基础上，全面强化中心城区的引领作用，发挥中心城区对人口、资源、资本等要素的聚集作用。在稳步吸引人口向中心城区转移的基础上，紧盯国家政策，一旦有机会就应争取推动撤市（县）设区，争取“十四五”期间跨入I型大城市行列。

（二）点轴开发，形成“两横两纵”的新型城镇化骨架

着力在新型城镇化上有所突破，潍坊首先需要打破区县各自发展的分散格局，发挥好市级统筹规划作用，增强中心城区、县城、特大镇的产业关联。建议潍坊以中心城区为中心，以各区县政府驻地（县城）为节点，沿主要交通通道引导和布局产业与人口，形成串联中心城区、县城、特大镇的“两横两纵”空间格局。①横向：青州—昌乐—中心城区—寒亭—昌邑发展带。这条通道聚集了济青高速、济青高铁、胶济铁路、G309 与 G206 等，是山东省交通大动脉，区位优势明显。建议重点支持沿线新城和产业园区发展，使之成为潍坊人口与产业聚集高地。②纵向：滨海新区—中心城区—安丘—诸城发展带。这条经过中心城区贯穿潍坊南北的纵向通道，目前骨干交通主要由 S222 承担，未来京沪高铁二通道将成为南北客运走廊。该发展带上的滨海新区、高新区等区域的人口和产业近年成长迅

速，但沿线产业分工与协作仍需加强。这一发展带是潍坊由内陆城市向海洋城市转型的关键，是潍坊打开对外海运窗口以及南下融入长三角的关键。建议加快潍坊港疏港高速公路规划建设，推动该高速公路与S222潍日高速共同构成潍坊南下的快速公路通道。围绕安丘、诸城西等新建高铁站建设高铁商务区，形成与潍坊北站商务区分工协作的格局。发展壮大高速、国道交会点的产业园区，尽快培育协作紧密的南北产业带。③横向：临朐—安丘—高密发展带。目前这一区域东西交通不够便利，这既影响潍坊内部产业协作，也不利于其融入胶东一体化的大发展格局。同时，这一区域又是潍坊乡镇人口集聚的重要区域，聚集了9个10万人左右的大镇。目前在建的济青高速中线可以将三县（市）串联，打通东西向交通瓶颈，有利于发挥三地特别是临朐和安丘的区位优势。建议潍坊将这一发展带作为城乡融合的主轴，优化县城与镇域人口分布，加快推动集体经营性建设用地入市，围绕交通节点打造一批新型产业园区，形成人口有序流动、产业融合发展的城乡融合示范区。④纵向：寿光—青州—临朐发展带。尽管长深高速贯穿这一区域，但寿光、青州、临朐这三个县（市）产业关联度不高。寿光产业结构和供应链基本融入滨州、东营、淄博这一区域，而青州主导产业与潍坊中心城区联系更为密切。相比之下，临朐与各地联系都不够密切。这一区域呈现明显的北强南弱的特点。寿光除县城外还有台头、羊口、侯镇等经济强镇。而青州、临朐镇域经济偏弱。建议统筹三地发展，发挥寿光的龙头作用，依托长深高速的交通优势，形成潍坊西部产业隆起带。统筹发展三地建材、新材料、装备制造等优势产业，在市级层面对重大项目进行统筹布局。推动寿光现代农业优势向青州、临朐扩散，带动青州、临朐农业发展和农民致富，形成农村共同富裕示范带。

（三）提升县城和特大镇的服务能力，形成“多点开花”的发展格局

县域经济发达是潍坊城市发展的特点，寿光、诸城、高密、昌邑的多个县（市）都位于全国百强县之列。但在潍坊中心城区和青岛等经济强市的虹吸效应下，县域发展速度已跟不上中心城区的速度，人口也逐年流失。2022年5月，中办和国办联合下发了《关于推进以县城为重要载体的城镇化建设的意见》，强调了县城以及特大镇在新型城镇化体系中的作用，

将县城分为5类并分类施策。依据此分类，潍坊有安丘等6个县（市）可以归为人口流失县，高密和诸城两市具有发展成为青岛卫星城的潜力，昌乐、青州、安丘、高密、昌邑5个县（市）按主体功能区规划被归入农产品（粮食）主产区。同时，潍坊各县域均有特色经济和支柱产业，这些县域也可被归为专业功能县。在特大镇方面，潍坊也有一批人口和财政收入居全国前列的重要乡镇（街道）。从目前的情况来看，潍坊的县城很难被归入单一类别。潍坊应综合考虑统筹规划县域未来发展的路径、支持政策。结合潍坊经济社会发展基础及中央和省级各类规划和文件，建议如下。

1. 支持县城和特大镇人口集聚

人口分散在一定程度上影响了县城和乡镇提供高质量公共服务的能力，不利于商业服务业发展。建议全面摸排各县城、镇街人口规模、建设用地情况、医疗卫生和教育公共设施基础状况、产业发展状况，制定近期（2025）和中期（2035）各区域人口发展规划，并将此规划作为未来分配新增建设用地指标、公共服务基础设施投入的依据。通过支持县城和特大镇的产业发展、提升重点区域公共服务水平、支持农民进城购房等各类政策手段，引导人口有序向县城和特大镇聚集。

2. 夯实产业基础，加快形成产业集群

准确把握好中央对专业功能县的政策导向和培育方向，督促各县把握产业发展方向，形成区县产业专业化发展、区县间差异化竞争、区域内产业链协作的格局。各县应明确提出培育千亿级产业集群的方向，在招商引资、土地和金融等资源支持、产业资源共享平台建设等方面有所侧重，集中力量提升本地优势企业和产业在国内乃至国际的核心竞争力。

3. 加快服务业发展，增加就业机会

随着制造业的技术水平升级，制造业能够吸纳的农村转移劳动力越来越少，第三产业已成为我国吸纳农村转移劳动力的最主要的力量。县域和乡镇第三产业发展偏弱影响了其吸纳就业的能力，这也是县域人口逐渐流失的重要原因。建议各县认真研究本区域县城与特大镇第三产业发展规划，以提高就业数量为目标导向，出台支持第三产业发展的政策体系。采取“放水养鱼”的思路，“批零住餐”企业纳统工作可以缓推。

4. **有侧重地提升公共服务水平**

公共服务均等化是城乡融合的重要任务，但实现城乡公共服务完全均等的目标是不切实际的。潍坊多数农村及部分乡镇处于人口缩减的状态。在这一背景下，需要以人口的发展趋势为基础，有的放矢地分配公共服务和基础设施投入，并且将公共服务的改善作为引导人口合理流动的动力。建议稳步推动农村社区合并改造，推动农村社区人口规模扩大。建议在偏远农村探索使用分布式基础设施，降低管网线网的建设成本。加快农村信息基础设施建设，采取网上申报办理的方式，全面推动行政服务“一次不用跑”。发挥党群服务中心公共服务功能，将农民生产生活中的问题解决在基层。推动医联体、医共体等医疗服务机构建设，提升基层医疗水平。

（四）统筹城市更新与产业升级，依托市场化手段解决资金问题

潍坊近代城市化发展较早，奎文、潍城、坊子等中心城区及所辖各县城均有较为老旧的城区，城市更新工作量较大。2021 年潍坊被列入住建部第一批城市更新试点城市，肩负着为全国其他地区探索可复制、可推广经验的任务。潍坊城市更新任务重、投入大，难以仅靠上级资金和财政投入高质量地开展。建议潍坊以产业化的视角，深入研究全球城市更新的规律与经验，将城市更新与城市产业、业态等发展相结合，依托市场化的手段解决资金投入问题。建议如下。

1. **坚持适度改造理念**

住建部明确提出防止大拆、大建、大搬的原则。建议缺乏历史文化传承意义、商业开发价值不大的街区，秉持最低投入、最小改造原则，满足上级部门对城市更新的硬性要求即可。随着城市的发展和人口重新分布，部分城区难免衰落，这是全球性的规律。应当尊重规律，做好人口的引导性工作，引导具有一定经济能力的市民向新区转移。对老城区进行适度的适老化、便利化设施改造和景观更新改造，满足老年人和中低收入群体的居住需要，同时加强治安巡防，防止老旧城区成为违法犯罪滋生地。

2. **延续历史文化传承**

对于具有重要历史文化意义的街区，委托国内一流的历史文化和考古研究专家进行深入研究，高规格、前瞻性地制定保护规划。对于具有商业开发价值的街区，可以联合国内一流的地产公司进行改造开发，打造城市

亮点（参考广州永庆坊的案例）。对于商业前景不明朗的街区，可以考虑委托本市平台公司统筹保护与开发（参考福建晋江五店市、青岛即墨古城案例）。

3. 盘活低效工业用地

全面盘点区域内布局散乱、利用粗放、用途不合理、建筑危旧的存量工业用地，在符合城市总体规划的前提下，鼓励土地使用权人通过自主联营、入股、转让等方式对其使用的存量建设用地进行改造开发，支持各类工业用地转为M0新建产业用地再开发。

（五）巩固“全国农业看潍坊”的突出成绩，建设城乡融合发展示范区

“全国农业看潍坊”已经成为潍坊亮丽的城市名片。城乡融合是当前乡村振兴的重要手段，是支持“以工补农，以城带乡”的重要途径。潍坊城乡差距较小，具有在全省乃至全国形成城乡融合示范效应的发展基础。建议潍坊继续发挥优势，以寿光—青州—临朐、诸城—高密、国家农综区三个区域为突破点深入总结经验模式，形成城乡融合示范效应。具体建议如下。

1. 引导人口有序转移

潍坊在农业生产率方面与全国先进区域仍有较大差距。潍坊内部的临朐、安丘与诸城、寿光、高密差距也较大。推动农业生产率提升（以农业人均产值和人均GDP提升为重要衡量指标），必然伴随着农业劳动力继续向非农转移。需做好农村的人口人才规划，不断壮大中坚农民群体，做好老年农民的照护工作。以农村社区合并与改造为切入点，稳步推动农民集中居住。鼓励脱离农业的农村居民进城买房。同时，以户籍制度改革和公共服务均等化为抓手，打破由城入乡的制度性障碍，使农村能够留住人才吸引人才。稳步推动规模化经营，培育农业企业等现代经营主体，逐步推动农民职业化。

2. 补齐农业短板

潍坊在农业产业链高附加值的领域还有所欠缺，寿光、诸城的经验在全市还未得到广泛推广普及。建议下一步重点加快发展农业上游的种业、机械、装备、软件、科研等领域，以及下游的品牌打造、市场、电商、冷

链物流等领域，争取将农业产业链的高附加值部分留在潍坊。

3. **推动产业融合发展**

潍坊已经在产业融合发展方面取得了相当优异的成绩。寿光菜博会已经形成了全国知名的品牌效应。潍坊农业产业链长，在很多环节可以与工业和服务业进行结合。建议潍坊出台基于农业产业融合的发展规划，探索潍坊的主导产业、龙头企业与农业相结合的可能性及实施路线，鼓励企业将农业生产与产品加工、休闲旅游、生态康养、文化传承、科普教育等产业进行融合发展。

4. **稳步推动农村土地制度改革**

统筹规划并推动集体经营性建设用地入市。探索利用农村闲散土地、已退出的宅基地以及通过合村并点、土地整理等方式形成的建设用地，集中入市建设产业园区，在乡镇形成一批能够吸纳本地转移农民就业的小型制造业企业。

课题负责人：王冰林

课题组成员：山东大学段昊、邵晓燕、张玲

潍坊市改革发展研究中心李少军、王伟、王文远

（2022 年 10 月）

潍坊提升公共服务效能研究

课题组

公共服务是现代政府的基本职能之一。健全完善公共服务制度体系、推动公共服务高质量发展，既是改善人民生活品质、提升城市形象、扎实推进共同富裕的应有之义，又是形成强大国内市场、构建新发展格局的重要内容。

为全面了解潍坊市公共服务的发展水平、提升公共服务效能，本课题组在对浙江、江苏、山东15个城市进行比较分析的基础上，形成对潍坊提升公共服务效能的研究报告。

一　公共服务评价指标体系

（一）指标构建与研究方法

1. 指标体系

城市公共服务指数可用来衡量城市政府提供基本公共服务、解决民生问题的能力，包括政府提供基本公共服务的种类、数量、质量和覆盖范围。根据《“十四五”公共服务规划》等政策文件，借鉴中国社会科学院、北京大学的相关研究成果，在指标的城市级数据可得的前提下，遵循指标相关性、系统性原则进行公共服务指数的指标体系建构。整个指标体系由2个一级指标、8个二级指标、33个三级指标构成（见附录）。其中，公共服务能力主要是通过描述城市政府基本情况、各项政府服务能力等，观察影响城市公共服务发展水平的基础性因素；公共服务成效主要是围绕公共教育、科学技术、医疗卫生、文化体育、市政建设、社会保障、生态环境等方面，观察公共服务资源投入后的直接成效。

课题组力图通过统计计量方法，对城市公共服务基础、过程和结果进行全面系统的分析和比较，为潍坊市确定公共服务发展优势和劣势、规划未来发展方向提供重要参考。

2. **研究方法**

（1）数据来源

本课题研究以2021年数据为基准进行测算。各项基础指标数据来源于《中国城市建设统计年鉴》、《山东省统计年鉴》、《浙江省统计年鉴》、《江苏省统计年鉴》、各城市国民经济和社会发展统计公报、《第七次全国人口普查公报》、中国社会科学院和中国人民大学及其他研究机构相关数据库等。

（2）指标数据标准化方法

由于基础指标数据量纲不同、数值量级不同，因此需要对基础指标数据进行标准化处理，以消除量纲及数值量级对评价结果的影响。标准化方法采用阈值法，具体计算公式为：

$$x_{ij}^{'} = \frac{x_{ij} - \min(x_i)}{\max(x_i) - \min(x_i)}$$

其中，i代表指标序号，j代表城市序号，x_{ij}为第j个城市第i个基础指标值，$x_{ij}^{'}$为对应标准化值，$\max(x_i)$、$\min(x_i)$分别为第i个指标的最大值和最小值。

（3）指标权重确定

根据公共服务均等化等相关要求，以算术平均值来确定公共服务二级指标、三级指标的权重。

（4）指标指数计算

由三级指标标准化值和相应权重计算出每个城市公共服务的二级指标和一级指标指数。一级指标和二级指标指数的计算公式如下：

$$Q_i = \sum_{i=1}^{N} X_i w_i$$

其中：Q_i表示具体某一级指标或二级指标的最终结果，X_i为该一级指标或二级指标的三级指标标准化数值；w_i为与X_i相对应的三级指标的权重；N为该一级指标或二级指标所对应三级指标的项数。

公共服务指数的最终合成公式为：

$$P = \sum_{i=1}^{N} Q_i w_i$$

（二）研究城市选择说明

中国社会科学院公共服务蓝皮书项目组研创了“GDP对公共服务满意度杠杆指数”①，用来观察GDP与公共服务效果之间的关系，着力研究如何提高公共服务方面投入的有效性，促进社会与经济的协调发展。这说明GDP与公共服务具有紧密联系，是观察城市经济社会协调发展的有效切入点。为此，本研究以2021年城市GDP数据为依据，分别选取浙江、江苏、山东三省排名前5的城市进行观察比较。

一是以山东省、浙江省、江苏省的15城市为研究对象，分别观察三省城市公共服务发展水平，从多层面的比较中系统掌握城市公共服务发展的结构要素与发展趋势，形成对公共服务发展特点的一般性观察（见表1）。

二是以潍坊为中心进行15城市公共服务发展水平的综合性比较分析，明确潍坊市公共服务发展的优势与劣势，探查其主要影响因素，以形成有针对性的对策建议。

表1　城市公共服务研究的目标城市选择

单位：亿元，%

序号	城市	2021年城市GDP全国排名	2021年城市GDP	GDP总量高于潍坊比例	所在省份及位次
1	苏州	6	22718.00	224.05	江苏1
2	杭州	8	18109.00	158.31	浙江1
3	南京	10	16355.00	133.29	江苏2
4	宁波	12	14594.90	108.18	浙江2
5	青岛	13	14136.36	101.64	山东1
6	无锡	14	14003.24	99.74	江苏3
7	济南	18	11432.22	63.07	山东2

① 李慎明、邓纯东、李崇富等主编《中国城市基本公共服务力评价（2015）》，社会科学文献出版社，2015。

续表

序号	城市	2021 年城市 GDP 全国排名	2021 年城市 GDP	GDP 总量高于潍坊比例	所在省份及位次
8	南通	22	11026.90	57.29	江苏 4
9	常州	25	8807.60	25.63	江苏 5
10	烟台	26	8711.75	24.27	山东 3
11	温州	30	7585.00	8.19	浙江 3
12	潍坊	35	7010.60	—	山东 4
13	绍兴	36	6795.00	-3.08	浙江 4
14	嘉兴	41	6355.28	-9.35	浙江 5
15	临沂	44	5465.50	-22.04	山东 5

二　城市公共服务指数比较：基本特点与发展趋势

为了解城市公共服务发展水平，课题组以浙江、江苏、山东的 15 城市为研究对象，综合测度其公共服务指数，并形成以下主要结论。

（一）城市间公共服务指数呈现梯次差异，但总体水平不高

研究发现，在 0~100 分的公共服务指数中，处于高分和低分两端的城市数量少，大多数城市得分较为均衡。具体来说，南京以 67.50 分独领风采，临沂、南通分别以 35.90、37.93 分位列最后，温州、常州、嘉兴、宁波、潍坊、青岛、绍兴、无锡、苏州、济南 10 个城市得分都在 42~51 分。

此外也应看到，即便南京排名第 1，其公共服务指数也不足 70 分，其他城市的公共服务指数均低于 60 分，总体分值不高。另外，2021 年 15 个城市的公共服务指数平均得分为 48.59 分，有 6 个城市低于平均分（见图 1）。从平均分值来看，15 个城市整体公共服务指数平均得分不高，说明其整体公共服务水平不高，提升空间很大。

（二）省域间公共服务指数较为均衡，但省内各城市差距较大

数据测度发现，江苏省 5 市公共服务指数的平均水平最高，为 49.68

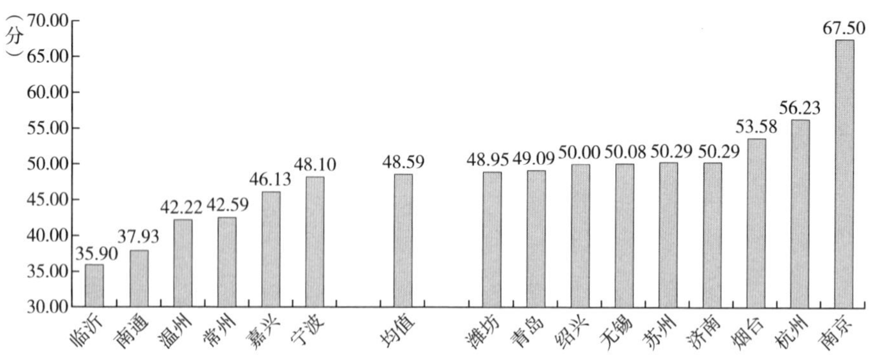

图 1 2021 年浙江、江苏、山东 15 城市的公共服务指数

分；浙江省 5 市公共服务指数的平均水平为 48.54 分，略低于 15 个城市 48.59 分的平均水平 0.05 分；山东省 5 市公共服务指数的平均水平为 47.56 分，低于 15 个城市平均分值 1.09 分（见图 2）。

总体来看，江苏、浙江、山东三省的城市公共服务指数均值较为均衡，与城市综合经济竞争力“南强北弱”的显著表现不同，呈现公共服务省域间较为均衡化的分布格局。

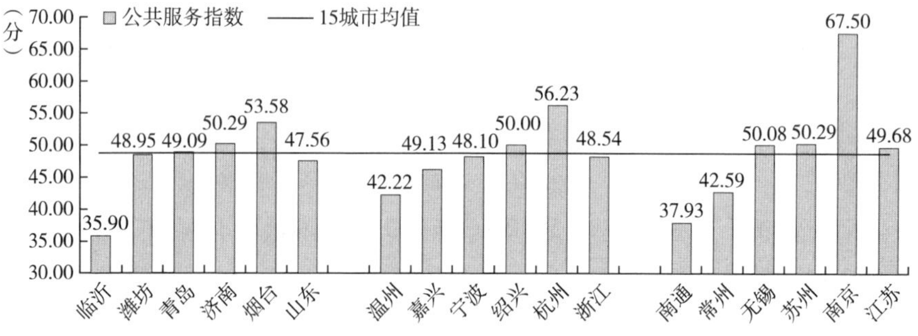

图 2 2021 年分省域的 15 个城市公共服务指数比较

从各省城市间的公共服务内在差距看，江苏省 5 市的差距最大，第一名南京和最后一名南通相差近 30 分；浙江省 5 市公共服务发展最为均衡，第一名杭州和最后一名温州相差 14.01 分；在山东，潍坊、青岛、济南三个城市间的公共服务指数相差不大，但第一名烟台和最后一名临沂之间相差 17.68 分。

总体来说，三省内各城市的公共服务指数均呈现层级分化样态，但山东、浙江各城市间总体属于扁平化梯次差异，而江苏省呈现单中心差异化格局。省域内部城市之间的公共服务差异大于省域之间的差异，中心城市在区域内的发展优势可窥一斑。

（三）公共服务指数与城市 GDP 正相关性较弱，但与其财政自给率、人均财政收入、城镇化率、营商服务水平等高度正相关

数据测度发现，与城市 GDP 排名相比，公共服务指数的排名变动较大。15 个城市中，南京、杭州的 GDP 排名和公共服务指数排名双双居高，临沂的 GDP 排名和公共服务指数排名双双末位；但烟台、绍兴、济南等城市的公共服务指数排名则远远高于其 GDP 排名，而南通、宁波、苏州的公共服务指数排名则大幅落后于其 GDP 排名（见表 2）。由此可见，城市 GDP 与公共服务确实有一定的相关关系，这也验证了中国社会科学院的相关研究结论。但是，城市 GDP 与公共服务水平又不完全正相关。因此，GDP 排名较低的城市，虽然有较大的经济转型压力，但也可以通过公共服务的优化形成较大的竞争能力。

表 2　2021 年 15 个城市 GDP 与公共服务情况

单位：亿元，分

城市	GDP		公共服务		GDP 排名与公共服务排名差距
	总量	排名	指数	排名	
苏州	22718.34	1	50.29	5	-4
杭州	18109.42	2	56.23	2	0
南京	16355.33	3	67.50	1	2
宁波	14594.92	4	48.10	10	-6
青岛	14136.46	5	49.09	8	-3
无锡	14003.24	6	50.08	6	0
济南	11432.22	7	50.29	4	3
南通	11026.94	8	37.93	14	-6
常州	8807.58	9	42.59	12	-3
烟台	8711.75	10	53.58	3	7
温州	7585.02	11	42.22	13	-2
潍坊	7010.60	12	48.95	9	3

续表

城市	GDP		公共服务		GDP 排名与公共服务排名差距
	总量	排名	指数	排名	
绍兴	6795.26	13	50.00	7	6
嘉兴	6355.28	14	46.13	11	3
临沂	5465.50	15	35.90	15	0

在统计研究中，相关系数（r）是研究变量之间相关关系的统计指标。一般来说，相关系数大于零代表正相关，且相关系数越大，两个变量之间的正相关关系就越强。

研究发现，15 城市的公共服务指数与 GDP 的相关系数（r）为 0.521，说明 GDP 虽然与公共服务指数正相关，但正相关性较弱，不是公共服务发展的决定性要素。

根据表 3 中的统计分析，15 城市的公共服务指数与财政自给率、人均财政收入、城镇化率等因素之间的相关系数均大于 0.6，相关性较显著，说明这些指标与公共服务指数具有较好的正相关关系。

但需要注意的是，公共服务指数与各指标的相关系数存在省域间的差别。比如，影响公共服务发展水平最重要的三个因素，山东省是财政自给率、人均 GDP、城镇化率；浙江省是财政自给率、人均财政收入和人均 GDP；江苏省则是城镇化率、人均财政收入和财政支出。

一般来说，相关系数（r）大于 0.8，说明各变量之间的正相关性很强。根据统计分析，山东省的财政自给率指标，浙江省的财政自给率指标，江苏省的城镇化率指标与公共服务指数的相关系数均大于 0.8，部分系数甚至超过 0.9，说明这些指标在各自省域范围内与公共服务指数具有非常强的正相关性，是影响公共服务的重要变量。

由于城市财政状况与经济发展紧密相关，而营商环境又是经济发展的重要影响因素。基于公共服务指数—财政收支—经济发展—营商环境的逻辑链条，课题组对公共服务指数与营商服务水平之间的相关性进行观察，发现二者的相关系数高达 0.721，相关性非常显著（见图 3）。说明公共服务指数与营商服务水平之间具有较好的正相关性。

表 3　2021 年 15 个城市公共服务指数与各指标相关系数分析结果一览

各地区公共服务指数	GDP	人均 GDP	财政收入	人均财政收入	财政支出	财政自给率（财政收入/财政支出）	城镇化率
山东省公共服务指数	0.544	0.791	0.479	0.715	0.594	0.974	0.739
浙江省公共服务指数	0.722	0.790	0.761	0.804	0.680	0.900	0.745
江苏省公共服务指数	0.492	0.583	0.568	0.772	0.753	0.679	0.914
15 地市公共服务指数	0.521	0.497	0.560	0.640	0.545	0.733	0.653

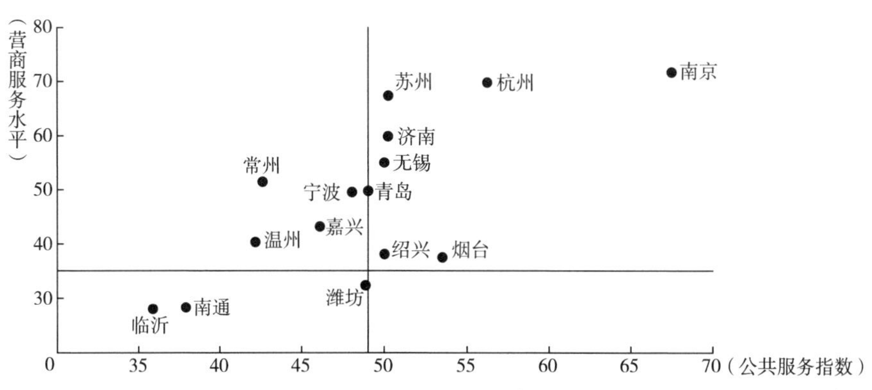

图 3　2021 年 15 个城市公共服务指数与营商服务水平相关性散点示意

（四）公共服务二级指标的差异系数不同，科学技术、医疗卫生等指标的城市间差异较大

差异系数也叫离散系数，是测度数据差异（离散）程度的相对统计量，用于比较不同样本数据的差异（离散）程度。差异系数大，说明数据的差异程度也大；差异系数小，说明数据的差异程度也小。

数据测度发现，15 城市公共服务指数的差异系数为 15.64%，差异系数相对较小，说明各城市公共服务差距相对较小。

但需要注意的是，城市间公共服务二级指标的差异系数较大。8 个二级指标中，差异系数最小的 3 个指标分别是生态环境（24.20%）、市政建设（24.24%）、社会保障（25.53%）；差异系数最大的 3 个指标分别是科学技术（59.34%）、医疗卫生（48.04%）、公共教育（35.53%），说明各城市这 3 个指标差距最大（见图 4）。另外，公共服务水平最高的南京、杭州在科学技术、医疗卫生、公共教育这3个指标上都有很好的得分。说明这三个指标在这两个城市具有较好的领先发展优势。其他城市可以充分借鉴其发展经验，形成更好的公共服务工作规划。

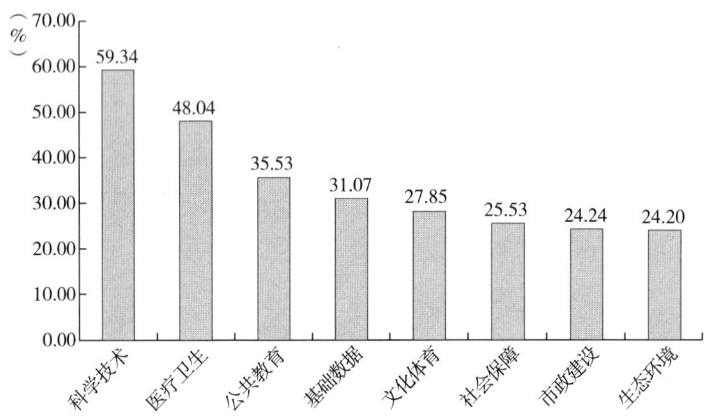

图4　2021年各城市公共服务二级指标差异系数

各城市公共服务指数二级指标的均值、标准差及差异系数如表4所示。在公共服务的8项二级指标中，基础数据指标的均值最高（58.30分），且差异系数比较适中（31.07%），说明各城市人口和财政资源、政府服务等基础性条件总体较好，但城市间存在一定差距。

各城市生态环境和市政建设指标的均值较高（57.30分、52.15分），但差异系数最小（24.20%、24.24%），说明各城市均较关注生态环境和市政建设，总体水平较高。

科学技术、医疗卫生的均值最低（39.21分、41.16分），且差异系数最大（59.34%、48.04%），说明各城市科学技术、医疗卫生总体水平偏低，且城市间差异较大，将成为未来影响各城市公共服务发展水平的重要因素。

各城市公共服务直接关涉政府职责，生态环境、市政建设、公共教育等指标的高分值说明各城市注重基本公共产品和公共服务的供给，公共服务效能整体向好，能够在很大程度上满足民众需求。而科学技术、医疗卫生指标得分较低与市场发展活力、城市地理区位和人口结构等问题相关，政府只能发挥作用，其差异系数较大也说明各城市经济社会结构对公共服务的影响较大。

表 4　2021 年各城市公共服务指数二级指标均值、标准差及差异系数

单位：分，%

类别	均值	标准差	差异系数
公共教育	51.01	18.13	35.53
科学技术	39.21	23.27	59.34
医疗卫生	41.16	19.77	48.04
文化体育	44.02	12.26	27.85
市政建设	52.15	12.64	24.24
生态环境	57.30	13.87	24.20
社会保障	45.58	11.64	25.53
基础数据	58.30	18.11	31.07
公共服务指数	48.59	7.60	15.64

（五）城市公共服务优势不同，均等化水平仍有待提高

推进基本公共服务均等化，增强基本公共服务均衡性和可及性，是政府承担保障基本公共服务供给的主要责任。但通过对各城市公共服务二级指标的差异系数进行分析发现，只有南京、青岛、温州、绍兴、常州、烟台 6 个城市的公共服务二级指标差异系数小于 30%，其余 9 个城市的公共服务二级指标差异系数均大于 30%（见表 5）。

其中，临沂的社会保障指标位列第 2 名，但其科学技术、生态环境指标倒数第 1，文化体育、公共教育指标分列第 13、第 14 名；宁波的市政建设、基础数据分列第 2、第 3 名，但其公共教育指标倒数第 1；嘉兴的市政建设、文化体育分别为第 1、第 3 名，但其医疗卫生则倒数第 1。相对而言，南京、烟台、绍兴的公共服务均等化水平较高，公共服务总体水平也较高。

通过对各城市公共服务结构的分析发现，各城市的优势指标各不相同。公共服务共有 8 项二级指标，南京有 4 项指标位列 15 城市前 3 名，杭州有 3 项指标位列前 3 名，且杭州、济南各有 2 项指标位列第 1，这些城市的公共服务发展优势较为突出，公共服务总体水平较高；而临沂、宁波、嘉兴虽有 1~2 项指标位居全省前列，但有更多指标位列全省后 3 名，公共服务发展水平总体较低。

表 5　2021 年 15 个城市公共服务指数及二级指标情况统计

单位：分，%

城市	公共服务指数		公共服务二级指标情况		
	得分	排名	均值	标准差	差异系数
南京	67.50	1	67.50	11.31	16.76
杭州	56.23	2	56.23	20.98	37.30
烟台	53.58	3	53.58	15.72	29.35
济南	50.29	4	50.29	20.23	40.23
苏州	50.29	5	50.29	20.14	40.05
无锡	50.08	6	50.08	17.84	35.64
绍兴	50.00	7	50.00	13.30	26.59
青岛	49.09	8	49.09	9.28	18.90
潍坊	48.95	9	48.95	20.21	41.30
宁波	48.10	10	48.10	21.41	44.51
嘉兴	46.13	11	46.13	19.67	42.65
常州	42.59	12	42.59	12.40	29.10
温州	42.22	13	42.22	11.11	26.31
南通	37.93	14	37.93	13.00	34.28
临沂	35.90	15	35.90	19.82	55.22

三　潍坊市公共服务发展分析

为了解潍坊市公共服务发展特点，明确其与其他城市的差距，本课题组在公共服务整体化观察的基础上进行 15 城市的比较分析，聚焦潍坊市公共服务发展优势与不足，得出以下结论。

（一）潍坊市公共服务指数总体较低，但具有较好的竞争优势

研究测度发现，潍坊市公共服务指数为 48.95 分，略高于 15 城市 48.59 分的平均分，在 15 城市中排名第 9，高于潍坊市在 15 城市中 GDP 排名第 12 的水平，说明公共服务供给水平总体较高。

但是，潍坊市公共服务指数得分是第 1 名南京市（67.50 分）的 72.52%，是第 2 名杭州市（56.23 分）的 87.05%。与优秀城市相比，潍

坊公共服务发展还有一定的差距。

另外，在山东省内，潍坊公共服务指数位列5城市中的第4名，大幅度领先临沂市（35.90分）的发展水平，且与青岛（49.09分）、济南（50.29分）、烟台（53.58分）差距不大，说明潍坊市公共服务在省内具有较高的发展水平与竞争优势。

15城市的数据分析发现，城市公共服务指数与人均财政收入、财政自给率、城镇化率直接相关（相关系数分别是0.64、0.73、0.65），而潍坊市人均财政收入在15城市中排名第13，财政自给率排名第12，城镇化率排名第14。在公共服务指数各项影响因素处于劣势的背景下，潍坊市公共服务指数排名第9（见表6）。意味着潍坊市在公共服务发展方面有很好的资源投入和工作推进，公共服务将进一步得到优化提升。

表6　15城市公共服务指数与相关影响因素统计

单位：%，元

城市	公共服务指数	人均财政收入	财政自给率	城镇化率
南京	67.50	18353.46	95.14	86.90
杭州	56.23	19555.83	99.77	83.60
烟台	53.58	9129.70	80.53	67.81
济南	50.29	10792.59	77.95	74.21
苏州	50.29	19536.42	97.15	81.93
无锡	50.08	16050.54	88.42	82.89
绍兴	50.00	11313.53	84.51	71.50
青岛	49.09	13340.52	80.17	77.17
潍坊	48.95	6988.30	74.66	65.20
宁波	48.10	18054.68	88.62	78.40
嘉兴	46.13	12233.50	85.02	71.90
常州	42.59	12862.83	89.15	77.58
温州	42.22	6817.57	61.64	72.80
南通	37.93	9183.76	63.28	71.20
临沂	35.90	3715.94	50.76	55.97

（二）潍坊市公共教育、医疗卫生优势突出，但科学技术、文化体育短板明显，发展优势与挑战并存

潍坊与15个城市公共服务二级指标得分比较如表7所示。公共服务指数的8项二级指标中，潍坊市公共教育、医疗卫生指标贡献度最高。其中，公共教育指标为85.98分，大幅度领先15城市51.01分的平均分，位列15城市榜首；医疗卫生指标为57.04分，远高于15城市41.16分的平均分，位列15城市的第3名。

另外，15城市公共教育指标得分的差异系数为35.53%，医疗卫生指标的差异系数为48.04%，说明各城市间公共教育、医疗卫生发展水平差距较大。在这样的情况下，潍坊市公共教育、医疗卫生发展水平较高，说明其基础好、优势突出，是支撑潍坊市公共服务优势的坚实基础。

但是潍坊市科学技术指标得分仅为14.45分，位列15城市中的第14名，既低于15城市39.21分的平均值，也与第1名杭州的80.12分相差悬殊，是潍坊市公共服务8项二级指标中得分最低的指标，说明潍坊市科技投入、科技产出都不足，需要重点关注。

潍坊市文化体育指标得分为37.60分，位列15城市中的第11名，低于15城市44.02分的平均值，与第1名南京的67.79分差距较大，是潍坊市公共服务8项二级指标中得分倒数第2的指标。15城市文化体育指标均值较高，且差异系数较小（27.85%），说明其他城市都较为注重文化体育发展，成效显著，而潍坊市目前的文化体育服务供给无法满足民众多层次多样化的服务需求。潍坊以后要不断强化对文化体育的投入和建设，提升财政投入的社会效益和供给效率。

表7　潍坊与15个城市公共服务二级指标得分比较

单位：分

类别	15城市				潍坊		
	最大值	最小值	最大最小值差	均值	得分	潍坊与最大值差距	潍坊与平均分差距
公共教育	85.98	18.80	67.18	51.01	85.98	0.00	34.97
科学技术	80.12	0.00	80.12	39.21	14.45	-65.67	-24.76
医疗卫生	83.39	13.26	70.13	41.16	57.04	-26.35	15.87
文化体育	67.79	21.81	45.98	44.02	37.60	-30.19	-6.42

续表

类别	15 城市				潍坊		
	最大值	最小值	最大最小值差	均值	得分	潍坊与最大值差距	潍坊与平均分差距
市政建设	72.94	28.89	44.05	52.15	52.55	-20.39	0.40
生态环境	73.82	26.10	47.72	57.30	52.79	-21.03	-4.51
社会保障	67.82	32.68	35.14	45.58	50.81	-17.01	5.23
基础数据	90.81	21.81	69.00	58.30	40.37	-50.44	-17.93

（三）潍坊市公共服务均等化水平尚需提升

公共服务二级指标的差异系数，可以在很大程度上反映出各城市公共服务结构要素之间的均等化水平。数据分析显示，潍坊市公共教育、科学技术、医疗卫生、文化体育、市政建设、生态环境、社会保障等指标之间的差异系数为41.30%，高于15城市34.55%的平均水平，在15城市中排名第4，属于公共服务均等化差距较大的城市，这在很大程度上展现出潍坊公共服务发展过程中的整体性不足和结构性劣势，需要在以后的公共服务发展中予以充分重视。

在15个城市中，南京市公共服务二级指标之间的差异系数最低，公共服务指数最高；而临沂市公共服务二级指标之间的差异系数最高，公共服务指数最低（见表8）。这在一定程度上说明，公共服务的均衡化可以较好地促进公共服务总体水平的提升。

但需要注意的是，由于公共财政投入不均衡，城市间公共服务均等化质量差异较大。如温州、常州虽然差异系数较小，均等化程度高，但其公共服务均值较低，属于低质量的均等化状态；而南京、烟台公共服务均值较高，差异系数较小，属于高质量的均等化状态（见图5）。

表8　2021年15个城市公共服务二级指标情况

单位：分，%

城市	指数	标准差	差异系数
临沂	35.90	19.82	55.22
宁波	48.10	21.41	44.51
嘉兴	46.13	19.67	42.65

续表

城市	指数	标准差	差异系数
潍坊	48.95	20.21	41.30
济南	50.29	20.23	40.23
苏州	50.29	20.14	40.05
杭州	56.23	20.98	37.30
无锡	50.08	17.84	35.64
南通	37.93	13.00	34.28
烟台	53.58	15.72	29.35
常州	42.59	12.40	29.10
绍兴	50.00	13.30	26.59
温州	42.22	11.11	26.31
青岛	49.09	9.28	18.90
南京	67.50	11.31	16.76

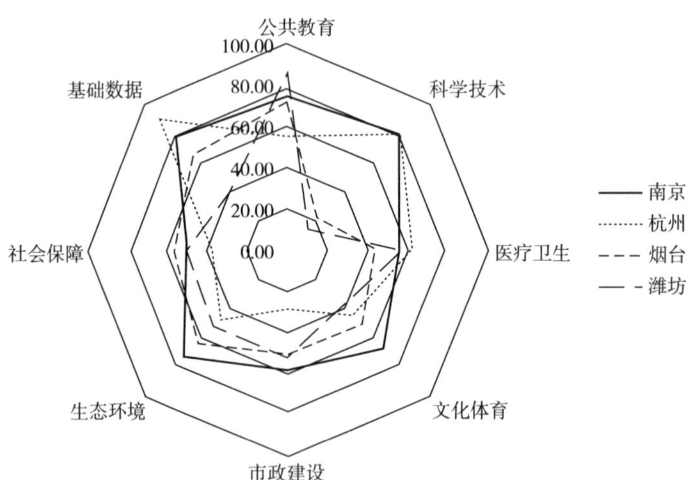

图 5　部分城市公共服务二级指标雷达示意

（四）公共服务基础结构失衡，总体支撑能力较弱

基本公共服务能力和水平是衡量政府治理能力的重要标尺，也是影响基本公共服务效能的重要因素。

15城市公共服务基础数据统计如图6所示。现有的基础数据指标得分中，杭州以90.81分一枝独秀，南通以21.81分垫底。潍坊得分40.37分，低于15城市平均分50.30分，位居15城市第11名，说明潍坊公共服务的资源保障和服务能力支撑相对较弱，与其他城市有较大差距。

从具体指标数据来看，潍坊市除政府透明度表现不错之外，常住人口城镇化率、政府营商服务水平、互联网服务供给能力等都表现不佳。相比较而言，浙江省各城市的政府营商服务水平、互联网服务供给能力、互联网服务响应能力等均表现不错，基础数据是拉升浙江省公共服务水平的重要抓手。

具体来看，2021年潍坊市常住人口城镇化率为65.20%，仅高于临沂市的55.97%，位居15城市的第14名，与浙江省75.64%、江苏省80.10%的水平相差较大。城镇化有助于缩小城乡公共服务差距，人口集聚的外部性能够为服务业发展提供有利条件，城镇化与公共服务具有极强的相关性。潍坊市城镇化比例过低，是影响公共服务水平的重要因素；而公共服务供给不足，又成为制约城镇化进程的关键要素。这是潍坊市未来发展过程中需要高度关注的问题。

根据中国人民大学的相关研究，潍坊市政府营商服务水平得分（32.22分）在15城市中仅高于南通（28.25分）、临沂（27.69分），与南京（71.50分）、杭州（69.66分）、苏州（67.17分）相差悬殊。政府营商服务水平既是政务服务的重要体现，又是通过经济财税等中间变量影响着公共服务的资源供给，是潍坊提升公共服务水平的重要着力点。

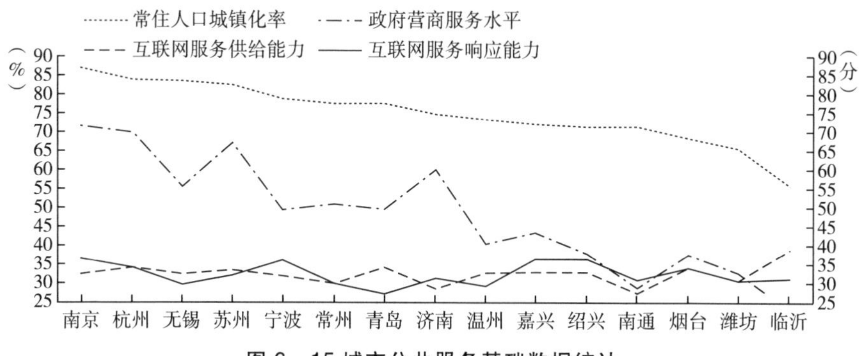

图6　15城市公共服务基础数据统计

在互联网服务能力方面，潍坊市的互联网服务供给能力、互联网服务响应能力指标得分分别居15城市第12名、第10名，且均低于15城市均值，亟须继续强化提升。

（五）公共服务投入产出效率有待进一步提高

公共服务效率是指各城市投入一定的资源能够生产的产品和服务的总量。借鉴公共服务供给效率的投入产出测算方法，将公共教育、科学技术、医疗卫生、文化体育、市政建设、生态环境、社会保障7个二级指标下设的三级指标分为两部分：一是服务资源投入，以各项公共服务支出占财政支出的比例为计量基础；二是公共服务成果，以其他各项三级指标的均值为测算基础。比如说，在公共教育二级指标下有3个三级指标。我们将教育支出占一般公共预算支出比例视作服务资源投入，将初中生师比与小学生师比两项指标的均值视作教育服务成果，以此观察教育服务供给效率。

基于上述分析，我们可以观察潍坊市公共教育、科学技术、医疗卫生、文化体育、市政建设、生态环境、社会保障等不同领域的公共服务供给效率。一般来说，服务效率得分为产出得分与投入得分的比值，比值大于1表示有效率，反之则表示无效率。[①]

数据测度显示，潍坊市市政建设的服务效率得分最高，为3.03分，医疗卫生（1.48分）和公共教育（1.04分）的服务效率也都大于1，属于低投入、高产出的高效状态。但是社会保障、科学技术、生态环境、文化体育等领域的投入产出之比都小于1，服务效率亟待提升（见表9）。

表9　潍坊市公共服务效率得分情况

单位：分

类别	投入得分	产出得分	效率得分
市政建设	26.06	79.04	3.03
医疗卫生	41.15	61.01	1.48
公共教育	83.55	87.20	1.04
社会保障	57.97	49.02	0.85

① 由于个别城市的某项公共服务财政支出比例在15城市中最低，标准化处理后的数据变成0，无法进行投入产出比较。所以，课题组没有对15个城市的公共服务效率进行统一观察，只针对潍坊市进行相关分析。特此说明。

续表

类别	投入得分	产出得分	效率得分
科学技术	18.46	10.45	0.57
生态环境	78.82	44.12	0.56
文化体育	83.57	26.10	0.31

结合具体情况，潍坊市各领域的公共服务效率可以分成以下几种类别：一是高投入高产出，以公共教育为代表；二是低投入高产出，以市政建设、医疗卫生为代表；三是低投入低产出，以科学技术为代表；四是高投入低产出，以文化体育、生态环境、社会保障为代表。

与公共服务指数排名前3的南京、杭州、烟台相比，可以发现，南京的科学技术、文化体育、社会保障，杭州的医疗卫生，烟台的公共教育、市政建设、生态环境服务效率最高，都是低投入高产出的典型代表。而潍坊市各领域服务效率与这3个城市相比，均存在一定的差距；即使是潍坊市服务效率较高的市政建设、医疗卫生、公共教育三个板块，也有明显差距。比如，潍坊市公共教育领域的效率得分是1.04分，属于高投入高产出的类型，但是南京、烟台的效率得分分别是3.13分、4.02分，且都属于低投入高产出的类型（见表10）。说明潍坊市公共教育服务成效在很大程度上与财政支出有关，以后还需要探察更多发展路径。

表10　部分城市间公共服务效率得分比较

单位：分

类别	项目	南京	杭州	烟台	潍坊
公共教育	投入得分	31.13	48.50	24.01	83.55
	产出得分	97.32	59.51	96.53	87.20
	效率得分	3.13	1.23	4.02	1.04
科学技术	投入得分	59.94	79.34	34.13	18.46
	产出得分	100.00	80.89	9.34	10.45
	效率得分	1.67	1.02	0.27	0.57
医疗卫生	投入得分	26.73	9.25	50.42	41.15
	产出得分	63.11	76.33	43.63	61.01
	效率得分	2.36	8.25	0.87	1.48

续表

类别	项目	南京	杭州	烟台	潍坊
文化体育	投入得分	72.75	68.17	56.97	83.57
	产出得分	66.55	40.30	50.99	26.10
	效率得分	0.91	0.59	0.89	0.31
市政建设	投入得分	50.35	43.57	22.12	26.06
	产出得分	67.79	14.22	78.51	79.04
	效率得分	1.35	0.33	3.55	3.03
生态环境	投入得分	77.17	28.32	35.54	78.82
	产出得分	72.35	54.11	73.14	44.12
	效率得分	0.94	1.91	2.06	0.56
社会保障	投入得分	25.30	21.80	100.00	57.97
	产出得分	56.00	41.76	46.25	49.02
	效率得分	2.21	1.91	0.46	0.85

四　推动潍坊市公共服务发展的对策建议

推动公共服务发展既是贯彻落实共同富裕的重要举措，也是经济新常态下促进经济社会全面协调健康发展的必然要求。近年来，国家相继出台建立健全基本公共服务标准体系，加大力度推动社会领域公共服务补短板强弱项提质量、促进形成强大国内市场等方面的政策文件，多重国家战略为潍坊市推进公共服务体系建设提供了良好的发展机遇。

结合山东、江苏、浙江 3 省 15 城市的公共服务比较分析，潍坊市公共服务发展未来需要关注以下方面。一是学习借鉴南京、杭州等城市公共服务相关经验，从财政保障、营商服务等层面系统推进公共服务系统发展规划；二是根据人口变动趋势，巩固保持市政建设、公共教育、医疗卫生指标优势，积极关注文化体育指标，促进公共服务均衡性发展，提升公共服务总体发展水平；三是积极推进公共服务制度创新，提升政府公共服务能力；四是强化公共服务体系数字化建设，促进信息资源整合共享，提高公共服务机构管理和服务效率。

（一）系统规划推进公共服务高质量发展

目前，南京、杭州等城市通过公共服务“十四五”规划、公共服务标准等政策文件形成公共服务发展的系统性、集成性改革。这些改革以系统化和高质量为关键词，积极探索开展城市公共服务标准协同联动，促进区域内公共服务设施配置、人员配备以及服务质量水平有效衔接。潍坊市可借鉴优秀城市经验，推进公共服务的系统性改革规划。

1. 优化完善公共服务总体规划

一是建立健全公共服务需求管理评估制度，提高公共服务供给的针对性和有效性，合理引导社会预期、促进社会公平。二是围绕公共服务供给链，建立健全公共服务公开共享机制和跨部门协同机制，打破公共服务“碎片化”格局；加强基本公共服务相关配套规章的制定、修订和废止工作，促进各项政策制度相互衔接，形成政策合力；建立公共服务清单制度，全面规范基本公共服务发布及实施程序，并根据实际需要进行动态调整和迭代更新。三是健全公共服务效果评估机制，积极开展第三方专业评估和群众满意度调查，确保各项任务和重点项目有效落实与推进。

2. 强化财政资金供给保障

一是加强财政资金兜底保障。坚持基本公共服务水平与经济社会发展水平相适应，统筹安排基本公共服务标准体系建设资金，确保新增财政收入优先保证民生支出。完善优化各项奖励和补助机制，加强各县（市、区）联动，促进资金使用更加精准高效。二是优化公共服务支出结构。以事权划分为重点明确县（市、区）公共服务责任并合理确定财权，强化市级统筹能力，强化市一级在基本公共服务事项方面的支出责任，切实增强各级财政保障基本公共服务的能力。三是深化财税金融改革，创新资金筹措机制。推广高密市优化金融生态环境的做法，创新政府债务化解机制，创新政府专项债券争取机制；引导社会资本参与公共服务，促进公共服务建设多主体参与、多渠道融资、多元化供给、多模式整合，全面提高公共服务质量。

3. 全面深化营商环境改革

一是以精准识别企业和民众需求为基础，确定改革具体事项的优先次序和服务资源配置。全力突破体制机制瓶颈，挖掘优化营商环境的空间和潜力。二是逐渐降低市场准入门槛，及时清理和废除妨碍公平竞争的各种规定和做法。整合公共服务机构设置、执业许可、跨区域服务等审批环节，进一步优化审批流程，规范审批行为。提升民间资本投资服务领域开放度，营造激励高品质多样化服务的宽松环境。三是以“信息技术+制度创新”推动政务流程再造、政府管理体制变革，建立集办公、审批、对外服务、监察、信息公开等于一体的政务平台，深入推进公共服务领域“放管服”改革。

4. 集成考虑城镇化发展水平与人口变化影响

城镇化率与公共服务指数之间具有较强的正相关性，说明二者互相影响。为促进公共服务发展，一是深化推动户籍制度改革，提升公共服务的包容性，把外来务工人员充分纳入公共服务体系；将城镇基本公共服务供给与常住人口挂钩，推行城乡公共服务均等化，提高城市、城镇、乡镇、乡村公共服务联动性。二是以第七次人口普查数据为基础，根据人口规模、分布结构、流动特点、行为特征等综合研判公共服务需求，打破以服务户籍人口为基准的传统服务规划，建立以常住人口为基数配置公共服务资源的体制机制。

（二）着力推进公共服务优质均衡发展

根据数据测算，潍坊市公共教育、科学技术、医疗卫生、文化体育、市政建设、生态环境、社会保障等指标之间的差异系数为41.30%，潍坊市属于公共服务均衡化差距较大的城市。另外，虽然市政建设、公共教育、医疗卫生具有一定优势，但潍坊市人口结构中“老少”比重双双提高将持续加大公共服务供给压力（第七次人口普查数据显示，2020年潍坊市60岁及以上人口占比为21.77%，0~14岁人口占比为17.37%）。人口老龄化程度不断加深、未成年人口数量增加，会给教育、医疗卫生、养老保障、养老服务等公共服务体系带来挑战。未来妇幼保健，特别是高龄孕产妇及其胎儿保健等医疗服务需求将持续增加，托儿所、幼儿园等服务需求及小学等基础教育需求将明显增长，潍坊市医疗卫生和基础教育的供给保障压力会进一步加大。这又在一定程度上弱化了教育、医疗卫生等服务领域的优势，潍坊需要从全面均衡发展的视角统筹考量公共服务供给。

1. 加强公共服务标准化建设，以标准化促进均等化

通过建立健全基本公共服务标准体系，完善不同部门间公共服务横向协调机制。统筹教育、文体、医疗、市政等领域政策体系、财政投入机制以及绩效监督模式，将各领域资源整合打通，为公共服务发展提供可持续的资源政策保障。

2. 巩固提升优质教育水平

一是根据人口变化和住宅区新建改建需要，持续优化教育资源布局，完善各县（市、区）《中小学幼儿园教育设施专项规划》，将居住区配建中小学、幼儿园全部纳入规划条件，将学校建设年度计划列入政府工作报告，满足教育需求；二是全面推进城乡义务教育共同体建设，推进跨区域跨层级的名校集团化办学，创新县（市、区）合作共建优质高中办学机制；三是健全教师轮岗交流制，支持优秀退休教师到薄弱地区和薄弱学校支教，巩固优化教育均衡性水平。探索建立中小学教职工事业编制“周转池”，推进全市中小学教职工编制跨学段、跨学校、跨区域、跨层级统筹调剂，强化师资保障。

3. 均衡提升医疗卫生服务水平

一是科学布局高水平医院。在潍坊中心城区医疗资源占全市1/3的基础上，建立市域大健康统筹联动管理机制，优化调整医院布局，深化全市域医疗服务改革；二是推进县域医共体和城市医联体升级发展，全面提升医共体发展水平，扩大优质医疗服务覆盖面；三是建设完善城乡一体化的公共卫生服务体系，持续开展乡村医生继续教育培训，建立基层医务人员补充的长效机制和医务人员基层任职激励机制。

4. 全面提升综合养老服务质量

一是提升机构养老服务品质，在“低端有保障、中端有市场、高端有选择”多层次养老服务格局的基础上，促进各类养老服务形态的融合发展。根据老龄化发展趋势加大养老床位建设力度，积极开展养老服务机构标准化建设和等级评定。二是增强社区和家庭养老服务效能。不断加大对养老服务组织发展的扶持力度，加快养老综合体、嵌入式社区养老机构建设。推动居家、社区、机构养老三位一体融合发展，鼓励具备条件的养老机构连锁化、规模化兴办和托管运营居家和社区养老服务设施，探索“物业服务+养老服务”模式，上门为居家老年人提供服务。三是推进医养结合综合体发展，引导二级及以下综合医院开展延伸服务，为老年人提供规范康复、护理服务。四是探索建立覆盖老年人的长期照护保险制度。鼓励发展商业性长期护理保险产品，为参保人员提供个性化长期照护服务。规范为居家老年人提供的康复护理服务项目，将符合规定的费用纳入医保支付范围。

5. 推进高质量文体服务供给

一是打造城市公共文化系列品牌。开展文化和旅游公共服务融合综合性试点，打造新型公共文化空间。开展农业文化遗产和特色农业文化保护传承，打响一批极具潍坊特色的农事节庆活动品牌。深入挖潜“潍坊风筝”的深层文化特质与内涵，凝练具有影响力的文化主题形象和文化符号，构建完整的文化旅游品牌体系。二是促进文化与科技、文化与旅游的深度融合。通过公共文化服务的数字化、信息化拓展公共文化服务链，发展公共文化服务的流动服务与延伸服务，增强创新支撑力。利用乡村振兴和文旅融合等战略契机，加强本地传统文化资源挖掘，打造数量多、质量优的独特性文化资源，实现从文化资源到文化资本再到文化产业的转化，激活当地公共文化服务的内生动力。三是提高全民参与的公共体育服务水平。持续增加全民健身设施建设投入，鼓励利用既有设施改造及合理利用公园绿地、市政用地、工业厂房、商业用房、仓储用房等既有的地下室以及城市空闲用地等建设体育设施。持续培育全民健身活动品牌、综合性群众体育赛事，开发户外体育运动项目，积极引导和激发体育消费潜力。

（三）创新公共服务供给方式和管理体制

虽然财政是关涉公共服务属性的重要因素，但单纯通过增加公共投入来提高公共服务效能的政策思路将越来越不适应现实状况。应转变“通过增加公共投入来带动业务发展”的传统发展思想，加快构建行之有效的公共服务效率评价机制，以推动公共服务机制创新和公共服务机构改革来促进公共服务水平提升。

多数城市的公共服务水平与其公共服务供给体系模式紧密相关。南京、杭州等城市充分发挥经济优势，对公共服务投入较大，同时发挥政府的主导作用，鼓励社会力量参与公共服务体系构建，建立多元化的供给体系，形成较为高效的外循环机制。为创新管理体制，实现由“投入驱动”

到“管理创新驱动”的发展模式转变，潍坊市可以在以下方面进行改革。

1. 建立顺畅的需求表达与评价反馈机制

以民众需求为导向建立开放的、多元的公共服务供给体系，实现公共服务资源的自由流动。建议通过第三方专业调查机构、公共服务信息共享平台以及大数据等充分获知民众的公共服务需求与满意度评价，从而进一步提升改革服务供给内容与民众需求的匹配度，改变供给与需求之间的结构性错位和脱节，合理高效配置公共服务资源，不断满足民众日益增长的多元化、高品质服务需求。

2. 持续完善政府购买服务制度

加大政府购买公共服务的力度，推动供给主体和供给方式多元化，逐步实现由政府或公共部门直接生产向购买服务的间接生产转变。完善政府购买公共服务的定价机制、招投标机制、购买流程和购买服务评估机制。扩大政府择优购买公共服务的规模，增强基层政府在购买公共服务方面的自主权，逐步规范和拓展政府购买服务方式。

3. 创新公共服务供给模式

将社会资本引入公共服务领域，丰富服务产品，创新供给模式和融资模式；支持社会组织、企业参与兴办公共服务机构，探索完善公建民营、民建公助、委托代理服务等模式，提高公共服务专业化水平；加强政府购买服务公共平台建设，对适宜采取市场方式提供、社会力量能够承担的公共服务项目，通过特许经营、定向委托、战略合作、竞争性评审等方式尽可能将其交由市场机制或社会力量承担。

4. 构建政府与社会力量相结合的多元评价体系

完善不同部门绩效评价考核制度，确保绩效评价法定化和常态化实施；增强公共服务绩效评价体系的透明公开度，确保充分的社会监督考核，形成公共服务评价的约束力；明确政府在公共服务体系中的角色定位，加强对公共服务的质量监管，引导参与公共服务的机构按照优质优价等原则运营，遏制过度逐利行为。

5. 鼓励公共服务的特色探索与发展

一是各县（市、区）经济、产业发展仍有差距，以经济、产业、人口为导向的公共服务资源均衡问题凸显，公共服务区域统筹难度加大。要充分考虑潍坊各县（市、区）经济社会发展、人口分布的不均衡性，建立有差异化的公共服务供给体系，从实践中探索具有本地特色的公共服务发展道路，凸显当地公共服务发展特色。二是借鉴南京和青岛等地的养老服务“时间银行”项目、威海市“文化公益创投”项目、杭州等地全域共享的文体旅服务规划等创新经验，形成符合潍坊特征的公共服务探索与发展之路。

（四）强化公共服务数字化支撑与建设

在数字化建设的背景下，政府部门的互联网服务能力、互联网回应能力等成为优化服务流程、提升服务效率的重要保障。如何顺应经济社会数字化转型趋势，打造泛在可及、智慧便捷、公平普惠的数字化服务体系，构建公共服务运行新形态，最重要的就是要强化数据整合、重塑职能结构和治理体系，在高效协同、信息共享、精准服务等方面推进改革，努力提升公共服务水平。

1. 提升政务服务网络化水平

以“信息技术+制度创新”推动政务流程再造、政府管理体制变革，建立集办公、审批、对外服务、监察、信息公开等于一体的统一智慧政务平台，实现与身份信息识别、银行信息、社区网格化、空间地理等信息系统的衔接融合。在“数字政府”建设的框架下，加快线上线下政务服务大厅标准化、智能化建设，提升“互联网+政务服务”水平。建立健全政务信息数据分析系统，打造、优化企业服务总门户，推动“互联网+”等先进信息技术在行政审批、公共服务、全程监管等方面的广泛应用，构建形成“线上线下”一体化的政务服务体系。创新各类便民事项的“互联网+政务”应用，鼓励企业和公众发掘利用开放的政务大数据资源，激发创新创业活力，面向经济社会发展需求研发政务大数据公共服务产品。

2. 强化公共服务信息平台建设

健全完善公共服务信息系统，盘活各个部门的信息数据资源，推动公共服务信息实时汇聚和高度整合；建立规范的数据采集制度，整合政府供给、市场供给、社会组织服务及公众需求等多种信息，优化数据归集模式；对接各级基本公共服务标准信息资源库，加快构建集标准查询、公开、宣传等功能于一体的基本公共服务数据库，加快实现跨部门、跨区域、跨行业的服务信息互联互通、共享共用；借鉴湘西“公共技术服务共享清单”等做法，打通公共服务各级数据接口，实行技术服务和数据资源的统建共用。

3. 推进公共服务智慧化建设

以数据深度挖掘和开放共享为基础，借助先进技术充分挖掘公共服务数据背后的规律与价值，进行基本公共服务清单任务统筹和智能化监测及分析，分门别类做出精准化的公共服务供给决策，优化公共服务治理机制；推进教育、医疗、养老、社保、文体等领域的资源优化配置和成果智享，引领带动智慧医疗、智慧文化、智能体育、智慧养老等新产业新业态发展，在更高层次上实现公共服务提升发展。

课题负责人：丛炳登

课题组成员：山东师范大学战建华、范晓彤、潘婉鑫

潍坊市改革发展研究中心杜慧心、董俐君

（2022 年 12 月）

附录　公共服务指标体系

公共服务指标体系			
一级指标	二级指标	三级指标	备注
公共服务成效	公共教育	教育支出占地方一般公共预算支出比例（%）	
		初中生师比	逆向指标
		小学生师比	逆向指标
	科学技术	科技支出占地方一般公共预算支出比例（%）	
		每万人发明专利拥有量（项）	
	医疗卫生	卫生健康支出占地方一般公共预算支出比例（%）	
		每万人医疗卫生机构数（个）	
		每万人医疗机构床位数（张）	
		每万人执业（助理）医师数（人）	
		每万人注册护士数（人）	
	文化体育	文化旅游体育与传媒支出占地方一般公共预算支出比例（%）	
		人均图书馆藏量（册）	
		每万人公共文化馆数（个）	
		每万人博物馆数（个）	
		人均拥有体育设施面积（平方米）	
	市政建设	城乡社区支出占地方一般公共预算支出比例（%）	
		交通运输支出占地方一般公共预算支出比例（%）	
		人均城市道路面积（平方米）	
		污水处理率（%）	
	生态环境	节能环保支出占地方一般公共预算支出比例（%）	
		建成区绿化覆盖率（%）	
		空气质量优良天数比例（%）	
		细颗粒物（$PM_{2.5}$）年平均浓度（$\mu g/m^3$）	逆向指标
	社会保障	社会保障和就业支出占地方一般公共预算支出比例（%）	
		城镇低保标准/城镇居民可支配收入（%）	
		农村低保标准/农村居民可支配收入（%）	
		就业人员增减率（%）	
		登记失业率（%）	逆向指标

续表

公共服务指标体系			
一级指标	二级指标	三级指标	备注
公共服务能力	基础数据	常住人口城镇化率（%）	
		政府营商服务水平	
		政府透明度（%）	
		互联网服务供给能力指数	
		互联网服务响应能力指数	

关于潍坊市电子商务高质量发展的调查、分析与建议

课题组

电子商务作为战略性新兴产业，具有“科技含量高、人员素质高、附加价值高”和“资源消耗低、污染排放低”的特点，是发展现代服务业和城市经济的重要战略举措。从全国的产业形势上看，在未来3~5年，电子商务整体格局将得到进一步的发展重塑，潍坊市当前正处于电子商务快速发展的关键阶段，因此促进电子商务产业高质量发展是加快潍坊经济转型升级最适合且最现实的路径选择之一。

一　潍坊市电子商务发展现状

（一）潍坊发展电子商务的基础坚实且条件优越

近年来，潍坊市各级政府部门对电子商务产业发展十分重视，先后出台多个政策文件为电子商务发展创造良好的政策环境，助力电子商务的发展，例如《潍坊市电子商务“十三五”发展规划》《加快商贸流通业创新发展实施方案》《潍坊市跨境电子商务高质量发展行动方案》等。近5年来，潍坊市电子商务产业呈现高速增长态势，年平均增速超过30%。截至目前，潍坊全市获批国家级电子商务进农村综合示范县2个、省级电子商务示范县5个、农产品省级电子商务示范企业5家、农产品市级电子商务示范项目19个。总体来看，潍坊发展电子商务的基础坚实且条件优越。

一是潍坊发展电子商务已经具备一定的规模基础。早在2014年3月，国家就将潍坊列为国家电子商务示范城市之一。近年来，潍坊市电子商务

发展较快，产业初具规模。2020 年潍坊市全网销售量共计 1218027 万件，网络零售额共计 2438697. 2 万元，网络零售额同比增长 14. 3%，网络零售额位居全省第 5，青岛市、济南市和烟台市分列前 3 位。山东省实现网络零售额 4613 亿元，同比增长 13. 8%，潍坊增速略高于全省平均增速。潍坊市电子商务企业数量为 1. 1 万余家，网络店铺超过 15. 7 万家，其中实物店铺近 4. 2 万家，电子商务直接从业人员已超 10 万人。电子商务直播累计超过 9 万场次，单月达人主播达 40 名，自播店铺 530 家，直播场次、直播达人数、自播店铺数均居全省第 2 位。据第三方机构监测数据，潍坊市电子商务企业仅在天猫、淘宝两大平台的单月直播已高达 6674 场次，直播商品数达 1. 15 万个，网络销售商品 584 万件，销售额 1. 5 亿元。

建成了一批专业化、特色化本土电子商务交易平台。潍坊市目前已经基本形成了以高新区为代表的电商服务业、电子商务技术支撑平台，以潍城区和高密市为代表的移动电商、社区 O2O 平台，以青州市为代表的苗木花卉电商交易平台，以寿光市为代表的农产品电商交易平台，以昌邑市为代表的大姜电商交易平台，以坊子区为代表的“互联网+机械装备”电商平台，以奎文区、昌邑市为代表的纺织服装交易平台，以寒亭区和昌乐县为代表的文创、宝石电商交易平台，以临朐县为代表的建材线上交易中心，以诸城市为代表的旅游服务电商平台，以安丘市、寿光市为代表的综合电商平台等。

构建了跨境电商“一核、两翼、多平台”的发展格局。潍坊已经形成了以保税区、滨海区为代表的跨境电商平台集聚区，通过建设“四区一枢纽”，即跨境电商新业态创新引领区、大宗商品在线交易先行区、传统产业转型升级样板区、特色产品电商进出口示范区和环渤海湾跨境电商综合物流枢纽，已经形成了“一核、两翼、多平台”的发展格局。“一核”是指以潍坊综合保税区、潍坊国家农业开放发展综合试验区核心区为核心，辐射奎文区、潍城区、坊子区、寒亭区、高新开发区、滨海开发区，发展跨境电商总部经济。“两翼”中的“东翼”是指以诸城市、高密市为引擎，辐射安丘市、昌邑市、峡山开发区；“西翼”是指以青州市、寿光市为重点，辐射临朐县、昌乐县，建设跨境电商产业带。“多平台”是指发挥陆港、海港、空港、邮政、海关特殊监管区功能平台优势，培育线下综合园区、孵化基地和交易展示中心，促进多业态发展。

2021年全年潍坊跨境电商交易实现进出口额56.1亿元，是2020年总量的140多倍，发展势头十分迅猛。

二是潍坊农村电子商务发展势头强劲。其一，在数据方面，潍坊市电子商务表现亮眼。根据浪潮对全国主要电子商务平台的监测数据，2021年1~9月，潍坊市农村网络零售额达106亿元，同比增长24%，占全网零售额49%。其中，农产品网络零售额累计超过12亿元。其二，在众多关于农村电子商务发展的评选中，潍坊表现不俗。在2019年电子商务进农村综合示范县的评选中，潍坊安丘市与省内的滕州市、莘县、荣成市、海阳市、新泰市、惠民县、曹县同时入选。2021年初，临朐县入围“2021中国县域电商竞争力百强榜”，列全国第22位、山东省第2位。2021年6月，诸城市农村电子商务工作获国务院激励，这是继2019年寿光农村电商工作获国务院督查激励后，潍坊再获此项殊荣。2021年6月，寿光、青州两市上榜农业农村部管理干部学院、阿里研究院联合发布的2021农产品电商百强县名单，分别列第20位、第54位。其三，对标省内外电子商务发展较好的城市，潍坊亦有相当的竞争力。2021年全国电子商务进农村综合示范县（第一批）评比中，潍坊高密市、诸城市成功入选，作为省内电商排头兵的临沂市和烟台市也各有1个县级市入选，而省外的电商名城南通市则有如皋市和海安市同时入选。江苏省获批79个省级电子商务示范基地，其中南通市共有6个县级市入选，苏州市共9个县级市入选；山东省共获批33个省级电子商务示范基地，其中潍坊市获批3个（青州市电子商务创业园、潍坊市电子商务孵化器、潍坊寿光市软件园），烟台市获批3个（招远市电子商务产业园、烟台市莱山区互联网创智园、烟台电子商务产业园），临沂市获批2个（齐鲁E谷电商产业园、临沂软件园）。

三是潍坊拥有高质量发展电子商务的优势。其一，潍坊市经济基础适合开展电子商务。潍坊市外贸进出口量稳居山东省前3位，工业上，潍坊市现有的机械、化工、纺织、食品、造纸5个千亿级产业集群均为典型的外向型产业，在保持一般贸易额的情况下，尤其适合开展跨境电子商务，特别是化工与纺织业；而食品加工产业由于产品保质期的限制，也特别适合开展境内电子商务。其二，潍坊市地处山东半岛中部，交通便捷，区位优势突出，海、陆、空立体交通体系完善，是山东半岛的交通枢纽，具有得天独厚的电商物流优势。其三，潍坊市信息化整体水平已迈入全国城市信息化50强行列，4G网络实现城区全覆盖，正向镇街延伸。完善的网络基础设施条件为潍坊市电子商务发展提供了良好的基础环境。

（二）潍坊发展电子商务存在的问题

虽然潍坊市电子商务发展基础坚实、条件优越，近年来也取得了较好的发展成效，但与全国网络零售额排名前三的浙江金华义乌市、浙江杭州萧山区、上海奉贤区等电商先进区域相比，潍坊市电子商务发展在以下方面仍存在较大提升空间。

1. 电商与传统产业的融合有待加深

虽然潍坊市目前拥有机械、化工、纺织、食品、造纸5个千亿级产业集群，但鲜有在电子商务行业中占据重要地位的产品或品牌，电子商务在各大产业群中占比非常低，电子商务与传统产业的融合有待深化，尚未发挥出电商产业集群的集聚优势。

2. 农产品电商产业链的设计和运营存在短板

作为潍坊电子商务发展新亮点的农产品电商，虽总体规模不断扩大，但短板依然明显。目前大多农产品电商处于自发、离散经营状态，特色产品销售渠道有限，缺乏产业链层面的整体运营与设计。农产品生产组织化、规模化、标准化程度不高，产品大多是初级农产品，农副产品深加工明显不足，附加值不高。农产品缺少精包装、深加工等大规模的加工平台，供应链体系尚不完善。对外销售各自为政、单打独斗，订单数量少，单价不高且重量大，物流成本高，由此产生了商品低质、低价、低收益的问题，农产品通过电商渠道销售的经济效益不明显。

3. 电商品牌化程度较低，缺乏规模效应

一是缺少高知名度的品牌电商平台。目前潍坊市电子商务企业规模普遍较小，多数电子商务经营者或者企业处于小范围合作或各自为政的零散状态，龙头企业数量严重偏少，全市未有进入全国电子商务百强榜单的企业。多数电子商务企业依托淘宝、京东、拼多多等第三方平台开展网络营销，自有平台中鲜见高流量、高口碑、高知名度的品牌电商平台，竞争力不强。二是缺少高知名度的品牌电商产品。当前，特色产品包装品牌及商标注册分散零乱，未形成合力，存在品牌领导力、发展力不足等问题，缺少具有核心竞争力的品牌，难以打造明星产品，品牌规模效应不明显。虽然也有昌乐西瓜等电商品牌，但与国内外知名的电商品牌，如阳澄湖大闸蟹、智利车厘子、法国葡萄酒、巴西咖啡等尚存在较大差距。

4. 电商平台之间缺乏统筹，协作水平低

尽管潍坊市目前高能级开放平台数量较多，但是缺乏战略性、全局性的龙头型开放平台以及本土化的知名电子商务平台来发挥引领作用，平台优势不能有效发挥，现有平台之间也缺乏统筹安排，协作水平低于预期。如国家农综区核心区与滨海经开区、综合保税区北区之间的相互联动作用与预期仍有较大差距，产业发展步调不一致，战略叠加效应发挥不足，难以推动电子商务产业实现跨越式发展。

5. 电商支撑体系仍需完善，物流成本下降难度大

在物流成本方面，物流费用占比较高。因潍坊市物流业以普通货物道路运输业为主，物流费用下降空间有限。加之综合交通运输体系、物流服务体系、流通体系、供应链管理体系、物流信息服务体系、物流标准体系以及应急物流体系等并不完善，导致 2019 年潍坊市社会物流总费用占 GDP 比重为 16.2%，高于全国 1.5 个百分点。潍坊市物流企业数量较多，但是企业总体规模偏小、位置分散、服务能力弱，龙头企业、品牌项目较少。截至 2021 年，全市共有 3A 级物流企业 41 家、5A 级物流企业 3 家，仅分别占物流企业总数的 10.8‰、0.8‰。济南、青岛的 5A 级物流企业分别为 14 家、10 家。潍坊市全市道路运输户数达 41829 户，但 95%以上是个体运输户，拥有百辆车辆以上的运输企业仅有 36 户。潍坊市是山东省最大的畜禽类养殖基地和全国最大的蔬菜生产基地，但是，与之配套的冷链企业多是传统的仓储、运输企业或农产品批发市场兼营冷链业务，专业化水平不高，规模小，全市至今尚无 1 家全国冷链星级企业。小微物流业存在转型升级压力。例如国家要求加快淘汰国三及以下排放标准的营运柴油货车，而这会对潍坊的道路运输行业产生较大影响，使得小微物流企业转型升级压力不断加大。信贷风险等依然存在。随着行业转型加快，物流企业对设备更新、技术升级的资金需求不断增长。物流新业态、新技术、新模式创新相对滞后，物流运作模式较为粗放，运行效率不高。传统运输业、仓储业加速向现代物流业转型，但整体水平偏低。近年来，潍坊市 5A 级物流企业数量不升反降，部分物流企业升级动力不足。物流园区经营业务以出租及物业管理为主，缺乏交易服务、供应链金融、信息服务等多元化增值服务，与国内的先进地区和园区存在一定差距。缺少与“十强”产业相配套的专业化物流园。在电子商务支撑方面，与潍坊同级别的临沂市通过完善电子商务配套体系建设以及大力实施电商扶持政策，实现了全国第一的电商出货量，远超杭州和广州等知名城市。虽然近年来潍坊先后出台了《潍坊市电子商务“十三五”发展规划》《全市跨境电子商务高质量发展行动方案》等文件，但是覆盖面不够广、指导政策不够全面，电子商务服务体系没有形成闭环，与电子商务支撑相关的融资、培训服务、营销推广、信息技术等专业化服务能力需要进一步提升。

6. 电商专业人才缺乏，人才流失严重

与北京、杭州、广州等电商发达城市相比，潍坊市因为处于二线城市末尾、三线城市前列，吸引高素质人才的能力相对不足；在电子商务发展上，缺少大企业、大平台，进而导致吸引高素质电子商务专业人才的能力更加不足，人才缺口较大。其中，跨境电子商务对从业人员的素质要求高，需要从业人员同时具备对外贸易和电子商务两方面的能力。而政府从事跨境电商的工作人员还要结合政府工作特点。这种多方面、全面性的人才目前仍比较稀缺，培养周期长，引进难度大。农村电子商务在潍坊整体电子商务发展中占据重要地位，但是农村因为发展相对滞后，硬件设施建设不足，高素质的电子商务专业人才从事农村电商的意愿不强，人才流失严重。在人才培养和激励方面，校企合作机制和电商人才奖励政策不完善，城市发展潜力不足，也导致电子商务人才引进困难、外流严重，电子商务园区、企业招聘难、留不住人才、付不起高薪的现象普遍存在，这种现象制约着潍坊电子商务专业化水平的提升，影响其电子商务快速发展。

二　潍坊电子商务发展处于历史关键时期

（一）电子商务成为城市经济发展新的增长点

从经济发展角度看，电子商务成为推动城市经济转型的新动力。电子商务经济从投资方向转变以及扩大内需两个层面推动了内需结构的调整，促进了区域经济的转型升级。一是就投资方向的转变来看，电子商务经济的发展促进了政府和企业投资信息网络的日趋完善，优化了经济社会发展环境。从国务院发布的促进信息消费的文件可以看出，我国加大对信息消费方面的投资，就是为了推动电子商务经济的发展，而这些投资都将加速区域经济的转型升级。二是就扩大内需方面来看，电子商务经济的发展降低了消费者的交易成本，激发了消费者的消费意愿与需求，电子商务在拓展消费市场上的优势更加凸显。

（二）乡村振兴战略的提出为农村电商发展带来机遇

乡村振兴战略的实施是党的十九大做出的重要部署，是做好新时代“三农”工作的主要抓手；而潍坊是农业大市，是我国最重要的农副产品集中产区之一，更是被习近平总书记称为农业产业化经营的诞生地，形成了“潍坊模式”。因此，在潍坊将农村电子商务发展作为推进农业产业化经营的重要手段的背景下，乡村振兴战略的提出无疑为农村电商的发展带来了新机遇。当前，潍坊已形成粮食、棉花、油料、烟草、蚕茧、果品、水产品、蔬菜、食用菌、花卉、肉鸡等16个具有一定商品优势和市场潜力的重点产品；建成各类龙头企业3100多家；已建成寿光蔬菜、诸城肉鸡、安丘蜜桃、青州食用菌、昌乐西瓜等一大批“名优特稀”农产品生产基地，因此农副产品在电子商务平台上的交易重要性会越来越高，潍坊可以借助农产品基地的优势，大力发展农村生鲜电商。同时，根据潍坊市第七次全国人口普查数据，潍坊全市常住人口为9386705人。其中，居住在城镇的人口为6046086人，占64.41%；居住在乡村的人口为3340619人，占总人口数的35.59%。潍坊市农业人口占比高，因此需要通过发展电子商务进一步发掘农村经济发展新的动力。

（三）商贸流通企业扩展网络布局为潍坊电子商务产业发展带来新机遇

一是立足潍坊优势，抢抓商贸流通企业调整网络布局的机遇，着力扩大电子商务高速发展的新市场。近年来，大中城市土地等资源日趋紧张，加之三四线城市消费市场需求被进一步发掘，一些互联网商贸流通型企业开始加速向中小城市布局，把平台、仓储、销售、物流、售后等功能向三四线城市扩展。而潍坊位于山东省三个经济圈（省会经济圈、半岛经济圈和鲁南经济圈）的交汇处，区位优势明显。潍坊市县域众多，各县（市、区）均有发展电子商务的基础及优势，应以互联网商贸流通为契机，积极回应商贸流通企业网络布局扩张的需求，充分利用各县（市、区）代表性、差异化的农产品，发掘潜在市场、抢抓机遇，加快电子商务的市场拓展。承接商贸流通产业必将为电子商务的发展拓宽新的、广阔的增长空间。

二是立足发展实际，抢抓商贸流通企业调整网络布局的机遇，努力促进以跨境电商产业园区为重要载体的跨境电子商务的快速发展。商贸流通企业在潍坊布局既能够扩大企业的产品市场，又可以促进跨境电商产业园区的发展。安丘农创港跨境电商产业园引入山东贝斯特跨境电商物流有限公司等 18 家公司；安丘农创港跨境电商平台引进潍坊益宝食品有限公司等 123 家企业入驻，跨境电商 9710 出口订单量累计 381 单、出口额 8300 万元；坊子区中国（潍坊）跨境电商产业园引进山东途易商贸有限公司等 133 家公司，跨境电商出口额实现 16200 万元。商贸流通企业布局潍坊，势必需要完善园区物流、仓储等基础设施的建设，为潍坊市跨境电子商务高质量发展注入活力。

（四）国内各城市抢占电子商务产业高地

电子商务在全国范围内迎来强劲发展，各城市争相抢夺电商资源，从政策、硬件配套、财政、金融等多层面占领电子商务产业新高地。如浙江金华依托跨境电商综试区、“双综保区”、进口贸易促进示范区等优势，培育期现结合的大宗商品交易中心，创新进口出口转口联动发展新模式，基本建成新型国际贸易中心。发挥“综保区+自贸区”叠加效应，重点发展跨境电商、大宗商品、冷链物流、保税加工“四大业态”。合肥和成都积极建设电子商务平台。而广东汕头，四川绵阳等地则围绕优势特色产业开展布局，绵阳市围绕优势特色产业，积极打造以品牌价值为核心的电商品牌形象。以长虹、美菱、哆啦有货为代表的 3C 数码类目产品实现网络零售额 119.94 亿元，占实物型网络零售总额的 60.56%。国家电商示范企业长虹智易家全年网络销售额超百亿元；以“圣迪乐村”“川蜀老味道”“蜀腊记”“六味魔方”等为代表的食品类目实现网络零售额 28.21 亿元，占实物型网络零售总额的 14.24%。汕头市则大力发展纺织服装、玩具创意等传统优势产业，用创新的营销模式挖潜消费实力、畅通产品销售渠道、塑造电商直播新品牌，促进传统产业转型升级，助力企业实现数字化营销。

三　潍坊市电子商务高质量发展的对策建议

（一）出台前瞻性、系统性、针对性和操作性较强的产业扶持政策

一是确定构建全新商业生态系统的目标。推动优势传统产业与电子商务的深度融合，鼓励企业利用第三方平台建立营销网络渠道，发挥平台经济优势，实现线上线下协同发展，促进传统产业融合创新、转型升级。近年来，江西、广西、广东等多地出台举措，推动电子商务与产业融合。一方面，依托电子商务在渠道上的优势，赋能当地特色产业，打开国内外市场；另一方面，通过电子商务积累的数据资源和强大的服务功能，推动产业链、供应链资源高效配置，打造线上线下融合发展的产业集群。探索建立“互联网+产业园区”的商业模式，发挥电子商务园区的集聚效应和辐射带动作用，把生产端口和销售端口进行无缝连接，打造完善的电子商务体系，构建全新的商业生态系统。

二是加强电子商务统计工作，由典型企业统计入手，逐步建立全行业统计工作机制。研究电子商务发展统计指标体系与统计分析方法，出台电子商务核算方案，将电子商务相关指标纳入国民经济统计范畴，加强电子商务企业信息统计和采集，加快建立电子商务统计监测体系，深化数据分析和利用，推进全市电子商务调查统计工作。鼓励行业协会和社会性服务机构积极参与全市电子商务动态发展监测，拓展信息获取渠道。形成发布机制，做好电子商务统计信息发布工作。

三是积极发挥金融服务电子商务的作用。电子商务行业为资本密集型行业，而多数的电子商务实体为中小微企业甚至个体工商户，融资难问题始终困扰着电子商务实体。因此，建议政府部门发挥协调作用，引导和鼓励金融机构创新推广电子商务发展需要的金融产品和服务，加强对电子商务产业的信贷支持，以解决中小微企业在电子商务业务过程中的突发性、小型金融融资难题。积极引进并培育本地互联网金融企业，在第三方支付

及消费金融上实现重大突破。同时，政府应积极推动社会资金的合理配置，拓宽农业产业融资渠道，改善农村金融环境，解决农户及生产企业农业生产过程中的资金困难，借助电子商务促进传统农业向现代农业转变。

四是争取出台支持电子商务产业发展的政策。积极争取国家、省级支持，撬动社会资本支持潍坊电子商务产业发展，同时大力吸引国内外战略投资、风险投资、私募股权投资等机构入驻潍坊。加强税收政策支持，积极帮助电子商务企业申请税收政策扶持资格，帮助符合税收优惠政策的电子商务企业用好各项优惠政策。在潍坊设立独立法人机构，或鼓励企业参与潍坊电商产业战略投资，按地方财政贡献额予以奖励。扶持成长型电子商务企业做大做强，大力培育初创企业。建议自成长型电子商务企业认定年度起，按新增的地方财政贡献额在 3 年内给予其全额奖励。自市级电子商务园区和示范基地新办的电子商务企业成立或认定年度起，前 3 年按照地方财政贡献额给予其全额奖励，第 4、5 年按 50%予以奖励。对有突出贡献的电子商务企业高管人员给予奖励。奖励资金按市、县（市、区）财政体制分成比例分担。对纳税有困难的市重点电子商务企业和新入驻市级电子商务产业园区的电子商务企业，报经地税部门批准后，可酌情减免水利建设专项资金、房产税、城镇土地使用税。

五是落实土地等资源要素保障政策。按照战略性新兴产业的要求给予资源要素保障。对国家、省和市重点电子商务项目和各类电商产业基地、电商物流基地，要优先建设用地布局，优先安排用地指标，保障项目用地。鼓励利用存量土地发展电子商务产业，在不改变用地主体、不重新开发建设的前提下，利用工业厂房、仓储用房等存量房产、土地资源兴办电子商务企业、电子商务服务企业和园区，其土地用途可暂不变更；在符合城市规划和有关法律法规的前提下，经相关部门批准后可实施加层改造，适当提高容积率，并可暂不征收原产权单位的土地年租金或土地收益。

六是加大宣传表彰力度。各新闻媒体要加大对电子商务的宣传力度，提高全民信息化素质，加强普及应用，加大对外推介力度，营造良好的舆论环境。定期举办电子商务专业展会，促进行业交流、合作、发展。以电子商务名企、名网、名家“三名工程”为抓手，加快培育一批知名网络经济企业、知名网站、知名企业家，每年表彰一批电商风云人物、优秀专业人才和优秀员工，提升电子商务的社会关注度和电商品牌知名度，形成合力推动电子商务发展的浓厚氛围。

（二）以电商集群发展为主攻方向，大力培育电商市场主体

一是不断提升电子商务产业园区的集聚度与专业特色属性，建设一批集聚度高的电子商务产业园区。依托产业园建设发展电商产业集群，有利于实现政策和基础设施的规模优势。加大对电商产业园的规划统筹力度，电商规划与产业发展紧密结合，优化电商发展环境，通过制定配套政策，完善基础设施，创新服务模式，吸引国内外电子商务企业、平台企业及物流等相关配套企业入驻，完善以物流资源集聚为核心的物流产业园，结合物流发展和公共物流配送体系建设，依托潍坊港、铁路和公路枢纽等重要交通基础设施，规划建设满足电子商务发展需求的专业物流园区，加快聚集 B2C 电子商务企业的物流和仓储，以及各类物流配送企业，建立战略协作关系，共享相关基础设施和配套服务设施，优化物流资源配置，提高物流效率。加强资源支撑配套构建，加强对大数据产业集群的培育，建立集基础服务设施、数据中心、数据分析、结果应用等一系列要素于一体的产业园区，以大数据推动电子商务产业规模效应充分释放。立足优势，集聚丰富的农产品资源，着力提升农产品电商产业园的知名度与竞争力。充分利用“中国食品谷”的特色优势，做大做强中国首个农产品电商产业园。通过电子商务的方式，全面塑造中国食品谷“引领未来潍坊农业经济发展的龙头和重要平台”的社会形象，全力打造中国农产品品牌孵化及聚集地。降低物流成本，为 B2C 电子商务企业的发展提供强力支撑。形成集商品交易、平台建设、物流快递、融资支持、研发设计、配套服务等于一体的多功能、多业态电子商务产业园区，形成聚集发展效应，构建良好的电子商务生态体系，强化园区集聚效应，发挥园区的辐射带动作用，推动区域、产业和企业转型升级发展。

二是打造一批较高知名度的电子商务平台。依托本地特色产业资源，在政府推动下着力培育十大市级重点第三方平台，不断深化与阿里巴巴、京东、苏宁易购等第三方平台的合作。培育特色鲜明、定位清晰的本地电子商务平台，推进区域二级平台的建设和运营，鼓励本地企业集体入驻，快速形成网上集聚效应。依托生产资料经营企业、专业市场，围绕装备制造、纺织服装、食品加工、造纸包装等产业，打造以商品交易为核心、现

代物流为支撑、金融信息等配套服务为保障的大宗商品交易电子商务平台。依托产业园区、产业集群、优势企业，在农产品、纺织服装、生物医药、高端化工等行业打造具有影响力的电子商务平台。重点扶持本土化电子商务平台，促使其尽快做大做强。

三是引进和培育一批市场规模大、创新能力强、辐射范围广的电子商务龙头企业。重点扶持100家市级重点电商企业和电商服务企业，形成电商骨干企业“顶天立地”、中小企业“铺天盖地”的良好发展局面。对国内外知名、成长性好的电商企业，在潍坊设立全国性总部、区域性总部或投资重大项目的电商企业，予以一定奖励或通过“一企一策”加以扶持。鼓励优势企业创新电子商务发展模式，重点支持国家级和省级电子商务示范企业壮大规模、增强实力，鼓励电子商务企业通过外设分支机构、并购、合作等方式，加快拓展国内外市场。在争取上级扶持资金、落实税收优惠政策的同时，统筹整合本地资源，在人才、金融、平台建设等方面给予全方位支持。

（三）创新电商人才育留机制，增加专业电商人才数量

一是着力解决电商人才培养与实际需求脱节的问题。加强产学研用合作，依托高校与行业结合紧密的优势学科，充分发挥行业优势和地域特色优势，建立以电商人才需求为导向的人才培养机制和评价机制。鼓励建立大学生电子商务创业基地，使高校的人才培养模式、教学内容及教学资源适应电子商务的发展要求，吸收电商的创新资源，有效提高学生的创新和创业能力。针对潍坊电子商务发展的实际需求推动与高校的合作，结合电子商务产业发展的新要求与新趋势，重构高校电子商务人才知识与能力培养体系，打破当前“重理论、轻实践”的现状，定制化培养电子商务专业人才，提高沙盘模拟、虚拟仿真、案例教学环节在现有培养体系中的比重。

二是多层次多渠道提高各行业人员电子商务管理和应用能力。面向本地政府公务人员、企业管理人员、电商从业人员、农村电子商务人才等举办系列培训活动，建立评估考核机制，培育电子商务创业带头人。结合潍坊电子商务发展实际需求，联合市商务部门、人社部门和教育部门，建立电子商务人才培养跨部门合作机制，加快形成政府、行业协会、电子商务

企业、培训机构、高等院校等共同参与的电子商务人才培训体系。依托国家专业技术人员继续教育基地，开展电子商务从业人员的继续教育、创业培训和电商人才的创业孵化。鼓励省内外高等院校、培训机构与企业对接，共建电商人才培训和教学实训基地。

三是构建良性人才流动机制，完善电商人才评价机制。鼓励以企业引入、项目招商的方式带动人才引进，鼓励潍坊企业面向国内外引进优秀电子商务人才。加大电子商务高层次人才引进力度，引进技术研发、管理战略、策划推广等高级电商人才，有针对性地建立有效的人才引进机制，建立“绿色通道”，落实各项优惠措施，在安家落户、子女就学、医疗保障等方面为优秀电商人才提供良好保障。提升潍坊市电子商务人才总体水平，提高电子商务管理及运营水平，全面助力潍坊电子商务产业高质量发展。

（四）释放农村电子商务活力，为乡村振兴提供新动能

一是推动农村电子商务公共服务体系建设，培养农村电商专业人才。加强农村地区电子商务普及培训，引导社会资金和电子商务平台企业加大在农产品电子商务中的投入，支持农产品电子商务平台建设。鼓励涉农电子商务企业与传统农产品批发市场、零售企业等线下资源对接，引导电子商务平台及时发布农产品信息，推进农村商务信息服务工作，以信息服务促进农产品流通，促进产销衔接。与电商平台、龙头企业、电商服务商及潍坊市高等院校联合培养专业人才，增设农村电商专业，培养以电子商务运营为方向的本土电子商务人才。同时鼓励高校“送教下乡”，帮助解决农村电商人才在实践和创业过程中遇到的技术难题。鼓励具有电商从业经验的优秀青年、专业知识丰富的大学生等到农村创业，给予其适当的政策倾斜，带动农村电子商务高质量发展。

二是打造农产品特色品牌，创新电商品牌运营模式，强化农副产品品牌效应。重视农产品品牌建设，充分整合地区资源，围绕地区优势产业，综合考虑产品特质和发展空间，对特色产品进行深加工，改进农产品包装设计，充分利用农产品展销会、媒体推介会等平台进行宣传，开展优质农产品进商超、进农贸、进机关、进社区等活动，通过后端销售带动前端产业发展，聚力打造具有竞争力的地域公共品牌，积极培育企业市场品牌，

提高品牌影响力。“贴牌”推销特色农产品，保证农副产品可持续、创新性地生产和输出，进一步集聚强化品牌效应。此外，进一步深化与京东、淘宝、苏宁易购、拼多多等平台的合作，拓宽特色农产品的销售渠道，提升品牌效益。

三是完善农村基础设施建设，提高农村物流技术应用水平。首先，推进完善县乡村三级农村物流服务体系，统筹物流、邮政、快递、供销等协调发展，推广“多站合一、资源共享”的物流节点发展模式。其次，建立现代化、智能化、数字化农产品物流供应链系统，鼓励电商物流企业在数字化基础上进行物流业务、路径和节点的优化，实现资源的有效配置和共享，缩短物流在途时间，降低运输的时间成本。最后，鼓励快递企业、供销合作社、电商平台等在田头、市场建设预冷保鲜、低温分拣、冷藏仓储等设施，缩短流通时间，减少产品损耗，提升农产品流通效率和效益。

（五）优化跨境电子商务生态，培育电商经济新的增长点

一是高标准建设潍坊市跨境电商综合试验区，推动制度、管理、服务创新和协同发展。推动《潍坊市跨境电子商务高质量发展行动方案》等的落地，成立电子商务发展研究服务中心和领导小组等，实现跨境电子商务工作专业化专班推进。推动召开高规格全市推进跨境电子商务高质量发展大会，联合海关等涉外部门开展跨境电商业务知识宣讲，联合省跨境电商协会举办跨境电商经验交流分享会，复制推广成熟经验做法，完善跨境电子商务配套政策，开展制度创新与管理创新，进一步优化跨境电商减税降费、重大项目审批、商（协）会合作、国际认证和监管等营商环境。

二是利用大数据、云计算、物联网、区块链等新兴技术，完善潍坊市跨境电子商务公共服务平台，优化跨境电商服务环境。及时掌握途易商贸、菲利佩、凯旋供应链、赛乐进出口、飞泉国际、天维控股、好猫电子商务等本地跨境电子商务专业卖家的运营情况和需求，完善跨境电子商务数据库。积极服务跨境电子商务企业信息交流、行业诉求、统筹发展、对外协调等工作。此外，潍坊应该拓展跨境电子商务快速通关通道，争取将跨境电子商务企业自主备案办理时长缩减至30分钟以内，无问题电子商务清单实现“秒放”。完善办税“绿色通道”，支持企业线上办税、自助办税，推动“海外仓入仓退税”“容缺办、网上办”覆盖面不断扩大。

三是探索跨境电商发展新模式，助推产业规模化发展。探索发展跨境电商零售展贸模式，打通集疏、集聚、关务、运输、仓储、交易等障碍壁垒，推动网上交易平台与线下园区实体体验中心无缝对接。推动国内电商企业、综合型或垂直型电商平台、外贸企业、外贸综合服务企业拓展跨境电商业务，在重点国家和市场布局海外仓。推广“跨境电商保税备货仓+直播电商”销售新模式，直接面向消费者促销进口商品。强化品牌建设，挖掘潍坊特色、优势产品品类，如寿光蔬菜、诸城畜禽、昌乐西瓜、青州花卉、昌邑苗木等，与知名平台联合开展线上直播、线上展会等活动，为企业品牌发展提供平台和机会，同时推动品牌出海，帮助企业走品牌电商之路。

课题负责人：丛炳登

课题组成员：山东大学蒋鹏、孙虹、宋迎春

潍坊市改革发展研究中心杜慧心、李朋娟

（2022 年 8 月）

图书在版编目（CIP）数据

建设新时代社会主义现代化强市的研究与探索 / 潍坊市改革发展研究中心编著 . -- 北京：社会科学文献出版社，2024.1

ISBN 978-7-5228-2819-0

Ⅰ.①建… Ⅱ.①潍… Ⅲ.①区域经济发展-研究-潍坊 Ⅳ.①F127.523

中国国家版本馆 CIP 数据核字(2023)第 219628 号

建设新时代社会主义现代化强市的研究与探索

编　　著 / 潍坊市改革发展研究中心

出 版 人 / 冀祥德
组稿编辑 / 任文武
责任编辑 / 刘如东　郭文慧
文稿编辑 / 丁　凡
责任印制 / 王京美

出　　版 / 社会科学文献出版社 · 城市和绿色发展分社（010）59367143
地址：北京市北三环中路甲 29 号院华龙大厦　邮编：100029
网址：www.ssap.com.cn
发　　行 / 社会科学文献出版社（010）59367028
印　　装 / 三河市尚艺印装有限公司

规　　格 / 开 本：787mm×1092mm　1/16
印 张：32　字 数：518 千字
版　　次 / 2024 年 1 月第 1 版　2024 年 1 月第 1 次印刷
书　　号 / ISBN 978-7-5228-2819-0
定　　价 / 98.00 元

读者服务电话：4008918866